高等学校国际商务创新规划教材

International Business

国际商务概论

An Introduction to International Business

主　编　肖光恩　陈继勇
副主编　肖　德　余　振　胡　艺

WUHAN UNIVERSITY PRESS
武汉大学出版社

《高等学校国际商务创新规划教材》编委会

主任

陈继勇

副主任

李　卓　齐绍洲　肖光恩　余　振

编委会委员（按姓氏笔画排序）

王　峰　邓新明　尹显萍　申　皓　孙　平

刘　威　齐绍洲　李　卓　余　振　陈　虹

陈汉林　陈继勇　肖卫国　肖　德　肖光恩

胡　艺　彭斯达

总　序

陈继勇

武汉大学经济与管理学院院长、教授、博士生导师

国际商务是指侧重于国际经济与贸易操作性的专业活动。教育部设置国际商务硕士专业学位的目的，是培养能够胜任在企事业单位和国家机关从事国际商务运作与管理，并且能开拓国际市场的高素质、复合型高级商务专门人才。以贯彻落实科学发展观，实施互利共赢对外开放战略，拓展对外开放的广度和深度，全面提高开放型经济水平，实现从贸易大国向贸易强国的转变和推动国民经济又好又快地发展。

为积极有效地加快培养和造就一大批高层次国际商务专业人才和管理人才，借鉴其他国家培养专业人才的有益经验，结合我国国情，调整专业设置，改革培养模式，我们承担了教育部第二特色专业建设点项目《国际经济与贸易国际化人才培养》（项目号：TS2291），组织了武汉高校相关专业的教师编写了这套《国际商务系列教材》。希望通过这套教材能使学生通晓现代国际商务基础理论，具备完善的国际商务知识体系，掌握现代国际商务实践技能，具有较强的英语交流能力，能在企事业单位和政府机关从事国际商务运作与管理，并且能成为开拓国际市场的高素质、复合型高级商务专门人才。

这套教材在编写的过程中主要突出专业性和综合性的特征。

专业性突出体现在全球视野下从事商务活动的职业定位，强调理论和实际工作技能尤其是软技能的提升。全球视野的缺失和专业技能的弱化是传统国际经贸人才培养的不足，本套教材力图打破经济学与管理学的界线，特别是把经济学与管理学理论知识与开放经济实践联系起来，通过大量的实验教学和案例研究，使学生掌握国际商务的基本理论知识和国际商务实践的先进方法，提升学生在国际商务领域中的工作能力、外语能力和跨文化沟通能力。因此，教材编写是以职业性和实践性为导向，知识内容具有明显的专业性。

综合性意味着国际商务专业人才要具备宽厚的知识面，学习多门跨学科的课程，塑造较高的职业操守，形成广博知识与较强能力的综合素质，胜任在复杂多变的国际环境下成功开展商务活动的工作。因此，这套教材在编写的过程中，重视经济理论与管理理论的综合，强调国家经济实践与国际经济实践的结合，突出企业国内经济活动与国际经济活动的结合，把理论知识与企业具体的经济实践结合在一起，使学生能从多方位、多角度和多渠道来吸收国际商务基础知识，掌握国际商务的基本技能。因此，教材编写以综合性为导向，知识体系具有很强的综合性。

这套教材是一个系统工程，其内容涉及多个学科和领域，参考了国内外很多同行的研究成果，在此表示衷心感谢！武汉大学出版社经济图书事业部舒刚主任付出了很多的劳动，在此也表示感谢。

我们虽然重视知识内容创新，但更强调尊重知识产权，因此，要求各书主编向每位编（著）者强调这一方针，每位编（著）者对所写内容文责自负。

2010 年 10 月于武汉大学枫园

目　　录

第二篇　国际商务基本理论

第三篇　国际商务环境

第五篇　国际商务战略

第一篇

国际商务导论

第 *1* 章
国际商务及其发展趋势

◎ **本章要点**

1. 广义的国际商务是指在两个或两个以上的国家（经济体）之间发生的交易行为，通常是指私人、商业组织、政府、国际组织相互之间在生产、销售、投资、后勤服务、运输等方面发生的交易活动。狭义的国际商务是指商业组织在两个或两个以上的国家（经济体）之间进行的以商业为目的的各种交易活动。

2. 国际商务学是一门研究国际商务活动的学科，它涉及经济学、管理学、地理学、信息科学、组织学、社会学、人类学和心理学等许多学科，是一门综合性很强的交叉学科。

3. 按交易前国际商务活动双方的独立性可以把国际商务分成独立型国际商务活动和非独立型国际商务活动；按国际商务活动地理区位可以把国际商务活动分为地区型国际商务活动和全球型国际商务活动；按国际商务活动的标的可把国际商务活动分为货物国际贸易、服务国际贸易、资本国际直接投资、资本国际间接投资、劳动力国际流动和技术国际转让；按国际商务活动关系把国际商务活动分为水平型国际商务活动、垂直型国际商务活动和网络型国际商务活动。

4. 国际商务体系主要由国际商务活动主体、国际商务活动市场体系和国际商务活动环境等构成。目前国际商务活动出现了很多新趋势，主要表现为国际商务活动网络化、国际商务活动主体微观化和国际商务活动电子化。

1.1 国际商务的基本概念

1.1.1 国际商务的概念

1. 国际商务的定义

（1）广义的定义

从广义上讲，国际商务是在两个或两个以上的国家（经济体）之间发生的交易行为，通常是指私人、商业组织、政府、国际组织相互之间在生产、销售、投资、后勤服务、运输等方面发生的交易活动。例如，商业公司为了利润而进行跨国交易，政府为了经济和政治的原因也会参与国际商务活动。总之，国际商务是指商品、服务、资源或资产跨越国界的所有交易行为①；而经济资源的跨国界交易主要包括资本流动、国际技术转让和劳动力的跨国流动等；后勤服务主要指为商品和服务的国际生产和国际交换提供相关的服务。

国际商务的主体一般包括个人、商业组织、政府组织和国际组织四大类。

个人的跨国活动是当前世界经济的重要构成内容之一，例如为了娱乐、休闲和商业目的而进行的跨国旅行，已经成为最流行的全球休闲时尚，2008 年全球有 9.22 亿的国际旅行者，全球旅游收入达 9440 亿美元以上。

全球重要的商业组织是世界经济发展的主体，这些商业组织主要是指跨国公司（包括跨国公司联盟），例如世界快餐业中的麦当劳（McDonald's）和百胜集团（Yum Brands），交通工具制造业中的通用汽车公司（General Motors）、福特汽车公司（Ford Motor）和丰田汽车公司（Toyota），消费电子行业中的三星（Samsung）电子公司、乐金电子公司（LG）和索尼公司（Sony），能源制造业中的埃克森美孚国际公司（Exxon-Mobil）、壳牌石油公司（Shell）和英国石油公司（BP），它们都是在多个国家经营的巨型跨国公司之一，各自在他们所在的行业中占支配地位。

政府国际采购是一个国家对外的重要经济活动，它不仅能产生巨大的经济效益，而且也具有重要的政治目的。目前，政府采购增长速度很快。据统计，发达国家政府采购占国内生产总值的 10%~15%，而发展中国家政府采购占国内生产总值的 20%左右。而这些政府采购有相当大的部分是通过国际贸易完成的，因此，政府国际采购对国际贸易产生了重大的影响，目前它已经为世界贸易组织（WTO）经济协调的重要内容之一。

国际组织主要有政府间的国际组织（IGOs）和非政府间的国际组织（NIGOs）。政府间的国际组织主要有世界贸易组织、世界银行（WB）、国际货币基金组织（IMF）和欧盟（EU）等，非政府间的国际组织主要有世界童子军运动组织和国际红十字会等。尽管这些国际组织的经济活动功能不是很强，但是它们的活动却与其他国际商务主体的经济活动密切相关，甚至对其他国际商务主体的经济活动产生重大影响。

追逐跨国利润是国际商务活动的根本目的。众所周知，由于国际商务活动与国内商务活动所面临的商务环境不同，因此，国际商务活动必然比国内商务活动面临更大的风险和更高的成本。如果没有巨额跨国利润的存在，各种商务主体在理性主义的约束下都不太可能到国外开展国际商务活动。一般说来，国际商务活动都是追求利润的国际最大化或者是成本的国际最小化。

当然，开展国际商务活动也可能存在非经济的目的，如为改善国际政治关系或国际政治地缘关系而进行的国际援助或人道主义援助等。

---

① John H. Duning. Multinational Enterprises and the Global Economy. Addison-Wesley Publishing Company, 1992, p. 4.

（2）狭义的定义

从狭义上看，国际商务是指商业组织在两个或两个以上的国家（经济体）之间进行的各种以商业为目的的交易活动①。具体说来，主要是指跨国公司进行的以营利为目的的各种跨国经济活动，交易的标的物主要是资产（金融资产和非金融资产，如知识或组织体系等）、商品（最终产品和中间产品）和服务（后勤服务和非后勤服务）。当然，这种狭义的国际商务活动还取决于跨国公司经营的商业目标、实现这种商业目标的手段和跨国公司所处的商业环境。

本书分析的主要是狭义的国际商务活动，重点介绍国际商务基本知识、国际商务活动基本原理、国际商务环境、国际商务运营管理和国际商务基本战略。

2. 国际商务与世界经济

国际商务起源很早，它与世界经济是相伴而生的。国际商务活动的不断扩展与深化，必然会导致世界经济的形成、发展和扩张。

世界经济通常是指以全世界的国家（主要是民族国家）为基础的经济，或者把它看成是全球社会的经济。而国家经济通常看成是当地社会（或者是当地化）的经济，正是由这种当地化的国家经济构成了全球经济。因此，世界经济忽略民族性和地域性。而国际商务活动则是国家经济与世界经济之间的桥梁和纽带，是它把世界国家间的经济活动交织在一起；也正是国际商务的活动的蓬勃发展，不断地消除世界各国民族之间的障碍，不断地减少地理区位的阻隔与限制，最后促进全球各国经济的融合，推动经济全球化不断深化，加速世界经济的全面发展。

3. 国际商务与国内商务

根据国际商务的狭义定义可知，跨越国别地理界限是国际商务和国内商务的根本区别。这也导致了国际商务活动和国内商务活动在许多方面有很大的不同，主要表现为：

一是商务环境不同。企业从事国内商务活动的环境，例如政治、法律、经济、社会、文化等因素通常比较稳定，企业对本国商业惯例、语言、文化、法律都比较熟悉，交易成本通常较低，经营风险相对较小。而跨国公司所面临的国际环境通常复杂多变，对不同国家的商业习惯、语言、法律制度不是很熟悉；而且国际社会的政治和经济因素变化较大，特别是一些国家的政治经济政策变化很难预测，这些显然增加了国际商务的运行成本和经营风险。

二是商务过程不同。一般说来，国际商务程序更为复杂，交易时间漫长，原因在于跨国交易的障碍比国内交易多。以国际贸易为例，货物由出口国到进口国大多需长途运输，有的还需要使用多种运输方式；每笔交易除了买卖双方之外，往往还需要得到国内外运输、保险、海关、检验与检疫和银行等部门的协作、配合，或接受其监督与管理。

---

① 还有一种狭义的界定是指商业组织与个体、其他商业组织、政府和国际组织等发生的商业交易行为，即商业组织与其他国际商务主体之间发生的商业交易行为。

因此，国际商务活动的过程更复杂，涉及的环节更多。

三是商务管理不同。由于国际商务涉及的因素更多，例如跨国政治体制、跨国经济体系、跨国文化和跨国语言等，跨国公司分支机构在每个国家的财务制度、劳工标准、环境标准、生活条件以及文化认同都是不一样的，同一家跨国公司在不同国家的商务活动管理都是不同的。在通常情况下，跨国公司都会把自己在全球的经营标准与当地因素结合起来，因此，跨国公司每个分支机构的商务管理都是"全球标准与当地差异结合的化身"，国际商务组织结构、商务模式与和商务策略显然不同于国内商务。

1.1.2 国际商务学的概念

1. 国际商务学的发展

国际商务学研究起源很早，它是一门古老而又不断更新的学科。自从世界市场形成以来，就有了国际商务活动，对国际商务活动的研究也就开始了。国际商务学研究是随时代发展和国际商务活动范围扩展而不断深化的。因此，国际商务学研究的内涵也是与时俱进的，它是国际商务活动发展经验的总结与归纳，是国际商务活动在时代发展中的产物。

国际贸易活动可能是最早的有代表性的国际商务活动，因此，国际贸易理论是较早对国际商务活动进行研究的理论。国际贸易理论研究起源于重商主义，系统研究开始于亚当·斯密。目前，国际贸易理论已经形成了比较系统的体系，而且国际贸易理论与其他学科（特别是经济地理）的结合，开始产生了一些更为一般化的理论（新经济地理理论），用它可以解释很多国际商务活动。

第二次世界大战以后，随着战后"黄金时代"的到来，国际投资快速发展，对国际投资的研究不断发展。20世纪70年代以马克·卡森、彼得·巴克利和约翰·邓宁为代表的一批英国国际商务学家对国际投资理论进行了系统化的研究，试图把国际贸易活动、国际投资活动和国际技术转让结合起来，形成了所谓的"国际生产折中理论"，国际商务学的理论融合才开始逐渐形成。

20世纪90年代以来，随着信息技术和计算机网络技术的发展，国际网络化生产开始扩张，生产垂直一体化和生产水平一体化快速发展，生产国际分割和生产国际外包成为许多著名跨国公司跨国生产的重要选择，生产分割和生产外包理论不断完善；与此同时，由于生产分割和生产外包的发展，对全球生产供应链的管理就显得非常重要，国际商务学开始把研究的视角从以前的经济分析转入到对国际商务活动管理的全面研究。因此，国际商务研究对象从贸易销售、海外投资、国际生产转入到全球供应链等经济活动，国际商务学也就演变成一门综合性极强的交叉学科。

可以预计，随着经济全球化和经济自由化的发展，特别是在科学技术发展的推动下，一些具有企业家精神的创业者会不断地在国际商务活动中创新，国际商务活动的种类会更加丰富，国际商务活动的范围会不断扩展，国际商务学研究内容会更加充实。

2. 国际商务学的定义

尽管对国际商务学的界定存在着分歧，但一般认为，国际商务学是一门研究国际商务活动的学科，研究内容一般包括两层含义：一是研究跨国界的经济交易活动；二是研究个人、组织、国家以经济利益为目的的跨国经济活动，非商业性经济活动不在国际商务学研究范围之内。总之，国际商务学侧重于国际商务活动的理论分析。

目前，研究国际商务学的学者主要集中在经济学和管理学领域，他们的观点主要体现在经济学和管理学的内容上，例如，美国学者科斯（1990）认为，国际商务包括跨越国界的任何形式的商业活动，它几乎包括任何形式的经济资源——商品、劳务和资本的转移。而英国学者塔格特和麦克德莫特（1997）认为，国际商务是跨国界的商务活动，所有这些活动可以发生在个人之间、公司之间以及其他公共与私人团体之间。国际商务的关键点包括技术、政治、职能、竞争与环境影响，所有这些都会直接影响跨国公司的发展战略。

与此同时，还有一些学者开始从社会学、组织行为学、认知科学和信息科学的角度来研究国际商务。例如，英国学者理查德·怀特莱（1992）运用社会学的理论研究了欧洲和亚洲的"国家商务体系"，他认为亚洲国家国际商务活动的成功，主要原因是亚洲国家文化不同于欧洲国家文化；美国学者迈克尔·波特（1990，1991）则用产业组织理论分析了国家在国际商务活动中的重要作用和竞争优势来源；英国学者马克·卡森（2000）则运用认知理论、信息理论和企业家精神分析了国际商务方式选择的一般原理，提出了全球系统的观点，并把它用于国际商务活动的分析。

总之，国际商务学是一门综合性和跨专业的边缘学科，它涉及经济学、管理学、地理学、信息科学、组织学、社会学、人类学和心理学等许多学科，是一门综合性极强的交叉学科。

1.1.3　国际商务活动种类

国际商务活动的内容非常复杂，它不仅涉及不同的交易主体，而且涉及不同的交易地理区位，同时还涉及不同的交易标的和不同的交易影响因素。因此，对国际商务活动进行细分和全面说明，是一项十分困难的工作。尽管如此，笔者试图从以下几个方面对国际商务活动种类进行说明。

1. 按国际商务活动主体分

尽管国际商务活动按活动主体来分类，有多种不同的分类方法，但如果按交易之前双方的独立性来分，则可以分为以下两种：

（1）独立型国际商务活动。它主要指国际商务活动的两个或多个主体在商务活动之前是相互独立的，一般指这几个国际商务主体之前没有开展国际商务活动，双方主体直接开展商务活动或间接地通过第三方来开展商务活动。这种商务活动多发生在国际商务市场的开拓中，为了争取更多的交易对象而主动开展国际商务活动。

（2）非独立型国际商务活动。它主要指国际商务活动的两个或多个主体在商务活动之前是依赖或是合作关系，一般指国际商务活动主体为了深化或拓宽彼此的商务关系而继续开展商务活动或拓展新的国际商务活动。这种商务活动通常发生在国际商务市场的扩张中，为了深化彼此的合作关系而持续开展商务活动，或者拓宽国际商务活动的领域。

2. 按国际商务活动地理区位分

国际商务活动是指在两个或两个以上的国家之间发生的各种交易活动。如果按国际商务活动发生地理区位的数量和距离远近来分，国际商务活动可以分为以下两种：

（1）地区型国际商务活动。它主要指在两个或两个以上而且在地理区位上非常邻近的国家之间发生的国际商务活动。一般是指跨国公司在国际经济地区一体化过程中产生的国际商务活动，它对地区经济的融合和深化起重要作用。

（2）全球型国际商务活动。它主要指在两个或两个以上而且在地理区位上又非常分散的国家之间发生的国际商务活动。一般是指在两个或两个以上大洲中的国家之间发生的国际商务活动，这种商务活动通常以全球地区经济成本最小化为重要目的，是全球经济一体化的重要组成部分。

3. 按国际商务活动对象分

通常所说的国际商务活动对象就是指任何形式的经济资源——商品、服务、技术和资本等。它们在生产、交换和消费的国际化背景下实现的跨国流动，就构成了国际商务活动的基本方式。具体说来，有以下几种：

（1）国际货物贸易。它主要是指实物产品的国际交易，这些实物产品通常是有形产品，而且还可以分为最终产品和中间产品，例如机器设备、原材料、消费品等。因此，国际货物贸易是一种最为普通的国际商务活动，它既包括产品的出口，也包括产品的进口，出口是产品流出国界，进口是产品流入国界，都是实物产品跨越了国界。目前，尽管可利用的国际商务方式很多，但实物产品的跨国交易仍然是跨国公司一种最基本的国际商务活动。

（2）国际服务贸易。它主要是指服务产品的跨国交易或提供，这些服务产品通常是无形的产品，如跨国财务业务、跨国银行业务、跨国保险业务等。目前，国际服务贸易是一种发展速度很快的国际商务活动，发达国家在其中占主导地位。

（3）国际直接投资。它主要是指以获得国外投资企业的实际所有权或管理权为目的的资本跨国流动。这些资本跨国流动通常以实物为载体，以获得国外实物资产为主要目的。实际上，国际直接投资是一种资产产权的国际交换，或者是资产产权在地理区位上的国际流动。从某种意义上讲，国际投资是国际生产的一个重要组成部分，也是一种最基本的国际生产方式，它是国际商务活动的重要内容。

（4）国际间接投资。它主要是指以获得国际资产收益为目的的一种资本国际流动。一般有三种：一是在国际市场上购买了可上市销售或转让的有价证券，如商业票据等；

二是在国际市场上进行非证券形式的金融投资，如银行存款；三是购买了无控制权或未达到控制权数量的普通股票。因此，国际间接投资的目的并不是为了获得海外投资项目的直接控制权，而是为了获得国外投资的分红和利息收入或达到其他经济目的。

（5）劳动力国际流动。它主要是指劳动力的跨国流动，一般包括自然人以娱乐、休闲和商业为目的的短期国际旅行和以教育、就业或定居为目的的劳动力的长期国际迁徙活动。实际上，它涉及人的跨越国界活动。目前，国际商务活动中的劳动力流动主要指跨国公司职员在异国就职而形成的劳动力国际流动。

（6）国际技术转让。它主要指科技成果或知识产权的国际交易。一般是指专利、专有知识、版权和商标的跨国授权使用；有时也指科研项目的国际研发和研发成果的跨国共享活动。由于技术国际转让涉及创新活动的国际化，因此，它是一种更加高级的国际商务活动。

当然，需要注意的是，以上这几种国际商务活动的分类并不是严格地按照标的物互斥关系来划分的，主要是因为随着国际商务活动的深化和细分，有时很难对它们进行严格的界定，这只是一种粗略的划分方法，在特定情况下可能会出现重叠的情况。

4. 按国际商务活动关系分

在两个或两个以上的国家发生的国际商务活动之间的关系是比较复杂的，如果按国际商务活动的相似性以及它们之间的相互关系，可以把它分为：

（1）水平型国际商务活动。它主要是指在两个或两个以上的国家开展的国际商务活动是相同或相似的。一般是指不同国家之间的商务活动是一种平行或替代关系，是国际商务活动在数量上的扩张行为，这种商务活动具有通常意义上的规模经济作用。

（2）垂直型国际商务活动。它主要是指在两个以上的国家开展的国际商务活动是一项业务或经营过程中的一个环节或组成部分，一般是指不同国家之间的商业活动是一种依赖或互补关系，是国际商务活动在质量上的改进行为，这种商务活动具有通常意义上的专业化作用。

（3）网络型国际商务活动。它主要是在两个以上的国家开展的国际商务活动，是一种交叉关系。不同国家的商务活动之间既是平行关系又是互补关系，是一种综合性的国际商务活动体系，这种类型的国际商务活动具有通常意义上的集成或合成作用。

5. 按国际商务交易价格分

按照国际商务交易价格，一般把国际交易分为市场价格型国际商务和转移定价型国际商务。

（1）市场价格型国际商务。它主要是指在产权或所有权上相互独立的两个或两个以上的国家的商业主体之间按市场竞争价格达成的跨国商业交易行为。一般说来，这种交易都是按正常交易价格（at arm's price）达成的。

（2）转移定价型国际商务。它主要是指同一个商业组织在两个或两个以上国家的分支机构或内部商业单位之间按照转移定价（transfer price）的方式达成跨国商业交易行为。转移定价是跨国公司内部利润转移和规避税收的一种常见而又重要的方法。

1.1.4　国际商务活动体系

从全球来看，国际商务活动是一个宏大的体系，它主要由以下几个部分组成：

1. 国际商务活动主体

目前，国际商务活动的微观主体主要是跨国公司。自第一家现代跨国公司东印度公司成立以来，许多跨国公司就把它们的办公地点、分支机构和生产工厂搬迁到公司起源地或公司总部以外的地方，跨国公司的商务活动就迅速扩展到所有的经济领域，成为国际商务活动的真正主体。据联合国有关机构的统计，2005 年全球跨国公司约有 6.5 万家，控制了全球生产的 40%、国际贸易的 60%、国际投资的 90%、技术贸易的 60%、技术转让的 80% 及研发活动的 90%；跨国公司内部贸易已占国际贸易的 40%。目前，一些巨型跨国公司的总资产（见表 1-1）已经超过了许多国家的国内生产总值，这些跨国公司对当地经济，甚至是世界经济都产生了重大的影响。

表 1-1　　**2008 年全球总资产排名前十位的非金融性跨国公司（百万美元）**

排名	公司	母国	外国资产	总资产
1	通用电气公司	美国	401 290	797 769
2	荷兰皇家壳牌石油公司	荷兰/英国	222 324	282 401
3.	沃达丰集团公司	英国	201 570	218 955
4	英国石油公司	英国	188 969	228 238
5	丰田汽车公司	日本	169 569	296 249
6	埃克森美孚石油公司	美国	161 245	228 052
7	道达尔公司	法国	141 442	164 662
8	德国意昂集团公司	德国	141 168	218 573
9	法国电力公司	法国	133 698	278 759
10	安塞乐米塔尔钢铁公司	卢森堡	127 127	133 088

资料来源：联合国贸易发展委员会《世界投资报告》，2009 年。

2. 国际商务活动市场

国际商务活动市场是连接世界的纽带，是国际各种资源流动和交换的场所。随着科学技术的发展，特别是通信技术和网络技术的发展，国际分工不断深化，各种资源、产品和服务的国际交换规模日益扩大，国际商务活动市场遍及世界各个地方。当然，各种国际商务活动规模并不是平均的，例如国际贸易的发展，世界商品出口占世界国内生产总值的比例在 1950 年约为 6%，1973 年达到了 20%，2000 年达到 41.7%，2003 年增加到 45%，2005 年达到 53%，这几年年均增长率为 5.4%。同时，国际商务活动市场的地理分布也是不均衡的，以跨国公司的国际商务活动为例，世界 500 强企业在地理区位分布上是极不平衡的。例如，根据《财富》杂志在 2010 年 7 月的统计，全球财富 500 强（2010 年 3 月 31 日之前的一个财务年度）前十位的跨国公司主要分布在少数几个国家中（见表 1-2）。

表 1-2　　　　　　　　财富 500 强 2009—2010 财务年度前十名企业的国别分布

排名	公司	国家	领域
1	沃尔玛公司	美国	零售
2	荷兰皇家壳牌石油公司	荷兰/英国	石化
3	埃克森美孚	美国	石化
4	英国石油公司	英国	石化
5	丰田汽车公司	日本	汽车
6	日本邮政控股公司	日本	多种经营
7	中国石化公司	中国	石化
8	中国国家电网公司	中国	电力
9	法国安盛公司	法国	保险
10	中国石油天然气公司	中国	石化

资料来源：《财富》杂志的《财富 500》报告，2010 年 7 月。

3. 国际商务活动环境

总体上看，影响国际商务活动的环境因素主要有三大类：第一类是实物和社会的环境因素，主要有政治体制、法律政策、文化因素、经济因素和自然地理区位的影响，这些就是国际商务活动广义的外部环境因素。第二类是跨国公司竞争的因素，一是跨国公司在产品定价、市场营销、产品创新以及其他因素上所具有的比较优势，这是跨国公司开展国际商务竞争的自身因素；二是竞争对手的数量和比较优势，也就是跨国公司的产业竞争环境因素。第三类是国别地理区位上的差异因素，主要是指一些国家积极主动地采取的吸引国际商务活动的政策措施，而不是指不同国家在自然地理区位的差异，这种竞争性地理区位差异是世界各国在经济全球化进程中，主动根据自身经济发展和世界经济的发展需求而做出的自我政策让渡的结果。

具体地说，近十年来，国际商务活动快速发展，与下列环境因素有密切的关系。

一是技术的发展，特别是计算机技术、网络技术、运输技术与通信技术的发展，这些技术使国际商务活动发展更加快捷，减少了地理区位阻隔的影响。

二是各国政府对国际商务活动的推动,为了尽快地融入经济全球化的发展,各国政府都取消了对国际商务活动的很多限制,使各国企业"走出去"有了政策保障。

三是一些国际中介机构的发展,它们能为国际商务活动提供更加便捷的后勤服务。

四是消费需求的变化,随着经济全球化的发展和文化的全球化融合,消费者对国际知名商品和服务有了更多的理解,对国际名牌认可不断增加,从而增加对国际品牌的需求。

五是全球竞争更加激烈,跨国公司都在不断开发新产品,同时还在不断地开拓新的国际市场,国际商务活动发展迅速。

六是国际政治关系不断改善,特别是世界主要经济国家之间政治关系的改善,有利于国际商务的发展。

七是各国政府对国际问题的合作,如环境问题,这在一定程度上促进了国际商务的发展。

八是跨国组织之间的协调合作和跨国协议对国际商务活动的促进作用,例如,世界贸易组织对货物贸易、服务贸易、与贸易有关的知识产权、与贸易有关的国际直接投资、电子商务、电信产品、金融产品等领域的协调,极大地促进了国际商务活动的发展;同时,当代国际经济方面的条约和协定,如《联合国国际货物销售合同公约》和《联合国技术转让准则》等,也促进了国际商务活动的发展。

1.2　当代国际商务发展的趋势

近年来,随着科学技术的进步,特别是计算机技术、网络技术、信息技术和运输技术的发展,世界各国之间的经济交往更加频繁,国际商务活动发展也呈现了许多新趋势。

1.2.1　国际商务活动网络化

1. 国际商务活动网络化的表现

国际商务活动网络是指在两个以上的国家或地区中的国际商务活动相互之间形成的多种内在联系或外部合作关系。近年来,国际商务活动网络化在全球经济发展中表现得十分突出,主要有以下几种表现形式:

(1)跨国公司内部活动的网络化。它主要是指在两个以上的国家或地区中的国际商务活动相互之间形成的多种内在商业联系,主要表现为跨国公司在几个国家的国际商务活动呈现出水平型 、垂直型和复合型的国际商务活动网络,这种内部化网络的形成,主要是基于跨国公司全球经营战略、商务活动类型和国际商务活动地理区位配置等多种因素。

(2)跨国公司外部活动的网络化。它主要是指在两个以上的国家或地区中的国际商务活动相互之间形成的外部联系或合作关系,主要表现为跨国公司与外部企业之间的战略联合、外包关系或其他合作安排等，这也是目前国际商务活动复杂化的重要表现。

　　一般说来，跨国公司网络化是跨国公司实现全球扩张和提高规模经济效益的重要手段。例如，沃达丰电信集团公司（Vodafone Group），它是总部位于英国纽伯里的全球电信公司。如果按营业收入，它是全球第一大电信公司；如果按使用客户数量，它是仅次于中国移动通信公司的世界第二大电信公司，到 2010 年 6 月 30 日它的移动用户达 3.47 亿。沃达丰电信集团公司已在英国伦敦证券交易所上市，是伦敦金融时报 100 指数的重要构成成分，2010 年 8 月它的市场价值达 802 亿英镑，成为伦敦证券市场上的第三大公司。尽管沃达丰电信集团公司取得商业成功的原因很多，但其中一个重要原因就是它建立了完善的跨国商务活动网络。公司内部经营网络遍布欧洲、美洲、非洲、中东地区及亚太周边地区的 31 个国家，例如，在美国它持有美国第一大移动通信公司威瑞森无线公司 45%的股份（见表 1-3 和表-4）；同时，它还在全球与 44 个国家的电信运营商建立了合作伙伴关系，这些外部商务活动网络为沃达丰电信集团公司国际商业活动的开展提供了良好的网络平台。

表 1-3　　沃达丰电信集团公司的内部网络——子公司（占多数股权或实际控制权）

国家	网络名称（以前的名称）	所有权	网络用户	市场份额	排名
阿尔巴尼亚	沃达丰	99.9%	1127000	48%	2/2
捷克共和国	沃达丰（Oskar）	100%	2658000	20.14%	3/4
德国	沃达丰（D2）	100%	33920000	34.10%	2/4
希腊	沃达丰（Panafon）	99.9%	5438000	35.6%	2/4
匈牙利	沃达丰（AirTouch - Primatel）	100%	2304000	21.04%	3/3
爱尔兰	沃达丰（Eircell）	100%	2265000	43.4%	1/4
意大利	沃达丰（Omnitel）	76.86%	22791000	33.7%	2/4
马耳他	沃达丰（Telecell）	100%	201000	52%	1/2
荷兰	沃达丰（Libertel）	99.9%	4038000	21.8%	3/3
塞浦路斯	沃达丰（KKTC Telsim）	100%	104000	27.22%	2/2
葡萄牙	沃达丰（Telecel）	100%	5111000	37.2%	2/3
罗马尼亚	沃达丰（Connex）	100%	8808000	39%	2/4
西班牙	沃达丰（Airtel）	100%	15810000	31.2%	2/4
土耳其	沃达丰（Telsim）	100%	16116000	26%	2/3

续表

国家	网络名称（以前的名称）	所有权	网络用户	市场份额	排名
英国	沃达丰	100%	18447000	25.3%	2/5
澳大利亚	沃达丰	50%	6000000	27%	3/3
印度	沃达丰（Hutch）	67%	111465260	24.67%	2/16
新西兰	沃达丰（BellSouth）	100%	2309000	52.3%	1/2
刚果	沃达康	25.5%	–	49%	1/?
埃及	沃达丰（Click GSM）	55%	13333000	44.3%	2/3
加纳	沃达丰（Telecom, onetouch）	70%	1400000	17%	3/6
莱索托	沃达康	44.15%	–	80%	1/2
莫桑比克	沃达康	49%	–	40%	2/2
卡塔尔	沃达丰	22.95%	353580	22%	2/2
南非	沃达康	65%	16521000	52.6%	1/3
坦桑尼亚	沃达康	32.5%	–	46%	1/4

资料来源：以上数据均来自沃达丰电信集团公司网站，其中，表中有些股权份额虽然低于50%，但是沃达丰电信集团公司却取得了实际控制权；用户数单位：位，截至2007年12月31日。符号"?"和"–"表示数据不详。

表1-4　　　　　沃达丰电信集团的内部网络：分支机构（占少数股权）

国家	网络名称（以前的名称）	所有权	网络用户	市场份额	排名
法国	SFR	43.9%	–	36%	2/3
波兰	普乐士	24.4%	2638000	32.3%	2/4
中国	中国移动	3.4%	–	70%	1/2
斐济	沃达丰	49%	186000	100%	1/2
印度	阿蒂尔电信公司	4.4%	–	23.4%	1/9
肯尼亚	狩猎通信公司	35%	3698000	81%	1/3
美国	威瑞森无线公司	45%	29568000	31.7%	1/6

资料来源：以上数据均来自沃达丰电信集团公司网站，其中，用户数单位：位，数据截止到2007年12月31日。符号"–"表示数据不详

2. 国际商务活动网络化的原因

国际商务活动网络化的原因很多，归纳起来主要有以下几个方面：

（1）科学技术的发展。科学技术的发展，特别是电信技术和运输技术的发展，使

国际商务活动的交流更容易，地理距离已经不再是阻碍国际商务活动的因素，跨国公司在全球范围配置商务活动已经是企业发展的内在要求。

（2）专业分工的深化。在经济自由化的影响下，追逐效率提高是跨国公司获得更多利润的一个重要方法。因此，专业化成为跨国公司海外分支机构提高效率的必然选择，每个海外分支机构必然会专业化于当地市场，或者专业化于商务活动过程的某个环节。在专业分工深化的要求，跨国公司海外分支机构必然形成某种形式的内在联系，进而形成跨国公司内部的网络联系。

（3）国际竞争合作的需要。当今的世界，随着国际市场的不断扩展，跨国公司之间竞争异常激烈；同时，由于经济全球化的发展，任何一家跨国公司都很难独占国际市场。为了能在全球化竞争中生存，这必然要求跨国公司在竞争的同时，要加强彼此之间的合作。跨国公司与其他当地企业、当地组织、跨国公司、跨国组织之间建立的相互合作关系，就形成了国际商务活动的外部网络。

（4）当地资源的专属性，自然资源或基础设施是企业跨国经营必不可少的前提条件，它对企业竞争力的提高有重要影响。这些自然资源和基础设施在地理区位上很难跨国流动，或者跨国流动成本相当高。因此，这些企业为了获得所需要自然资源或基础设施就会开展国际商务活动，其结果必然与跨国公司外部商务活动形成某种联系，国际商务活动网络自然就会形成。

1.2.2　国际商务主体微观化

根据广义国际商务活动的定义，国际商务活动主体主要有个人、商业组织、政府和国际组织。但通常所说的国际商务活动主体一般是指跨国公司。然而，在经济全球化和科技经济信息化的时代，国际商务活动主体出现了微观化的趋势。

1. 国际商务活动主体微观化的表现

国际商务活动主体微观化主要是指在两个或两个以上的国家（经济体）从事国际商务活动的主体，由以巨型跨国公司为主导逐渐向一般中小型跨国企业为主导的方向转变。在经济自由化、经济全球化和信息全球化的影响下，一般中小型企业，特别是高科技中小型企业不断地参与国际商务活动，并日益成为国际商务活动的重要力量。国际商务活动主体微观化主要表现为：

（1）中小型企业参与国际商务活动不断增加。目前，一些中小型企业开始参与国际商务活动，并逐渐成为一支重要的国际商务活动力量。根据美国加州大学伯克利分校商学院教授瓦里安（Hal. R. Varian, 2006）的观点，他认为在美国小型商务活动是由99.9%的小企业完成的，它们创造了非农业国内生产总值的一半，创造了新增就业的60%~80%[①]。因此，中小企业成为小型商务活动的主体。这一现象在国际商务活动领

---

① Hal. R. Varian. Technology Levels the Business Playing Field. The New York Times, August 25, 2005.

域也得到体现，一些来自于新兴工业化国家和来自于亚洲、非洲、拉丁美洲发展中国家的一些中小企业开始参与国际商务活动。以发展中国家对外直接投资为例，近年来，发展中国家对外直接投资不断增长。根据2010年7月发布的《世界投资报告》，"发展中和转型期经济体的崛起在国际生产格局中非常明显，2008年，它们在全球82000个跨国公司中占到了28%，比2006年上升了2个百分点，而1992年这一比例不到10%。这反映出它们作为母国的分量也在加重"①。

（2）中小型高科技跨国公司在国际商务活动中迅速扩张成长。这主要表现为中小型高科技跨国公司在国际商务活动中扩张迅速，在很短时间内就由小型企业转变成行业的领导者，并对相关产业产生巨大的带动作用。在信息技术产业中，这种由中小型企业迅速成长为行业领导者或者成长为世界著名的跨国公司的例子很多，例如，亚马逊（Amazon）、易趣（eBay）、谷歌（Google）和雅虎（Yahoo）等科技公司在成立之初都是中小型企业，但是它们发展十分迅速，用十几年的时间就完成了优雅转身，从而跻身于世界著名跨国公司的行列，并成为行业的领导者。其中，最为典型的是谷歌公司，它是由两名斯坦福大学的理学博士生拉里·佩奇和谢尔盖·布林在1998年9月创建的有限责任公司。在成立之前它只受到美国太阳微系统公司创始人贝希多斯海10万美元的资助，2004年8月就在美国纳斯达克上市，2009年收入达236.51亿美元，其中经营收入83.12亿美元，利润达65.2亿美元，总资产达404.97亿美元，2010年全球员工达21805名，谷歌在短短10多年的时间内就成为全球著名的跨国公司。根据国际市场调研公司明略行咨询集团（Millward Brown Optimor）公布的2010年前100名最有价值的全球品牌（BrandZ Top100），谷歌公司品牌价值达1142.60亿美元，排在全球第一位；同时被《财富》杂志评为2007年和2008年全球最适合工作的公司第一名，2009年为第四名。

2. 国际商务活动主体微观化的原因

国际商务活动主体微观化形成原因很多，主要有以下几个方面：

（1）企业家精神的推动。企业家精神是指能提高企业资源使用效率的企业家所具备的一种特殊技能，是企业家组织建立企业和经营管理企业的综合才能，是一种特殊的生产要素。通常企业家精神最直接的体现就是创建新企业、发明新产品和开拓新市场。因此，中小企业成立和扩张本身就是企业家精神的生动表现。一般说来，企业在成立之初，企业家精神的作用更直接而且更强大，企业成长扩张一般是企业首要的发展目标。因此，开展国际商务活动，特别是开拓国际市场就成为企业一项重要工作。

（2）经济自由化的发展。经济自由化是指经济资源、商品或服务在市场交易中的限制日益减少、取消或消失，市场配置功能不断增强的一种趋势。20世纪90年代以来，随着社会主义国家纷纷实行自由市场主义的经济政策，经济自由化思想被世界各国普遍接受，各国政府在减少国内市场交易限制的同时，也不断地放松对外经济政策的管

---

① 联合国贸易和发展会议.2010年世界投资概述（中文版）.联合国纽约和日内瓦，2010年7月。

制，各国对外开放不断深化。与此同时，随着信息技术革命和运输技术的创新，各国对外交易更加快捷迅速。因此，世界各国开展国际商务活动，不仅具备了政策保障和政治促进，同时也具备了开展国际商务活动的技术手段和工具。从事国际商务活动再也不是巨型跨国公司的"专利"，一些中小企业在企业家精神的推动下，纷纷开展国际商务活动，这些企业在国际商务活动不断成长，有的成长为巨型跨国公司。

1.2.3　国际商务活动电子化

1. 国际商务活动电子化的表现

国际商务活动电子化是指国际商务活动对信息技术、计算机技术、网络技术和通信技术等科学技术不断依赖的趋势。科学技术发展对国际商务活动产生了直接而又广泛的影响，特别是信息技术、网络技术和通信技术的发展，使国际商务活动过程出现了电子化的趋势，主要表现为：

（1）国际商务磋商电子化。国际商务磋商是国际商务活动的首要环节，也是国际商务活动深入发展的必要前提。因此，所有企业在开展国际商务活动之前必然进行磋商活动。传统磋商方法是国际商务旅行，首先开始面对面的交流，然后再通过电话、传真、电报等方式进行交流。目前，由于网络通信技术的发展，商务旅行并非是国际商务活动的必然环节，商务活动双方可能通过网络视频技术和工具，如 MSN、Skype、QQ、Camfrog、Facebook 等，来开展国际商务活动；这些网络视频工具不仅能相互实时对话，而且能相互传递信息、声音、影像、图片，更为重要的是在网络通信技术的支持下，还能实现移动办公。如果国际商务活动一方需要现场勘察生产制造过程，就可以通过这些网络视频工具把现场制造过程直播给国外客户，这不仅替代了传统的国际商务旅行，而且大大节约国际磋商成本，这为国际商务活动开展提供了便利。

（2）国际商务流程电子化。国际商务活动成功必须有一定组织形式的保障，即要通过一定业务程序来实现。例如国际贸易活动，它必须通过磋商（价格磋商）——签订合同——货物交付或货款支付——国际运输——售后服务等业务程序，这些业务流程的完成都需要很高的时间成本。然而通过网络通信技术，这些流程的全部或大部分业务环节都能通过网络通信技术来瞬间完成。例如，目前蓬勃发展的网上银行支付业务，可以通过计算机终端或手机终端开展网上支付活动。国际电子商务已经成为一个新兴的产业，使得新兴的亚马逊、易趣等网络平台供应商得到快速扩张，甚至一些传统零售商，如沃尔玛和特易购（TESCO）也开展了网上销售业务。因此，国际商务活动电子化不仅节约了时间，而且极大地降低了国际商务活动成本，在国际商务活动快速增长中起到巨大的促进作用。国际商务活动电子化是开展国际商务活动的利器。

2. 国际商务活动电子化的原因

国际商务活动电子化的原因很多，主要有：

（1）网络通信技术的发展。网络通信技术的发展为国际商务活动提供了技术平台和工具支持。近年来，随着计算机技术、网络技术、通信技术的发展及其相互融合与集成，使得网络通信技术的商业化应用不断加强。一是网络通信基础设施更加完善。随着光纤光缆技术的发展，特别是各国政府都把信息技术产业作为国家支持产业来发展，无线网络互联基站、有线网络线路铺设与扩张，使每个国家的网络通信基础设施得到快速发展。二是网络通信工具功能更加强大，除了无线技术的重大突破，例如3G技术的成功，特别是无线网络终端工具的广泛应用，极大地促进人们之间的相互交流；同时，有线网络通信工具也取得了巨大成功，特别是基于计算机网络终端设备的一些网络通信工具功能的改进，这些网络通信工具可以把影像、语言、信息、图片等结合起来，实现实时、互动、快捷的网上交流，这对国际商务活动起到积极的促进作用，也为国际商务活动电子化提供了技术支持。三是各国网络通信制度更加开放。随着经济全球化，各国政府更加重视网络通信的对外开放，对外通信管制不断放松，这对国际商务活动电子化发展提供了制度保障。

表 1-5 　　　　　　　　　　　世界网络用户和人口统计

世界地区	人口 (2010.6.30)	网络用户 (2000.12.31)	网络用户 (2010.6.30)	占人口比重(%)	增长 2000—2010	占网络用户比重(%)
非洲	1013779050	4514400	110931700	10.9%	2357.3%	5.6%
亚洲	3834792852	114304000	825094396	21.5%	621.8%	42.0%
欧洲	813319511	105096093	475069448	58.4%	352.0%	24.2%
中东	212336924	3284800	63240946	29.8%	1825.3%	3.2%
北美洲	344124450	108096800	266224500	77.4%	146.3%	13.5%
拉美/加勒比海地区	592556972	18068919	204689836	34.5%	1032.8%	10.4%
大洋洲/澳大利亚	34700201	7620480	21263990	61.3%	179.0%	1.1%
世界总计	6845609960	360985492	1966514816	28.7%	444.8%	100.0

资料来源：作者根据网络世界统计网站的统计数据整理。

（2）网络用户的快速增长。世界网络用户迅速增加，是国际商务活动增长的首要条件。根据网络世界统计官方网站的统计（见表1-5），在美国东部时间2000年12月31日，世界网络用户为360985492人，到了2010年6月30日，世界网络用户占世界人口的比重为28.7%；在2000年到2010年6月30日之间，世界网络用户增加444.8%，增长最快的地区是非洲和中东地区；而亚洲和欧洲是网络用户最多的地区，网络用户分别达到825094396和475069448户，分别占世界网络用户总人口的42%和24.2%。因此，世界网络用户的快速增加为国际商务活动电子化提供了人才保障。

（3）移动办公成为时尚。移动办公是指办公人员可在任何时间（Anytime）、任何地点（Anywhere）处理与业务相关的任何事情（Anything），也称为"3A 办公"。它是当今高速发展的通信产业与 IT 产业交融的产物，它把通信业在沟通上的便捷和在用户上的规模与 IT 业在软件应用上的成熟和在业务内容上的丰富完美结合到了一起，使之成为了继无纸化办公、互联网远程化办公之后的新一代办公模式。这种全新的办公模式，可以让办公人员摆脱时间和空间的束缚。单位信息可以随时随地通畅地进行交互流动，工作将更加轻松有效，整体运作更加协调。利用手机的移动信息化软件，建立手机与电脑互联互通的企业软件应用系统，摆脱时间和场所局限，随时进行随身化的公司管理和沟通，助您有效提高管理效率，推动企业效益增长。据统计 2006 年，IDC 曾对亚太地区 10 个国家和地区进行调查，移动办公解决方案在提高效率和生产力方面确实行之有效，各个国家的企业在移动办公方面的投资也有较大增长，预计到 2010 年将达到 250 亿美元。此外，移动办公是一种新型的低碳办公模式，能为企业和社会节约资源，减少废气排放。总之，移动办公的快速发展，为国际商务活动电子化提供了示范效应，也创新了国际商务活动的方式。

◎案例

三位爵士与 TESCO 的创业故事①

特易购（TESCO）成立于 1924 年，总部位于英国赫特福德，是以食品和家用商品零售为主要业务的一家国际零售连锁集团公司，主要经营食品、日常家用品、个人金融保险和电信业务。截至 2010 年 2 月，TESCO 的收入达 625.4 亿英镑，员工 44 万，分支机构分布在全球 14 个国家的 4811 个地区（见表 1-6）。按收入计算它是全球第四大零售商，按利润计算它是全球第二大零售商。

表 1-6　　**2009—2010 财务年度 TESCO 在全球的地区分布（英国除外）**

国家	进入时间	店面数量	经营面积（m²）	经营面积（sq ft）	店面数变化（+/−）
中国②	2004	88	657382	7076000	+ 18
捷克共和国	1996	136	454389	4891000	+23
法国	1992	1	1400	16000	0
匈牙利	1994	176	614647	6616000	+ 27
爱尔兰共和国	1997	119	281589	3031000	+ 3

① 肖光恩. 三位爵士与 TESCO 成长的故事. 经济学消息报，2007 年 10 月 5 日，第 769 期。

② 2004 年 9 月，TESCO 收购了台湾顶新集团旗下的商业零售企业乐购（Hymall Chain）50% 的股权，开始以合资方式进入中国。

续表

国家	进入时间	店面数量	经营面积（m²）	经营面积（sq ft）	店面数变化（+/-）
日本	2003	142	44315	477000	+ 7
马来西亚	2002	35	260593	2805000	+3
波兰	1995	336	701697	7553000	+ 17
斯洛伐克	1996	81	292459	3148000	+ 11
韩国	1999	305	1015152	10927000	+ 63
泰国	1998	663	975389	10499000	+ 92
土耳其	2003	105	232165	2499000	+ 9
美国	2007	145	135267	1456000	+ 30
总计		2329	5666444	60994000	+ 303

资料来源：作者根据 TESCO2009—2010 财务年度在证券市场上的年度报告中的数据整理而得。

TESCO 的成长充满了太多的传奇，它与三位爵士的个人奋斗故事紧密相连。

1. 杰克·科恩爵士与 TESCO 的创立

TESCO，在今天的英国可以说"无处不在，无处不有"。一个生活在英国的人，你吃的可能是 TESCO 品牌的食品，穿的可能是 TESCO 品牌的服装，用的可能是 TESCO 品牌的手机、家庭电话、宽带和软件，看的可能是 TESCO 品牌的 DVD 和杂志。在商业街、大型购物中心和加油站，你都可以看到 TESCO 的身影。但你却很难想象，就是这样一个无孔不入的企业，最初却产生于英国伦敦东区的马路市场。

（1）30 英镑：第一桶金

TESCO 的创立者，是英国商人杰克·科恩（Jack Cohen）。1889 年杰克出在生英国伦敦东区，是波兰—犹太裔移民的儿子。在儿童时代就受到做裁缝的父母与顾客打交道的影响，杰克在学生时代经常利用课余时间帮助父母做一些服装推销的业务，随后他放弃学业开始做生意谋生，但他并没有继承父母做裁缝的职业，而是在当地市场摆摊出售食品。

1917 年 28 岁的他抓住了一个偶然的机会加入了英国皇家飞行军团，参加了第一次世界大战，但在军队中他主要负责后勤军需品的生产与供应，充分地发挥了他以前的经商经验，取得了商业上的成功，而且与一些职业军人建立了良好的个人关系，为其以后在商界的经营发展奠定了一定的社会关系。

1919 年杰克复员并获得了 30 英镑的遣送费。当时他认为，既然战争制造了许多商业机会，那么第一次世界大战结束后的和平时代，同样也会存在巨大的商业机会。他以这 30 英镑购置了一辆马车，在当地市场又开始了他以前从事过的食品零售生意，主要在当地市场出售鱼与果汁，第一天他就获得了 4 英镑的销售额和 1 英镑的利润。他的经销方法就是从其他商人手中购买多余的食品，然后再到另外一个市场以较高的价格出售。随后不久，杰克在当地很多市场拥有自己的销售摊位，并迅速扩大了销售规模。

（2）TESCO：公司的化身

1924 年，杰克开始从事食品批发销售业务，并创立了 TESCO 的品牌来标识自己出售的食品。TESCO 来源于杰克一个茶叶供应商（T. E Stockwell）名字的前三位首写字母和自己姓氏（Cohen）的前两位首写字母，杰克就用这个新单词 TESCO 作为自己经营商品的商标，并准备创立以 TESCO 为名的食品零售商店。1929 年，杰克在爱德华开设了自己第一个固定商店；1931 年杰克又成立了一家 TESCO 店；1932 年正式成立 TESCO 有限责任公司。从此，就进入了由杰克主导的 TESCO 时代。到 1939 年，杰克已经相继开业了 100 多家 TESCO 食品零售商店。

为了募集更多的发展资金，1947 年，杰克以 TESCO 控股有限责任公司在伦敦证券交易所上市流通，获得了大量的社会资金，为企业的进一步扩张奠定了基础。

在 19 世纪 50~60 年代，TESCO 进入了迅速的扩张发展期，杰克主要通过并购的方式来完成 TESCO 在英国的地理布局。1957 年 TESCO 收购了威廉姆森的 70 家零售商店；1959 年 TESCO 收购了哈罗的 200 家店，1960 年收购了欧文的 212 家店；1964 年收购了查尔斯·飞利浦的 97 家店；1968 年收购了维科多·外力的连锁店。在整个五六十年代，杰克领导下的 TESCO 大约收购了 800 多家商店，从而基本完成了 TESCO 在英国的空间布局。

（3）杰克：企业家精神

杰克之所以获得了商业上的巨大成功，与他的企业家精神有很大的关系。

首先，是杰克经营理念的与众不同。他信奉的经营哲学是："堆得高，卖得便宜"（Pile it high, sell it cheap）。从维多利亚时代开始，英国所有地方的食品店并没有很大的改变，即所有的食品零售店都是：安逸、缓慢而昂贵，尽管这些零售店销售的食品种类很多。但杰克并不循规蹈矩，他却提出了"堆得高，卖得便宜"的口号。也就是说，你在杰克的食品零售店中可能找不到所有种类的商品，但你总能找到最便宜的商品，因为 TESCO 店的商品总是"堆得高"（即有规模经济，能降低销售成本）。这种营销策略为居民节省了财富，在当时条件下的英国具有很大的吸引力。现在仍有评论认为，即使现在仍采取这一策略的德国超市 LIDL，也没有当时杰克所主导的 TESCO 零售店做得好。可见，杰克的经营哲学执行得是如何的好。

其次，杰克改变了零售方式。杰克在当时的英国首创了很多新的食品零售方式，杰克也因此被称为是一个伟大的思想家，是营销的天才。杰克建立了英国首家零售公司总部和仓库。1934 年杰克在埃德蒙顿购买了一块土地，作为公司总部和仓库。现在看来这一措施没有任何惊奇之处，但在当时的英国 TESCO 却是第一家；

随后 TESCO 全面建设中央仓库体系并进行库存管理，新仓库迅速地扩大到 50 多个，到第二次世界大战结束后，TESCO 的仓库已经增加到 200 多个，这为 TESCO 零售商品的即时供货提供了保障。杰克还开创了英国首家自助零售商店和超级市场。1935 年，杰克访问美国，他被美国自助商店所倾倒，自助商店意味着快速服务、快速消费和投入很少的工作人员。杰克认为他用了很多时间思考的问题终于找到了答案，于是他开始向英国保守的消费者出售这一概念。1947 年杰克在奥尔本开立了英国第一家自助商店，尽管这一销售方式使英国消费者有排队的困扰，甚至有些消费者对这一销售方式有排斥的心理，但后来这一销售方式和营销思想也慢慢被英国公众所接受。1956 年杰克在迈尔顿开设了英国第一家超级市场；1968 年 TESCO 在西苏塞克斯郡成立了第一家大型超级市场，这在英国当时的食品零售行业都是一个创举。杰克通过一系列的创新活动，使 TESCO 经营销售方式发生了重大的转变。此外，杰克还考虑到商品配给问题，当时他在切夏特和赫特福德购买了 12 英亩土地，用温室来种植水果和蔬菜，从而来保证零售食品的即时供应。

最后，是杰克的价格竞争策略。杰克促进了英国政府零售行业价格维持政策的改变。在第二次世界大战结束后的英国，零售行业一直实施"零售价格维持政策"（RPM），从而维持消费者价格的稳定，即零售商不能向消费者进行价格打折。然而，杰克却主张利用向消费者打折的方法来促进商品销售，1963 年杰克开始在 TESCO 店使用"绿色盾邮票"（Green Shield Stamp）的方法，变向地向消费者打折；1964 年英国国会不得不通过法律修正了零售价格维持政策，除了书和药品以外，其他的零售商品可以进行适当的打折，这一法律的修正为 TESCO 的发展提供了巨大的机遇，因为 TESCO "堆得高，卖得便宜"的方法会发挥得更好。正因为如此，杰克也获得了价格"断木机"（Slasher）和"暴力杰克"（主要是指其定价策略，而不是指其他恐怖事件）的称号。在杰克主持下，TESCO 获得了迅速的发展，并进入了英国零售行业领导行列。正因为杰克突出的商业贡献，1969 年，他被英国女王授予"爵士"称号。而杰克的创业事迹也被很多大学的著名教授写入了经典教科书中一直被传诵。

2. 兰·麦克劳因爵士与 TESCO 的霸主之路

1973 年杰克辞去了在 TESCO 所有的职务，正式地退出了 TESCO 的领导层，并回到自己的乡间别墅写自己的回忆录，而此时，TESCO 就进入了兰·麦克劳因（Ian MacLaurin）爵士主导下的快速发展时期。

（1）培训师：也有伟大梦想

兰·麦克劳因，1937 年出生在英国肯特的布莱克斯。大学毕业后不久，于 1959 年就进入了 TESCO 工作，开始时他的工作不是对 TESCO 进行管理，而是对 TESCO 的员工进行管理培训，是 TESCO 的一名管理培训师。当时麦克劳因就有一个梦想，就是有希望有一天能将 TESCO 发展成为英国最大的食品零售商。随后在 19 世纪 60 年代中，他担任了 TESCO 不同的管理工作，并于 1970 年正式进入了董事会工作，此时，培训师的管理梦想才开始有实施的机会。1973 年在杰克辞职以后，麦克劳因担任总经理，于 1985 年升任为董事长，他这才真正可以向实现自己理想的方向迈进。

（2）廉价：并不是唯一的选项

杰克"堆得高，卖得便宜"的经营理念维持了半个多世纪，虽然对广大消费者有很大的好处，但却饱受同行的攻击，而且也失掉了很多高端消费者。麦克劳因接管总经理职务以后，就开始逐步放弃"堆得高，卖得便宜"经营哲学，从而从"价格战"走向"质量战"，使 TESCO 的经营战略重点发生了根本的转变。1977年，麦克劳因用"TESCO 结算"（Checkout at Tesco）替代以前的"绿色盾邮票"，采用新的打折方法，即主张在所有的 TESCO 商店中降低产品价格并对集中购买给予更多的价格优惠，结果在实施后的两个月内，TESCO 市场销售额就增加了 4%。两年之后的 1979 年，TESCO 的年销售收入突破了 10 亿英镑。

1982 年麦克劳因又第一次将计算机结算系统引入了 TESCO 商店；当年 TESCO 的年度销售收入突破了 20 亿英镑，只用三年的时间销售收入就翻了一番。1985年，麦克劳因创立了属于 TESCO 自有品牌的营养食品，并通过"健康地吃"（Healthy Eating）的行动计划，向广大的消费者推广 TESCO 自有品牌的健康食品和食谱，这一措施从根本上使 TESCO 从"关注商品价格"转向了"关注商品质量"。

进入 20 世纪 90 年代，麦克劳因更加重视对消费者的服务，并将公司的经营理念向消费者服务和产品质量的方向转移，为此，他采取了一系列的措施。1992 年，麦克劳因重新修改了 TESCO 的经营哲学，提出了"细微之处见帮助"（Every Little Helps）的经营的口号，将经营的重点放在消费者服务上来。同年，TESCO 开始向消费者出售生物系列产品（Organic Range），使产品的质量向更高的方向发展。1993 年，麦克劳因发动了"优等服务"（First Class Services）的活动；同年为了进一步提高自有品牌产品的质量，又推出了"TESCO 价值"（TESCO Vale）系列产品。1995 年，麦克劳因在 TESCO 开展了"我应该购买"（Would I Buy It）活动，确保消费者永远都能在 TESCO 买到质量最好的产品，并向消费者承诺 TESCO 在产品质量上向"好—更好—最好"（Good, Better and the Best）的方向发展。同年，麦克劳因还创造性地推出消费者"忠诚卡"（Clubcard）计划（也称"俱乐部信用卡"），培养其消费者的忠诚度。目前，TESCO 持卡会员 1300 多万。这一"忠诚卡"计划的推出，为现在 TESCO 推行的信息化管理、库存管理和客户关系管理奠定了广泛的基础。

（3）市场细分：一种另类扩张

重视产品质量和消费者服务，这只是麦克劳因推动 TESCO 成长和发展的一种策略，他采取的另一个重要的战略就是细分市场，从而使 TESCO 在服务差异化过程中将经营规模扩大。

首先，麦克劳因使 TESCO 的经营范围向非食品领域扩张，从而使 TESCO 的产品经营范围向多元方向发展迈出了第一步。1974 年，麦克劳因在接管 TESCO 之后的第二年，就力排众议，大胆提出向非食品领域扩张的计划，当年在 TESCO 主要超级市场的停车场设立加油站，提供加油业务，主要零售 95 号和 99 号汽油。到 1991 年，TESCO 已经成为英国最大的独立汽油零售商，并且至今掌握英国汽油零售 12.5% 的市场销售份额。经营汽油零售业务的巨大成功，为麦克劳因推动 TESCO 经营非食品领域的商品零售业务积累了经验，并提供了强大的信心支持。

其次，除了推动 TESCO 经营机制的改变，麦克劳因还根据居民分布的情况，推动 TESCO 店面经营方式向多元方向发展，使 TESCO 经营模式多样化。1983 年，麦克劳因推动 TESCO 控股有限责任公司正式变成 TESCO 股票上市公司（TESCO PLC），从而使 TESCO 股份更加分散，健全了经营安全机制。1987 年，麦克劳因用了 2.2 亿英镑完成了对英格兰北部的希拉德 40 家超级市场的收购，从而使 TESCO 店遍布到整个英格兰。1992 年 TESCO 在伦敦中心区的考文垂公园开设了首家 TESCO 城市店（TESCO Metro）。这种店面规模小于 TESCO 标准店，通常位于市中心，或者是小镇和村庄的中心，经营面积约为 1100 平方米，主要是针对人口密集的地区而设立的一种店面。从此，TESCO 店面模式走向了多元化的道路。1994 年，麦克劳因又开创 TESCO 便捷店（Tesco Express），这种店面主要经营具有规模经济的食品，其经营面积比城市店的面积还要小，但其分布地点却更加灵活，既可以在繁华的市中心，也可以在居民区，又可能在交通干道的旁边，经营面积约为 125 平方米。到目前为止，TESCO 已经有了 TESCO 标准店、TESCO 城市店、TESCO 便捷店等多种店面经营模式（见表 1-7）。

表 1-7　　　　　　　　截至 2010 年 2 月 TESCO 各种店面经营状况

店面类型	数量	总面积（m²）	总面积（sq ft）	平均面积（m²）	平均面积（sq ft）	占总面积比重	店面数变化（+/-）2009/10
Tesco Extra	190	1265989	13627000	6625	71721	41.31%	+13
Tesco Superstores	455	1255584	13515000	2786	29703	40.97%	+ 7
Tesco Metro	181	192867	2076000	1081	11470	6.29%	+ 7
Tesco Express	1130	236345	2544000	205	2251	7.71%	+169
One Stop	513	62430	62710	126	1316	2.02%	+ 1
Tesco Homeplus	13	37904	554000	3790	51468	1.70%	+ 3
总计	2482	3051119	32991000	1229	13292	100%	+ 200

资料来源：作者根据 TESCO2009—2010 财务年度在证券市场上的年度报告中的数据整理而得。

同样在 1994 年，麦克劳因还推动 TESCO 从英格兰向苏格兰扩张，成功地收购了苏格兰的零售企业，并控制了其在苏格兰的 57 家超级市场，并成功地打败了英国当时最大食品零售商三思百利（Sainsbury）。到了 1995 年，TESCO 已经成为英国最大的食品零售商，从而实现了麦克劳因推动 TESCO 成为英国零售业霸主的梦想。

此外，麦克劳因还推动 TESCO 走向国际化扩张的道路。1995 年 TESCO 首次向英国之外进行直接投资，在匈牙利建立了 TESCO 零售商店，并取得了成功。1996 年首次进入北爱尔兰设立了 TESCO 城市店；同年，TESCO 又大举进入波兰、捷克和斯洛伐克等中欧的发展中国家，开始了大规模向外扩张的道路。

（4）成功：也是一种退出

TESCO 在英国零售业建立了霸主地位之后，麦克劳因却选择了退出 TESCO，从而使他个人发展道路进入了英国商业的另一个领域，他进入了英国电信领域的经营。1997 年，麦克劳因正式退出 TESCO 并成为英国电信经营商沃达丰的非执行董事，1998 年 7 月他成为沃达丰的董事会主席。然而，麦克劳因的商业成功主要发生在其在 TESCO 经营的时代。因其个人在 TESCO 的商业成功，1989 年麦克劳因被英国女王授予"爵士"称号；1996 年又获得"麦克劳因男爵"的封号。麦克劳因还担任过英格兰和苏格兰板球协会主席和特赫福德大学的名誉校长。麦克劳因个人在评价其对 TESCO 发展的贡献时说，他对 TESCO 的发展有两大主要贡献，一是大胆地放弃了持续了半个多世纪的"堆得高，卖得便宜"的经营哲学，这需要很大的勇气；二是选择了正确的接任者，这个人就是 TESCO 的第三位掌门人特里·利亚（Terry Leahy）。

3. 特里·利亚爵士与 TESCO 的多元化帝国

（1）TESCO：利亚青年时的追求

特里·利亚，1956 年 2 月 28 日出生于英国利物浦，在家中四兄弟中排名第三，也是四个兄弟之中唯一受过高等教育的人。他在学生时代就很崇拜 TESCO，经常利用节假日的时间到 TESCO 的堆栈柜台打工。1979 年他从曼城理工大学毕业以后，他就直接返回到 TESCO 担任营销主管；1992 年进入 TESCO 董事会工作；1995 年 11 月 21 日被前任麦克劳因宣布为接班人，1997 年 2 月 21 日，利亚正式担任了 TESCO 首席执行官，在 TESCO 经过 18 年的奋斗，利亚终于实现了学生时代就开始的人生追求。2002 年，利亚因其卓越的商业才能而被英国女王授予"爵士"称号，2003 年，利亚又分别当选为英国"年度商业领袖"和 2003 年"欧洲财富年度商业人士"；2005 年，他被《当代管理》杂志选为"英国最受尊敬的商业领袖"。2007 年英国《卫报》评论"利亚是英国非选举的最有影响的政治人士"。同时，在 2002 年，利亚就当选为其母校曼彻斯特理工大学的名誉校长，从 2004 年 1 月开始，他再次当选为新成立的曼彻斯特城市大学的共同名誉校长。

（2）非食品零售：新的制胜点

正式接任 CEO 以后，利亚就利用现代科技发展的成果和 TESCO 在营销渠道上

的强大优势，对 TESCO 经营范围进行了全方位的改革。其中，最为突出的是决定
TESCO 向非食品零售领域进军。利亚除了在汽油零售业务中引入生物合成油之外，
其拓展非食品零售的业务主要还表现在以下几个方面：

利亚推动 TESCO 开展个人金融服务业务。1997 年，TESCO 与苏格兰皇家银行
合作，在 TESCO 内部金融系统中开展 TESCO 个人金融（TPF）服务业务，可以向
消费者提供 TESCO 内部金融支付与结算服务。1999 年开始发起"俱乐部信用卡"
交易活动；同年，TESCO 个人金融服务的消费者账户达到了 100 万个。随后，
TESCO 又与苏格兰皇家银行合资成立哥拉斯哥金融中心公司（已试运营），向消费
者提供信用卡、贷款、抵押、储蓄和其他类型的金融服务，包括汽车贷款、活期储
蓄账户、商业信用卡、红利信用卡（即支付利息的信用卡）、"俱乐部信用卡"（每
消费 4 英镑给一个点的折扣）和抵押业务等。同时，该公司还提供金融保险业务，
包括旅行险、宠物险、汽车险、寿险、家庭险、汽车故障险等，TESCO 的个人金
融服务业务主要通过其连锁商店的宣传册和 TESCO 网站进行宣传，通过提供"俱
乐部信用卡"点数折扣和提供一定量的免费汽油来促销。TESCO 哥拉斯哥金融中
心公司如果经营成功，则会迅速地扩展到 TESCO 所有核心店和旗舰店。2007 年 2
月 24 日之前的 52 周中，TESCO 宣布其个人金融服务获得了 1.3 亿英镑的利润。

利亚推动 TESCO 开展电信业务。1988 年 TESCO 开始提供 ISP 服务，2003 年
TESCO 与英国电信公司 O_2 成立合资企业 TESCO 移动公司，该公司主要提供话费
预付和 PAYG（pay-as-you-go）两种账户业务。同年，TESCO 还与英国有线与无线
公司建立合作企业 TESCO 家庭电话公司，向英国居民提供固定电话服务业务；
2004 年 8 月 TESCO 与 NTL 公司建立了合作关系，开始提供宽带业务，2006 年 1
月，TESCO 与澳大利亚 Freshtel 公司成立合资企业，提供网络电话和网络语音协议
（VoIP）业务。至此，TESCO 向英国消费者提供包括手机、固定电话、宽带、网络
电话、ISP、VoIP 等在内的几乎所有的电信业务。目前，TESCO 电信服务业务取得
了巨大的成功。2004 年 12 月，TESCO 宣布已有 50 万电信用户，2005 年 12 月，其
移动电信用户达到了 100 万，2006 年 4 月，TESCO 宣布有 150 万电信用户，包括
移动手机、固定电话和宽带用户。2006 年 12 月 19 日，TESCO 电信业务又进入了
爱尔兰。

TESCO 的经营领域还拓展到家用电器、服装、报刊、化妆品、软件、DVDs 出
租等领域。例如，TESCO 有 "Technika" 和 "Digilogic" 两个自有品牌的系列家用
电器产品，包括电热水壶、烤箱、DVD 机、电视和计算机等；2004 年又推出了
"Florence & Fred" 和 "Cherokee" 两个自有品牌的系列服装产品；2006 年 10 月 1
日，TESCO 以每套 20 英镑的价格，开始出售六个自己品牌的软件套餐，其中包括
了办公系统和安全套餐软件。

（3）网上零售：虚拟世界的战斗

信息技术和网络技术的快速发展，也为利亚拓展 TESCO 新的营销渠道提供了

极大的机遇。网上零售成为 TESCO 的另一种重要方式。1994 年，TESCO 开始经营网络；1996 年 TESCO 成为世界第一家以网络销售食品的企业；1999 年，TESCO 开展网上书店和网上银行业务；2000 年，利亚任命约翰·布鲁特（John Browett）为 TESCO 网上商店（Tesco.com）的首席执行官，全面负责 TESCO 网上商店的经营业务，TESCO 网上零售全面开始运营。Tesco.com 基本集成了 TESCO 所有的零售业务。目前，TESCO 是世界上最大的网上食品零售商，已经开始盈利。

除了食品销售，Tesco.com 还提供各式各样的服务销售。例如，网站上专门开设了法律服务专栏，并且开始努力树立品牌特色。只要登录到 Tesco.com，你就可以找到 9.99 英镑一整套的遗嘱服务，或者在上面为买一张俱乐部会员卡讨价还价。网站上诱人的广告这样写道："律师是昂贵的，为什么不试着自己来解决问题呢?"此外，TESCO 网上商店还提供音乐下载和数码相片等数字产品的零售业务。

TESCO 网上零售目前已经扩展到国外。2001 年，TESCO 与美国零售商 Safeway 建立战略合作伙伴关系，利用 Tesco.com 的销售渠道在美国开展网上零售，向美国消费者提供网上食品零售和其他家庭购物服务业务。同时，TESCO 还在爱尔兰和韩国开展了网上零售业务。2003 年，TESCO 网上商店的执行官约翰·布鲁特获得了美国沃尔顿商学院信息系统商业转换奖（Infosys Business Transformation Award）——科技变革领导者奖（Technology Change Leader）。TESCO 网上零售商店的成功，获得了国际社会的普遍认可。

（4）全球化：跨国帝国的必然选择

进入 21 世纪以后，全球化的浪潮进一步影响了 TESCO 的经营方向。尽管 TESCO 成长的历史很长，但其迈向国际化的步伐却落后于世界其他零售商业。于是利亚在其主政的时代，加快了 TESCO 国际化的步伐。

利亚首先选择向亚洲发展 TESCO 的零售业务。1998 年，TESCO 以合资的方式进入了我国台湾与泰国，首次在亚洲国家开展商业零售业务。1999 年 TESCO 进入韩国，2003 年 TESCO 进入马来西亚、日本和土耳其；2004 年收购乐购公司 50% 的股权进入中国零售业；2005 年，TESCO 与法国家乐福达成互购协议，TESCO 将其在中国台湾地区的零售商店出售给家乐福，而收购家乐福在捷克、斯洛伐克的零售商店。2006 年 2 月，TESCO 宣布开始向美国零售市场进军，最初阶段计划每年向美国投资 2.5 亿英镑（4.36 亿美元），在美国西海岸（主要在亚利桑那、加利福尼亚和内华达）设立 TESCO 便捷店，2007 年把在美国投资的零售商店取名为 Fresh & Easy。

在推动 TESCO 向英国本土之外进行扩张时，利亚一般都采取比较稳健的经营方针，主要采取与投资东道国零售商业合资的方式，然后再谋取在合资企业中的控股权，例如，在韩国，TESCO 与三星集团合资成立 Samsung-Tesco Home Plus 店，在泰国与 Charoen Pokphand 合资成立 Tesco-Lotus 店。同时，利亚还雇用很多当地主管来管理 TESCO 在当地的商业零售业务。

利亚的全球零售商业帝国已经取得了巨大的成功。目前，TESCO 在海外设立零售企业的国家已经达到 12 个，零售商店为 1265 家。2004 年，TESCO 宣布其英国之外的商业零售经营面积已经超过了英国本土的营业面积。目前，英国海外的销售收入占 TESCO 总销售收入的 25%。目前，这些海外企业正处在快速发展的时期，许多 TESCO 海外零售企业已经在东道国占据行业垄断地位，如 TESCO 在爱尔兰已经是最大的食品零售企业，年销售收入达到 15 亿欧元。2005 年 TESCO 收购家乐福在捷克和斯洛伐克的零售商店以后，现在 TESCO 已经是这两个国家零售行业的领导企业。此外，在匈牙利、波兰和泰国，TESCO 所设立的商业零售企业已经成为行业老大。

尽管 TESCO 的国际化走的是一条从发展中国家向发达国家进攻的道路，但在利亚的领导下，TESCO 的全球商业帝国已经初步形成。

◎ 思考题

1. 根据 TESCO 的发展过程，说明国际商务体系的构成内容。
2. 根据 TESCO 的发展事实，说明国际商务市场开拓的方法。
3. 根据 TESCO 的国际化的策略，说明网络通信等科学技术对国际商务活动的影响。

第2章
国际商务基本形式

◎**本章要点**

1. 如果按照国际商务活动的交易标的物进行分类，国际商务具有五种基本形式，分别是国际商品贸易、国际技术贸易、劳动力跨国流动、国际服务贸易和国际资本流动。

2. 国际商品贸易也称"有形货物贸易"，其贸易对象是看得见，摸得着的，有一定物理形态的商品。国际商品贸易就是这些有形商品之间跨国界的交换活动。

3. 国际技术贸易指一个国家的企业、经济组织或个人，按一般商业条件，将技术向另一个国家的企业、经济组织或个人转让或许可的行为。

4. 国际商务中的劳动力跨国流动是一种经济性质的流动，它至少具备两个条件：一是劳动者的人身是自由的，能够自由选择市场和出卖劳动力，这就不同于过去的国际间的奴隶买卖活动，不具有超经济强制和殖民性质；二是劳动力跨国流动只出于经济上的目的，是为了寻找更有利的劳动力市场，这也不同于特定时期某些国家大量外逃的难民，其外逃目的是为了逃避自然灾害或战争以及其他政治灾难。

5. 国际服务贸易是指国家之间服务的交换，表现为国家之间服务的提供与消费。"服务"是一种特殊形式的劳动产品。

6. 国际资本流动是指资本从一个国家或地区转移到另一个国家或地区的国际经济活动，其目的是为了获得比国内更高的经济效益。

2.1 国际商品贸易

2.1.1 国际商品贸易基本概念

1. 国际商品贸易的定义

国际商品贸易（International Commodity Trade）也称"有形货物贸易"，其贸易对象是看得见，摸得着的，有一定物理形态的商品。国际商品贸易就是这些有形商品之间跨国界的交换活动。

当然，随着科学技术的发展及服务水平的提高，许多服务已日益融合到商品贸易之中，服务因被"物质化"而具备了可存储性，使得服务的生产和消费可以分开，这种服务被称为物化服务。如购买软件技术的服务可通过购买光盘来进行。

2. 国际商品贸易的分类

世界市场上有形商品种类很多，为了统计和其他业务的方便，联合国曾于1950年编制了《国际贸易商品标准分类》，并于1960年和1972年先后修订，它一度为世界绝大多数国家所采用。根据这个标准，国际贸易中的商品共分为10大类、63章、233组、786个分组和1924个基本项目。10个大类的商品分别是：食品及主要供食用的活动物（0大类）；饮料及烟类（1大类）；燃料以外的非食用粗原料（2大类）；矿物燃料，润滑油及有关原料（3大类）；动植物油脂及油脂（4大类）；化学品及有关产品（5大类）；主要按原料分类的制成品（6大类）；机械及运输设备（7大类）；杂项制品（8大类）；没有分类的其他商品（9大类）。其中，0—4类商品又被称为初级产品，5—9类商品被称为工业制成品。按此标准，在国际贸易统计中，每一种商品的目录编号都采用5位数。1位数表示类，2位数表示章，3位数表示组，4位数表示分组，5位数表示项目。譬如，某种活山羊在标准分类中的数位号是001.22，其含义是：0类，食品及主要供食用的活动物；0章，主要供食物的活动物；1组，主要供食用的活动物；2分组，活绵羊及山羊；2项目，活山羊。根据上述标准分类法，几乎可以把国际贸易的所有商品都包括进来。

2.1.2 国际商品贸易中的贸易术语

1. 贸易术语的作用

1812年，在英国利物浦港首先诞生了FOB贸易术语（FOB，Free On Board，装运港船上交货），50年后，在英国伦敦又出现了CIF贸易术语（CIF，Cost，Insurance and Freight，成本加保险费、运费）。此后，贸易术语相继形成。贸易术语的出现，极大地推动了国际贸易的发展，它的作用主要表现在以下四个方面：

（1）贸易术语可以简化和规范交易磋商过程和内容，缩短谈判进程，节省费用开支。

（2）贸易术语是货物的计价基础，有利于双方核算成本、核算价格。买卖双方确定成交价格时必然要考虑采用的贸易术语中所包含的从属费用，如运费、保险费、装卸费、关税、增值税和其他费用，这就有利于交易双方进行比价和加强成本核算。

（3）贸易术语明确了买卖双方有关手续、费用和风险的责任划分，有利于合同的恰当履行，减少纷争。

（4）一旦交易双方在交易过程中产生争议，可以援引有关贸易术语的一般解释来处理。所以，熟练掌握国际贸易中的各种贸易术语，有利于妥善解决贸易争端。

我们不妨将贸易术语的作用总结为"明确"二字。责任如何划分明确，风险由谁承担明确，费用由谁支付明确，一切都一目了然，简洁明了。这无疑会极大地提高国际商务活动的效率。

2. 常见的贸易术语

为给国际贸易中普遍使用的贸易术语提供一套解释的国际规则，避免因各国解释的不同而出现不确定性，1936 年国际商会对 19 世纪被广泛使用的 FOB、CIF 等术语进行了总结，并结合各国贸易习惯制订了《1936 年国际贸易术语解释通则》，该通则曾于1953 年、1967 年、1976 年、1980 年、1989 年先后进行了五次修订。在 20 世纪 90 年代后半期，国际商会广泛征求世界各国贸易界人士和专家学者的意见，在大量调查研究的基础上，决定对《通则》进行再次修订。但考虑到《通则》已在世界范围内产生了广泛的影响，被越来越多的贸易界人士所接受，为了保证其相对稳定性，1999 年的最后一次修订只是进行了"微调"。新的《2000 年国际贸易术语解释通则》（International Rules for the Interpretation of Trade Terms，2000）于 2000 年 1 月 1 日起正式生效。

《2000 年国际贸易术语解释通则》（简称《2000 通则》）中包含了 13 种贸易术语，这些贸易术语中又以装运港交货的三种术语（FOB，CIF，CFR）采用得最多。

（1）装运港船上交货（FOB）

FOB，全文是 Free On Board（... named port of shipment），即船上交货（……指定装运港）。FOB 术语后面需要加注装运港的名称，例如：FOB Qingdao，这表明在青岛港的船上交货。

按照《2000 通则》的解释，采用 FOB 术语成交，卖方应在指定的装运港将货物装到买方指定的船上，当货物有效超过船舷后，即算完成交货义务，买方负担自该时起的一切费用和货物灭失或损坏的风险。

（2）成本加运费（CFR）

CFR，全文是 Cost and Freight（... named port of destination），成本加运费（……指定目的港），又称运费在内价，以前业务上也用"C&F"表示。CFR 术语后面需要加注的是目的港的名称，例如：CFR Qingdao，这表明我方为进口方，目的港是青岛。

按照《2000 通则》的解释，采用 CFR 术语成交，卖方承担的基本义务是办理租船或订舱，支付运输费用，在合同规定的装运港和装运期限内将货物装上船，并及时通知买方。货物在装运港有效越过船舷后，风险即由卖方转移给买方。买方的基本义务是承担装船后的一切风险及其额外费用，为自身利益投保，并接受卖方提交的货运单据，支付货款。

（3）成本加保险费、运费（CIF）

CIF，全文是 Cost，Insurance and Freight（... named port of destination），即成本加保险费、运费（……指定目的港）。CIF 术语后面加注的是目的港的名称，这一点与 CFR

相同，不同于 FOB。例如：CIF Qingdao，这表明我方为进口方，目的港是青岛。

按照《通则》的解释，采用 CIF 成交，卖方负责租船或订舱（必须租用适航的船舶），在合同规定的装运期限内在指定的装运港将货物运往指定目的港，负担货物在装运港有效越过船舷为止的一切费用和货物灭失或损坏的风险，并负责办理货运保险，支付保险费用。即卖方除了负担与 CFR 术语下同样的义务，还必须为货物在运输中灭失或损坏的买方风险取得海上保险。卖方订立保险合同，并支付保险费。买方应注意到，按 CIF 术语卖方只需按最低责任的保险险别取得保险。

上述的 FOB、CIF、CFR 三种贸易术语在国际贸易中使用最多。三者均属于装运港交货的术语，都是只适用于海运或内河运输。从价格构成上看，FOB 价加上运输费用等于 CFR 价，CFR 价再加上保险费等于 CIF 价，三者之间可以进行换算。

3. 《国际贸易术语解释通则》的最新修订

《2010 年国际贸易术语解释通则》（International Rules for the Interpretation of Trade Terms 2010, Incoterms 2010）是国际商会根据国际货物贸易的发展，对《2000 年国际贸易术语解释通则》的最新修订，在 2010 年 9 月 27 日正式公布，于 2011 年 1 月 1 日实施。

值得一提的是，Incoterms 2010 实施之后并非 Incoterms 2000 就自动作废。因为国际贸易惯例本身不是法律，对国际贸易当事人不产生必然的强制性约束力。国际贸易惯例在适用的时间效力上并不存在 "新法取代旧法" 的说法，当事人在订立贸易合同时仍然可以选择适用 Incoterms 2000 甚至 Incoterms 1990。

（1）《2010 年国际贸易术语解释通则》的主要变化

①术语分类的调整。

《2010 年国际贸易术语解释通则》由原来的 EFCD 四组分为适用于两类，适用于各种运输方式和水运。

②贸易术语的数量由原来的 13 种变为 11 种。

《2010 年国际贸易术语解释通则》删去了《2000 通则》4 个术语：DAF（Delivered at Frontier）边境交货、DES（Delivered Ex Ship）目的港船上交货、DEQ（Delivered Ex Quay）目的港码头交货、DDU（Delivered Duty Unpaid）未完税交货，新增了 2 个术语：DAT（Delivered at Terminal）在指定目的地或目的港的集散站交货、DAP（Delivered At Place）在指定目的地交货。即用 DAP 取代了 DAF、DES 和 DDU 三个术语，DAT 取代了 DEQ，且扩展至适用于一切运输方式。

③取消了 "船舷" 的概念。

《2010 年国际贸易术语解释通则》中，卖方承担货物装上船为止的一切风险，买方承担货物自装运港装上船后的一切风险。在 FAS，FOB，CFR 和 CIF 等术语中加入了货物在运输期间被多次买卖（连环贸易）的责任义务的划分。考虑到对于一些大的区域贸易集团内部贸易的特点，规定 Incoterms 2010 不仅适用于国际销售合同，也适用于国内销售合同。

（2）《2010 年国际贸易术语解释通则》中买卖双方的基本义务

Incoterms 2010 各种贸易术语买卖双方的基本义务分类如下：

卖方（Seller）	买方（Buyer）
A1 卖方的一般义务（General Obligations of the Seller）	B1 买方的一般义务（General Obligations of the Buyer）
A2 许可证，其他许可，安全清关和其他手续（Licences, authorizations, security clearances and other formalities）	B2 许可证，其他许可，安全清关和其他手续（Licences, authorizations, security clearances and other formalities）
A3 运输与保险合同（Contracts of carriage and insurance）	B3 运输与保险合同（Contracts of carriage and insurance）
A4 交货（Delivery）	B4 收货（Taking delivery）
A5 风险转移（Transfer of risks）	B5 风险转移（Transfer of risks）
A6 费用分摊（Allocation of costs）	B6 费用分摊（Allocation of costs）
A7 通知买方（Notice to the buyer）	B7 通知卖方（Notice to the seller）
A8 交付单据（Delivery document）	B8 交货证明（Delivery Proof of delivery）
A9 核对-包装-标记（Checking-packaging-marking）	B9 货物检验（Inspection of goods）

2.2　国际技术贸易

2.2.1　国际技术贸易基本概念

1. 国际技术贸易的定义

国际技术贸易（International Technology Trade）指一个国家的企业、经济组织或个人，按一般商业条件，将技术向另一个国家的企业、经济组织或个人转让或许可的行为。

经济合作与发展组织（OECD）在其《技术国际收支手册》（TBP Manual 1990）中明确指出：技术贸易中"技术"的含义与日常生活中广泛使用的名词——"技术"是有所区别的。技术贸易中的"技术"是指对技巧、工具、机器和材料的研究成果，它既包括制造某种产品所需要的技术，也包括为制造某种产品而使另一些产品（工具、机器等）运转所需要的技术，还包括所提供的技术服务。一般而言，技术贸易中的

"技术"应具有三个基本特征，即可用性、专有性、新颖性。可用性是指它必须是一项用于物质生产的技术；专有性是指它必须是一项通过专利保护或由掌握这一技术的公司或个人保密，并未经同意不得传播的技术；新颖性是指一项技术在解决生产过程中的难题上能够发挥较为重要的作用，并使得此项技术的拥有者具有一定的竞争优势。

2. 国际技术贸易的交易对象

一般来说，国际技术贸易的主要内容是知识产权，它包括：

（1）工业产权。工业产权是指人们依法对应用于商品生产和流通中的创造发明和显著标记等智力成果，在一定地区和期限内享有的专有权。按照《保护工业产权巴黎公约》的规定，工业产权包括发明、实用新型、外观设计、商标、服务标记、厂商名称、货源标记、原产地名称以及制止不正当竞争的权利。

在中国，工业产权主要是指商标专用权和专利权。专利权是指拥有技术专利权的一方将其专利通过签订专利许可协议或合同方式转让给另一方使用的行为。商标使用权是指商标注册人依法支配其注册商标并禁止他人侵害的权利，包括商标注册人对其注册商标的排他使用权、收益权、处分权、续展权和禁止他人侵害的权利。商标权是一种无形资产，具有经济价值，可以用于抵债，即依法转让。

（2）著作权。著作权分为著作人格权与著作财产权。著作人格权包括公开发表权、姓名表示权及禁止他人以扭曲的方式利用著作损害著作人名誉的权利。著作财产权是无形的财产权，是基于人类智识所产生的权利，故属知识产权的一种，它包括重制权、公开口述权、公开播送权、公开上映权、公开演出权、公开传输权、公开展示权、改作权、散布权和出租权等。

（3）专有技术或商业秘密（也称"技术诀窍"、"非专利技术"）。专有技术指先进、实用但未申请专利的技术秘密，包括设计图纸、配方、数据公式以及技术人员的经验和知识等。虽然它不属于知识产权，不受法律保护。但它是技术贸易的重要内容之一，其转让合同上规定受让方须承担保密义务。世界各国对专有技术含义解释不尽一致，专有技术也称技术诀窍（know-how）、技术秘密、商业秘密（trade secrets）。

国际商会在其1957年10月17—18日的会议报告中曾提出如下定义："专有技术系指生产某项产品的专门知识、操作经验和技术的总和"，"专有技术不仅指保密的配方和技术，而且也指与实施专利所必需的制造方法有关的技术，它还指制造商在研究中开发的、还未被其竞争者所掌握的实用和专有的方法及技术知识"。

在《与贸易有关的知识产权协议》中，用"未公开的信息"（undisclosed information）一词，来指未公开的、未取得工业产权法律保护的制造某产品或者应用某项工艺以及产品设计、工艺流程、配方、质量控制和管理等方面的技术知识。

总之，国际技术贸易的内容并非一成不变，随着科学技术的发展，国际技术贸易的内容也随之拓展。例如电子工业迅速发展，电子计算机软件便更多地成为技术交易的内容。此外，从交易的法律性质看，设备买卖一般受货物买卖合同法制约，而国际技术贸易则受保护工业产权法、合同法、侵权行为法等法律的制约。假如相应的法律条款的调整，国际技术贸易的内容也会随着发生变化。

2.2.2　国际技术贸易的特点与方式

1. 国际技术贸易的特点

与国际商品贸易相比，国际技术贸易主要具有五个方面的特点：

（1）交易标的性质。国际技术贸易交易的标的是无形的知识，其计量、论质和定价的标准都很复杂。而国际商品贸易交易的标的物是有形的物质商品，易计量、论质和定价。

（2）交易目的。国际技术贸易的卖方（转让方），一般并不是为了出售才去开发技术的，只是在某些特定情况下才转让技术。而国际商品贸易的卖方始终以销售为目的。

（3）交货过程。国际技术贸易一般是传授技术知识、经验和技艺，是复杂而又漫长的过程，而国际商品贸易是实物移交，过程简单。

（4）交易涉及的问题和法律。国际技术贸易涉及很多复杂和特殊的问题，如涉及工业产权保护、技术风险、技术定价、限制与反限制、保密、权利和技术保证、支持办法等；同时也涉及国内法律和国际法律或公约，而国际商品贸易所涉及问题的复杂性和特殊性较国际技术贸易少得多。

（5）政府干预程度。为了国家的安全和经济利益上的考虑，国家对技术出口审查较严，政府对国际技术贸易干预比较多，而政府对国际商品贸易干预程度相对较少。

2. 国际技术贸易的具体方式

国际技术贸易的复杂决定了国际技术贸易方式具有多样性。关于具体的国际贸易方式，国际上并没有一致的说法，现根据《中华人民共和国技术引进合同管理条例》和外经贸部颁布的《技术出口管理暂行方法》所提到的方式概括如下：

（1）工业产权或非工业产权转让。工业产权主要包括专利权和商标权，是指涉及发明专利权、实用新型专利权、外观设计专利权以及商标权的转让或许可。

非工业产权转让或许可，是指涉及提供或传授未公开过，未取得工业产权法保护的制作某种产品或者应用某种工艺、工艺流程、配方、质量控制等方面的技术知识，或者属于秘密性质的，受其他知识产权保护的经营信息（如商业秘密）或具有工具性（如计算机软件）的使用权许可及所有权转让。

（2）技术服务与技术咨询。技术供方（技术服务或咨询机构，也称受托方）利用其技术知识为受方（雇主，也称委托方）提供技术服务，以解决特定的技术课题，并取得一定报酬的一种国际技术贸易方式。技术课题范围十分广泛，如项目可行性研究、工程设计、招标任务书的拟定于审核、工程项目的监督指导、企业技术改造、生产工艺和产品的改进、产品质量控制以及企业管理等。

（3）工程承包。工程承包是承包人承担工程的全部技术工作和工程的实施，并按时、按质、按量完成工程与技术转让；而发包人提供施工的必要条件，按时验收工程，并付给承包价款，其中包括技术的使用费。工程承包是一种综合性的国际经济合作方式，也是国际劳务合作的一种方式，其中包括大量的技术转让内容。因此，也将其列为国际技术贸易的一种方式。

（4）技术协助。在技术转让过程中，供方承担传授技术的义务，但有些技术知识和经验难以用书面表达出来，则必须通过示范等方式来传授，使受方真正掌握该技术，并且生产出合格的产品。它主要包括人员培训、技术指导、技术服务等方式。

（5）合作生产与合作设计。合作生产与合作设计是指不同国家的企业之间根据所签协议，在产品的设计、生产、销售上采取联合行动，通过合作的过程，由技术实力较强的一方将有关的产品设计、生产和销售知识传授给技术实力较弱的一方。同时，将其拥有的工业产权或非工业产权技术教会技术实力较弱的一方。因此，合作的过程也就是技术转让的过程。

合作中通常采用的方式有：一国企业与外国企业根据共同签订的协议，分别生产同一产品的不同零件，由一方或双方将装配成产品出售；或者分别制造对方所需的零件，互相交换，各自组装成产品出售，或者一方按另一方的要求进行生产。

（6）合作或合资经营。由外国合作者向东道国提供资金、技术和设备，包括专利和专有技术，东道国合作者提供土地、厂房以及劳务等，共同经营企业，称为合作经营。东道国合资者一般以厂房、土地、原材料等入股，外国合资者一般以技术、机器设备入股称为合资经营。

2.3 国际服务贸易

2.3.1 国际服务贸易基本概念

1. 国际服务贸易的定义

经济学上的"服务"是指一种特殊形式的劳动产品。对于服务贸易与商品贸易之间的差别，《经济学家》杂志曾有过生动的描述："任何在贸易中进行买卖而不可能砸到脚面的东西就是服务。"国际服务贸易（International Service Trade）是指国家之间服务的交换，表现为国家之间服务的提供与消费。美国在《1974 年贸易法》的"301"条款中首先使用了"世界服务贸易"一词。

2. 国际服务业的类别

WTO《服务贸易总协定》把服务贸易分为 12 大类和 149 个分部门。

（1）商务服务：专业服务和计算机服务等。

①专业性服务（Professional Services）：法律、工程设计、旅游机构、城市规划与环保、公共关系、咨询、安装及装配（建筑工程在外）、设备的维修等。

②计算机及相关服务（Computer and Related Services）：计算机硬件安装和咨询、软件开发与执行、数据处理、数据库服务。

③研究与开发（Research and Development Services）：自然科学、社会科学及人类学的研究与开发等。

④不动产服务（Real Estate Services）：不包括土地租赁服务在内的不动产范围内的服务。

⑤设备租赁服务（Rental／Leasing Services without Operators）：交通运输（汽车、卡车、飞机、船舶等）和非交通设备（计算机、娱乐设备的租赁）服务，不包括涉及操作人员的雇佣或所需人员的培训服务。

⑥其他商业服务（Other Business Services）：生物工艺学、翻译、展览管理、广告、市场研究、管理咨询、技术检验及分析；与农、林、牧、采掘业、制造业相关的服务；与能源分销相关的服务；人员的安置与提供；调查与保安；建筑清洁；摄影、包装、印刷与出版；会议服务等。

（2）通信服务：所有有关信息、操作、存储设备和软件功能等服务，包括邮政、速递、电信、视听和其他电信服务。

（3）建筑及相关工程服务：建筑物的总体建筑、民用工程的总体建筑、安装和组装、建筑物的装修等服务。

（4）分销服务：佣金代理、批发、零售、特许等服务。

（5）教育服务：初等教育、中等教育、高等教育、成人教育、其他教育等服务。

（6）环境服务：排污、废物处理、卫生和相似服务。

（7）金融（含银行和保险）服务。

①银行和其他金融服务（不含保险）：存款、贷款、与债务市场有关的服务。

② 所有保险及与保险相关的服务：货物运输、非货物运输保险、附属于保险的业务。

③其他。

（8）与健康有关的服务及社会服务：医院、其他人类健康、社会服务等。

（9）旅游和与旅行有关的服务：饭店和餐馆、旅行社和旅游经营者、导游服务等。

（10）娱乐、文化和体育服务：文娱、新闻社、图书馆、档案馆、博物馆和其他文化服务等；体育和其他娱乐服务。

（11）运输服务：海运、内水、航空、航天、公路、管道、所有运输方式的辅助服务等。

（12）其他未包括的服务。

3. 国际服务贸易的形式

按《关贸总协定》（General Agreement on Tariff and Trade，简称GATT）乌拉圭回合多边贸易谈判达成的《服务贸易总协定》（General Agreement on Trade in Services，简称GATS）的定义，国际服务贸易是指服务贸易的提供者从一成员方境内、通过商业现场或自然人的商业现场向服务消费者提供服务，并获取外汇收入的过程。具体而言，将国际服务贸易划分了4种主要形式：

（1）过境交付（Cross-border Supply）：是指从一成员方境内向任何其他成员方境内提供服务，有时也译作"跨境提供"。例如：你打一个国际长途、往美国寄一个特快专递、或者访问国外某一网站，你就享受了这种跨境提供的服务。也就是通过电讯、邮电、计算机网实现的视听、金融、信息等服务。

（2）境外消费（Consumption Abroad）：是指服务消费者到服务提供者国内接受服务。例如：旅游者参观其他国家的旅游胜地、学生到另一个国家接受高等教育、为国外病人提供医疗服务等。

（3）商业存在（Commercial Presence）：是指一成员方的服务提供者在任何其他成员方境内通过开办服务场所（商业存在）提供服务。即服务的提供者将自己的生产要素（人员、资金、服务工具）移动到其他成员方境内，通过设立机构并提供服务，取得收入。例如：跨国公司到中国设立银行、会计师事务所等分支机构。

（4）自然人流动（Movement of Personnel）：是指一成员方的服务提供者在任何其他成员方境内通过自然人提供服务。例如：一国的医生、教授、艺术家到另一国从事个体服务。

在以上的四类服务贸易中都提到了服务的消费方和提供方，这里服务的消费方就是服务的进口方，服务的提供方就是服务的出口方。

2.3.2 国际服务贸易的特殊性

1. 服务者与服务不同时转移

在货物贸易中，货物出售以后，货物价值载体与货物使用价值一并转移给买方；服务贸易更多地依赖于生产要素的国际流动，因此服务贸易提供（出售）的只是使用价值，而价值载体并不提供（出售）给服务的消费者。

2. 服务贸易价格不易确定

从服务消费者的角度来看，他们对服务定价和商品定价的评估不同：第一，由于服务的无形性和异质性，消费者通常对服务持有不准确或有限的参考价格；第二，消费者将服务价格作为反映服务质量的关键信号；第三，对服务的消费者来说，货币价格不是惟一的相关价格，他们还要考虑参与服务或等待服务的时间成本，选择和确定所需服务的搜寻成本，以及接受服务的便利成本和精神成本。第四，由于服务的价格名称多样，如酬金、手续费、租金、运费、保险费等，消费者对这些名称认识不同。

从服务提供者角度来看，虽然在商品定价中所采用的策略，如渗透定价、折扣定价、心理定价等，也适用于服务定价策略，但是服务定价需要考虑的因素超过商品定价。服务提供者不仅要围绕生产和销售成本、顾客需求、竞争对手的价格三个基点来考虑，还要涉及社会学、心理学、国家的服务价格政策及各个行业和服务自身的特点，这些就决定了服务贸易中的价格确定比货物价格确定复杂得多。

3. 服务具有较高程度的垄断

服务行业涉及服务进口国家的主权、安全、伦理道德等极其敏感的领域和问题，因此，国际服务贸易市场多由国家控制或直接经营，具有较强的垄断性。

4. 服务贸易保护具有刚性和隐蔽性

由于服务贸易标的的特点，各国政府对本国服务业的保护无法采取货物贸易上惯用的关税壁垒和非关税壁垒的办法，而只能采取在市场准入方面予以限制或进入市场后不给予国民待遇等方式，这种保护常以国内立法的形式加以施行。这种以国内立法形式实施的"限入"式非关税壁垒，使国际服务贸易受到的限制和障碍往往更具刚性和隐蔽性。

5. 服务贸易营销管理复杂

从宏观上讲，国家对服务进出口的管理，不仅仅是对服务自身的物的管理，还必须涉及服务提供者和消费者的人的管理，涉及包括人员签证、劳工政策等一系列更为复杂的问题。某些服务贸易如金融、保险、通信、运输以及影视、文化教育等，还直接关系到输入国的国家主权与安全、文化与价值观念、伦理道德等极其敏感的政治问题。因法律的制定与修订均需一定时间，往往会落后于形势，法规管理往往滞后。

从微观上讲，由于服务本身的固有特性，也使得企业营销管理过程中的不确定性因素增多，调控难度增大。突出表现在对服务的质量控制和供需调节这两个企业营销管理中最为重要的问题上。由于服务具有异质性，使得服务的质量标准具有不确定性。服务也难以通过货物贸易中保退、保换等办法挽回质量问题所造成的损失，从而增大了服务质量管理的难度。

6. 服务贸易统计数字低于实际数字

在国际服务贸易统计上，现在联合国机构采用的是国际货币基金组织国际收支手册分类统计数据，被称为"商业服务"（Commercial Service）。它在统计时主要包括以下三项内容：

（1）运输。包括所有的运输服务，即海洋运输、航空运输和其他运输。

（2）旅游。包括为个人游客和商务游客所提供的货物和服务。最通常的货物和服务是指住宿、食品和饮料、娱乐和交通、礼品和纪念品。

（3）其他服务。包括通信服务、建筑服务、保险服务、金融服务、计算机和信息服务、专利和许可费、其他职业服务和个人的文化与消遣服务。

由于服务产业本身复杂多样，国内服务贸易与国际服务贸易统计尚未完全区分开，国际服务统计体系尚未确立，使服务贸易统计难以准确。因此，现有的国际服务统计数字可能大大低于实际数字。如公司内部不断扩大服务的跨境交易通常没有计入到国际收支表中，比如跨国公司往往让计算机主机日夜不停地处理数据，以利用本国与联营公司东道国之间的时区差异。另一种未计入国际收支统计中的重要的服务贸易就是机构贸易，即外国联营公司在东道国进行的销售。与此相反，公司内部的跨境商品交易就可能在国际收支表中列为出口或进口。

2.4　国际资本流动

2.4.1　国际资本流动基本概念

1. 国际资本流动的定义

国际资本流动（International Capital Flow）是指资本从一个国家或地区，转移到另一个国家或地区的一种国际经济活动，其目的是为了获得比国内更高的经济效益。

2. 国际资本流动的分类

国际资本流动的形式是多种多样的。按资本流动方向，国际资本流动可分为资本输出和资本输入两个方面。资本输出指资本从国内（母国）流向国外（东道国），如本国投资者在国外投资设厂、购买外国债券等。资本输入是指资本从国外流入国内，如外国投资者在本国投资设厂、本国向国外发行债券或举借贷款等；按投资时间的长短，国际资本流动可分为长期投资和短期投资两大类。长期投资一般指投资期限在一年以上的投资，短期投资则是投资期限在一年以下的投资；按投资方式，国际资本流动可分为间接投资和直接投资两大类。

（1）国际间接投资。国际间接投资包括国际证券投资和国际借贷资本输出，其特点是投资者不直接参与使用这些资本的企业的经营管理。

国际证券投资是指投资者在国际证券市场上购买外国企业和政府发行的中长期债券，或在股票市场上购买上市外国企业股票的一种投资活动。证券投资者的主要目的是为了获得稳定的债息、股息和证券买卖的差价收入。国际借贷资本输出是以贷款或出口信贷的形式把资本出借给外国企业和政府。借贷资本输出和国际证券投资一样不直接参与企业的经营管理。

（2）国际直接投资。它是指投资者投资于国外的工商企业，直接参与或控制企业的经营管理而获取利润的一种投资方式。相对于间接投资，它具有两个主要特征：第一，它以谋取企业的经营管理权为核心。投资者通过投资拥有股份，不单纯是为了资产的经营，而是为了掌握企业的经营管理权，通过经营获得利润；第二，它不仅仅是资本的投入，还包括专门技术、生产设备、管理方法以及销售经验等的国际转移，是经营资源的综合投入。

国际直接投资的方式主要有四种：第一，投资者直接到国外开办独资企业，设立分支机构、附属机构等，掌握 100%的股份。它可以通过建立新企业或全资收购国外现有企业来进行。第二，购买国外企业的股票并达到一定比例。按国际货币基金组织的定义，拥有 25%投票权的股东，即可视为直接控制。但在某些场合，只要掌握10%的股权即可控制经营，而在另一些场合，则须达到 50%。第三，同国外企业共同投资，开设合资企业或合营企业。这类企业由双方按一定比例共同投资建立，共同管理，共负盈亏，一般实行有限责任制。第四，投资者利润的再投资。投资者将在国外企业获得的利润不汇回本国，而再投资于该企业，也属国际直接投资行为。为便于实现自己的全球战略，在国外投资设立独资企业和控股企业是目前跨国公司对外直接投资的主流。

2.4.2　国际资本流动的经营动机

随着全球经济一体化趋势的加强，国际资本流动在国际经济合作中的重要性日益增加。按照投资者的经营动机，国际资本流动可以分为以下几种类型：

1. 自然资源导向型

这类投资一般都投向能源、矿产、森林等自然资源比较丰富的国家和地区，在那里建立原材料生产和供应基地，以弥补投资者母国自然资源的匮乏，确保本国生产的正常进行。许多国家在南美洲和澳大利亚等地进行的直接投资不少是属于这种类型。

我国的一些大型企业早在 20 世纪 80 年代便开始在美国、加拿大开始进行相关资源采掘行业方面的对外投资。如，中国信托国际投资公司 1984 年底开始在美国购买森林，供应国内外木材市场；1986 年又跨国并购加拿大塞尔加纸浆厂；1988 年中国化工进出口总公司在美国跨国并购了磷矿和磷肥厂等。1992 年首都钢铁公司以 2 亿美元的投标价格收购了秘鲁铁矿，在业内引起了不小的震动。此外，2005 年 8 月底，"神秘"的安第斯石油公司经过努力，击退印度石油天然气公司（ONGC），与加拿大恩卡纳公司签署了石油资产转让协议，一揽子购买其在厄瓜多尔 5 个石油区块的资产和开发权益，合同金额 14.2 亿美元，安第斯公司也因此成为厄瓜多尔的最大外国投资企业。在完成收购后，安第斯的"神秘面纱"也最终揭下，该公司是由中石油与中石化集团合资组成的中国企业。

2. 生产要素导向型

这主要指为了降低生产成本，而在土地资源和劳动力供应比较丰富的国家进行的直接投资。随着经济的发展，发达国家和一些新兴工业化国家地租和工资水平的节节上升，带来了生产成本的增加，直接影响到产品的国际竞争力。为了减轻这方面的不利影响，这些国家就以直接投资的方式，把那些占地多、费工费时的生产工序转移到土地和劳动力资源比较充裕的国家或地区，以利用当地廉价的土地和劳动力等生产要素。

如在美国和墨西哥边境地区，一些美国企业在墨西哥设厂从事生产和加工，然后在美国进行组装与销售，从而出现了许多"双重工厂"，就是这类投资的典型。这类投资也被称为效率导向型投资。

3. 市场导向型

这是以扩大市场销售为目标的对外投资。与在本国完成商品生产、然后再出口到国外的模式不同，它通过在当地生产、当地销售，可以使设计和生产更接近市场，随时了解、掌握市场动态，并可降低运输费用，从而达到维持和扩大对市场的占有率。

2002 年 9 月下旬，TCL 公司公布以 820 万欧元收购德国老牌电视机企业——施耐德（Schneider）。此次对施耐德的收购包括了施耐德的所有的资产、营销网络、生产线、品牌和技术。欧盟每年的彩电需求量是 3900 万台，欧盟电视机市场是全球最大的电视机市场之一，在全世界彩电市场中占有 1/3 的市场份额。但在 2002 年 8 月以前，中国彩电一直由于欧盟的反倾销调查而被排挤在欧洲市场的大门之外。2002 年 8 月 29 日欧盟发表公告，宣布接受中国机电进出口商会及包括 TCL 在内的 7 家彩电厂商在价格及数量上的承诺，中国彩电获准进入欧盟市场。但是，2002 年给予 7 家厂商的进口配额却只有 40 万台。如此杯水车薪，对于生产能力达到 4000 万台的国内厂商来说几乎是可以忽略的数字。这次 TCL 以区区 820 万欧元的清算价格获得了欧洲市场上一张宝贵的通行证。

4. 交易成本节约型

这是为了克服市场不完全性可能造成的风险而进行的直接投资。我们知道，现实中的市场并非理想的完全竞争的市场，市场上信息分布是不对称、不完全的，信息的获得是需要成本的，谈判、签约到契约的执行也都要付出代价，在国际市场上就更是如此。针对市场的不完全性而进行对外直接投资，就可以克服市场不完全性带来的较高的交易成本，以企业内部的行政关系替代市场上的买卖关系，以长期契约取代短期契约，从而达到克服市场风险、确保资源供应和降低生产成本的目的。这种投资多表现为垂直一体化型的跨国并购（纵向并购）。

从上海联合产权交易所传出的信息表明：2008 年以上下游生产要素整合为目的的纵向并购交易明显活跃，同比增长 228.32%。同期，横向并购同比增长率为 93.58%。此轮纵向并购热潮发端的最初原因在于次贷危机爆发之前那波原材料价格高涨，2007 年，从金属到石油，从橡胶到纸张，几乎所有的原材料都在极短的时间内变得空前抢手，身价百倍。为了防止被原材料价格上涨的热浪灼伤乃至淹没，许多制造商开始寻求对产业链供应环节的控制，此种原因引起的纵向并购热一直延续到 2008 年。比如日本的普利司通公司收购了一家印度尼西亚橡胶厂，并帮助世界上其他地方的农民种植更多橡胶树。这家全球第二大轮胎制造公司同时还投入大笔资金兴办工厂，生产诸如炭黑等其他关键原材料。该公司高层表示，为获得质高量足的必需原材料，通过不同形式加大对产业链中供应环节的控制是一个长期战略。

◎案例

戴姆勒—奔驰公司的 CEO 朱更·斯切雷帕访谈①

戴姆勒—奔驰公司是世界领先的汽车工业厂家，位于德国斯图加特，在全球雇用了 31 万人。对于戴姆勒—奔驰这样的公司来说，全球化不是一个可供选择的战略，它是唯一的。

在 10 年的时间内，我们想在我们自己的每个商业领域内都做到数一数二。例如，我们是商用汽车的领导者；凭着悬浮列车，我们在铁路方面排名第一；凭着空中客车，我们在飞机制造领域排名第二；梅塞德斯—奔驰是客车领域内的领头羊。我们想使我们的产量加倍，并想让公司在全球化公司中处于领先地位。如何实现这一想法？我们需要做 5 件事。

第一，我们要占领世界范围内处于增长进程中的市场，在合适的地方提供合适的产品及服务。因此，我们在美国阿拉巴马州建立了 M 型体系，在巴西建立了 A 型体系，在世界的许多地方生产卡车、大巴及飞机，因为我们要贴近我们提供服务的市场。

第二，我们想做革新的带头人。那些看到人们需求，并将其转化为产品和服务及促进其市场化的公司将获得成功。只要看到梅塞德斯奔驰客车及卡车，你就会明白我所表达的意思了。

第三，必须使我们国家的人民得到回报。全球化创造了在本国及其他国家的新的就业机会，我们在国外每创造 3 个就业机会，在本国同时就创造 1 个就业机会。但我们必须有正确的公司文化。成为一家成功的全球化公司，我们必须发现杰出的经理人——这些人拥有产业技能，并能适应于当地的交流且能够满足他们的需要。因此，我们必须准备在不同的地点互派他们，而不将特定的国籍放在一个特殊的地位。

有人问，成为一家全球化企业最重要的因素是什么？我认为，就是成为一个良好的公司公民，这就是我要说的第四点。你必须安置自己的根，必须为社区做出实质性的贡献——但是，这需要花费时间。

第五，你必须利用全球资本。也就是说，要在最领先的证券市场上市融资。同时，也意味着你的财务状况必须透明，能够满足投资者的需求。上述就是我们的 5

---

①　摘自维杰·高芬达拿捷、安尼尔·古卜达等. 全球商务——使你成为全球化商务管理大师的惟一源泉. 中国社会科学出版社，2002：296.

件事情。但是，最重要的是，我相信全球化会为人们创造价值。提供人们想要的产品，创造令人感兴趣的就业机会，并为股东提供丰厚的回报。这是底线。

◎思考题

查阅戴姆勒—奔驰公司的相关资料，详细说明戴姆勒—奔驰公司所采取的主要商务活动形式，并分析戴姆勒—奔驰公司早期获得成功的主要原因。

第*3*章
企业家精神与国际商务动机

◎**本章要点**

1. 追逐国内外利润差是国际商务活动的最根本动力。在通常情况下，企业家创新动机就是企业的商务动机，但企业家精神和企业商务动机只是一种商业愿望和商业可能性，它能否转化成为企业真正的决策，还取决于很多现实条件和约束。

2. 企业家在理论上是很难界定的，一般认为，企业家就是擅长对稀缺资源配置和协调情况做出判断决策的人。

3. 企业家精神是企业家的一种特殊技能，是企业家组织创建企业和经营管理企业的综合能力，它是一种重要而特殊的无形生产要素。

4. 国际商务活动的具体动机有很多，从经济学的角度考虑，主要有开拓国际市场、获取国外隐含科技知识、获取国外当地化的资源、获取国外特定关系资产和实现企业多元化战略。正是通过各种努力并创造条件去实现这些商务动机，才会导致国际商务活动决策的形成，商务活动才能由国内扩张到国外，最终形成国际性的商务活动。

3.1 企业家精神与国际商务

既然国际商务活动风险和成本要比在国内商务活动大很多，那么一些企业为什么还到国外开展国际商务活动呢？追逐国内外利润差是国际商务活动的最根本动力，因此，企业会比较在国内外开展国际商务活动的成本和收益，国际商务活动就是企业对国内外开展商务活动权衡的结果。

然而，企业在做出到国外开展国际商务活动决策之前，又是什么原因导致这个企业会做出这种决策呢？这就是传统经济和管理学通常忽略的一个问题，但它却是一个根本的问题——企业家精神。一般认为，能导致做出国际商务活动决策的根本原因是这个企业的企业家所具备的企业家精神，它是这个企业成立、发展和扩张的根本动力，企业家精神是企业的一种稀缺资源，也是企业发展的前提条件。

3.1.1　企业家与企业家精神

1. 企业家的含义

（1）企业家的定义

"企业家"（Entrepreneur）一词好像由法国经济学家坎蒂隆引入经济学，但由萨伊赋予企业家在经济学中突出的地位。一般认为，企业家就是善于对稀缺资源配置和协调情况做出判断决策的人。

第一，企业家是一个人，而不是一个团队、委员会或者组织。只有个人才能作出决策，而法人只有通过集体投票才能做出决策，委员会中的个体成员可以对如何影响他人投票和如何来对自己投票做出战略性决策；这些决策就具有企业家性质的决策，而不是最终的委员会的决策。但这并不意味着团队和委员会的作用被排除，这些概念可使我们了解团队或委员会在内部是如何运作的。

第二，企业家善于做出决策。任何人在此时或彼时都可能会做出判断决策，但这并不能使其成为一个专家。专家所承担的功能不仅代表了他自己，而且代表了其他人。在市场经济中，专家服务可以通过雇用方式来获得，而且每个人都可以根据自己的比较优势来提供这种服务。顾问或者管理人员应以雇主代表的身份来做出决策，通过这种方法能做决策的人可以被出租。此外，做决策的人也喜欢租入资源，当这些资源被他们租入之后，这些资源就在他们的控制之下，尽管他们并不拥有资源的所有权（从长期看），但至少在短期内他们控制了这些资源，并因此对这些资源的使用拥有决策权。因此，决策市场能以两种方法进行运作，要么这些决策服务被资源的所有者租用，要么这些决策人从资源所有者手中租入资源。在任何一种情况下，市场都会影响决策活动，同时，也有利于根据比较优势来促进决策的专业化。

第三，企业家能做出判断决策。对于判断决策而言，一个在不同地方的人，享有共同目标，在相似环境中进行选择，也可能会做出不同决策。出现这种差异的原因是他们获取了不同的信息或者对信息有不同的理解，从而对环境具有不同的认识。他们之间的差异不仅仅是数量方面的原因，即在某种程度上做出相同决策需要更长的时间或者付出大量的资源，同时，还可能是质量方面的原因，即做出的决策在本质上就是不同的。

第四，企业家能有效地协调。协调可以定义为有效地分配资源。因此，协调是一个动态概念；相反，分配是一个静态概念。协调概念抓住了这种事实，即企业家是交换的代理人，他不仅关心现有资源分配的永久性，更关心现有资源分配效率的提高。

（2）决策的资源成本

因为决策要使用大量的资源，而这些资源又有正的机会成本。因此，决策服务具有稀缺性。企业家可以使决策成本最小化。

决策有三个主要阶段，每个阶段都有几种活动（见表3-1左边列）。任何决策的第一个阶段都是提出问题，就是要列出目标、潜在战略和现实约束，并从中推出决策规则。目标可以界定为一系列目的或战略目的；同时，目标必须说明实现这些战略目标的相互替代方法，即每个潜在策略必须列出每个可执行工具的特定价值，而这些不同工具必须在决策制定者的控制之下。一个典型策略就是维持现状的零和战略，对企业家而言，这种策略就是保持资源分配不变。其他策略代表了充分利用协调机会的不同方法，最理想的策略就是能使目标价值最大化的策略。

约束限制了执行工具选择的自由度，约束条件既可以明确地或者是隐含地从现实世界（或者是与决策问题相关的部分现实世界）运行方法的相关理论推导出来。在很多情况下，这个相关理论可以用一个正式模型来表达，在这个模型中约束条件可以用数学方法推导出来。

结合目标、战略与约束条件就很容易地推断出决策规则，这个规则就是可以根据约束条件解出目标是最大化时的一阶边际条件。因此，最好的决策规则，这是能建立一些状态变量并与最优战略集合之间保持一对一的关系。

表 3-1　　　　　　　　　　决策活动及其要求的质量

决策活动	质量要求
第一阶段：决策问题的提出	
目标的说明	自有知识（或者主要目标的知识）
潜在战略	想象力
约束说明	实践知识
决策规则的推导	分析能力
第二阶段：产生数据	
数据收集	搜索能力
数据评估	预测能力
第三阶段：决策执行	
根据决策规则对数据的运用	计算能力
执行过程的启动	（在执行指令中的）交流能力

资料来源：Mark Casson. The Entrepreneur：An Economic Theory. Edward Elgar Publishing Limited, 2003.

2. 企业家精神的含义

（1）企业家精神的定义

一般认为，企业家精神是企业家的一种特殊技能，是企业家组织创建企业和经营管理企业的综合才能，它是一种重要而特殊的无形生产。

从内涵上看，企业家精神表明了企业家这个特殊群体的所有共同特征，即他们所具备的独特个人素质、价值取向以及思维模式，企业家群体独有的精神特征就能与其他群体特征区别开来。因此，人们通常把企业家精神看成是成功企业家个人内在的经营意识、理念、胆魄和魅力，并以此为标准来识别、挑选和任用企业家。

（2）企业家精神的形成

当然，这也不是说形成企业家精神是一种很难的事。自我就业通常被认为是一种企业家精神的体现。据统计，美国约有一半的工人在退休之前并处于自我就业状态的时间是一到两年，四分之一的工人处在自我就业状态的时间是 6—7 年。因此，参与一个新组织的创立，在美国工人的职业生涯中是一件很平常的事情。

由于企业家精神能潜在地导致商务活动的增加，特别是能促进一个国家的经济增长。因此，促进企业家精神的形成已经成为一个国家政府重要的政策目标之一。一般有很多方法可以促进企业家精神的产生。例如，在国家教育体系增加企业家精神的培养，一个国家也通过法律对一些具有风险的创新行为进行保护，还可以开展一些全国性的企业家创新运动，例如，从 2004 年开始英国商务部、英国产业联合会、英国董事协会和小商业联合会每年都举行"企业家精神活动周"活动，即每年用一周的时间向青年、妇女和少数民族的人士介绍创业机会，提供创业知识培训，并增加他们与成功创业者之间的交流。这项运动也开始在世界范围内形成，2008 年在全球范围举行的"全球企业家精神活动周"（Global Entrepreneurship Week），共有 102 个国家超过 1000 万人参加了这项活动，参与者主要包括政策制定者、教育实践者、政治家和企业家。

3.1.2　企业家精神与国际商务

企业家精神是国际商务动机形成的先决条件，它是国际商务决策形成和执行的基础，是国际创业的内在推动力。具有企业家精神的企业通常能创造性地开展国际商务活动，这是因为：

1. 企业家精神是国际商务活动决策形成的前提条件

（1）企业家精神能帮助企业提前预测市场波动。国际商务活动环境是经常变化的，因此，国际商务活动就应该因时因地做出适当地调整，否则就会被国际市场所淘汰。但是具有企业家精神的企业一般能提前预测国际商务环境波动，并经常研究和总结国际商务活动环境波动变化规律，并把这些波动变化规律或可能发生的特定事件即时传递给决策者，以便决策者能随时调整国际商务活动决策。

（2）企业家精神能确保企业具有一个开放的决策环境。正确的决策不仅要有前瞻性，而且要有一个开放的决策环境，并能保证提供决策所需要的各种信息。具有企业家精神的企业，一般在全球范围内都有各种信息来源，并在企业内部和外部相关单位之间建立公开通畅的信息交流渠道，还可能会到全球范围内的相关单位进行实地考察，保证信息的准确性。这种开放而准确的信息交流平台和环境，为企业国际商务活动决策的正确性提供了条件。

（3）企业家精神能使企业充分地利用各种商业机会和关系。具有企业家精神的企业通常会把企业的比较优势和企业内部或外部的商业联系结合起来，从中发现一些潜在的商业机会，并把这种行为常规化。因此，这些具有企业家精神的企业通常会参与各种商业展览会、内部交流会、外部商业伙伴的交流会以及其他各种相关的研讨会，以便能发现更多的商业机会，为国际商务活动决策提供参考。

2. 企业家精神是国际商务活动决策执行的必要保证

（1）具有企业家精神的企业通常具有很高创业意识和专业道德标准。企业决策的执行必须要求执行者有很强的责任感和专业素质，否则再好的决策也不能转化为商业利益。而具有企业家精神的企业，特别是企业决策层和执行层如果都有强烈的商业目标实现愿望，希望把自己的理想转变成企业利润，就能把有同样愿望的人组织在一起，形成一个商业合作团队，积极参与各种国际商务活动过程，协调国际商务活动的各种冲突与矛盾，竭力促成国际商务活动的成功。

（2）具有企业家精神的企业通常会在国际商务活动建立自己商业网络。一项国际商务决策的执行涉及国外许多商务环节，仅凭企业自身力量很难保证决策能成功地执行，它需要各种国际商务主体的参加。因此，具有企业家精神的企业通常会建立自己的国际商务活动网络，调动各种国际力量来执行国际商务决策。

（3）具有企业家精神的企业通常会保护自己的知识产权和商誉。知识产权和商誉是企业的无形资产，也是企业开展国际商务活动的重要利器。因此，具有企业家精神的企业在国际商务活动中会保护自己的知识产权，特别是商标或者品牌；同时在世界范围内保护自己的商誉，因为专属的知识产权和商誉是保证国际商务决策执行的基础。

3.2　国际商务基本动机

国际商务的动机包括经济动机和非经济动机。如果从经济学的角度看，国际商务活动的根本动机就是追逐利润。在追逐利润的过程，还有很多潜在的商业动机和商业愿望。正是通过各种努力并创造条件去实现这些愿望，才会导致国际商务活动决策的形成，商务活动才能由国内扩张到国外，形成国际性的商务活动。具体说来，国际商务活动的微观动机主要有以下几种。

3.2.1　开拓国际市场

1. 国际市场的概念

（1）国际市场的含义

国际市场有多种不同的理解。一般认为，国际市场是指商品、服务和生产要素的流动超越了两个或两个以上国家的地理界线所形成的联系或场所，它是商品、服务和生产要素交换在地理空间区位扩展的结果，它表明了商品、服务和生产要素的交换关系突破了两国或两个以上国家的地理界线。

国际市场又是不同的文明和文化在时间上和空间上交织而成的多维概念。从时间上看，国际市场是一个历史的概念，有其萌芽、形成和发展的过程；从空间上看，国际市场是一个地理的概念，它总是相对于某一个具体范围内的市场而言，即商品交换、劳务交换和资源配置都在一定地理范围。

（2）国际市场形成的条件

国际市场形成和扩张有很多条件，一般认为以下几个条件最重要。

一是企业要具备国际竞争优势。竞争优势是指企业在产品研发、产品生产、产品销售和产品售后服务过程中所具备的一种独特优势。具体说来，它表现为企业经营成本比国外企业低、产品的研发创新能力比国外强，产品质量比国外高而且价格相对低廉，产品国际销售渠道比国外更完善，产品售后服务比国外更周到快捷。企业有了国际竞争优势才能开展国际商务活动。

二是企业要有国际经营管理人才。国际商务活动与国内商务活动有很多不同，比如面临不同的语言、文化、经济制度和法律体系，只有通晓国际知识和善于经营管理的国际人才，才能开展国际商务活动。

三是企业要有国际化的当地需求。满足当地化需求，是一切经济活动的基础。展开国际商务活动也必须能满足国外的当地需要。没有国际化的当地需求，企业商务活动就不能超越本国的地理界线。因此，企业不仅要有国际竞争优势和开展国际商务活动的能力，还必须具备国际化当地需求的能力。

四是要有大范围的水、陆、空交通网络和通信服务网络。如果没有便利而快捷的交通运输网络，商品、服务和生产要素的国际交换就不能实现。因此，国际商务活动不仅仅取决于水陆空的基础交通设施和运输网络，还取决于各种交通运输工具在技术上的改进和提高；同时，国际商务活动信息交流也要通畅。有时信息交流的通畅性可能是第一位的，因为信息跨国流动是国际商务活动必不可少的组成部分。

五是要有发达的全球金融服务网络。与国际商务活动相伴的是资本跨国流动，而资本跨国流动离不开发达的全球金融服务网络，它是国际商务活动必不可少的前提条件。因此，国际商务活动离不开全球金融服务网络。

2. 开拓国际市场的经济学原理

企业开拓国际市场，其背后的经济学原因就是规模经济。

（1）规模经济的定义

规模经济（Economics of Scale）一般是指在一定科技水平条件下企业生产能力扩大，使企业长期平均成本下降的趋势。规模通常指的是生产批量，具体有两种情况，一种是生产设备条件不变，即生产能力不变情况下生产批量的变化；另一种是生产设备条件即生产能力变化时生产批量的变化。这两种情况对企业发展而言一般都是存在的。

当然，生产扩张并不是没有极限。从长期而言，长期平均成本下降也是有限制的，超出了这个限制就可能出现规模不经济，即规模扩大之后边际效益却渐渐下降了，甚至跌破零而为负值。出现这种情况的原因可能是内部结构因规模扩大而趋于复杂，这种复杂的结构会消耗更多的内部资源。这种耗损使规模扩大本应带来的好处被抵消了，因此会出现规模不经济的现象。

随技术进步和生产工艺水平的提高，最终规模不断变化。不同产业因其生产技术特性不同，工厂或企业规模经济的利用途径和形式亦有所不同。当然，现代消费需求的多样化与个性化，并没有使规模经济因此而丧失；相反，通过产品系列化和高度完整的标准化，实行多品种、少批量、大量生产的体制，使规模经济对企业生产经营和发展的影响更深刻。因此，规模经济成为企业在不同地区或全球范围内合理进行产业或组织布局或调整的重要依据。

（2）规模经济的种类

规模经济可细分为三种：一是内部规模经济。它主要是指一个经济实体内部规模变化所引起的收益增加。二是外部规模经济。它主要是指某个产业（生产部门增加或企业数量增加）规模变化所引起的产业中个别经济实体收益的增加。例如，行业规模扩大可降低整个行业内的生产成本，从而使每个企业都从中受益。三是规模结构经济。它主要是指各种不同规模经济实体之间的联系和配比关系。例如，企业规模结构、经济联合体规模结构、城乡规模结构等，这种结构如果是适度的，就会增大整体经济的收益，否则就会导致整体经济效益的下降。

总之，规模经济不仅要求有量的变化，而且要求各种量之间要保持合适的比例关系。只有这样，才会有质的变化，即提高经济效益或是降低单位成本或经营成本。

3. 开拓国际市场与规模经济的获得

开拓国际市场的重要目的就是扩大企业的国际市场需求，其本质就是增加企业产品的生产量，进而发挥企业的规模经济优势。简单地讲，巨大的销售量会增加企业利润。如果跨国公司在多个国家市场都有分支机构，每个分支机构的销售量都会增加，那么每个分支机构的利润都应该会增加，汇总起来，跨国公司总体利润就会有大幅度的增长，这就是内部规模经济的作用。

拓展国际市场带来销售收入的迅速增长，驱使更多的跨国公司开展国际商务活动。这种行业规模的增加，也会导致跨国公司在整个国际市场中的经营成本下降规模的扩大，这就是外部规模经济的作用。

同时，在国际市场规模扩大的同时，世界经济中各个产业之间的规模结构也会优化，规模结构经济就会起作用，其结果主要取决于规模结构的比例是否适度，这就是规模结构经济的作用。

3.2.2　获取国外隐含科技知识

众所周知，科技技术是第一生产力，它不仅能创新产品和新市场，而且还能提高企业生产和企业经营管理效率。因此，获取国外先进的科学知识或技术，是国际商务活动的一个重要的动机。然而，国外先进科学技术的传播方式有很多种，有些科学技术可能通过技术引进的方式获得，但是有些科技知识是很难通过技术引进方式获得的，这种科技知识或技术就是隐含的科技知识。因此，获取国外隐含科技知识或技术①，就成为国际商务活动的一个重要动机。

1. 隐含知识的概念

（1）隐含知识的源起

隐含知识研究最早起源于教育心理学家、哲学家和社会学家对知识隐含特征的关注，他们在传播社会科学和自然科学知识的过程中发现，知识传播总是不能被完全清晰地表达出来，即"言之所述不能完全反映我之所知"。英国著名哲学家吉尔波特·赖尔（Gilbert Ryle）在 1949 年出版的专著《心的概念》中首先论及知识隐含性的这一特征。然而，让知识隐含性特征被社会各界熟知的则是匈牙利出生的世界知名学者迈克尔·波兰尼（Michael Polanyi），他在 1958 年出版的学术专著《个人知识》一书中比较全面地阐述了知识学习过程及其隐含特征，从而使知识的隐含性广为人知。他认为在日常的知识学习过程普遍存在着一种被人们所忽略的感知事实：即虽然我们经常在没有集中注意力的情况下注意到某些确定的事物，但并不意味着它们不重要，相反，正是因为它们所组成的上下文语境或背景，使我们对知识学习或掌握的效率得以提高，而这种上下文的语境或背景通常则不能被清楚地表达出来，但它们确实存在，而且非常重要，这就是知识的隐含性。随后有大量的学者对这一问题进行深入研究，研究结果发现，知识隐含特征的情况在各个领域都普遍存在，知识分类学家则认为这种普遍存在的隐含的知识内容是一种新类型的知识，称为隐含知识。后来隐含知识的概念也就日益被广泛使用。

经济学家对隐含知识的关注则开始于技术创新经济学派和演化经济学派。科林斯（Collins H.）在 1974 年发表的论文中认为科学技术，特别是技能，一般不能通过文字著作来进行完全传播，其问题关键在于依附于技术设备之中的隐含知识。对这一观点最为详尽地分析则当属于著名美国经济学家理查德·纳尔逊（Ricahard R. Nelson）和悉敦尼·温特（Sideny G. Winter）在 1982 年所写的专著《经济变迁的深化理论》。他们认为拥有隐含知识的科技工作者更易掌握和运用新技术，并能进一步推动技术创新，特别是当拥有隐含知识的技术者因为拥有隐含知识而获取报酬激励时则更是如此。因此，他们对传统经济学将自然科学类和技术类的知识视为"信息"的观点进行了批判，传统经济学家（特别是一些研究经济增长的学者）认为科学和技术知识是公共产品，它能被广泛使用而无须支付使用费用。实际上，正是由于广泛地存在着隐含的科学技术知识，才导致知识溢出在某种程度上的失败或者"市场失灵"，这正如传统经济学中"技术相同且被充分共享"的假设与现实矛盾一样。

（2）隐含知识的界定

隐含知识主要是相对于显性知识而言的，显性知识主要是用语言、文字或符号等编码方法能够清晰表达的知识，这类知识的共性就是类似于"信息"而被相互共享，其

---

① 隐含知识的含义更广泛一些，它不仅包括隐含的科技知识，它还包括一些像管理知识之类的其他隐含知识。因此，下文统称隐含知识。

生产、存储、复制、转移、重组和再生产极其容易，其传播基本是无边界的，这种知识显然是人类进步和科技发展的重要基础。然而，由于其以生产设计、生产设备、生产流程或生产组织等为载体，且又深置于人的心智之中，很难用语言、文字和符号进行传播，因此，隐含知识生产、存储、复制、转移、重组和再生产完全取决于其载体与个人之间的关系，特别对载体和个人具有很强的依附性，即具有"粘性"的特征。虽然隐含知识具有"粘性"，但并不说明隐含知识是不可传播的，相反，它导致了隐含知识传播方式的独特性。

2. 隐含科技知识的经济学原理

（1）隐含知识传播的独特性

隐含知识传播的独特性主要表现在两个方面：

其一，隐含知识传播范围具有边界性。一般认为，除了认知、情感、价值观等认识心理因素以及语言、文字和符号等编码知识的影响之外，隐含知识扩散主要是通过人的观察、直觉、示范、模仿、经验、领悟等方式来传播，即通过"干中学"、"互动中学"或"网络中学"来实现隐含知识的扩散。一种常见方式是"师徒"关系的传播方式，但是这种"师徒"关系的传播模式就导致了隐含知识溢出是有边界的，这种溢出边界会附着物理距离或"心理距离"（即人际关系的亲疏）的增加而不断递减，从而使隐含知识溢出边界具有地域性或当地性的特征①。

其二，隐含知识传播路径具有遗传性。通常认为，隐含知识传播路径除依赖一定的载体媒介及其流动方式，其传播路径及其演进过程更多是取决于隐含知识拥有者对隐含知识的传播方法、隐含知识拥有者流动方式及其地域范围以及隐含知识拥有者相互之间的网络关系。因此，隐含知识传播具有路径依赖的突出特征，即隐含知识传播和演化路径具有遗传性和继承性。

（2）隐含知识的经济学内涵

隐含知识粘性具有许多重要的经济学内涵，主要表现在以下几个方面：

第一，隐含知识粘性与科技创新。科技创新对经济增长的巨大影响已经是不争的事实，然而科技创新的关键又取决于什么因素呢？新经济增长理论认为科技进步取决于知识总量及其增量，但并没有对知识类别进行深入研究。虽然，显性知识和隐含知识都是知识的组成部分，而且显性知识也是科技进步的重要基础。但是除了对科技创新主体给予极大的经济激励和社会奖赏之外，科技创新的关键则取决于隐含知识的溢出边界及其演化路径。近两百年的科技发展史表明，英国、美国等西方发达国家一直是重大科技创新的发源地和扩散地，如果显性知识是科技创新的关键，显然，显性知识的全球传播并没有带来科技创新源头在全球范围内的"星罗棋布"；相反的事实则是重大科技创新都发生在一定的地理区域，而且具有很强的先后继承性。重大科技创新的地理集中及其前后的遗传性，正是隐含知识粘性所导致的隐含知识溢出边界及其演化路径依赖的反映。

---

① 肖光恩等. 隐含知识的粘性及其经济学内涵. 经济学消息报，2009 年 6 月 5 日，第 856 期。

第二，隐含知识粘性与新经济增长路径。尽管经济学家对经济增长引擎的分析有多种看法，但较为流行的仍是新经济增长理论的基本观点，即科技进步是新经济增长的重要源泉，但新经济增长理论并没有深入分析经济增长的路径。正如前述，科技进步主要取决于隐含知识溢出边界及其传播路径。因此，隐含知识传播方式和演化途径在某种程度上就决定了新经济增长的轨迹。由于隐含知识溢出有其地理边界，其对经济发展的影响就表现为经济发展的地理区位集中或经济聚集，从而使世界经济增长表现为"极化"趋势，即世界经济增长不平衡或是多极化。由于隐含知识演化具有路径依赖，其对经济发展的影响就表现为经济持续增长或经济的持续国际竞争力，从而使世界经济增长不平衡或多极化具有长期性或遗传性，即演化经济学称为的"经济发展的生物学特征"。

第三，隐含知识粘性与经济微观主体的地理区位选择。自英国著名经济学家阿尔弗雷德·马歇尔对外部规模经济进行系统分析之后，经济学界、管理学界和地理学界对产业或企业的地理集中进行了许多有创建性的研究，其中对产业或企业地理集中原因的分析成为区分理论学派的重要标志。但各学派一个普遍的观点均认为产业或企业地理集中是由生产专业化、劳动力市场共享和知识溢出等原因导致的。但是对隐含知识的获取是产业或企业地理区位集中的关键。这是因为：生产专业分工不仅可以在一个企业内部通过垂直化的方式进行，也可以在一个产业内部通过外包的方式来实现；劳动力市场共享也可以通过劳动力流动来实现；然而，对隐含知识的获取必须是物理距离的接近或是"心理距离"的缩短，通过类似"师徒"关系的模式，运用"干中学"、"互动中学"或"网络中学"的方法来获得。因此，企业要获得持续竞争力，就必须靠隐含知识的持续获取来保证。也正是由于隐含知识粘性，才使得企业在长期保持持续竞争优势方面具有某种程度的垄断性。从这个角度上讲，为了维护持续竞争优势而不断地获取隐含知识，产业或企业地理集中才是最为合理的必然选择。

3. 国际商务活动与隐含知识的获得

由于隐含知识传播范围具有边界性，即这种溢出边界会附着物理距离或"心理距离"（即人际关系的亲疏）的增加而不断递减；同时隐含知识传播路径具有遗传性，即隐含知识传播具有路径依赖的突出特征。因此，企业为了获得国外的隐含知识，就必须开展国际商务活动，特别是与国外拥有隐含知识的主体建立国际商务关系，接近这些隐含知识的地理来源地，或者是与这些拥有隐含知识的主体建立情感上的联系来缩短心理距离，通过各种方法去获取这些隐含的知识，例如，"干中学"、"互动中学"或"网络中学"的方法，来提高跨国企业自己的国际竞争优势。

3.2.3 获取国外当地化的资源

资源是创造人类财富的基本要素和源泉，因此，获取资源也是开展国际商务活动的基本动机之一。

1. 资源的概念

（1）资源的定义

资源有不同的定义方法。从经济学的角度看，一般认为，资源就是能满足人类需要而且能获得的有限的实物或虚拟的实体。这些有限的实物或虚拟实体的实用性和可用性是构成资源的前提条件；而资源的实际经济价值却是由供给和需要有关系来决定的。尽管如此，但是在很多情况下，许多资源并不能完全用人类的货币来进行测度，例如一些自然资源，如美丽的森林和雄伟的山川，它们有美学价值；再如一些历史古迹或文化遗存，它们也有文化价值、伦理价值或者道德价值。因此，尽管资源必须要具有实用性和可用性，但并非一定要用货币来衡量。

一般说来，资源一般有三个特征：一是有用性；二是数量的有限性（它也决定了可获得性）；三是可消费性。①

（2）资源的种类

对资源的进一步认识可以通过分类的方法来进行。目前，资源主要有以下几类：

①自然资源与人力资源。

根据资源的来源，资源可以分为自然资源和人力资源两种。

自然资源是指来源于自然环境中的资源。一些自然资源是人类生存的基本条件，而另一些自然资源则能满足人们的需要。自然资源又可以进一步进行细分，主要有：

一是按生命状态可以把资源分为生物资源和非生物资源。生物资源主要指来自于生物圈中的资源，例如植物、动物、微生物等；值得注意的是，煤炭和石油等矿物也属于生物资源。非生物资源则是指来源于非生命的资源，例如土地、水、空气和金属等矿物。

二是按资源利用发展程度可以把资源分为潜在资源、库存资源、预留资源和实际资源。潜在资源是指在一个地区已经存在但可能在未来使用的资源，例如，已知印度很多地区的沉积岩中有很多矿物，但在它们被开采之前却一直存于地下，因此，它们是潜在资源。库存资源是指自然环境中存在的可以潜在满足人类需要但却没有适当技术能开发利用的资源。例如水中存在的氢和氧可以用于燃烧，但现在却没有技术（或者这种技术成本太高）把它们从水中分离出来用于燃烧的用途。预留资源则是可以使用（用现有技术可很容易地开发利用）但现在没有开始使用或者留下用于未来使用的资源。实际资源则是指已经勘察出来的，资源数量和质量是确定的，而且正在被开发利用的自然资源。例如印度孟买高原的石油和天然气资源。

三是按再生性可以把资源分为可再生资源和不可再生资源。再生资源是指可以重新补充或可以重复使用或可再生产的资源。例如风能和水能等，它们可以持续供给，其数量并不受人类消费活动的影响，或者它们可以被人类消费活动所消耗掉，但经过一段时

---

① 一些坚定的生态学家则不接受这种观点，他们认为资源具有非人类价值的成分，这些成分并不依赖人类的价值观。也就是说不具备上述三个特征的实物也是资源，即非经济性资源。

间之后可以重新恢复或重新补充①。不可再生资源则是指经过漫长的地质周期形成的且能被人类消耗掉的自然资源。也就是说它们的形成极端漫长，一旦消耗掉不能恢复或再生的自然资源。

人力资源则是指人类本身的资源性，或者是指人类的技术、能力、智力、才能或者是知识，它们可以用在货物生产之中或者能提供服务。

②有形资源和无形资源。

按照资源实物形态可以把资源分成有形资源和无形资源。有形资源是指有实物形态或物理存在的资源，例如矿物和森林。无形资源则是指没有实物形态或物理存在的资源，例如企业的品牌、商誉或企业家精神等。

2. 当地化资源的经济学原理

尽管资源有多种分类方法，不同种类资源有不同的特征和属性。资源的某些属性具有经济学意义，它们会影响国际商务活动的动机，这些属性包括以下几点：

（1）资源地理分布的非均衡性

传统经济学认为资源是均衡分布的，但是真实世界却与这种经济学假设并不完全相符②，即资源分布是不均衡的。有些国家石油矿产资源非常丰富，如西亚、中东地区的国家，而有些国家森林资源则比较丰富，如美国和加拿大等。这种资源的先天分布或后天形成（如人力资源）是不均衡的，本质上，这反映了资源稀缺性问题。既然有些资源在世界不同国家之间存在着"丰裕"和"稀缺"之分，那么不同国家之间就存在着资源交易的需要，开展国际商务就存在可能性。

（2）资源所有权分布的非均衡性

与资源地理分布不均衡相关的另一个问题就是资源所有权问题。由于有些资源地理分布是非均衡的，而人类又存在着不同的国家，不同的国家又有不同的政治经济制度，资源也就有了产权的划分。因此，有些资源则可能是个人所有，有些资源则可能是社区或集体所有；有些资源是国家所有（国家公共资源），也有些资源则归于全球每个人所有（即全球公共资源）。既然存在着不同所有权的资源，就会存在各种所有权资源的交易市场，表现在国家之间的各种资源的所有权交易，就是国际商务活动。

（3）资源在地理上的不可移动性

尽管有些资源是可以跨越地理界线进行移动③，但是大多数资源在地理上是不可移动的，或者移动的成本相当高昂。如果这些不能跨越地理界线的资源是经济活动不可或缺的生产要素，要使用这些资源来推动经济发展，那么人类经济活动就要适应资源的地

---

① 例如农作物的周期较短，水的循环周期较长，而森林资源的周期则更长。
② 根据资源的分布可以把资源分为普遍存在的资源和非普遍存在的资源，前者如空气，而后如石油的地理分布。从经济学的角度看，普遍存在的资源其经济意义相对较小，而非普遍存在的资源则经济意义较大。
③ 资源的地理界线取决于国家的行政体制或国家之间的地理界线。

理分布，即经济活动就要接近资源的地理区位。这种人类经济活动表现在国家层面就是接近资源地理区位的活动，就是国际商务活动。

资源地理分布的非均衡性、不可移动性以及资源产权的存在，都可以看成是资源的当地化属性，即资源具有特定的当地属性，包括所有权属性和地理区位属性。这种资源的当地属性最具有经济价值，它是企业家关注的重点，是企业国际扩张或是企业国际化发展的重要影响因素。

3. 国际商务活动与国外当地化资源的获取

目前，各种国际商务活动蓬勃发展，一些跨国公司把它们的业务外包出去，或者有些国际生产商把其产品零部件甚至整个产品的制造转移到海外生产基地，再把这些零部件或最终产品进口到跨国公司母国所在地；还有一些跨国公司从海外国家市场寻找能适合自身需要的资本或技术资源，其重要的目的就是获取国外当地化的资源。

跨国企业获取国外当地化资源的目的，就是提高企业的跨国竞争优势。例如，美国迪斯尼公司就将他们公司的电影副产品——从电影主题服饰到电影人物纪念品等的制作过程转移到中国的大陆和台湾地区来完成。因为，这里的劳动力资源非常丰富，劳动力成本较低，制造业也相当发达，能够大大降低公司这部分产品的制造成本。

3.2.4　获取国外特定的关系资产

1. 关系资产的概念

企业财富的增加总是通过一定资产的运用、维持、更新和交换来产生未来收益。传统企业财富增加就是运用一定的资本、技术、劳动力和自然资源等来生产。目前，关系资产正在成为企业核心竞争优势的重要组成部分。

西方国际商务研究专家认为，关系资产主要是指企业获得、创造资源和经济地运用、塑造、协调这些资源，从而形成有利于企业发展的关系的愿望与能力，以及维护和改进这种关系质量的愿望与能力的总和。

2. 关系资产的经济学原理

关系资产具有很多重要的经济学属性[1]。具体说来，主要有以下几种情况：

第一，一般说来，关系资产总是发生在特定企业的一定范围之内，存在于企业内部和企业与外部其他组织之间；关系资产都是以感情和情绪为基础，通常嵌置于相关的人力知识资本之中，是一种人力资本密集型资产，也是无形社会资本的一种重要形式；它的独特之处还在于关系资产只有与企业其他相关资产一起联合使用，才会推动企业财富的增加或扩大，一般不能单独使用，是一种特定性的资产。

第二，企业一般不能获得关系资产的所有权，但企业可以通过一定的组织形式或制

---

[1]　肖光恩等. 关系资产：FDI 区位竞争新优势及其政策内涵. 经济学消息报，2008 年 1 月 4 日。

度来获得、运用、维持、更新和控制关系资产的使用权。

第三，正如其他资产一样，关系资产一般是稀缺和唯一的，不能完全模仿和复制。

第四，在内容上，关系资产是隐含的和异质的，其内容具有特定性，同时，关系资产的内容、形式和效果，受社会文化、法律、价值观、道德规范、社会准则等因素的影响。

总的说来，关系资产是社会基础设施的一种重要组成部分，是企业生存发展的重要前提条件。

3. 国外特定关系资产的获取与国际商务活动

（1）关系资产的重要性

近十多年来，关系资产日益成为跨国公司国际商务垄断优势形成的重要决定因素。关系资产在国际商务活动中的重要性不断增加，除了与以跨国公司为基础的跨国经济活动不断向全球化的方向发展有关以外，还与以下因素的发展变化密切相关。

第一是一系列科技的动态创新。信息技术与通信技术的快速发展，世界各国之间的信息交流更加方便快捷，各国企业之间的联系更加紧密，企业之间关系成为企业财富成长和扩张的重要基础。

第二是全球经济自由化的发展。近十多年来，世界工业产品的关税不断下降，非贸易关税壁垒日益被撤除，越来越多的发展中国家实行市场经济，特别是转型中的发展中国家不断对外开放，日益全面地融入世界贸易体系之中，各国之间的经济关系依赖不断加强，国家之间的经济关系对世界经济发展起着重要推动作用。

第三是全球服务业的蓬勃发展。发达国家服务业已经成为经济发展的支持产业，社会经济结构不断地软化；发展中国家的第三产业在国民经济中的作用也不断提高，而服务业都是社会资本密集型的产业，关系资产成为服务企业竞争的焦点。

第四是全球联盟资本主义的形成。在全球化的背景下，为了有效地降低了生产成本或经营风险，跨国公司通常按生产价值链对生产或服务进行分割，使得跨国公司之间以产权或以非产权为基础的制度安排不断出现，形成了多种多样的跨国公司联盟，如研究与发展联盟、跨国公司战略联盟等，即所谓的全球联盟资本主义，而全球联盟资本主义的核心就是对跨国公司关系资产进行整合。

第五是知识经济的发展。20 世纪 90 年代以来，知识资本成为经济发展的核心投入要素。知识资本主要是依附于人力资源之中，而且知识的传播与外溢主要是通过人与人之间的互动关系进行。从某种程度上讲，知识经济的发展是以关系资产作为基础的。

第六是世界科技过时淘汰速度的加快。企业鼓励相互学习，加速分享科技的成果，从而降低科技淘汰的风险，也需要企业建立稳定且高质量的关系资产。

（2）国外特定关系资产的获取与国际商务活动

由于以资本、资金、技术为基础的垄断优势不断下降，而以关系资产为基础的垄断优势却不断地上升，跨国公司内部以及跨国公司与其他外部组织之间的关系日益成为跨国公司核心竞争优势的重要构成部分。

　　关系资产是在互动动态的发展中形成和获得的，它既可以在跨国公司所在母国形成，也可以在跨国公司投资国获得。一般说来，跨国公司产品的技术越复杂、风险越大，关系资产就相对越重要；跨国公司母国与其对外直接投资东道国之间社会经济制度、文化、道德准则差异越大，关系资产就相对越重要。因此，发达国家知识密集型跨国公司核心竞争优势的获得、维持与更新，除了传统的垄断优势和在母国获得关系资产以外，另一个重要的途径就是获得对直接投资东道国关系资产的控制。从这一角度讲，发达国家知识密集型跨国公司在对外直接投资区位选择决策过程中，投资东道国关系资产的质量日益成为跨国公司对外直接投资决策考虑的重要因素。

　　而关系资产的质量既与宏观经济变量相关，也与企业微观变量有关。在宏观方面，关系资产的质量与当地社会经济政治制度的稳定、文化底蕴、社会行为准则、司法制度、交通基础设施等因素密切相关；而在微观方面，关系资产的质量与产业集中度、公司制度与文化、机会主义、道德风险、逆向选择等因素相关。因此，对于积极吸引国际商务活动的广大发展中国家来说，区位竞争优势就从以前丰富的自然资源、劳动力价格优势，逐渐转移到嵌置在人力资本或知识资本之中的关系资产上来。

　　实际上，在过去的二十多年中，许多发展中国家的区位吸引力已经从自然要素禀赋（包括非技术劳动力）的可获得性、成本与质量转移到创造性资产上来，特别是转移到智力资本、创新体系、制度和通信基础设施等方面上来，而这正是关系资产的核心构成基础；同时，由于全球性竞争的压力，知识与信息的流动性导致了区位竞争优势向关系资产等软性区位因素集中。在微观层面，这种以关系资产为核心的国际商务活动区位竞争优势，通常表现为当地企业外部合作伙伴关系或企业外部网络合作关系的建立，而经济道德则成为以关系资产为核心的国际商务活动区位竞争优势中的重要内容。因此，广大发展中国家或经济转型国家，尽管自然资源和廉价的劳动力仍然是很重要的区位因素，但这些国家基本制度结构和社会关系资本的非效率已经被证明是发展中国家吸引国际商务活动的最大障碍。近年来，许多国际研究组织的多项实际调查结果表明，社会关系资产的质量已经成为发展中国家区位竞争的新优势；而跨国公司一般都会在全球范围内将关系资产作为区位决策的基本要素，并在全球范围内对跨国公司内部与外部关系资产进行优化组合，这是跨国公司在经济一体化日益加强的世界经济竞争中取胜的重要方法和途径。

3.2.5　实现企业的多元化战略

　　上述几种国际商务动机主要是获取国外资源，而企业实施多元化战略则是企业内部发展的策略性扩张，它是企业在国内外优化资源组合的结果。

1. 多元化战略的概念

　　（1）多元化战略的定义

　　多元化战略是企业在已有产品和现有市场条件下，通过开发新产品和创建新市场等方法来扩大市场销售量，从而增加企业利润的一种企业发展战略。实际上，多元化战略是一种市场导向型的战略。不过，这种多元化战略既可以出现在企业内部不同商业单位层面，也可以发生在企业层面。对于企业不同商业单位而言，一般情况是扩张到企业所在产业中的现有细分市场；对于企业层面而言，一般情况是扩张到企业现有商业单位所在产业之外的而且具有发展前景的产业领域。

（2）产品——市场增长的多元化矩阵

由于多元化战略是产品和市场扩张的一种方法，因此，可以用安索夫矩阵（Ansoff Matrix）来表示。它是由俄裔美国经济学家安索夫 1957 年在《哈佛商业评论》上发表的一篇论文中首次提出来的①，可以帮助市场决策者通过在现有市场中或新建市场中增加已有产品或者新增产品的方法来扩张企业的商业行为。它共有四种类型的产品和市场组合方式，这个矩阵有助于企业决定哪种行为最能获得最佳商业表现。因此，这种方法也叫产品——市场增长矩阵（如图 3-1 所示）。

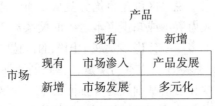

图 3-1　安索夫矩阵

安索夫矩阵共有四组策略组合：一是市场渗入策略（现有产品和现有市场的组合）。它是指企业运用现有产品进入或渗入到一个市场时，最好的方法就是获取竞争对手的市场（或部分市场），另一种方法就是吸引那些从没有使用企业产品或接受企业服务的消费者来使用企业的产品和享用企业提供的服务。当然，企业可以通过广告或促销的方法来吸引这些潜在消费者。

二是产品发展策略（现有产品和新增产品的组合）。它是指一个拥有现有产品市场的企业通过发展其他产品来满足或填补现有产品市场（对于这个市场来说并不一定是新增产品，例如快餐业中的麦当劳公司也不经常新增产品）的商业行为。当然，对市场竞争激烈的企业来说，开发新产品是保持竞争优势的一种基本方法，因为它可以获得新消费者。

三是市场发展战略（新市场和现有产品的组合）。它是指把已拥有市场的产品推入到或挤入到新消费市场的商业行为。例如位于英国布伦特福德的著名运动饮料公司 Lucozade（中文名翻译成"葡萄适"），这种饮料的最初市场主要是针对生病的孩子，然

① Ansoff, I.. Strategies for Diversification. Harvard Business Review, Vol. 35 Issue 5, Sep.-Oct. 1957, pp. 113-124.

后再发展成为专门针对运动员的消费市场①。这是一个典型的现有产品开发新市场的例子。当然，市场并不一定是新市场，关键是对这个企业来说应该是新市场。

四是多元化战略（新产品和新市场的组合）。它主要是指企业开发新产品进入新市场的一种商业行为。例如英国维珍集团公司（Virgin Group）就是由饮料、超级百货公司、航空和电信公司等构成的多元化超级跨国公司。

值得注意的是，多元化战略显然不同于前几种战略，它要求企业必须具有与已有产品生产线不同的新生产技术、新生产能力和新生产设施；同时，对多元化战略中"新"的理解都是主观的，它主要是针对消费者来说，而不是针对企业管理者。因此，产品可以开辟或促进新市场，而新市场也会促进产品创新。

（3）多元化战略的种类

多元化战略涉及新产品和新市场的内部发展、企业收购、与企业战略联盟的建立、对新技术的许可使用以及其他企业分销或进口产品生产线等系列问题，因此，多元化战略组合取决于企业现有市场机会、资源和企业战略目标。一般说来，多元化战略主要分为以下三种类型：

①同轴多元化战略（Concentric diversification）。它主要是指企业在不同产业之间使用相同或类似技术的多元化战略。当然，这种技术可以是相同或类似的，但它在不同市场的营销方法应该是不同的。这种战略目的就是开辟新市场来增加企业销售总量。

②水平多元化战略（Horizontal diversification）。这种战略有两种解释。第一种解释是指企业新增一些与现有产品生产技术或商业技术相关的新产品或新服务，通过这些新产品或新服务来吸引现有消费者的多元化战略。在竞争环境激烈的情况下，特别是当现有消费者对现有产品具有很高忠诚度时，这种水平多元化战略是非常合适而且有效的。当然，它要求这些新产品和新服务的质量必须有保证，价格必须比较合理。当然，这种战略也增加了企业对某种细分市场的依赖程度。第二种解释是指企业把相同生产、销售或服务阶段（环节）引入到新的商业领域（与现有产业相关或不相关的领域）之中。例如，雅芳（Avon）在现有销售网络和渠道的不同环节或阶段实施不同的销售方法，在用门对门的销售方式销售化妆品的同时，还销售珠宝商品；通过邮购订单销售的同时，不销售服装和塑料制品；通过零售门店销售的同时，还搭售蒂芙尼（Tiffany's）的产品。从这个角度上讲，这种水平多元化战略实际上就是捆绑销售或搭配销售战略。

③复合多元化战略（Conglomerate diversification）。它是指企业销售与现有产品没有生产技术或商业技术联系产品或服务，或者是没有与现有生产技术或商业技术进行技术合成的产品或服务，但是这些产品和服务对企业现有消费群体很有吸引力的商业行为。因此，复合多元化战略与企业现有商业行为的关联有限，这种战略也叫多角化战略。实施复合多元化战略化的目的，就是为了增加企业利润或者是增加企业应对不确定性风险的弹性。

---

① Lucozade 主要通过赞助足球俱乐部、网球运动和英国系列电视剧 *Big Brother* 等方式来开拓运动员消费市场。

2. 实施多元化战略的经济学原理

企业实施多元化战略有多种原因，从经济学角度看，主要有以下几点：

（1）范围经济（Economies of scope）。它主要是指企业通过扩大经营范围，增加产品种类，生产两种或两种以上产品而引起单位成本下降的经济现象。也就是说，企业或生产单位能从生产或提供某种系列产品而导致单位成本下降之中获得经济收益，其中，单位成本下降主要来自于财务、分销、研究与开发和后勤服务等企业公共基础服务部门。范围经济是企业采取多元化战略的理论依据。在一般情况下，当同时生产两种产品的费用低于分别生产每种产品的费用时，企业就会采取多元化战略。

（2）企业公共资源或基础设施的共享性。每个企业都有自己的公共资源和基础设施，特别是跨国公司，例如跨国公司总部的后勤服务（包括决策部门、公关部门和会计账务部门），这些公共资源和基础设施的投资通常都是一次性的，而且都是沉没成本。企业建立了这种公共资源和基础设施，不仅能对企业的专门部门或特定经济活动提供服务，也能为企业的其他部门或其他经济行为提供服务，例如为企业新开辟国际市场和开发新产品提供后勤保障服务，有助于降低企业其他部门或其他经济活动的成本。因此，企业公共资源和基础设施的共享，为企业实施多元化战略提供了理论支持。

（3）公共池塘资源与企业商务边界扩展。在经济学中，公共池塘资源（Pool Resources，也称公共产权资源）是指不止一个人能享用的资源，但是每个人对这种公共池塘资源的消费，则会减少这种资源对其他人的供给。这类资源主要由自然资源和人造资源构成，如渔场、牧场、森林、饮用和灌溉地下水（更大范围上讲，空气和海洋也是公共池塘资源）等①。

公共池塘资源具有供给的非排他性和消费竞争性。典型公共池塘资源通常都由核心资源（如水或鱼）所构成，并且由核心资源来确定公共池塘资源的存量，即用核心资源的最小基本单位用来测度公共池塘资源流量变动②。尽管可以保护或维持核心资源，进而达到可持续利用的目的，但是最小单位的核心资源则是可以被消费或耗尽的。即尽管这类资源的供给是无成本的，但它又不像公共产品，公共池塘资源的消费面临拥挤和过度使用问题，过度消费或利用则会导致这类资源存量的减少或耗尽。如牧场每年只能允许定量放牧。如果过度放牧，牧场就可能受到毁灭，并最终伤害到所有牧场使用者的利益。正是由于核心资源的这种脆弱性，公共池塘资源如果不进行管理或限制使用，就

---

① 公共池塘资源可能属于国家、地区或者当地政府所有（类似公共产品），也可能属于当地社区组织所有（类似俱乐部产品或会员产品）；也可能属于私人所有（类似私人商品）。当公共池塘资源不属于一个人所有时，公共池塘资源就作为开放资源使用。这就是开放资源过度使用的问题，因为单个使用者为了自己的私利，可能以有害于整个群体利益的各种方式来行动。这就是四十多年前著名生物学家 Garrett Hardin（1968）观察到世界范围内公共池塘资源过度使用之后而提出的"公地悲剧"问题。

② Ostrom, Elinor（1990）. Governing the Commons: The Evolution of Institutions for Collective Action. Cambridge University Press.

会遇到"拥挤"、"过度使用"、"污染"和"潜在毁灭"的可能性。

如果一个国家的企业所需要的公共池塘资源被过度使用，就会增加企业经营成本。对企业而言，避免这种状况出现最好的方法就是到另外一个公共池塘资源比较丰富的国家去开展国际商务活动。因此，企业商务活动就会由国内扩展到国际，这也是企业主动积极防御风险的一种行为。

3. 国际商务活动与多元化战略实施

跨国公司开展国际商务能实现多元化战略。例如，跨国公司通过充分利用一个国家的市场优势来扩大销售量，就可以避免在另一个国家市场由于经济萧条带来的市场损失；对于跨国公司的同种产品而言，在这个国家的市场销量会由于某种原因突然产生变化，而在另一个国家市场上的稳定销售量，就可以避免公司总体销售额发生较大波动；一个国家某个特定市场的竞争状况变得较为激烈的时候，公司可以把产品销售重点转移到另一个竞争较为缓和的国家市场。这样开展国际商务活动，就能获取多元化战略的好处。

◎案例

iPod 为什么会在全球生产?

1. "iPod 经济"与全球化生产网络

iPod 是美国苹果公司推出的一种大容量 MP3 和 MP4 系列便携式播放器及其相关设备的一种品牌。iPod 的主要产品是 MP3 和 MP4 系列便携式播放器，这些播放器的核心硬件是日本东芝公司（Toshiba）出品的 1.8 英寸盘片硬盘和苹果公司设计的播放软件。目前流行的 iPod 播放器的存储硬盘容量高达 10~120GB，可存放 2500~15000 首接近 CD 质量的 MP3 音乐；iPod 播放器还有苹果公司设计的完善的管理程序和创新的操作方式，而且播放器外观也独具创意，采用"点击轮"（Click Wheel）的滚轮触摸感应设计，是苹果公司少数能横跨 PC 和 Mac 平台的硬件产品之一；除了 MP3 播放，iPod 还可以作为高速移动硬盘使用，可以显示联系人、日历和任务，以及阅读纯文本电子书和聆听 Audible 的有声电子书以及播客（Podcasts，可以播放阅读）。目前，iPod 已成为美国乃至全世界最受欢迎的数码音乐播放器之一，在美国，iPod 播放器基本统治了数码音乐播放器的销售市场，拥有超过 92% 的硬盘播放器和超过 65% 的所有类型播放器的市场；在全球范围 iPod 产品有数以万计的拥趸者，iPod 产品已经成为全球范围时尚的数码音乐播放产品。

目前，iPod 已经形成了庞大的系列产品和互补产业，创造了巨大的市场经济价值。iPod 产品系列主要有：

一是播放器系列产品。自 2001 年 10 月 23 日苹果公司推出第一代 iPod 产品开始，在全球范围内就已经形成了消费 iPod 产品的旋风；2005 年苹果公司又开发出

iPod 第五代产品，目前它已经成为苹果公司经典的 iPod 播放器；2004 年苹果公司又推出微型的 iPodmini 产品系列，2005 年苹果公司继续开发新产品，同时推出了 iPodshuffle 系列产品和 iPodnano（iPodmini 的更新版）系列产品，目前它们已经成为 iPod 的中端产品；最近，苹果公司又发布了新一代的 iPod 高端产品 iPod Touch。总之，iPod 系列播放器以其耐磨的金属和玻璃外壳、超薄优美的外观设计、卓越的播放能力以及方便漂亮的照片文字浏览功能，赢得了全球范围内消费者的喜爱。

二是以 iPod 产品的同步软件 iTunes 为基础的音乐消费产品，即所谓的 iTunes 音频和视频产品。苹果公司为了加强知识产权保护，开发了独特的 iPod 产品播放软件，并以此软件为基础，苹果公司又开发了音乐和视频产品在 iTunes 音乐商店销售，并以此作为互补产品来带动 iPod 系列播放产品的销售；而且除了 iPod 系列播放产品以外，没有任何其他的便携音乐播放器能播放在苹果 iTunes 音乐商店上销售的音乐或视频文件，因为苹果电脑使用它们专有的 FairPlay 系统加密这些 AAC 音频和视频文件。目前，苹果公司的 iTunes 音乐商店已经销售了超过 10 亿首歌曲，创造了傲人的网上销售业绩。

三是巨大和持续增长的 iPod 产品辅助配件零件产业。这些零配件产业主要包括：专为 iPod 产品配套的基座充电器、集成功放音响、配带的包装产品以及支持苹果公司 iTunes 音乐产品的替代播放器软件等；更令人惊奇的是，宝马公司在 2004 年底还首个发布了由汽车制造商制造的 iPod 汽车界面，该界面允许驾驶者在此之后生产的宝马汽车中通过内建于方向盘和收音机上的按键来控制 iPod 播放器；在随后的 2005 年 1 月，包括奔驰和法拉利在内的更多汽车制造商宣布在 2005 年之后开始推出类似系统，作为汽车产品促销的重要方法之一。此外，还有大量的第三方配件产品出现，据统计，差不多每天都有基于 iPod 的新产品出现，从录音到游戏，以及 iPod 的连接设备和适配器等，其中一个增长巨大的 iPod 配件市场就是 iPod 产品的装饰产业，包括 iPod 的外壳及其彩绘等。

因此，2005 年苹果公司的总裁斯蒂夫·乔布斯将 iPod 产品及其相关产业发展所带来的巨大经济收益称为"iPod 经济"。

基于 iPod 为基础的产品为什么会形成品种繁多和配套齐全的相关产品，从而创造出经济价值巨大的"iPod 经济"，一个重要的原因就是与 iPod 产品的全球生产网络密切相关①。

在国际商务研究领域，目前一个被众多学者广泛引用的一个例证，就是 iPod 经典播放器生产价值的全球分割。苹果第五代 iPod 播放器在美国的市场总价值为 299 美元，共有 451 个部件，其生产价值在全球的分割如下：美国批发渠道商和零售商分享 75 美元，苹果公司分享 80 美元；提供存储硬盘的日本东芝公司分享 73 美元，东芝公司实际得 19 美元，因为硬盘的生产并不在日本境内完成；显示器由

---

① 肖光恩. iPod 为什么会在全球生产？——基于跨国公司产品内国际分工和产品内贸易的理论解释. 经济学消息报，2008 年 2 月 1 日。

日本东芝的合资公司提供，分享生产价值 20 美元，但其生产也不在日本境内；芯片由美国公司提供，分得 13 美元；而其他微不足道的零部件由韩国公司提供，分得 1 美元；最终产品的组装在中国大陆（通过台湾地区代工商）完成，分得的生产价值不到 4 美元，剩余的 33 美元则由其余的零部件生产商所分割。从 iPod 全球生产价值分割的情况看，iPod 产品在全球范围内形成了完整的产品内生产分工体系，这种产品内的生产分工体系使得以前在一个地方完成的产品，按照生产要素的全球生产成本不同而分成若干不同的模块，每个生产模块在全球范围选择在其生产成本最低的地方进行生产，然后将这些零部件出口集中到一个地方进行组装，组装完成的最终产品再向世界各地的消费市场出口。这种基于产品生产要素全球生产成本不同而选择在全球不同地区进行生产的新型产品内生产分工模式，使国际贸易从原来最终消费品的生产与交换，转变成为产品内的国际生产与产品零部件的国际交换。目前，美国苹果公司已经卖掉了自己的制造工厂，将产品零部件的生产分包给全球各地的制造商，从而使苹果公司成为"没有工厂的制造企业"。

2. iPod 全球生产的理论解释

根据以上的分析可知，尽管 iPod 产品系列丰富，互补产品种类繁多，但其因全球化生产网络的建立，不仅使其产品大大降低了生产成本，而且开拓了产品的国际市场，深化了产品的品牌质量。因此，我们在看到"iPod 经济"繁荣的同时，也不禁会思索：iPod 产品建立起全球化生产网络背后的深层次原因是什么呢？或者说，iPod 产品建立起全球化生产网络的动机和机制是什么呢？

传统的国际生产分工主要有两种形式，一种是产业间的国际分工，即所谓的李嘉图国际分工模式，主要是指世界各个国家根据自己的比较优势生产自己最具有比较优势的产品，各国之间的国际分工是选择生产不同行业的产品进行生产，其主要动力是发挥技术优势或专业化生产比较优势；二是产业内的分工模式，即所谓的克鲁格曼国际分工模式，主要是指各国根据规模报酬递增或是重叠需求原理来选择生产同一产业内不同的差异产品，其主要动力是追求规模报酬递增所形成的效率提高。总而言之，这两种传统国际分工模式的基本动力都是追求生产效率提高型的成本节约，从而提高各自生产的最终产品的价格优势。而基于这两种国际分工为基础的国际贸易主要表现为产品间的贸易和产品内的贸易，这两种国际贸易方式在没有贸易摩擦和交通成本（或者有交通成本，但其交通成本小于同种产品在不同国家的价格差）的情况下，都会增加贸易双方的经济福利或消费福利，如增加消费产品的种类。

而跨国公司产品内国际分工的形成，主要是因为：

一是跨国公司产品内国际分工是经济全球化和全球经济信息化发展的直接结果。20 世纪 90 年代以来，随着各国关税的不断降低，"有管理的自由资本主义"的政策偏好成为全球各国的时尚，各国在实物产品的投资、生产、交换与售后服务之间的依赖日益加深，特别是经济对外开放之后，各个国家之间的金融关系更是相互交织，形成了"剪不断理还乱"的不可分割的国际金融体系；与此同时，随着信息技术在经济领域的应用及信息产品的不断革新，信息技术产业不仅成为各国经济发展的支柱与龙头产业，而且各国之间的信息交流成本也在不断下降，使得各国之间的信息不对称不断减少，发展经济的信息成本不断降低。而经济全球化和全球经济信息化发展的直接结果就是产品生产要素的成本在最终产品成本中的作用不断增加。因此，追求生产要素成本的优化组合就成为各国产品竞争优势的重要来源。

二是垂直国际分工体系成为跨国公司产品内国际分工的主要组织形式。按照跨国公司生产过程的组织形式，国际分工主要有水平国际分工和垂直国际分工两种组织形式。决定跨国公司水平垂直国际分工的主要影响因素是两国经济交换的障碍和东道国的市场容量。一般说来，两国之间的经济交往障碍越多（比如经济文化制度差异越大、两国关税壁垒越高），特别是东道国的市场容量或市场潜力越大（比如东道国人均 GDP 持续不断地攀升），则跨国公司在两国进行水平生产分工的可能性就越大。而决定跨国公司垂直分工的主要影响因素是经济贸易自由化水平和生产要素成本的差异。一般说来，两国经济贸易自由化水平越高，生产同种产品所需要的生产要素的成本国别差异越大，跨国公司在两国进行垂直生产分工的可能性就越大。根据前面的分析，随着经济全球化和全球经济信息化的快速发展，全球经济贸易自由化水平已经达到历史的最高水平，各国生产要素的差异由于各国经济发展的历史积累以及经济发展环境资源的不可逆性而成为决定垂直分工的主要因素。因此，在经济全球化和全球经济信息化背景下，追求生产要素的优化组合，既成为跨国公司提高产品竞争力的重要方法和目的，也是决定跨国公司进行生产垂直分工的主要原因。

三是联盟资本主义已经成为跨国公司产品内国际分工的重要保障机制。在经济全球化时代，各国之间的竞争主要是合作竞争，而合作竞争的重要制度机制就是联盟。一种跨国公司联盟表现是有组织的联盟，如 20 世纪 90 年代在全球兴起的跨国公司战略联盟，使得跨国公司通过战略联盟协议在产品的研究开发、生产、销售、售后服务、企业组织结构、制度以及企业文化等各个方面建立起战略联盟关系，从而维护跨国公司在全球范围内的竞争合作关系，以及跨国公司在全球范围内经济利益的分配；另一种是无组织的联盟，即跨国公司通过生产销售合同在全球范围建立起来的一种长期生产与销售网络，如目前流行的生产外包，特别是生产业务流程的外包，这就是跨国公司通过生产与销售协议建立起来的长期的非组织的联盟。因此，在经济全球化背景下跨国公司通过正式组织和非正式组织建立起来的联盟，已经成为产品内国际生产分工的重要保障机制；而这种全球化背景下的联盟也被称作"联盟资本主义"，它是资本主义在经济全球化背景下的最新发展形式。

基于产品内分工和全球生产网络的跨国公司产品内贸易，是跨国公司在经济全球化和全球经济信息化条件下追求最终产品生产要素成本优化组合的必然结果。在世界各国经济依赖程度日益加强以及全球经济交往成本持续下降的条件下，特别是生产要素成本在最终产品成本中日益重要的情况下，跨国公司必然会根据最终产品生产要素成本的国别差异来组织生产，即按照生产要素成本的国别差异来实施产品内的生产国际分工，进而使垂直化的国际生产分工成为产品内分工的主要形式，而按照垂直化生产分工生产出来的零部件最后会全部集中到一个国家进行组装（如 iPod 在中国组装），这就直接导致了产品零部件产品的国际贸易，即产品内贸易。而这种产品内贸易目前已经成为世界贸易的一种重要形式，在世界贸易中产品内贸易的年增长速度已经远远超过了最终产品贸易的增长速度，成为世界经济中的一种新现象。

因此，根据以上的分析可知：iPod 在全球生产的动力就是在全球化背景下追求生产要素成本的优化组合，它通过垂直化产品内国际生产分工体系和联盟资本主义来保证产品在全球范围内的生产与销售，进而使跨国公司从以往对生产效率提高型成本节约的追求，转向了对生产要素成本优化组合型成本节约的追求。

◎ 思考题

1. 查阅 iPod 的相关资料，说明 iPod 的生产模式有何优点？
2. 运用本章的相关知识，分析 iPod 全球生产分割的基本商务动机。

第二篇

国际商务基本理论

第二篇

第4章
国际商务活动方式选择理论

◎**本章要点**

1. 目前，国际商务活动方式选择理论仍处在发展之中，还没有形成一个被普遍接受的一般理论。

2. 蒙代尔认为当两国生产函数相同时，国际贸易与国际投资是双向替代关系；国际投资产生于国际贸易障碍，在自由贸易条件下国际投资不会发生。

3. 产品周期理论认为企业对外直接投资根本原因是投资企业拥有其他国家企业所没有的产品或工艺上的特定比较优势，投资企业特定比较优势是跟随产品市场生命周期而不断变化的；国际商务活动主要表现为发达国家的技术和直接投资向不发达国家扩散或转移，国际贸易在产品周期不同阶段的流向会发生逆转。

4. 国际生产折衷理论指出，垄断优势、内部化优势和区位优势都不能单独地用来解释企业对外直接投资或从事国际生产的倾向，只有同时具备这三种优势，企业才可能从事对外直接投资。所有权优势和内部化优势只是企业对外直接投资的必要条件，而区位优势只是对外直接投资的充分条件。同时，根据这三种优势的不同组合可以解释企业的其他国际商务活动行为，特别是对外直接投资、对外贸易和对外技术转让行为。

5. 基于内部化理论的国际商务活动一般选择理论可以解释多种国际商务活动行为，它主要取决于进入者、东道国竞争者、合资经营等不同主体的配置情况及其内部化成本。这种一般化理论模型可以扩展，它适用的范围比较广泛。

4.1 传统国际商务活动方式选择理论

对于国际商务活动方式之间的关系，已有很多学者从不同的角度进行了研究，具有代表性的传统理论包括国际贸易与国际投资选择理论、产品周期理论和生产折衷理论。这里所说的"传统"主要是相对于理论的综合性或创新性而言的，并不是指这些理论的过时性，在某种情况下，这些理论仍然具有很强的解释力。

4.1.1　国际贸易与国际投资选择理论

美国经济学家蒙代尔（R. A. Mundell）就国际投资与国际贸易的关系提出了系统的理论模型，创立了投资与贸易替代理论①。

1. 理论假设

该理论假设：（1）世界经济中只存在两个国家，国家 1 和国家 2，两国贸易的基础是两国存在资源禀赋差异，设国家 1 资本丰富，国家 2 劳动力丰富；（2）两国间经济交换以各具要素优势生产的产品为对象，两国以各自的比较优势生产相应的产品，国家 1 生产资本密集型产品 Y，国家 2 生产劳动密集型产品 X；（3）两国具有相同的生产函数；（4）两国之间存在着阻止要素流动的障碍，如关税和非关税壁垒、投资壁垒、产业壁垒等，但不存在阻碍商品交易的贸易壁垒。

根据假设可以得出两国的贸易示意图（如图 4-1），在图中 TaTa 和 TbTb 分别为国家 1 和国家 2 两国的生产可能性曲线，国家 1 的生产可能性曲线在 X 轴的截距较大，即在相同条件下国家 1 生产资本密集型产品更多，国家 2 则相反。图中两条生产可能性曲线的斜率（即 MM' 和 NN' 两条直线）分别为国家 1 和国家 2 两种产品 X、Y 的价格比率。

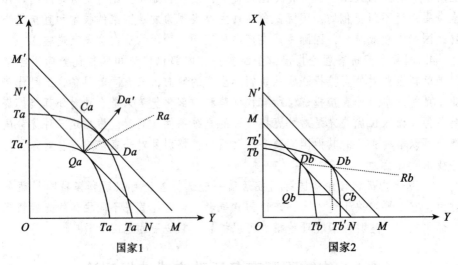

图 4-1　国家 1 和国家 2 的贸易示意图

根据比较优势原则，在封闭条件下，国家 1 生产 Y 产品有比较优势，即将生产的 Y 产品除本国消费外还部分出口到国家 2，再从国家 2 进口 X 产品。国家 2 则类似。

---

①　Mundell, R. A.. 1957. International Trade and Factor Moblility. The American Economic Review, June, pp. 321-335.

在自由贸易、无国际资本流动的条件下，国家 1 的 X、Y 两种产品的均衡点为 Da，Y 产品的出口量为 QaDa，X 产品的进口量为 QaCa；国家 2 的 X、Y 产品生产均衡点为 Db，Y 产品的进口量为 QbCb，X 产品的出口量为 QbDb。根据贸易三角形 QaCaDa 与三角形 QbCbDb 相等，说明在相同价格比率条件下，国家 1 和国家 2 两国贸易都达到平衡。即通过自由贸易能够实现资源的有效配置，不存在资本跨国流动的动因，也不会产生跨国投资。

然而上述理论模型的假设条件在现实经济并不存在，因为世界各国之间存在着大量的关税和非关税壁垒，各国资源禀赋并不相同，各国生产函数也不相同。蒙代尔认为在国际经济交往中，贸易障碍的增加会刺激要素流动，要素流动障碍的增加会刺激贸易发展。该观点主要基于以下分析过程：当无贸易障碍时，自由的国际贸易可实现两国产品价格和要素价格的均等（要素价格均等理论）；当存在着商品跨国流动的运费时，跨国运费将提高进口产品的相对价格，进而使资本流向进口产品的国家，并提高了各国稀缺资源的边际产品，降低了各国丰富要素资源的边际产品。当资本跨国流动后，国家 1 的投资者和国家 2 的劳动者的收入都会增加，而国家 1 的劳动者和国家 2 的投资者的收入都会下降。要素收入的变动则会刺激资本由国家 1 向国家 2 流动，劳动者则会由国家 2 流向国家 1，或是两种要素移动的组合，最后均衡取决于要素的流动性。

2. 理论的基本内容

在资本完全流动的条件下，资本将一直由国家 1 向国家 2 流动，直到两国资本收益相同，但由于运费是由进口商品来承担，因此，两国边际物质产品的价格无法均衡。

在资本不完全流动的条件下，基于政治风险、经济风险或是爱国主义等因素的考虑，国家 1 的投资者要到国家 2 进行投资通常都要求有很高的收益率（抵消以上风险还会出现利润），否则就不会出现跨国界的投资行为。

假设阻碍国际贸易的因素存在，比如国家 2 对进口的 Y 产品征收关税，则国家 2 的 Y 产品的价格就会上涨，从而刺激了国家 2 国内 Y 产品的生产。在生产要素可自由流动的情况下，受国家 2 国内高收益的吸引，国家 1 的生产者必然选择在国家 2 建立生产基地，生产 Y 产品，从而使国家 2 的 Y 产品的产量增加。在国家 2 对 Y 产品需求保持不变的前提下，国家 2 从国家 1 进口 Y 产品的数量就会下降，原有的生产均衡点就会被打破。在资本国际流动的条件下，国家 1 的生产可能性曲线由原来的 TaTa 缩小到 Ta'Ta'，新生产均衡点为 Da'；国家 2 的生产可能性曲线由原来的 TbTb 扩张到 Tb'Tb'，新生产均衡战为 Db'。Ra、Ra' 分别为两国的罗布津斯线（Rybczynski Curve），表示在同一相对价格下，随着要素禀赋量的变化，两种产品的生产产量的变化。从图 3-2 可看出，两国 X、Y 产品的总产量与自由贸易时是相等的，只是两国间的生产比例发生了变化，说明国际投资与国际贸易存在完全替代关系。

3. 基本结论

根据蒙代尔的分析，可以得出结论：两国的生产函数相同，则国际贸易与国际投资表现为替代关系；国际投资产生于国际贸易障碍，但在自由贸易的条件下，国际投资不会发生；国际投资替代国际贸易的结果使得投资国减少拥有比较优势产品的生产，东道国则会增加该产品的生产；同时，投资国会增加有比较劣势产品的生产，减少比较劣势产品的进口。总之，国际投资对贸易的替代是双向的。

虽然投资与贸易替代理论没有直接论及国际直接投资区位选择，但该理论明确指出了国际资本投资的流向问题，国际资本会绕过贸易障碍而到资本边际报酬较高的地区和国家，并对贸易有替代功能。

4.1.2 产品周期理论

美国经济学家维农（R. G. Vernon）根据产品市场生命周期变化发表了《产品周期中的国际投资与国际贸易》的论文①，提出了产品生命周期理论（Product Cycle Hypothesis），首次将动态分析的方法纳入了国际贸易、技术转让和国际直接投资选择方式的理论分析。

1. 基本内容

该理论主要从动态的角度分析产品比较优势及其竞争条件的变化对企业对外投资区位选择的直接影响。该理论认为企业对外直接投资的根本原因是投资企业拥有次发达国家（或是发展中国家）企业所没有的产品或工艺上的特定比较优势，而投资企业的特定比较优势是根据产品市场生命周期而不断变化的，主要表现是国际直接投资向不发达国家扩散和转移。因此，企业对外直接投资表现为明显的阶段性特征，而国际直接投资区位选择则因投资阶段的不同而不同。

2. 周期阶段与国际商务方式选择

维农认为产品生命周期主要表现为创新、成熟和标准化三个阶段。

在产品创新阶段（New Product Stage），产品处于创新及推广的过程中。创新企业不仅关心产品在本国的生产，而且关心产品客户、原材料供应商和竞争对手的情况。因此，区位成本、生产成本和销售成本对创新企业而言并不重要。创新企业在该阶段的主要任务是进行产品创新，并以本国为生产和销售基地，当产品在国内市场逐步成熟时，本国产品开始向不发达国家出口。因此，在产品创新阶段直接投资区位应该选择本国（市场较大的地区）。

在产品成熟阶段（Mature Product Stage），当产品的质量和原材料供应厂商相对稳定，企业更关心生产规模和生产成本；同时，国外竞争者开始模仿和生产替代产品，创新企业的创新垄断和产品竞争受到削弱，产品生产经营成本成为保持和增加产品竞争力的关键。因此，创新企业为了压制竞争对手和保持预期利润，在该阶段创新企业被迫进行防御性对

---

① R. Vernon. International Investment and International Trade in the Product Cycle. Quarterly Journal of Economics, Vol. 80, 1965, pp. 190-207.

外直接投资，对外直接投资区位通常选择在与本国需求结构相似的次发达国家。

在标准化阶段（Standardized Product Stage），产品生产已经完全标准化，企业技术优势已经被产品价格优势所取代，产品价格成为竞争基础，企业在全球各地的区位分布决策将回归到总成本最小化为约束。其中，劳动力成本差异优势又成为企业对外投资区位分布的重要决定因素，因此，企业对外直接投资区位一般选择在国外劳动力成本具有比较的发展中国家或地区。

产品生命周期理论以动态的观点发展和补充了静态比较优势理论，将企业特定比较优势动态化，该理论对第二次世界大战以后美国国际贸易、技术转让和国际直接投资选择有一定的解释力。

4.1.3　生产折衷理论

20 世纪 70 年代末英国经济学家邓宁（J. H. Dunning）把国家的要素拥有特征与企业的要素拥有特征结合起来进行分析，从国际贸易理论出发，把产业组织理论、区位理论等结合起来，提出了著名的生产折衷理论（Eclectic Theory of International Production），试图建立一个更一般的包括国际投资、国际贸易和许可证方式的国际商务理论模型，并用于解释跨国公司对外直接投资所必须具备的各种决定因素。

1. 三个基本要素

该理论的核心是 OIL 模型，即决定跨国公司对外直接投资行为的三个基本要素：所有权优势（Ownership Advantage）、内部化优势（Internalization Advantage）和区位优势（Location Advantage），这就是著名的 OIL 范式（OIL Paradigm）。

首先是所有权优势，即一国企业所拥有的其他国家企业所不具备的特定优势，主要包括：一是知识产权或是无形资产优势，包括企业资源（资产）结构、生产创新、生产管理、组织和市场营销系统、创新能力、劳动力结构、隐含知识、人力资源的经验、库存、营销、金融、专有技术等，减少公司间或公司内部交易成本的能力等；二是共同治理优势，主要是一些与特定核心优势互补性的资产，在跨国公司及其分支机构共同拥有的管理优势，来源于企业规模、产品差异化和企业的学习经验（范围经济和专业化）、对投入品（劳动力、自然资源、金融和信息）获得的垄断性或优惠性、以优惠条件获得投入品的能力、母公司在子公司之间组织生产和进行合作的能力、按边际成本获得母公司资源的能力、协同经济（不仅包括生产，而且包括采购、营销、金融和管理等）。三是来源于跨国性的一些优势，跨国性能提供经营弹性，主要通过套利、生产转移、投入资源全球采购、以更优惠条件获得国际市场知识，充分利用要素禀赋、政府干预、市场结构地理分布差异、多样化、分散风险的能力、在组织、管理经验和制度等方面向不同国家的学习能力等。

其次是内部化优势。内部化的原因主要来源于：避免寻找成本和谈判成本、避免道德风险和逆向选择、保护内部化企业的声誉、避免违约成本和购买者的不确定性、当地市场不允许实施价格歧视、确保中间产品或最终产品的需要、获得相互依赖活动的经济收益、对市场不确定性补偿、避免政府干预（配额、关税、价格控制、关税差异等）、控制供应商或是中间产品的出售条件、控制市场出路、确保某些商业性惯例（交叉补贴、掠夺性定价、转移定价）等。

最后是区位特定优势。区位特定优势主要来源于：自然和创造的要素禀赋、市场地理分布差异、中间产品的价格、质量和生产率、国际运输成本和交流成本、投资激励和投资抵制、贸易的人为障碍、社会基础设施、跨国文化理念、语言、文化、商业和政治的差异、R&D、生产和市场营销的集中所导致的规模经济、经济制度和政府战略（如资源配置的基本制度框架）等。区位优势不仅决定企业从事国际生产的倾向，而且也决定着企业对外直接投资的部门结构和国际生产的类型。

邓宁有关区位优势的理论不仅吸收了传统国际贸易理论关于比较优势的思想，而且也承袭和发展了国际经济学有关区位因素的理论分析。当然，不同的投资动机，OIL 三范式的决定因素是有差异的，具体情况如表 4-1。

表 4-1　　　　　　　　　　　国际生产类型及其决定因素

国际生产类型	垄断优势	区位优势	内部化优势	TNCs 全球战略	适应的行业
自然资源寻求型	资本、技术、接近市场、互补性资产、规模和谈判力量	自然资源及其相关运费和交流成本、基础设施、关税及其他激励	确保供应商以合适的价格稳定供应、控制市场	获得资源的垄断权、抵制竞争对手	石油、铜、香蕉；出口加工，劳动力密集型产品或加工
市场寻求型	资本、技术、信息、管理和组织技能、过剩 R&D 能力、规模经济、对品牌的忠诚度	材料和劳动力成本、市场规模和市场特征、政府政策（进口管制或投资激励）	减少交易和信息成本、消费者的忽视与不确定性、保护知识产权	保护已有市场、限制竞争对手的行为、排除潜在竞争者	计算机、医药、汽车、烟草、加工产品、航空服务
效率寻求型	除以上内容，还包括：接近市场、范围经济、地理多样性，投入产品的内部化	产品专业化和聚集经济、低劳动力成本、东道国对当地生产的激励	除第二栏的内容，还包括：共同管理的经济、水平一体化和垂多样化的经济	作为全球或地区生产的一部分、获得加工专业化的优势	汽车的电子零配件、商业服务、R&D；消费的电子品、纺织服装、医药等
战略资源寻求型	能为已有资产提供协同效应机会的前面三种的任一情况	能提供技术、市场和其他能提高企业效率的资产的任何情况	共同管理的经济、提高竞争和战略优势、减少风险	加强全球创新和生产竞争优势、获得新生产线或市场	固定成本占总成本的比例较高的行业，有较大的规模经济和协同效应

续表

国际生产类型	垄断优势	区位优势	内部化优势	TNCs 全球战略	适应的行业
贸易与营销	市场准入、产品分销	投入品来源地、当地市场、接近消费者、售后服务等	确保投入品质量和销售渠道、避免执行不力和国外销售代理的不作为	进入新市场或是作为地区或全球市场营销战略的一部分	差异化产品，特别是需要与分包商或最终客户联系的产品
支持服务	母国客户的经验	市场便利性，特别是与主要客户的接近	以上各种情况	作为地区或全球产品或是地理差异的一部分	会计、广告、银行、与空间联系很重要的行业，如航空、海运

资料来源：Dunning, J. H. . Multinational Enterprises and the Global Economy. Addison-Wesley Publishing Company, 1993. p. 83。

2. 三种商务活动方式的选择

国际生产折衷理论指出，这三类优势都不能单独用来解释企业对外直接投资或从事国际生产的倾向，企业只有同时具备了这三类优势，才可能从事对外直接投资，所有权优势和内部化优势只是企业对外直接投资的必要条件，而区位优势只是对外直接投资的充分条件。一般说来，与东道国企业比，母国企业拥有的所有权优势越大，将资产内部化使用的可能性越大，从而在国外利用其资产比在国内可能性更大，越有可能发展对外直接投资。因此，可以根据企业对上述三类优势拥有程度的不同来解释企业对外经济活动行为，即对外直接投资、对外贸易和对外技术转让行为，具体情况如表 4-2 所示。如果企业仅拥有一定的所有权优势，则只能选择对外技术转让的形式参与国际经济竞争；如果企业同时拥有所有权优势和内部化优势，则对外贸易是参与国际经济竞争的一种很好形式；如果企业同时拥有所有权优势、内部化优势和区位优势，则发展对外直接投资是参与国际经济活动的最佳选择。

表 4-2　　　　　　　　　　**用三范式来解释企业对外经济活动类型**

对外商务活动类型	所有权优势（O）	内部化优势（I）	区位优势（L）
对外直接投资	有	有	有
对外贸易	有	有	无
对外技术转让	有	无	无

资料来源：Dunning, J. H. , International Production and the Multinational Enterprise, London, George Allen and Unwin, 1981, p. 111。

国际生产折衷理论的三范式将国际直接投资理论的研究推进了一大步，它最大的创新在于综合吸收了其他理论关于跨国公司对外直接投资决定因素的分析，从中归纳出三组主要变量，并利用这些变量来解释跨国公司对外直接投资所具备的各种条件，它不仅分析了跨国公司国际投资的决定因素，还对跨国公司其他对外经济活动如对外贸易和对外技术转让等作出了解释。

3. 生产折衷理论的评价

国际生产折衷理论首次系统地将投资区位问题纳入理论分析，使得国际直接投资区位选择在国际直接投资理论中的地位更加突出。尽管在现实经济生活中构成地理区位的因素很多，也很复杂，但该理论认为区位因素，特别是地理分布（国别）差异是吸引或推动国际直接投资的重要力量，而区位优势则是东道国和母国的多种因素综合决定的。如果东道国经济中有利的区位因素吸引外国投资者前去进行直接投资，则形成直接区位优势；如果母国经济中不利的区位因素迫使本国企业到国外进行直接投资，则称为间接区位优势。

4.2　国际商务活动方式选择一般理论

国际商务活动方式选择一般理论主要是指巴克利和卡森（1976，1981，1991）建立的国际商务活动方式选择理论模型，它以内部化理论为基础，采用系统方法对多种国际商务活动方式进行理论解释，同时还考虑到同一产业中其他竞争对手和当地竞争者。①

4.2.1　理论基本特征

这个理论是彼得·巴克利和马克·卡森提出来的②。这个理论模型有三个突出特征。

第一，理论模型建立在一个详细的系统分析之上。这个系统基本包括了主要的市场进入策略。现有理论文献都把许多策略当成出口贸易或绿地对外直接投资的替代策略，很难看到对这些策略的直接比较研究，如把许可证贸易和联合投资或者把授权贸易与分包合同直接进行比较研究。因此，当主要竞争策略不包括出口或传统的对外直接投资时，这个理论模型就特别有用。

第二，理论模型清晰地分析了生产与销售。从历史角度看，大部分初始投资都涉及外国产品仓库和销售设施，此后才会出现生产设施，在实证分析中这种区分相当明显，

---

① 需要说明的是：目前没有一个被学术界普遍接受的一般理论。

② Mark Casson. Economics of International Business: A New Research Agenda. Edward Elgar Publishing Limited，2000.

但到目前为止理论研究中并没有很好地体现这一点。当现有理论并不能很好地解释分销投资占主导的情况时，其结果必然会出现混乱。

第三，理论模型研究了外国投资者进入东道国后与东道国主要竞争者之间的策略互动行为。根据当前产业组织理论的最新发展，它假设市场进入者能预见其竞争对手的反应，同时把竞争对手的反应作为市场进入时间的重要参考。产业组织理论的最新发展，对解释把绿地对外直接投资和并购作为进入市场方式的选择，在实践上具有重要作用。

理论模型分析了对外直接投资作为市场进入方式的原因，但同时也排除了以资源导向型对外直接投资和离岸生产。

4.2.2　理论模型的创立

1. 进入者

（1）母国企业总是积极寻求在外国市场销售产品。由于非常重视首次进入外国市场，所以比较进入方式的一次性设置成本和该方式后续经营成本的差别就相当重要。除非另有说明，理论模型假设母国企业进入外国市场之后的后续经营都发生在一个稳定的环境之中。

（2）价格为 p 时，外国市场对产品的需求是无限弹性，最大需求量为价格需求完全没有弹性时的需要量。例如，每个消费者只得到一单位价值为 p 的产品，同时，每个消费者购买了一单位产品之后，再没有产品可出售，需求价格弹性完全无弹性时的需求由外国市场规模 x 决定。

（3）市场进入模型的重点就是合理地配置生产活动（P）和分销活动（D）。分销活动把最终需求和生产活动联系在一起，它包括仓库、运输和零售。分销活动完全位于国外市场，生产活动可能位于国内，也可能位于国外。

（4）进入者的生产依赖于研发（R）活动所产生的专有技术；有效地分销活动取决于市场营销（M）。市场营销包括对消费者需要的即时调查以及对消费者提供服务来维持产品商誉。

（5）进入者在进入外国市场时在国外市场没有营销活动 M，因此缺乏市场知识，但可通过进入外国市场的实践（即从错误中学习）来获市场知识，这就会产生一次性进入成本 m；也可通过下述其他方式获得市场知识，成功进入外国市场策略的一个关键因素，就是以最适当的方法去获得在外国市场营销活动 M。

（6）从 R 到 P 的技术流动是模型定义的三个"中间产品"的第一个，第二"中间产品"是从 M 到 D 的市场营销技能流动；第三个"中间产品"是从工厂或生产单位 P 到分销 D 的实物批发产品的流动（此处不讨论 R 和 M 间的信息流动，因为它的成本是固定的，对模型每个市场进入的方式都是相同的）。

（7）在母国生产就意味着产品必须出口，产品出口就产生运输成本和关税，相反，在外国生产就会产生额外的技术交流成本，如培训外国工人；外国生产还会导致规模经济损失，出口却能提高利用国内工厂的效率，同时以更低的边际成本来扩张生产，所有这些可用母国生产净额外成本 z 表示，它等于运输成本与关税的和减去国外培训成本和规模经济的损失。

（8）企业控制或拥有以下情况，企业就可能进入外国市场。主要有四种情况：P 和 D；只有 P；只有 D，或者 P 和 D 都没有。

在第二种情况下，授权一个独立的分销机构负责产品市场销售；在第三种情况下，既可把母国生产的产品出口到国外，也可把产品分包给当地独立生产机构生产；在第四种情况下，通过许可证授权当地独立企业从事生产和销售，因为东道国只有一个竞争者（见下述第 14 个假设），因此，不可能把生产分包给一个企业的同时又通过许可证授权另一个企业来生产。

（9）外部市场运营的交易成本通常高于内部市场。内部市场的激励结构减少了竞价和违约成本（Hannart，1982），实际上，模型假设从外部咨询者那里获取市场营销技能，不允许从企业内部营销活动（M）中获取营销技能；进入者只有与当地竞争者通过许可证授权建立合资企业，或者是收购当地竞争者的营销机构，才能获得当地现有市场营销活动 M。

（10）尽管外部技术转让成本很高，但仍可接受。技术转让的一个重要问题就是对生产过程的监督，并确保它与技术转让合同一致。在生产分包协议下这一点很容易做到；但产品回购却是按许可证协议进行，对其监督却不容易。因此，分包协议的交易成本比内部技术转让成本高出 t_1，而许可证交易成本比内部技术转让成本高出 $t_2 > t_1$。

（11）当 P 的所有权和 D 的所有权不同，介于它们之间的中间产品的流动就受外部市场的影响。因此，比较它与 P 和 D 的垂直一体化，就会得到额外的交易成本 t_3。

（12）绿地投资和并购都会影响任何一种进入方式。在绿地投资情况下，企业用自己的资金支付建立新机构的费用；在并购情况下，企业用自己的资金收购二手设施，即通过收购二手设施企业的资产来获得。

（13）高效的内部市场要求组织之间要有高度的信任，并购之后这种信任并不会立即出现。当刚刚收购 P 之后，在技术转让过程中建立信任的成本为 q_1；当刚刚收到 D 之后，市场营销技术转移过程中建立信任的成本为 q_2；当刚刚收购 P 或 D 之后（两者不是同时进行），在中间产品转让的过程中建立信任的成本为 q_3。

2. 东道国竞争者

（14）企业在东道国遇到的是独占当地市场的竞争者，进入外国市场时，当地竞争者可作为完全一体化的企业运营，它通过 M 活动获得进入者所没有的市场营销技能；另一方面，当地竞争者因较低的技术或缺乏 R 活动而生产成本较高。

（15）假设当地竞争者在所有谈判中（如并购谈判）都是被动的。当地竞争者并不能通过谈判来分享进入者的利润，但只要确保他有充足的机会获得机会把资源转让给进入者所应得的收益。当地竞争者认为：进入者的技术水平很高，当遇到这样的竞争对手时，最好的策略就是把资源卖给进入者并退出该产业；同时，也希望能购买和重新开发其他资源以发挥自己的优势作用。

（16）如果进入者使用当地竞争者的生产设施，就会产生适应性成本 a，因为进入者针对不同的当地竞争者使用不同的技术，这些设备就必须重新调整。这种调整要么是新进入者完全获得这些设备，要么许可或分包给当地竞争企业。另一方面，当地竞争者有当地生产的专家，这是新进入者所缺乏的，这可以抵消一部分适应成本。因此净的适应成本是负的。负的适应成本也意味着以绿地投资作为进入方式时，进入者要适应当地环境的适应成本比并购当地已有企业作为进入策略时的适应成本要高。

（17）相反，使用当地竞争者的 D 设施则不会发生适应成本，因为仓库比生产工厂更具有多样性的功能。使用当地竞争者的 D 设施通常能获得与 M 相关的市场营销技能。

（18）竞争者的 P 设施和 D 设施是唯一能满足市场需要的现有设施，当地其他企业并不能进入市场，竞争者也不能再投资其他设施。在此条件下，进入者并购 P 设施或 D 就能获得市场垄断权；进入者并购 D 设施就能获得最终产品销售的垄断权，进入者并购了 P 设施就获得了向 D 供应产品的垄断权。另一方面，绿地投资并不能获得市场垄断权，因为它并不能消除竞争者的设施；在 D 中进行绿地投资就会形成最终需要来源的双寡头；而在 P 中进行绿地投资就会形成 D 供给来源的双寡头。

（19）竞争者控制了 P 和 D 设施的所有权，就成为潜在的竞争者。虽然竞争者可把自己的部分设施从该产业中转移出去，但原则上也可再把这些设施转移回来重新进入这个产业。如果根据分包合同把 P 设施立约包出，或者根据特许经营把 D 设施立约包出，但这些契约到期后原则上他们都能再次进入竞争。在分包合同条件下，进入者与竞争者都是最终产品市场的潜在竞争对手，因为他们都有自己的分销设施。进入者改变垄断价格的任何行为，都会鼓励竞争者调整其生产来适应。因此，进入者把自己的价格降到"限制价格"（$p_2 < p_1$）以下来阻止当地竞争者参与竞争，因为"限制价格"会让当地竞争者的分销设施退出该产业。在特许经营下，当地竞争者仍有把自己工厂生产的产品供给分销设施的选择权。为了阻止这种行为，进入者必须设立中间产品的价格，它应该与（扣除分销成本之后）限制性价格 p_2 相等。最终消费者支付垄断价格，因为被特许经营商是唯一的销售商，但垄断价格与限制性价格之间的差额归被特许经营商所有。因此，任何一种情况，竞争成本都等于进入者在销售收入上的损失 $s = (p_1 - p_2) x$。

（20）有些情况可能与许可证协议略有不同。假设许可是长期协议，而分包和特许经营是短期协议。根据这种假设，许可证协议不仅完全购买了技术使用权，而且会涉及专利保护整个扩展期内的使用权。因此，许可证协议对当地被许可人授予了有效的垄断权；同时，通过谈判签订合适的许可条款，保证进入者获取所有的垄断租金。

（21）除了许可方式，避免竞争威胁的唯一方式就是并购，并购对竞争者的 P 或 D 设施就能达到目的。假设并购这些设施的成本等于绿地投资策略新建设施的成本（尽管并购还会发生上述解释的其他额外转换成本）。

3. 联合投资

（22）两个企业拥有联合投资 50∶50 的股权，可对 P 设施、或者 D 设施、或者同时对 P 和 D 设施进行联合拥有。假设国际联合投资的一个合作伙伴永远是当地竞争者，

如果对 P 和 D 设施联合拥有，则他们都是国际联合投资的组成部分，中间产品市场就能在国际联合投资企业中内部化，国际联合投资并不涉及新设施。假设当地企业是进入者"买进"的，国际联合投资的生产就会产生上述的适应成本。绿地国际联合投资就属于这种模式，尽管结果的复杂性会增加。由于当地竞争者对国际联合投资贡献了自己的设施，因此，这种国际联合投资就获得了和并购相同的市场垄断权力。

（23）如果国际联合投资只与进入者所有全资设施中的一个有关联，那么相关中间产品市场只是部分内部化。然而，如果建立起的信任达到一定程度，中间产品市场就能像完全内部化的市场那样运作。假设在技术转让过程中建立信任的成本是 j_1，在市场营销技术流动中建立信任的成本是 j_2，在中间产品流动过程中建立信任的成本是 j_3。

（24）如果进入者与竞争者共同拥有 P 设施，同时又是国际联合投资 D 设施的供应来源，那么他们就会利用国际联合投资维持垄断价格，但在产品供应来源上就会相互竞争。来自于竞争者 P 设施的竞争，迫使进入者以"限制价格"向国际联合投资供应产品。同时，允许竞争者通过国际联合投资的股权获取一半的垄断租金，尽管竞争者自己不可能真正向国际联合投资供应产品。如果进入者和竞争者共同拥有 D 设施，并依赖于国际联合投资的 P 设施，它们就会与被特许经营商竞争来处理协调产出，从而维持垄断价格，这就迫使进入者抬高国际联合投资产出的价格，并通过国际联合投资的股权与竞争者分享利润。

（25）学习成本为 m，适应成本为 a，建立信任的成本为 j_i，一次性建立成本为 q_i（$i=1$，2，3），它可在给定的利率 r 下融资。相反，母国区位成本溢价 z 和交易成本都是每期发生的周期性成本。

4.2.3 模型的解

1. 策略集合的定义

最基本的方法就是确定所有市场进入策略的集合，测度每种市场进入策略的利润，确定利润最大的策略。通过以下几个方面来定义策略集合：

（1）生产位于何地；
（2）生产设施是否为进入者所拥有；
（3）分销设施是否为进入者所拥有；
（4）所有权是否通过国际联合投资独有或共享；
（5）所有权是否通过绿地投资或者并购而获得。

前四个问题确定了 12 种基本市场进入策略，这 12 个市场进入策略列在表 4-3 的左边，图 4-2 对此作了系统总结。第 5 个问题使其中的 6 个市场进入策略产生了不同的变体，这些变形列在表 4-3 右边。图形分析了信息从 R 到 P 以及从 M 到 D 流动所产生的连接，以及实物产品从 P 到 D 和从 D 到最终需求流动所产生的连接。区位用列表示，所有权用行表示。竞争者的所有权用阴影表示，进入者对设施的所有权用白色表示；每个特定连接所对应的策略用数字 1—12 表示。

2. 利润方程的推导

根据图 4-2 和上述给定的假设，来推导每个进入策略的利润方程。对成本和收益有影响的一些要素对所有的利润方程都是相同的，为了能使推导过程更加简单，可得到一系列利润方程集合，它的利润可用利润标准来推算，即最合适的利润标准就是理想状态条件下执行市场进入策略 1 后所产生的利润，此时企业对当地市场很熟悉，也没有内在的竞争者。利润标准就是用垄断价格销售所得的收入减去以绿地投资建立生产和分销设施所产生的成本，再减去向绿地投资工厂进行内部技术转让所产生的成本，最后减去产品从生产到分销内部转让时所产生的成本。

表 4-3   **12 种市场进入策略及其变量**

序号	类型	描述	变体
1	正常对外直接投资	进入者拥有外国的生产和分销设施	1.1 所有设施都是绿地投资 1.2 所有设施都是并购获得的 1.3 生产是绿地投资而分销是并购获得的 1.4 分销是绿地投资而生产是并购获得的
2	生产中的对外直接投资	进入者拥有外国生产但使用独立的分销设施	2.1 生产是绿地投资 2.2 生产是并购获得的
3	分包合同	进入者拥有外国分销设施但使用独立的生产设施	3.1 分销是绿地投资 3.2 分销是并购获得的
4	分销中的对外直接投资	进入者出口产品到自己拥有的分销机构	4.1 分销是绿地投资 4.2 分销是并购获得的
5	出口/特许专营	进入者出口产品到独立的分销的机构	
6	许可证贸易	进入者转让技术给独立的一体化企业	
7	一体化联合投资	进入者共同拥有一系列一体化的外国生产设施，但使用分销设施	
8	生产中的联合投资	进入者共同拥有外国生产设施，但使用独立的分销设施	
9	分销中的联合投资	进入者共同拥有外国分销设施，但分包生产给独立的生产设施	

序号	类型	描述	变体
10	联合投资出口	进入者出口产品给一个联合拥有的分销设施	
11	对外直接投资/联合投资的混合	进入者拥有外国生产设施且共同拥有外国分销设施	1.1 生产是绿地投资 11.2 生产是并购获得的
12	联合投资/生产中的对外直接投资	进入者拥有外国分销设施并共同拥有外国生产	12.1 生产是绿地投资 12.2 分销是并购获得的

资料来源：Mark Casson. Economics of International Business：A New Research Agenda. Edward Elgar Publishing Limited，2000，p. 42.

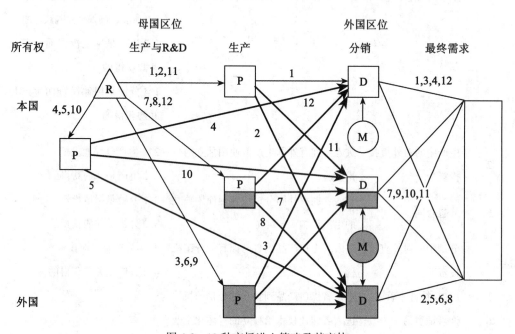

图 4-2 12 种市场进入策略及其变体

来源：Mark Casson. Economics of International Business：A New Research Agenda. Edward Elgar Publishing Limited，2000. p. 43

如果把每个市场进入策略的实际利润和标准利润进行比较，每个市场进入策略都会产生一些额外费用。表 4-4 列出这些相关费用，成本用 c 表示，其下标是进入策略的种类和表 4-3 所列出的变体，表右边的变体在模型假设中已经解释过。建立成本乘以利息率并把一次性总成本转换成连续相等部分。

为了说明利润方程是如何推导的，请看市场进入策略 2。市场进入策略 2 是指生产中的对外直接投资，它的销售由竞争者负责，因此，这个策略有两个变体，取决于生产工厂是否由并购所得。此策略唯一的资源国际转移就是技术，它从 R 到 P 跨越了列的边界；由于技术转让不改变所有权，所以它是内部化的；只有中间产品从 P 到 D 的转移跨越了行的边界，才会改变所有权。产品通过 D 直接分销整个外国市场，正如图 4-2 所示，它从 D 分散出去。

表 4-4　　　　　　　　　　　　利润标准和替代策略成本的比较

$c_{1.1}=$					$+s$	$+rm$
$c_{1.2}=$	rq_1	$+rq_2$		$+ra$		
$c_{1.3}=$		$+rq_2$	$+rq_3$			
$c_{1.4}=$	rq_1		$+rq_3$	$+ra$		$+rm$
$c_{2.1}=$			t_3	$+s$		
$c_{2.2}=$	rq_1		$+t_3$	$+ra$		
$c_{3.1}=$	t_1		$+t_3$	$+ra$	$+s$	
$c_{3.2}=$	t_1	$+rq_2$	$+t_3$	$+ra$		
$c_{4.1}=$	z			$+s$		
$c_{4.2}=$	z	$+rq_2$	$+rq_3$			
$c_5=$	z		$+t_3$	$+s$		
$c_6=$	t_2			$+ra$		
$c_7=$	rj_1	$+rj_2$		$+ra$		
$c_8=$	rj_1		$+rj_3$	$+ra$		
$c_9=$	t_1	$+rj_2$	$+rj_3$	$+ra$		
$c_{10}=$	z	$+rj_2$	$+rj_3$	$+s/2$		
$c_{11.1}=$		$+rj_2$	$+rj_3$	$+s/2$		
$c_{11.2}=$	rq_1	$+rj_2$	$+rj_3$	$+ra$		
$c_{12.1}=$	rj_1		$+rj_3$	$+ra$	$+s/2$	$+rm$
$c_{12.2}=$	rj_1	$+rj_2$	$+rj_3$	$+ra$		

资料来源：Mark Casson. Economics of International Business：A New Research Agenda. Edward Elgar Publishing Limited，2000. p. 44.

这个特定策略有两个优势：即在进入者的企业中实现了技术转让的内部化，当地竞争者的企业实现了市场营销技术转让的内部化。然而，只有实现中间产品的外部化才能实现这两种优势，中间产品的外部化就会产生交易成本溢价 t_3，它出现在 $c_{2.1}$ 和 $c_{2.2}$ 的表达式中。实际上，这两个表达式只有一项相同，其余各项说明了对外直接投资中绿地投资和并购的差别。绿地投资没有发生新技术的适应成本 a，因此，ra 只出现在 $c_{2.2}$ 的表达式中，而没有出现在 $c_{2.1}$ 表达式中。同时，绿地投资也表明因缺乏信任而不认可技术内部转让，相反在生产设施并购中则会建立信任。因此，在技术内部转让中建立信任的成本 rq_1 只出现在 $c_{2.2}$ 中，却不出现在 $c_{2.1}$ 中。并购策略的补偿优势在于它并不增加外国生产总量。实际上，因为进入者面临单个竞争者，进入者并购竞争者的生产设施，就能有效地阻止它进入与自己竞争。在策略 2 的情况下，如果竞争者仍控制着分销，它对分销的来源仍有威胁，因它可用自己的生产来取代进入者的生产。尽管短期内进入者和竞争者可订立独占特许经营协议来限制这种威胁，但从长期看，一旦这种合同终止，这种威胁仍然存在。只有并购竞争者的一个设施，才能完全取消这种威胁。这就意味着绿地投资的收入 s 的损失比并购多。

3. 支配关系

理论预测表明将会选择成本最低的策略，但选择哪一种策略却取决于表 4-3 右边不同变量数量的相对大小。最容易理解答案基本性质的方法，就是首先排除被其他策略所支配的策略，然后根据涉及权衡利益来比剩余的策略。

策略是否被支配，它取决于表右边中的变量受到什么样的限制。目前理论假设表明只有一个限制，即 m，r，s，j_i，q_i，$t_i>0$（$i=1$，2，3）和 $t_1 \geqslant t_2$，特别是变量 a 和 z 的符号没有限制。因此，在这种情况下只有两种策略受到支配，即表底部的两个策略：

$$c_{12.1}>c_8；c_{12.2}>c_8 \tag{4.1}$$

这些策略都关系到生产性国际联合投资和完全拥有的分销机构，它们次优于生产性国际联合投资和特许专营。这表明如果进入者只是生产性国际联合投资中一个合作伙伴，把生产的产品回购之后再分销是完全没有意义的。

如果增加一些限制条件就会产生新的支配关系。例如，如果母国生产净成本是正的，即 $z>0$，则所有的出口策略都受到与国外生产绿地投资相关策略的支配：

$$c_{4.1}>c_{1.1}；c_{4.2}>c_{1.3}；c_5>c_{2.1}；c_{10}>c_{11.1} \tag{4.2}$$

这说明在这种理论模型中区位效应独立于内部化效应的重要意义。

如果技术适应现有生产设施的净成本为正，即 $a>0$，则必然有

$$c_{3.1}>c_{1.1} \tag{4.3}$$

这表明：相对于生产设施中的绿地投资而言，只在分销设施中进行绿地投资是无效的。简而言之，如果现有生产工厂适应新技术的净成本为正，则分包生产并不是一个好主意。

到目前为止，并没有对交易成本进行限制。现在假设并购之后外部市场成本大于内部市场建立信任的成本，即当 $t_1>rq_1$ 时，必然有：

$$c_{3.2}>c_{2.2}；c_9>c_{12} \tag{4.4}$$

第一个不等式说明，把分包生产和并购分销设施组合的策略的成本比把并购生产设

施和特许专营组合的策略的成本高。第二个不等式说明，把分包生产和联合投资分销设施的组合策略的成本，比把并购生产设施和联合投资分销设施的组合策略的成本高。这些结果说明了一个基本事实：技术市场很高的交易成本，再加上并购之后很容易建立起的相互信任，这些都不利于分包生产，而有利于并购。

假设并购之后建立信任的成本小于联合投资中建立信任的成本，即 $q_i < j_i$（$i = 1$，2，3），仍然可以通过控制关系来删除一些策略。因此，删除一些国际联合投资策略一点也不奇怪，但并不是删除所有的策略。

$$c_7 > c_{1.2}; \quad c_{11.1} > c_{1.3}; \quad c_{11.2} > c_{1.3} \tag{4.5}$$

把分销设施的国际联合投资和生产设施组合的策略是无效率的，同样的，把完全拥有的分销设施和生产联合投资组合在一起的策略也是无效率的。显然，如果建立信任成本低于国际联合投资中建立信任的成本，则不等式就可能是另一种情况，这三种以并购为基础的策略就会被删除。

运用不等式限制可以产生支配关系，同样的，运用等式限制也会产生支配关系，例如，如果并购之后建立信任的成本和每个内部市场中的成本相同，即 $q_i = q$（$i = 1$，2，3），则必然有：

$$c_{1.4} > c_{1.2} > c_{1.3} \tag{4.6}$$

这表明完全拥有分销设施时再并购生产设施是无效的；相反，绿地投资生产设施同时并购分销设施则是较好的策略。

此外，如果国际联合投资中建立信任的成本和所有市场中成本都是相同的，即 $j_i = j$（$i = 1$，2，3），则必然有：

$$c_8 > c_{1.3} \tag{4.7}$$

这表明绿地投资生产设施和并购分销设施的策略优于联合投资生产设施和把分销特许专营给合作伙伴的组合策略。

最后，再考虑两种限制。第一种限制假设通过绿地投资分销设施来学习外国市场的成本高于外部中间产品市场的交易成本高，即 $rm > t_3$，则必然有：

$$c_{1.1} > c_{2.1} \tag{4.8}$$

因此，把绿地投资生产设施和并购分销设施的组合策略肯定优于绿地投资生产设施和分销设施的策略。

第二种限制假设外部中间产品市场的交易成本大于并购之后建立信任的成本，即 $t_3 > rq_3$，则必然会有（根据上述限制 $q_1 = q_2$）：

$$c_{2.2} > c_{1.3} \tag{4.9}$$

因此，并购分销设施和绿地投资生产的组合策略肯定优于并购生产设施后的特许专营分销设施的组合策略。

4. 解决方案的性质

根据上述策略排除过程，则只剩下三个原始策略值得进一步讨论。即 1.3 绿地投资生产和并购分销设施的组合策略；2.1 绿地投资生产设施和特许专营分销设施的策略；或者是策略 6 许可证策略。

这三个策略选择被六个原始变量 a、q、r、s、t_2 和 t_3 约束，可供选择的解决方案有：

策略 1.3.　如果 $\qquad\qquad q \leqslant (t_3+s)/2r, ((t_2/r)+a)/2$ $\qquad\qquad$ (4.10.1)

策略 2.1.　如果 $\qquad\qquad\qquad t_3+s \leqslant 2qr, \ t_3+ra$ $\qquad\qquad$ (4.10.2)

策略 6.　　如果 $\qquad\qquad\qquad t_2+ra \leqslant 2qt, \ t_3+s$ $\qquad\qquad$ (4.10.3)

无论并购成本 q 如何低，策略 1.3 是首选。策略 1.3 之所以合理，是因为三个策略中只有它唯一有关系到并购。当中间产品的外部市场交易成本 t_3 较低，同时来自于竞争分销活动的垄断利润损失 s 较低时，才会选择策略 2.1，因为只有策略 2.1 涉及中间产品销售市场的完全竞争，也只有这种策略让当地竞争者处于竞争的位置。当技术许可的交易成本 t_2 和技术适应当地生产设施的成本 a 较低时，策略 6 才是首选，因为三个策略只有许可证策略利用已有的生产设施，而其他两个策略则利用已有的分销设施。

5. 给定策略选择偏好的推导

模型的逻辑结构说明，增加某些策略成本的任何变量的改变，都会限制选择这些策略，同时激励采用它们的替代策略。替代策略就是其成本不依赖这些变量的策略。实际上，除了利率 r 和竞争成本 s 外，凡是进入几个成本函数的每个变量，都会以同样的方式进入每一个策略；因此，这种变量的任何改变都不可能卖到这些策略间的转换，因这这些策略的成本取决于这些变量。

关于利率 r，由于特定装配成本不同，它的影响也不同；同时，除非不同的装配成本是已知的，利率 r 对任何策略选择的影响都是不能确定的。相对于没有装配成本的策略而言，利率 r 上升都降低采用任何涉及装配成本的策略偏好。装配成本为正的策略如果比最优替代策略装配成本低，利率 r 的上升会增加采用这种策略的偏好，因为它的装配成本比最优替代策略的装配成本低；当利率 r 很高时，就越有可能采用这种策略。

关于竞争成本 s，它的增加有利于联合投资分销设施，不利于完全拥有的在分销设施的绿地投资；但它有利于分销设施的并购，不利于分销设施的许可证策略。因此，对联合投资分销设施的净影响取决于联合投资的最优替代策略是分销设施的绿地投资还是分销设施的并购或许可证策略。

上述并购、特许专营和许可证策略的基本应用原则总结在表 4-5 中，它说明了一个给定变量的增加，可能增加或降低使用这种策略而不使用另外两种策略的偏好。这一问题标志着：如果不知道这种条件下的装配成本、并购之后建立信任的相对成本 q 和被许可方工厂的相对适应成本 a，就不能确定策略选择偏好的方向。如果 $2q<a$，利率 r 的上升有利于并购，但却不利于许可证方式，因此，利率 r 上升对许可证方式是负影响，然而，它对并购的影响却是中性的，因为尽管它相对有利于许可证，但却相对不利于特许

专营。因此，影响的方向取决于许可或特许专营是不是并购最优的替代策略。如果 $2q>a$，利率 r 上升有利于对许可方式而不利于并购。因此，利率 r 上升对并购是负影响；但是，它对许可证方式的影响是不确定的。因为尽管它相对有利于许可证方式，但却相对不利于特许专营（表4-6）。

表4-5　　　影响三种支配策略选择的解释变量值的变化效应的比较静态分析

编号	策略	a	q	s	t_2	t_3	r
1.3	并购	+	−	+	+	+	?
2.1	授权	+	+	−	+	−	+
6	许可	−	+	+	−	+	?

注释：a 是生产工厂的适应成本；q 是通过新并购分销设施来获取市场营销技术而建立信任的成本；s 为利润分享共谋的价值；t_2 是技术许可而导致的额外交易成本；t_3 是利用外部市场批发产品而导致的额外交易成本；r 为利率。

资料来源：Mark Casson. Economics of International Business：A New Research Agenda. Edward Elgar Publishing Limited，2000，p.49.

表4-6　　　影响进入市场方式选择偏好的解释变量变化效应的比较静态分析

	a	j_1	j_2	j_3	m	q_1	q_2	q_3	r	s	t_1	t_2	t_3	z
1.1	+	+	+	+	−	+	+	+	+	+	+	+	+	+
1.2	−	+	+	+	+	−	−	+	?	+	+	+	+	+
1.3	+	+	+	+	+	+	+	−	?	+	+	+	+	+
1.4	−	+	+	+	+	−	+	+	?	+	+	+	+	+
2.1	+	+	+	+	+	+	+	+	+	+	+	+	+	+
2.2	−	+	+	+	+	+	+	+	?	+	+	+	+	+
3.1	−	+	+	+	+	+	+	+	?	+	−	+	+	+
3.2	−	+	+	+	+	+	+	+	+	+	−	+	+	+
4.1	+	+	+	+	+	+	+	+	?	+	+	+	+	+
4.2	+	+	+	+	+	+	+	−	+	+	+	+	+	−
5	+	+	+	+	+	+	+	+	?	+	+	+	+	+
6	−	+	+	+	+	+	+	+	?	+	+	+	+	+
7	+	+	−	+	+	+	+	+	?	+	+	+	+	+
8	−	+	−	+	−	+	+	+	?	+	+	+	+	+
9	−	+	−	+	+	+	+	+	?	+	+	+	+	+

续表

	a	j_1	j_2	j_3	m	q_1	q_2	q_3	r	s	t_1	t_2	t_3	z
10	+	+	−	−	+	+	+	+	?	?	+	+	+	−
11.1	+	+	−	−	+	+	+	+	?	?	+	+	+	+
11.2	−	+	−	−	+	−	+	+	?	+	+	+	+	+

注释：a 为生产工厂的适应成本；j_1 为生产联合投资中支持技术转让建立信任的成本；j_2 为通过分销设施联合投资而获得市场营销技术而建立信任的成本；j_3 为支持批发产品流动或建立联合投资业而建立信任的成本；m 为通过拥有全部分销设施而获得市场营销知识的成本；q_1 为把技术转让到新获得生产设施而建立信任的成本；q_2 为把市场营销技术转让到新获得分销设施而建立信任的成本；q_3 为支持批发产品流动到新并购设施或从新并购设施流向输出而建立信任的成本；r 为利率；s 为利润分享共谋的价值；t_1 为分包生产成果导致的额外交易成本；t_2 为技术许可所导致的额外交易成本；t_3 为利用外部市场批发产品所导致的额外交易成本；z 为通过出口而不是在东道国生产来服务外国市场所发生的净额外成本。

资料来源：Mark Casson. Economics of International Business: A New Research Agenda. Edward Elgar Publishing Limited，2000，p. 50.

4.2.4 基本结论

1. 主要结论

（1）由于关税、运输费或者国内生产规模经济的损失而导致的 z 增加，有利于海外生产。它有利于许可证和全部拥有的生产，它强调了在分析外国市场进入策略中把区位效应和内部化效应区分开来的重要意义。

（2）反映进入者特定类型领先技术 a 的增加，不利于并购和许可证方式，而有利于生产的绿地投资。

（3）建立信任成本 q 的增加，不利于并购策略，但有利于绿地投资或完全竞争的合同安排策略。

（4）通过经验而学习国外市场的学习成本 m 越高，则越有利于并购、许可证和特许专营策略，但不利于分包和分销设施的绿地投资。

（5）中间产品交易成本 t_3 越高，则越有利于生产和分销设施的水平一体化，这既可以通过外国进入者在生产和分销的投资来获得，也可以通过进入者把产品出口到完全拥有的分销机构，或者进入者把技术许可给一体化的东道国企业来获得；也可以通过形成水平一体化的国际联合投资来实现。

（6）完全竞争的技术转让的交易成本 t_1 越高，越有利于通过完全竞争安排而进行的对外直接投资，如分包协议。

（7）通常而言，分包协议并不是具有吸引力的进入国外市场的方式。这是因为它并不能获得在当地竞争市场营销技术；同时它也使当地竞争者处于激烈的竞争地位，对进入者来说合同安排是短期性的，对当地竞争者分销设施并不具有完全约束力。这也是为什么经常运用分包合同的原因，另一个进入外国市场的动机就是获取当地资源，特别是海外加工廉价的劳动力，尽管这种动机很重要，但并不包括在本章的讨论之中，这也说明在分析国际商务中的制度安排时区别不同策略动机是多么的重要。

2. 模型的引论

（1）由于竞争成本 s 很高，巨额垄断租金的存在，有利于进入者长期控制东道国当地竞争者的生产设施或者分销设施的策略，也有利于生产或分销设施的并购，但不利于在生产和分销设施的绿地投资；同样地，它也有利于许可证之类的长期合同安排，但不利于分包或特许专营之类的短期合同安排。

（2）分销设施的联合投资是一种非常有用的外国市场进入方式，此时，利用经验的学习成本 m 很高不利分销设施的绿地投资，建立信任的成本 q_1 越高，不利于分销设施的并购；完全竞争的中间产品市场的交易成本 t_3 越高，不利于特许专营；完全竞争的技术转让成本 t_2 越高，则不利于许可证方式。但生产上的联合投资并不能作为一种很好的市场进入方式，除非这种生产上的联合投资是一体化联合投资的一部分，它能很好地处理分销活动。

（3）总体上，这些分析表明了市场结构是确定绿地投资和并购选择的基本影响因素。通过绿地投资的进入策略会增加当地生产能力，并提高竞争激烈程度，然而，并购的进入方式却正好相反。这说明为什么政府经常积极地吸引绿地投资，但同时却对并购采取限制。

3. 模型的扩展方向

这个模型很有弹性，在一定程度上很容易通过修改假设来说明其他问题。模型也可以扩展成包括两个东道国竞争者，或者两个相互竞争并进入同一市场的进入者，这就把双寡头垄断模型扩展到三寡头垄断模型。引进第三方，不仅增加了竞争的范围，而且也增加了相互合作的可能性。如果考虑到进入者决定进入当地的时间序列，这个模型就具有很强的动态性，特别是考虑到像中国、东欧等这些正在成长的市场时。

现有模型中东道国政府的作用是被动的，也可引入东道国政府与进入者之间的策略互动。东道国政府可以通过税收激励作为回报，换取对当地增加价值和"就业创造"的承诺，它影响进入方式的选择，而谈判却发生在分支机构之外，政治风险可能不利于对外直接投资，但却有利于采用完全竞争的合同安排；通过转移定价，企业使全球税负最小化成为可能。

模型也可扩展到服务业和生产行业的对外直接投资，除了生产，再引入市场营销和分销设施，这为分析服务行业的对外直接投资迈出了重要一步。运用不同方法来修改生产与分销之间实物关系的假设，模型也可广泛地运用于服务行业。

此外，还有很多小技巧可以对模型进行修改，运用伯兰德和古诺模型（Gorg，1998）可对双寡头竞争分析进一步优化。也可把通过绿地投资形成的国际联合投资引入来修正上述的"买进"策略。最后，也可以通过对外国技术适用当地生产条件的函数做出更加清晰的界定，来对东道国生产专有技术的作用进行更加详细的建模。

◎案例

维珍商业帝国——纷繁复杂的国际商务活动

1. 维珍集团的基本情况

维珍集团（Virgin Group）是一家英国品牌的跨国公司集团，它是由著名英国商业巨子理查德·布兰森爵士1989年创办的跨国集团。目前，维珍集团的业务范围包括饮料、航空、铁路、消费电子产品、金融服务、电影、网络、有线电视、音乐、书店、化妆品、珠宝、旅游、电信服务等多个行业。2008年9月维珍集团的净资产价值达50.1亿英镑，全球分支机构超过400家，全球员工有5万人，是一家名副其实的跨国商业帝国。根据《福布斯》杂志2009年公布的全球亿万富豪排名，维珍公司创始人查德·布兰森被列为全球第261位亿万富豪，其个人净资产达26亿英镑。他也因为他的商业奇才获得了很多的社会荣誉，1993年英国拉夫堡大学授予他荣誉博士学位，1999年因为其杰出的企业家精神被英国女王授予爵士，2000年获得美国航空协会的最高奖托尼·贾纳斯奖，2002年被英国BBC电视台评为"100位最伟大的英国人"中的第85位，2007年美国《时代杂志》评为"100位全球最有影响力的人"，2009年被英国民众评选为"令人梦想的名人老板"。

2. 维珍集团的国际商务活动

目前，维珍集团旗下品牌多达几十个，不同品牌代表不同分支机构，其产权关系十分复杂（见表4-7）。

表4-7 维珍集团公司分支机构（部分）及产权关系

分支机构/品牌	总部国别	经营范围	维珍集团控制方式
AirAsia X	马来西亚	航空	16%
Air Nigeria	尼日利亚	航空	49%
OuïFM	法国、亚洲	无线电台	合资
Virgin Active	澳大利亚、南非、西班牙、葡萄牙、意大利和英国	健身俱乐部	连锁经营
Virgin America	美国	航空	25%
Virgin Atlantic Airways	英国	航空	51%（新加坡航空49%）
Virgin Balloon Flights	英国	热气球	独资

续表

分支机构/品牌	总部国别	经营范围	维珍集团控制方式
Virgin Blue Holdings	澳大利亚	航空	独资
Virgin Books	英国	出版业	10%
Virgin Brides	英国	婚礼业	独资
Virgin Cars	英国	网络汽车销售	合资
Virgin Charter	美国	在线预定、购买和销售私人航空器材	合资控股
Liquid Comics	美国	漫画业	合资
Virgin Drinks	英国	饮料	合资
Virgin Energy	英国	能源	合资
Virgin Experience Days	英国	休闲娱乐	子公司
Virgin Flowers	英国	花卉	子公司
Virgin Galactic	英国	太空旅行	子公司
Virgin Games	英国	网络博彩业	子公司
Virgin Green Fund	英国、美国	私募基金	合资
Virgin Health Bank	卡塔尔	风险投资	合资
Virgin Holidays	英国	旅游	子公司
Virgin Limited Edition	英国	房地产、酒店	合资
Virgin Limousines	美国、加拿大	豪华汽车服务	合资
Virgin Media	美国、英国	有线电信	合资
Virgin Megastores	英国	百货零售业	连锁经营
Virgin Mobile	英国、加拿大	无线移动	合资
Virgin Money	英国	金融业	合资、许可经营
Virgin Trains	英国	铁路、公路	合资
Virgin Vacations	美国	旅行社	合资
Virgin Wines	英国	酒业	合资
Virgin Voucher	英国	证券业	子公司

资料来源：作者根据维珍公司网站的资料整理而得。

由表 4-7 可知，维珍集团与分支机构之间的关系非常复杂，下属机构的产权关系各不相同。维珍集团旗下的大多数分支机构基本是独立经营的；从产权关系上看，有些分支机构由理查德·布兰森全资拥有，有些分支机构他只有一部分产权或股权；同时，他还把"维珍"品牌授权给购买它的集团公司下属分支机构的一家公司使用，如维珍电台（今苏格兰传媒一部分）及维珍音乐（现为 EMI 的一部分）。

　　根据《星期日泰晤士报》的报道①，理查德·布兰森通过一系列复杂的离岸依托基金和离岸公司来控制维珍集团公司，从而在全球范围内特别是在欧洲和美洲构成了一巨大的国际商务活动网络。理查德·布兰森这样做还有一个重要目的就是避税。《星期日泰晤士报》认为，理查德·布兰森退休后回到加勒比海他拥有的小岛，如果清算他应交纳的税款，则他实际交纳的税额将是非常小的，尽管那里他的个人净财富可能达到 30.65 亿英镑。

◎思考题

　　1. 查阅维珍集团公司的相关资料并结合案例中的一些事实，举例说明维珍集团开展国际商务活动的主要方式。

　　2. 查阅维珍集团公司的相关资料并运用国际商务的一些基本理论，分析说明维珍集团公司的国际商务投资模式。

---

① The Sunday Times：Britain. *The Times*. （London）. Retrieved，2007-01-01.

第5章
国际商务活动区位选择理论

◎ **本章要点**

1. 地理区位是经济学领域中一个很古老的问题，但长期以来被传统经济学忽视，直到 20 世纪 70 年代新经济地理理论的出现，地理区位才成为一个很重要的研究领域。

2. 在新古典贸易理论中，要素禀赋地理分布不平均是给定的，是第一性的。贸易经济活动的地理区位是一个内生变量，是第二性的。在自由贸易（全球化）条件下，要素禀赋理论导致南北两方高技术劳动力的价格和低技术劳动力的价格趋向相等，用它可以解释世界经济地理聚集的现象。因此，全球化的本质就是国家间通过贸易或要素流动所导致的经济依赖程度增加的趋势。

3. 新经济地理模型是在克鲁格曼和维纳布尔什 1990 年贸易模型的基础上建立起来的。新经济地理模型的神奇之处是模型的动态化，若假设生产者和消费者能跨国流动，就会改变两国市场规模，它解决了国际经济主体（企业和工人）跨国流动和市场规模内生化的问题。

4. 中心——外围理论研究了移动方程的长期影响，说明了劳动力移动的变化规律以及由此导致的企业地理区位空间的变化的规律；同时也说明了长期稳定均衡的动力机制。

5.1 国际商务活动中的地理区位理论

国际商务活动的地理区位选择通常是与国际商务活动方式紧密联系在一起的，一般很难把它们断然分开。实际上，国际商务活动方式选择理论已经涉及地理区位选择问题。

地理区位问题研究起源很早，但一直被主流经济学所忽略。尽管如此，在国际商务理论的研究中地理区位有其独特的重要性，近年来，不少学者对研究国际商务活动中的地理区位问题，特别是从国际贸易的角度来研究地理区位问题产生了深厚的兴趣。

5.1.1 新古典贸易理论中的地理区位问题

新古典贸易理论主要是指以技术差异或要素禀赋差异所形成的比较优势为基础的国际贸易理论，其中要素禀赋理论是新古典贸易理论的核心，主要是由埃里·赫克歇尔（Eli Hecksecher）、伯尔蒂尔·俄林（Bertil Ohlin）和保罗·萨缪尔森（Paul Samuelson）等经济学家提出并完善的。在该理论模型中，基本假设是2×2×2模型（即2个国家、2种产品和2种生产要素），假设存在两个国家，如南和北；两种产品：机械品和纺织品，其中，机械品是高技术劳动力密集型的产品，纺织品是低技术劳动力密集型的产品；两种生产要素：高技术劳动力和低技术劳动力；南北两国消费者对两种产品的消费偏好相同；没有贸易时，北方因高技术劳动力丰富而生产机械品有优势，南方因低技术劳动力丰富而生产纺织品有优势。在封闭经济条件下，北方机械品价格低，而南方纺织品价格低。南北两国因贸易自由化而产生贸易，贸易结果使南北两国两种产品的价格出现均等，即北方机械品因出口需要的增加而价格上升；同理，南方纺织品价格也会上升。

新古典贸易理论中的要素禀赋理论运用了许多特定假设，如完全竞争、同质产品、生产规模报酬不变、国际贸易没有运费，生产要素在产业间可以自由流动但在国家间不能流动。显然，这些假设对经济地理学或是经济地理学家来说都是不能接受的，因为在经济地理学中，通常假设存在内部或外部规模经济、不完全竞争、正的运费以及生产要素可以流动，这些因素是经济地理学必须考虑的因素。尽管新古典贸易理论的基本假设与经济地理学有很大的差异，但这不意味着在新古典贸易理论中不考虑地理因素或是经济活动区位。

区分经济地理的第一性和第二性在新古典贸易理论中是非常重要的。在要素禀赋模型中，经济活动与要素禀赋的地理分布是相关的，尽管要素禀赋模型中要素禀赋地理分布不平均是给定的，即地理区位是第一性的（模型假设北方技术密集劳动力丰富而生产机械品，南方低技术密集劳动力丰富而生产纺织品，这些假设都是在模型之外给定的），贸易活动主要是由要素地理分布给定的结果，这进一步导致这些要素禀赋所形成的经济活动在全球地理空间分布的不平衡。因此，从这一角度出发，要素禀赋丰裕与稀缺从严格意义上讲是一个地理问题，是第一性的，而贸易经济活动的地理区位是一个内生变量（由生产要素的丰裕度来决定），是第二性的。

在自由贸易（全球化）条件下，要素禀赋理论导致南北两方高技术劳动力价格和低技术劳动力价格趋向相等，这已被用来解释世界经济明显的地理聚集现象，即全球化对南北方生产区位和收入分配地理集中的影响。因此，全球化可以定义为国家间通过贸易或要素的流动所导致的经济依赖程度增加的趋势。

假设初始状态时，两国运输成本很高，两国不能进行贸易。随着经济全球化的发展，南北贸易成本开始下降（贸易成本下降可以看做是经济全球化的结果，贸易成本下降可能是由关税下降及非关税壁垒撤除等政策因素驱动的，也可能是由交通运输技术或是通信技术改进和提高等技术因素驱动的。）国际贸易就会产生。国际贸易对北方产生的效应主要有：一是出现要素价格均等；二是对北方纺织工人不利；三是对北方高技术动力的需求增加，高技术劳动力价格上升，进而会导致北方企业会用技术替代高技术劳动力；四是北方纺织业的收缩改变了北方机械产品的生产结构，从而导致北方整个纺织产业的收缩。因为在北方纺织业中的失业工人会在非贸易服务业部门就业，北方非生产部门会扩张，北方可能面对"反工业化"的困境。国际贸易的结果导致了经济地理结构的改变。

总之，在要素禀赋模型中，经济全球化对低技术劳动力工人不利，导致其实际工资下降，进而为"反工业化"提供了理论基础。从经济地理的视角看，全球化的影响就是北方专业化生产高技术密集型产业，而南方专业化生产低技术密集型产业。

要素禀赋差异理论是用来解释不同国家之间专业化模式差异的标准理论，其关键的问题是要素禀赋地理分布的问题，其他新古典贸易理论也有类似的观点。在李嘉图模型中，比较优势及贸易模式是由外生的跨国技术差异所决定的，用比较优势大的技术去专业化生产有比较优势的产品，进而决定了生产及贸易活动的区位；要素禀赋理论仍坚持了李嘉图的基本观点，即地理区位是外生的。从自然经济地理的角度讲，要素禀赋差异或技术差异可能是地理差异的结果。例如，土地作为重要的生产要素，土地的肥沃或生产率的不同会形成比较优势；同理，一国自然地理（如接近港口或是较好的经纬度等）环境同样能决定比较优势，当然这是自然资源存量的结果，正因为如此，跨国地理差异实际上能解释各国经济发展程度的差异①。

同理，新古典贸易理论中的地理作用也可以用特定要素模型来进行解释。一国要素禀赋中一种要素（如劳动力）能国际流动，另一种要素（土地或资本）不能跨国流动，产品生产需要流动要素和非流动要素（特定要素）来共同完成，而特定要素地理分布差异则能影响产品生产和贸易的方式。运用特定要素来生产产品，要求一国用相对丰裕的特定要素作为生产投入品。因此，尽管特定要素地理分布是在贸易模型之外决定的，但在特定要素模型中地理区位问题是通过与特定要素地理分布联系起来的。

非均质地理空间（即非中性的地理空间）已经演化成经济活动非均衡分布的最好解释，非均质地理空间决定了比较优势差异的形成原因，进而决定了经济活动扩展的可能性②。因此，地理区位问题虽然仅作为新古典贸易理论模型的假设而存在，且认为地理与经济是没有联系的，但是在特定情况下，经济活动区位均衡并不是经济主体行为的内在结果，贸易均衡完全是由外生力量（即给定要素地理区位分布）所决定的，尽管新古典贸易理论的目的并不是建立中心—外围模型的均衡，因此，要建立经济活动聚集模型，新古典贸易理论的一些假设就必须进行修改，一个最明显的办法就是引进规模报酬递增和不完全竞争的概念。

---

① Gallup et al. . 1998, Geography and Economic Development. Paper Present at Annual Conference on Development. The World Bank, Washington.

② 肖光恩：新经济地理理论的发展变化——基于新贸易理论发展视角的理论综述，《区域经济开放与发展评论》（第三辑），浙江大学出版社，2009 年 12 月。

总之,如果没有资源的不平衡分布,就没有比较优势,也不会产生国际贸易,在其他条件不变的情况下,贸易就不再有理论基础,地理区位问题也就不再是一个研究主题。在引入正的运费之后,即使存在比较优势,也会得出同样的结论;如果运输费用很高,产品生产则会完美地分布在不同的地区进行生产,由许多小企业组成的经济体只会为自己的消费而生产,这种情景就是许多经典文献所提及的"后院资本主义"。

5.1.2 新贸易理论中的地理区位问题

20世纪70年代末期,新古典贸易理论受到新贸易理论的挑战,新贸易理论是新古典贸易理论的重要补充。新贸易理论认为,两国贸易的原因并不一定取决于比较优势,实际上即使两国没有比较优势,依然可能出现提高两国福利的国际贸易。新贸易理论起源于国际贸易大部分发生在相同要素禀赋国家之间的经验现实,这种贸易不是新古典贸易理论所能预测的产业间的贸易,而是产业内贸易。当然,产业内贸易在经验事实上是非常出名的,但理论研究上则需要新的贸易理模型来进行解释。在这些新贸易理论模型中,新古典贸易理论的一些重要假设被推翻。

1. 克鲁格曼 1979 年的贸易模型

克鲁格曼1979年的贸易模型基本观点如下①:假设有市场规模相同的两国,W国和E国,两国有相同的要素禀赋和技术,且都有一个不流动的要素生产汽车,在要素禀赋模型中,这两国不会产生贸易。假设两国都在规模报酬递增的条件下生产不同类型的汽车,在封闭条件下,W国企业生产三种类型的汽车,如X、Y、Z,E国企业生产三种类型的汽车如A、B、C,因此,汽车产业有6种不同的汽车产品,消费者(工人)在E国和W国两国都是不流动的,而且是平均分布的,有相同的偏好,产品是不完全替代的。因此,在该模型中对贸易理性思考的关键是在企业水平上(内部规模经济)的规模报酬递增以及差异性偏好效应对消费者偏好选择的影响。即企业在没有考虑外部性的条件下,从封闭经济到开放贸易,这两个假设能确保贸易的产生并能提高参与国际贸易国家的福利水平。

在一定程度上,企业能否利用规模报酬递增是由市场规模所决定的,贸易开放扩大了不同类型汽车的市场规模,由于每种产品都是在规模报酬递增的条件下生产,这种扩大了的市场规模,能使企业更好地利用规模报酬递增。贸易开放则表明不同类型的汽车生产会随着市场规模的扩大而获利;与此同时,不同汽车产品的价格则下降,在W国和E国市场一体化的过程中,汽车种类的数量必须下降,所以,在总要素禀赋(W+E)和总市场规模给定的情况下,不可能同时增加所有6种汽车产品的生产,自由贸易中两国共同生产产品的种类则会少于6种汽车产品,比如生产X、Y和A、B这4种产品,因此,会产生两个正的福利效应:一是规模生产导致产品价格下降的事实表明工人/消

---

① Krugman, P. R.. 1979. Increasing Returns, Monopolistic Competition, and International Trade. Journal of International Economics, 9, 469-479.

费者的实际工资会上升。二是消费者消费 4 种产品而不是 3 种产品，这是通过差异性偏好效应来提高福利水平。

尽管克鲁曼 1979 年国际贸易理论的基本观点容易理解，但规模报酬递增的引入却导致了市场不完全竞争的出现，在理论研究上的挑战主要就是在贸易模型中引入不完全竞争的市场结构。庆幸的是克鲁格曼能在迪克西特和斯蒂格利茨发表的垄断竞争模型的基础上建立他自己的理论模型，即新贸易理论模型，该模型包括了外部性、规模报酬递增和不完全竞争的市场结构。

新贸易理论对地理区位的作用是如何评价的呢？克鲁格曼 1979 年贸易理论模型的回答是很简单的。经济地理活动实际上不再是一个问题，因为贸易成本等于零，企业对他们生产区位并不关心，即使贸易成本是正的，外生的市场规模在两国的分布也是平均分配的，它排除了任何可能的经济聚集活动，但哪个国家生产何种类型的产品却是不确定的，即哪个国生产何种产品以及贸易模式都是不确定的。但是克鲁格曼 1979 年贸易理论模型在经济理论研究上却是很重要的，因为它是经济地理理论核心模型的基础，特别是该模型对生产者和消费者行为的分析，在外部规模经济条件下该模型并没有对经济活动的地理区位进行明确说明，模型认为是"锁定效应"的初始条件在决定生产区位过程中发挥决定性的作用，因此，在新古典贸易理论模型中地理作用是在模型之外确定的。

2. 克鲁格曼 1980 年的贸易模型

克鲁格曼 1980 年的贸易模型是从新贸易理论模型向新经济地理理论核心模型跳跃的关键模型。产业内贸易的基本原理与克鲁格曼 1979 年模型基本相同，但有许多新的显著变化①：一是尽管在公司水平上存在着规模报酬递增，克鲁格曼 1980 年模型中贸易开放和市场规模扩大并不能导致规模生产的增加；相反，不同产品的产量在封闭条件下是相同的，价格并不改变，贸易收益完全来自对差异的偏好效应。因为消费者在贸易条件下比封闭条件下能消费更多不同类型的产品，在这一点上新经济地理核心模型与克鲁格曼 1980 年模型是一致的；二是克鲁格曼 1980 年模型中两国贸易会导致运输成本的出现，这显然是一个地理的视角；三是克鲁格曼 1980 年模型中不同类型产品的需要因两国市场规模的不同而不再是对称的，当交易费用为正的时候，市场规模的不对称分布就非常重要，因为当一国的需要相对较大时，该国就会生产这些差异产品，从这个角度上讲，生产区位选择问题就很重要，经济活动的集中可能是贸易模型的结果。这种推理很简单：需求的不均衡分布的是给定的，当当地市场需求相对较大时，为了使运费成本最小不能流动的企业生产这些差异产品；而且，与没有运输成本的贸易模型相反的是，贸易方向不再是不确定的，因为生产的集中或聚集暗示了本国市场相对较大的国家就是这些差异产品的净出口国。正如克鲁格曼在 1980 年模型中指出："国家会倾向于出口国

---

① Krugman, P. R. . 1980. Scale Economics, Product Differentiation, and the Trade Pattern of Trade. American Economic Reviews, 70, 950-959.

内市场相对较大的差异产品，注意这种观点完全取决于规模报酬递增；在规模报酬递减的世界里，对差异产品相对较强的需求使之成为进口商品而非出口商品。"这种现象就是著名的"母国市场效应"。

有以下几点值得注意：一是克鲁格曼 1980 年模型并没有对消费者和生产者的区位做出任何规定，没有企业和生产要素的流动，即使地理区位由外生给定，企业只是对其想生产的差异产品做出决策。二是差异产品生产的集中并没有考虑经济活动的地理聚集，也不会产生中心外围均衡的结果，因为一国对 X 类差异产品需要的集中就是另一国对 (1-X) 类差异产品需求集中的镜像，从这一角度讲，两个国家的产业都有地理集中的特点。三是差异产品不同需求规模的市场区位并不是模型的结果，它是在模型之外给定的（收入因此也是给定的）。因此，克鲁格曼 1980 年贸易模型中的地理区位仍是由外部世界所决定的。

尽管新贸易理论没有提供一个地理区位理论，但新贸易理论却为解释贸易、收入和距离之间的经验事实提供了重要的理论基础，比如重力模型。重力模型主要是用来说明地理距离接近与贸易流动之间是正相关的，重力模型的基本方程是由新贸易理论模型推导出来的[1]。例如，赫尔普曼[2]就运用企业水平上的规模经济、差异产品和不完全竞争市场等概念，从新贸易理论模型中推导出了重力模型。重力模型假设有两国，本国和外国，经济中有两个产业部门，X 和 Y，两个部门均在垄断竞争市场结构和内部规模经济条件下生产，企业的自由进入确保没有均衡利润，均衡利润等于零时确定了差异产品的生产数量，X 是母国 X 产业部门的总产量，x 是每一个差异产品 X 的产量，外国相应的变量均用 * 号表示，则差异产品的种类为：$n = X/x$（国外类似）。两国都具有相同的迪克西特—斯蒂格利茨偏好，两国每一种差异产品的消费比率为：$s = GNP/(GNP + GNP^*)$，因此，$s^* = 1-s$，母国 X 的出口值为：$s^* nxp = s^* Xp$，而外国为 $sn^* xp = sX^* p$，p 为 x 产品的价格（Y 部门方程类似），国际贸易的总量 V 则为：

$$V = s(pX^* + Y^*) + s^*(pX + Y) = sGNP^* + s^* GNP = 2sGNP。$$

最后，如果经常项目是平衡的，则 V 可改写为 $V = 2sGNP^* = 2ss^*(GNP + GNP^*)$。该等式的最后一项就是重力模型的基本变体，它表明贸易量取决于贸易伙伴的经济规模。如果考虑更多的国家，同样可以推导类似的表达式；同时，从重力模型内核中遗漏的贸易量也同样取决于地理距离，虽然这一点赫尔普曼 1987 年模型并没有解释，但这并不奇怪，因为新贸易理论并没有提供一个地理区位理论模型，正如其他发展良好的包括距离在内有关经验关系的模型，如市场潜力指数等，这一研究方法必将成为刚刚兴起的地理区位理论模型的基础。

---

① Beckmann M. J. and J. -F. Thisse, 1986. the location of production activities. in: P. Nijkamp, ed. . Handbook of regional and urban economics. Vol. 1, 21-95.

② Helpman, E. 1987. Imperfect Competition and International Trade: Evidence from 14 Industrial Countries. Journal of the Japanese and International Trade, 1, 62-81.

3. 克鲁格曼和维纳布尔什 1990 年贸易模型

克鲁格曼和维纳布尔什在 1990 年的贸易模型中对克鲁格曼 1980 年模型的理论结果重新进行分析①。该模型是一个两国模型，假设存在国家 1 和国家 2，国家 1 有更多的要素禀赋如劳动力和资本，而且市场规模比国家 2 大；假设两国相对要素禀赋的比例相同，因此，两国不存在比较优势，两国不会出现产业间贸易；两国有两个生产部门，均生产可贸易的产品，一个是完全竞争的市场，另一个是垄断竞争的市场，其中，假设生产的工业产品是不完全竞争的；国家 1 在工业品生产上的企业数量较多，该部门在不完全竞争和规模报酬递增的条件下生产差异产品，允许企业自由进入和撤出，但是企业在两国间不能移动，生产要素在两国间也不能流动，企业和生产要素只能在产业间流动。

克鲁格曼和维纳布尔什 1990 年贸易模型研究的核心问题是：经济一体化程度的提高（可以用运费的下降来表示贸易成本的下降）对核心国和外围国经济活动和两国贸易有何影响？

在封闭条件下（如很高的运输成本禁止贸易出现），两国在工业生产部门的份额与其占世界要素禀赋的份额相同，要素禀赋的差异如图 5-1 中的 A 和 B 所示，在一定运输成本的范围之内，经济一体化加强了核心国的地位：核心国占世界工业部门的份额 S1 大于该国占世界要素禀赋份额 0.6，而外围国则相反，其占世界工业部门的份额 S2 小于其占世界要素禀赋的份额 0.4。因此，一些新企业进入国家 1 工业生产部门，而一些企业则会退出国家 2 工业部门，因为国家 1 市场相对较大是给定的，为了运输成本最小化，即使国家 1 的工资较高，新企业也愿意进入。随着运输成本的持续下降，核心国家 1 占世界工业生产的份额则会逐渐递减，当运输成本下降到很低时，市场相对较大国家的生产优势将逐渐变小，国家 1 劳动力市场竞争将更加激烈（更多的企业竞争该国的生产要素，导致要素价格上升）。此时，一些新企业发现在国家 2 开始生产有利可图，因为国家 2 工资更低。当在运输等于零这种极端的情况下，两国工资率将相等，每个国家的工业份额都将逐渐恢复到该国占世界工业的份额，于是一国工业份额与运输费用之间的关系是非线性的，这种情况下两国工业份额的和等于 1。

克鲁格曼和维纳布尔什 1990 年贸易模型的重要意义在于它涉及经济活动的区位聚集机制，因为它考虑到了生产经济活动的不均衡分布，这一点在克鲁格曼 1980 年模型中是没有的，整体上讲，在克鲁格曼 1980 年模型中只有单个企业的地理集中，却不是整个行业生产的地理集中。二是图 5-1 中的 U 形曲线预示了经济地理模型中重要的经验和理论的结果。三是图 5-1 是以数值模拟的例子为基础的，它被用来分析经济一体化（贸易自由化，即关税等壁垒的削减或撤销导致运输成本的不断下降）对核心国和外围国的经济影响，这就像新经济地理理论中运用数值模拟技术来分析经济活动地理聚集的策略一样。

---

① Krugman and Venables. 1990. Integration mad the Competitiveness of Peripheral Industry. in Bliss and Braga et al. . Unity with Diversity in the European Economy. Cambridge University Press，56-75.

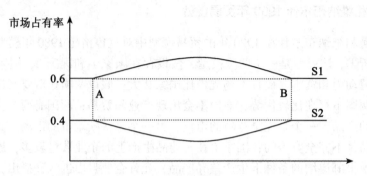

图 5-1 两国工业生产部门占世界工业生产总额的份额

那么，克鲁格曼和维纳布尔什 1990 年贸易模型是否充分接近新经济地理理论核心模型呢？当然，它仍需要走很长的路，它并不是理论研究的终点。主要的原因是克鲁格曼和维纳布尔什 1990 年贸易模型中经济中心和经济外围的存在并不是从模型本身中推导出来的，它是用市场规模不同的假设回避了这样的问题：为什么会出现经济中心和经济外围？它们是从何时开始的？在假设市场规模给定的基础上两国工人还能流动吗？如果工人能流动（导致需要的变动），就会挑战理论模型中假设两国相对要素禀赋比例给定的思想。这些问题需要进一步研究，这也是新经济地理模型中必须解决的核心问题。

新经济地理模型是在克鲁格曼和维纳布尔什 1990 年贸易模型中市场规模内生化的基础之上建立起来的。首先由藤田昌久、克鲁格曼和维纳布尔什于 1999 年在《空间经济学》中对新经济地理的四个特征进行概述①。其中两个是迪克西特和斯蒂格利茨的垄断竞争市场结构和冰山成本（Iceberger-Cost）的运输费用，这两者在克鲁格曼 1980 年贸易模型中已出现，第三个特点是克鲁格曼和维纳布尔什 1990 年贸易模型中运用的数值模拟技术；新经济地理模型的神奇之处在于其第四个特征，即将模型动态化，假设生产者和消费者能跨国流动，进而改变了两国的市场规模，它解决了经济主体（企业和工人）流动和市场规模内生化的问题。这三位学者对新经济地理模型特征的总结，表明了新经济地理理论核心模型的产生。

5.2 国际商务活动地区选择一般理论

国际商务活动区位选择一般理论是指藤田昌久、克鲁格曼和维纳布尔什等提出的新经济地理理论中心——外围模型②，因为它说明了商品、资本和劳动力跨国际流动的区位变化规律。因此，可以把它看成是一个解释力很强的一般理论。

① Masahisa Fujita, Paul Krugam, Anthony J. Venables. 1999. The Spatial Economy. The MIT Press.

② Fujita M., Krugman P. and A. Venables. 1999. The Spatial Economy：Cities, Regions and International Trade. MIT Press.

5.2.1　模型的基本结构

假设存在两种生产要素，工业工人（H）和农业工人（L），两个产业部门，工业部门（M）和农业部门（A），两个地区，南（S）和北（N），初始状态时两地区在贸易条件、技术水平、贸易开放度以及相对要素禀赋比例都是对称的（如图 5-2）。

1. 两部门的特征

如图 5-2 所示，工业部门 M 是迪克西特—斯蒂格利茨垄断竞争的市场结构①，工业企业在规模报酬递增的条件下雇用工业劳动力 H 生产差异产品，每一种产品都要求投入 F 单位工业劳动力 H 作为固定成本，每一单位工业产品 M 的可变成本是 aM 单位工业劳动力 H，因此，每一种工业产品成本方程为 w（F+aMx），其中，x 是一个工业企业的产量，w 是工业工人的工资；农业部门 A 是在规模报酬不变的条件下生产同质产品，农业生产部门只有农业劳动力 L 一种生产要素，不管农业部门的产出水平如何，每一种农业产品的成本是 aA 单位农业劳动力 L，农业工人的工资为 w_A②。

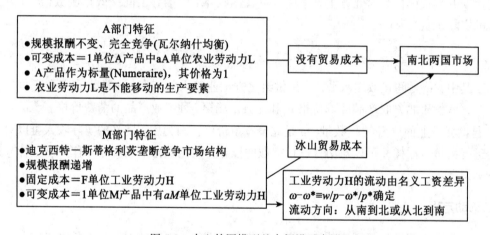

图 5-2　中心外围模型基本假设示意图

2. 运输成本

两部门产品都是可贸易的，但假设农业产品的贸易是无摩擦的，即没有贸易成本；同时假设工业产品在当地销售是无贸易成本的，但工业产品跨地区贸易是有摩擦的，其贸易成本为"冰山成本"（运输成本为单位产品在运输途中的实际耗损，像冰在跨洋流

①　Ottaviano，G. I. P. . 2001. Monopolistic Competition，Trade，and Endogenous Spatial Fluctuations. Regional Science and Urban Economics 31，51-77.

②　Robert-Nicoud，Frederic. 2002. The Structure of Simple "New Economic Geography" Models. mimeo，LSE.

动中会融化一样)①,1 单位工业产品从一个地区运输到另一个地区,在运输之前其运输的工业产品必须大于 1 单位,设为 τ($\tau \geq 1$),即运输成本为 $\tau-1$ 单位(在运输途中消耗掉了)。通常情况下,τ 代表了运往目标市场的所有成本,而不仅仅是运输成本②,$\tau-1$ 相当于这些成本的关税值。

3. 效用函数

每一个地区消费者效用函数均是一个两层效用函数,第一层函数决定了消费者在同质农产品和差异工业产品之间的支出分配,第二层函数决定了消费者对不同差异工业品的偏好。第一层函数是柯布—道格拉斯函数(部门支出份额是固定不变的),第二层函数的替代弹性是不变的(简称 CES),因此,典型的效用函数为③:

$$U = C_M^u C_A^{1-u}; \quad C_M = \left(\int_{i=0}^{n+n^*} c_{i=0}^{1-1/\sigma} d_i \right)^{1/(1-1/\sigma)}, \quad 0 < u < 1 < \sigma$$

其中,C_M 和 C_A 分别是差异工业产品 M 和同质农产品 A 的消费函数,n 和 n^* 分别是北方和南方地区产品的种类,u 是对工业品 M 的支出份额,$\sigma > 1$,是差异工业产品之间不变的替代弹性。对北方工人来说,可在函数 4-1 中推导出间接效用函数(即北方工人的实际工资)为:

$$\omega = \frac{w}{p}; \quad p \equiv p_A^{1-u} (\Delta n^w)^{-a}; \quad \Delta = \left(\int_{i=0}^{n^w} p_i^{1-\sigma} d_i \right)/n^w; \quad a \equiv \frac{u}{\sigma - 1}$$

其中,ω 是间接效用水平,w 是付给北方工业工人的工资,p 是北方完全竞争的价格,它依赖于北方农产品 A 的价格 p_A 和北方市场第 i 种工业产品的消费价格 p_i,$n^w = n + n^*$ 是世界企业的(种类)数量,p 是完全竞争价格,因为用 p 定义的实际收入可以对效用进行衡量。同样,可以对南方进行类似的推导,其函数分别用星号 $*$ 作为右上标来进行标识。

4. 移动方程

农业工人假设是不可流动的,为了简化,假设每一地区的农业工人是世界农业工人 L 的一半,用 L^w 代表世界农业劳动力,在初始均衡对称的条件下,每个地区农业工人为 $L^w/2$;世界工业劳动力的供给为 H^w,工业劳动力可以跨(国)地区流动,而且两地区之间工业劳动力的分布是由内生决定的,工业劳动力移动是由特定移动方程所决定的。移动方程为:

---

① 冰山成本的思想最早来源于由屠能在 1826 年创立经济地理模型,当时贸易商品谷物是由马车运输的,运输过程中马的能量主要靠运输谷物来喂养而获得,因此,到达目的地市场时谷物的数量会减少,其中用于喂马的谷物就是运输成本。

② 在中心外围模型中,τ 代表了两地之间贸易自由化水平的高低或是两地经济一体化的程度。

③ Fujita M., Krugman P. and A. Venables. 1999. The Spatial Economy: Cities, Regions and International Trade. MIT Press. p.61.

$$S_H = (\omega - \omega^*)\ S_H\ (1-S_H)\ ;\ S_H \equiv \frac{H}{H^w}\ ;\ \omega \equiv \frac{w}{p}\ ;\ \omega^* = \frac{w^*}{p^*}$$

S_H 是北方工业劳动力占世界工业劳动力的份额，H 是北方工业工人的供给量；w 和 w^* 分别是北方和南方付给工业工人的名义工资，ω 和 ω^* 分别是北方和南方付给工业工人的实际工资。如图 5-2 所示，实际工资是北方工业工人的间接效用函数，因此，移动方程表明如果一个地区的实际效用水平较高，工业工人就会迁移到该地区。移动方程使新经济地理模型动态化。

5.2.2　模型的长期稳定均衡分析

中心外围模型短期均衡分析忽视了移动方程的影响，并将工业工人初始的空间分布视为给定的；而中心外围模型长期稳定均衡分析重点考察移动方程的变化规律，特别是劳动力移动稳定时（如 $s_H=1$ 或 $s_H=0$）企业地理区位空间变动的规律，并用 s_H 来描述这一均衡状态①。

尽管中心外围模型用数值模拟方法来评价长期均衡的当地稳定条件，但如果用摇摆图 5-3 来分析工业企业空间聚集情况就会显得更加直观。

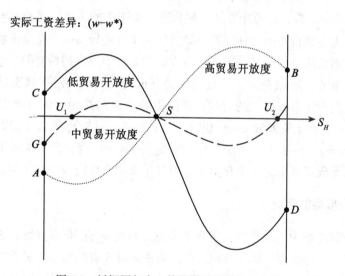

图 5-3　摇摆图与中心外围模型的当地稳定性

摇摆图主要是分析实际工资差异与北方移动要素（工业工人 H）份额（Ω [s_H]）之间的关系，其中，$\Omega \equiv \omega - \omega^*$②。在图 5-3 中，摇摆图纵轴为实际工资差异 $\omega - \omega^*$，横

---

① Baldwin, et al. Economic Geography and Public Policy. Pinceton University Press，2003，p. 28.

② 正如前面提到的，这个方程并不能清晰地写出来，因为并不能用 S_H 解出 w 和 w^*，也不能用 S_H 表达 w/p 和 w^*/p^*，相反，可以数值模拟来求出 w 和 w^*，从而替代价格和实际工资。

轴为北方工业工人的份额 s_H。该图形描述了三种长期稳定的均衡状态。

1. 低贸易开放度的情况

当从对称状态（即图中 S 点，此处 $s_H = 1/2$ 且 $w_1 = w_1^*$）开始，北方工人份额很小的增加，就会导致实际工资差异 $\omega - \omega^*$ 成为负数，并启动自我校正循环积累效应，促使工业工人从北方返回到南方。因为实际工资差异曲线在 S 点的斜率是负的。模型处在中心外围结果时也是稳定的状态，但在低贸易开放度的情况下，当实际工资差异曲线在 $s_H = 0$ 时，实际工资差异 $\omega - \omega^*$ 却是正数，如图中的 C 点；而当 $s_H = 1$ 时，实际工资差异 $\omega - \omega^*$ 却是负数，如图中的 D 点。这意味着这些点都不是稳定的，在 $s_H = 0$ 处时任何冲击都会导致工业工人从南到北的移动；在 $s_H = 1$ 处时任何冲击都会导致工业工人从北到南的移动。在这两种情况下直到经济聚集到 S 点时工业工人的移动才会停止。

2. 高贸易开放度的情况

初始对称状态是不稳定的，而中心外围状态时的结果是稳定的，因为：在初始对称均衡点 S 处，曲线的斜率是正的，但在 A 点实际工资差异 $\omega - \omega^*$ 却是负数，在 B 点实际工资差异 $\omega - \omega^*$ 是正数，这意味着从对称状态（即图中的 S 点，此处 $s_H = 1/2$ 且 $w = w^*$）开始，北方工人份额很小的增加，就会导致实际工资差异 $\omega - \omega^*$ 成为正数，从而启动自我加强循环积累效应，促使工业工人从南方向北方集中，直到所有的工业企业聚集到北方，如图中的 B 点。也就是说，当贸易充分开放时，初始的对称状态是不稳定的，因为劳动力移动会产生自我放大的力量；而图中的 B 点却是稳定的（此时工业中心为北方），因为 B 点实际工资差异 $\omega - \omega^*$ 仍是正数；同理，从对称状态（即图中的 S 点，此处 $s_H = 1/2$ 且 $w = w^*$）开始，北方工人份额很小的减少，就会自我加强工业工人从北向南移动，从而导致工业中心集中在南方，而且工业中心在南方的结果也是稳定的。

3. 中等贸易开放度的情况

当贸易开放度是中等水平时，实际工资差异曲线 $\omega - \omega^*$ 与零直线有 3 个交点，即有三个内部稳定点，即 S 点、U_1 点和 U_2 点，注意此时 S 点的实际工资差异曲线的斜率是负的，而 G 点的值是负的，H 点的值是正的。根据以上的推理，初始对称均衡状态和中心外围均衡状态的结果都是稳定的。当然，在两个内部稳定点（G 点和 S 点或 S 点和 H 点）之间的均衡点（U_1 点和 U_2 点，实际工资差异等于零，不存在劳动力移动）是不稳定的，因为在 U_1 点和 U_2 点上实际工资差异曲线的斜率是正的。

5.2.3 模型长期稳定均衡的动力机制

中心外围模型中主要有三种力量，其中两种力量有利于聚集，这两种力量称为市场准入效应和生活成本效应（也分别称之为与需要和成本联系的循环因果或是后向联系效应和前向联系；第三种力量有利于离散，称之为市场挤出效应或是当地竞争效应①。

1. 与需求联系的循环因果

市场准入聚集力从初始均衡点开始是自我加强的，当工业工人将其收入在当地消费时，工业工人从南到北很小的移动就会导致 s_H 的增加，$1-s_H$ 减少，结果北方市场扩大，南方市场缩小。其他条件保持不变的情况下，如果存在贸易成本，企业倾向于选择在市场较大的地区，劳动力移动导致的支出转移进而鼓励生产区位的改变，具体说来，支出转移提高了北方企业的销售，在米勒定价的条件下，北方企业营业利润与销售额成一定的比例，所以企业会退出南方市场而进入北方市场。既然企业向北方移动的机制是自我加强的，南方工业工人的就业就会减少，而北方工业工人的就业就会增加，生产区位的转移进一步鼓励支出的转移。为了建立新的市场均衡，北方工业生产份额的增加将大于原先转移的消费支出比例，在工资不变的情况下，生产转移就会进一步鼓励劳动力向北方移动，这种机制称为与需求联系的循环因果效应，即后向联系效应。

2. 与成本联系的循环因果

生活成本效应也是自我加强的。在初始对称均衡状态，从南到北的少量劳动力移动就会增加 H，降低 H^*，根据充分就业条件，劳动力移动导致北方工业产品种类 s_n 的增加，由于在当地销售工业产品不存在贸易成本，在其他条件不变的情况下，s_n 的变化会导致北方生活成本的下降，南方生活成本的提高，主要是对价格指数的影响提高了北方的实际工资，降低了南方的实际工资。因此，生活成本效应是自我加强的，从而进一步刺激工业工人从南向北移动，同时增加了北方工业产品的种类。这种机制是与生活成本相联系的，称之为前向联系效应。

3. 市场挤出效应

从初始均衡状态开始，从南到北的劳动力移动会增加北方企业的数量 n，同时降低南方的企业数量 n^*，当北方的企业数量增加到一定程度时，这种趋势会进一步增加北方当地企业之间的竞争程度，同时也会降低 R（只要贸易开放度 $\phi<1$）；为了保本，在其他条件不变的情况下，北方企业不得不付给工业工人更低的工资，与南方相比，北方对工业工人来说就没有吸引力，因此，当新增企业继续增加，就会产生向初始均衡状态回归的改变。

聚集力和离散力相互作用的结果如何呢？如图 5-4 所示，横轴表示贸易开放度（$0 \leqslant \phi \leqslant 1$，当 $\phi=0$ 时，有无限的贸易成本；$\phi=1$ 时，贸易成本等于零），纵轴表示力的大小，在对称的条件下只要保持贸易开放度不断下降，当贸易开放程度增加到一定程度

① Robert-Nicoud, Frederic. 2002. The Structure of Simple "New Economic Geography" Models, mimeo, LSE.

时，离散力下降的速度比聚集力下降得更快①，在下降的过程中会存在一点，在该点时聚集力会超过离散力，这一点叫均衡点，在图5-4中是用 ϕ^B 来表示。该图表明从初始对称均衡状态开始，对称地增加两地区的贸易开放度将会导致不对称的结果；而且，劳动力移动使这种不对称结果的发生并不是以渐进的方式进行，而是突然性发生的。

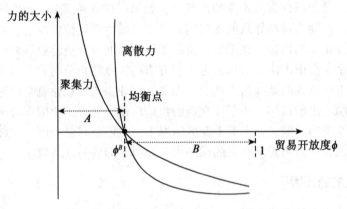

图 5-4　贸易开放度与聚集力、离散力

◎案例

通用汽车公司的全球组织机构与国际商务活动

1. 通用汽车公司的基本情况

美国通用汽车公司（General Motors Company，简称 GM）成立于 1908 年，总部位于美国密歇根州的底特律，它是一家以汽车制造为主的跨国公司。目前，通用汽车公司在全球 34 个国家和地区都有汽车或卡车的生产制造厂，全球现有职工人数为 244500 名，汽车和卡车在全球 140 多个国家进行销售并提供相应的售后服务。按照销量统计，2008 年通用汽车公司是美国最大的汽车生产销售商，是世界第二大汽车生产销售商，在全球财富 500 强中，它在全球汽车行业中的收入排在第三位。

由于美国金融危机等综合因素的影响②，2009 年 1 月通用汽车公司寻求美国破产法的保护并申请由联邦政府进行重组，同年 7 月 10 日通用汽车公司结构重组完成。目前，美国通用汽车最大的股东是美国财政部，占了 60.8% 的股份，加拿大发展投资公司和安大略州政府也是重要投资者，它们根据《问题资产救助计划》

---

① 市场挤出效应与贸易开放度是二次函数关系，而市场准入等效应与贸易开放度是一次线性关系，所以，离散力比聚集力随贸易自由化水平提高而下降的速度更快。

② 主要是由房地产泡沫引发的美国次贷危机。

（Troubled Asset Relief Program）共投资了 576 亿美元。2009 年 7 月 23 日美国通用汽车公司对外宣布了新董事会，2009 年 12 月 1 日董事会接受了首席执行官弗雷德里克·亨德森的辞职，2010 年 1 月任命董事会主席惠塔克为代理首席执行官，任期到 2010 年 9 月 1 日，然后由董事会成员丹·阿克森接任。

2. 通用汽车公司的全球组织结构

目前通用汽车公司主要有由亚洲太平洋部、欧洲部、北美部和拉美、非洲和中东部等几个全球地区总部构成，同时通用汽车公司还设立了金融保险服务部和服务、配件和业务部来为全球生产部门提供各种服务。总体来说，这些全球机构可以分为三大类：一是汽车产品，包括制造、装配、销售汽车、卡车、公共汽车和相关零配件。二是金融和保险业，主要业务单位是通用汽车承兑公司，它资助购买 GM 产品。此外，公司也为经销商和消费者提供保险，并从事抵押银行业务、海上金融和投资服务业务。三是其他产品，主要是电子数据系统公司从事的数据加工、电讯服务和 GM 休斯电子公司（从事导弹系统等军火生意）。

3. 通用汽车公司的国际商务活动

目前，美国通用汽车公司在北美洲重点把业务集中在雪佛兰（Chevrolet）、别克（Buick）、通用（GMC）和卡迪拉克（Cadillac）四个品牌上；在欧洲，通用汽车公司把业务进行了重新规划和重组，经过谈判收购了德国汽车品牌欧宝（Opel）汽车公司，完全掌握这欧宝汽车公司的经营，同时出售了瑞典汽车品牌绅宝（Saab Automobile），并整合了庞蒂亚克等汽车品牌。在亚洲，通用汽车最大的市场是中国，特别是别克汽车很早就引入到中国，截至 2010 年 3 月通用汽车公司销售汽车达 230048 辆。

根据 2008 年的统计，美国通用汽车公司在全球主要地区的销售情况如表 5-1和表 5-2 所示。

表 5-1　　　　　　　　**2008 年通用全球销售的国别分布（单位：千辆）**

地区销售排名	国家	销售量	市场份额（%）
1	美国	2981	22.1%
2	中国	1095	12.0%
3	巴西	549	19.5%
4	英国	384	15.4%
5	加拿大	359	21.4%
6	俄罗斯	338	11.1%
7	德国	300	8.8%
8	墨西哥	212	19.8%
9	澳大利亚	133	13.1%

续表

地区销售排名	国家	销售量	市场份额（%）
10	韩国	117	9.7%
11	法国	114	4.4%
12	西班牙	107	7.8%
13	阿根廷	95	15.5%
14	委内瑞拉	91	33.3%
15	哥伦比亚	80	36.3%
16	印度	66	3.3%

资料来源：作者根据通用官方网站的资料整理所得。

表 5-2　　**2008 年通用在全球销售前四名的地区或国家（单位：千辆）**

排名	市场/地区	销售	市场份额（%）
1	北美	3552	21.9%
2	中国	1095	12.0%
3	欧盟	905	12.3%
4	南美	815	20.8%

资料来源：作者根据通用官方网站的资料整理所得。

◎思考题

1. 查阅美国通用汽车的相关资料，并根据它在世界各主要地区的销售情况，说明通用汽车公司分支机构在全球范围的设置情况。

2. 利用本章中的一些原理，说明通用汽车公司在全球范围内配置生产组织机构的原因。

第三篇

国际商务环境

第 *6* 章
国际商务国别环境

◎ **本章要点**

1. 各国有不同的政治体制、经济制度和法律体系，国家之间的文化习俗也差异甚大，所有这些差异都会对国际商务活动产生重大影响。这也意味着，企业开展国际商务会面临国家风险，即由一国的文化差异或政治、法律和经济环境变化所引起的对公司跨国经营产生负面影响的可能性，即使这些变化的本意并非如此。鉴于国别环境差异对国际商务的利益、成本和风险有着深远的影响，因此，企业在不同国家的经营战略、运作方式和防范措施也各不相同。

2. 不同国家之间的文化差异是其在社会结构、宗教与道德、语言和教育水平等方面的差异所致，这些差异不仅影响着国际商务活动的成本，也深刻影响着跨国经营活动的策略和方式。因此，从事国际商务需要正确地辨别东道国的文化特征，深刻地理解文化与伦理、文化与国家竞争优势之间的关系，加强对跨文化知识的把握。

3. 国别政治环境差异源自于各国不同政治意识形态导致的政治制度差异，不同的政治制度各有利弊。政治风险一般直接起因于政府政策或行为的变化，因而民主的、稳定的政治制度环境更有利于国际商务活动的开展。从事国际商务活动需要及时收集信息，敏锐判断可能的政治风险及其类型，适时做出适应性调整。

4. 国别经济环境差异集中体现在经济体制差异和经济发展水平差异两个方面。从商务的角度看，经济体制差异主要体现为不同的经济自由度及其效率，较高的经济自由度不仅有助于吸引活跃的国际商务活动，还可能因带来较高的生活水平而扩张国际商务活动的规模。

5. 各国法律制度的差异是多方面的，既在法律传统上分属于不同的法律体系，也在法律框架上存在着管理世俗生活和商务活动或管理国内经济和涉外经济的不同法律规范之分；同时，各国法律制度还在制约商务实践、定义商务交易方式、确定商务交易中有关各方权利和义务等方面存在巨大差异。这些差异会在相当程度上影响一国作为国际市场和投资场所的吸引力，因此了解不同国家的法律制度对国际商务极其重要。

6.1 国别文化环境的差异

6.1.1 文化的内涵

1. 文化及其内涵

根据霍夫斯泰德、纳门华斯和韦伯的定义，文化是一群人所共同具有的、为生存而确立的一种价值观念和行为准则体系。① 价值观念构成了文化的基础，是人们对自由、民主、真理、公正、诚实、忠诚、责任、地位、爱情、婚姻等概念的态度。价值观念也体现在一个社会的政治和经济制度中，就如民主的自由市场经济体制是对强调个人自由的哲学价值体系的反映。同时，价值观也可以反映在人们对待时间和工作的具体观念上，这会影响日常的商务习惯。

在时间观念方面，生活在拉美和地中海文化背景下的人们时间观念很随意，他们往往制定灵活多变的日程表，不愿意为了追求效率而牺牲个人时间，商人们开会常会迟到。相反，美国人和日本人一般都会按时参加会议，日程表安排紧凑，工作时间也更长，高效率的利用时间反映了他们努力工作的价值观。在工作观念方面，法国南部居民是"为了生活而工作"，美国人是"为了工作而工作"。明显的结果是，法国南部的生活节奏舒缓，甚至商店会在每年八月份停业休带薪长假，这种观念在美国以及亚洲国家则是闻所未闻。在商业风险方面，英国人和法国人不愿承担创业的高风险，因为创业一旦失败，经营者会因此难以为将来的项目再融资。而美国人对待创业风险的观念则恰恰相反，商业计划失败被看做是宝贵的经验，对美国风险资本家而言，只要是有潜力的创业计划，他们就愿意发放贷款，这也是美国企业家精神浓厚的表征。

行为准则是规范人们行为的社会规则，行为准则分为社会习俗和道德规范两个组成部分。社会习俗定义了人们被期待的日常行为方式，诸如在特定环境下的适当穿戴规则、推崇的社会礼节、邻里行为等。违反社会习俗通常不算是一件严重的事情，初入境的外国人违反社会习俗是可以谅解的。道德规范是社会生活的核心准则。在特定社会里，任何违反道德规范的人都可能受到严重的惩罚。在许多社会里，某些道德规范已被写进法律。例如，所有文明社会都有反对盗窃和乱伦的法律。然而，对于哪些道德规范是可以接受的，不同的文化有很大差异。例如，在美国消费酒精饮料是被广泛接受的，而在沙特阿拉伯消费酒精则被看成违反了重要的社会道德准则，将受到监禁的惩罚。

2. 文化、社会和国家的关系

社会由拥有同一价值准则的人群构成，即生活在共同文化下的人群；而一个国家与一种文化之间却没有严格的一一对应关系。一方面，一个国家可能只存在一种文化，也

---

① 查尔斯·W. L. 希尔. 国际商务. 周健临等译. 中国人民大学出版社，2005：90.

可能包括多种文化。例如，日本可以看成大和民族文化的政治实体，而加拿大至少有三种文化——盎格鲁文化、魁北克文化和美洲文化。另一方面，某种文化能跨越几个国家。例如，伊斯兰文化是中东、亚洲、非洲许多不同国家的公民所共同拥有的。

更为复杂的是，文化还可以有不同的层次。我们可以笼统地说"美国社会"和"美国文化"，但实际上，在美国内部还有几个社会，每个社会都有自己的文化，例如法语文化、拉美文化、印度文化、南方文化、爱尔兰裔美国文化、非洲裔美国文化和华裔美国文化。文化社会与国家之间的关系经常是模糊的，不能总把一个国家视为只有一种相同属性文化的社会，即使可以，我们也应该认识到国家文化是由多姿多彩的亚文化构成的。

6.1.2　文化的主要决定因素

一种文化的价值观念和行为准则是在多种因素的共同作用下逐渐形成的，这些因素包括主流的政治和经济哲学、社会结构、宗教信仰、语言和教育。同时，这些因素与文化之间的因果关系是可以相互转换的。一方面，社会结构和宗教信仰会明显影响一个社会的价值观念；另一方面，一个社会的价值观念也会影响其社会结构和宗教信仰。

1. 社会结构

社会结构是指一个社会（或一种文化）的基本组织形式。社会结构有许多不同的方面，但在解释文化差异时，个人和群体意识与社会阶层及其流动性两个方面特别重要。

（1）个人与群体。个人主义是一种政治哲学。在许多西方社会，个人是社会组织的基本单位，这不仅反映在社会的政治和经济组织中，也反映在社会和商务活动中的不同个人之间的相互关系上。西方社会的价值观体系非常强调个人成就，个人的社会地位并不取决于他们为谁工作，而是取决于个人工作的绩效。强调个人工作绩效有利也有弊。在美国，强调个人绩效是通过崇尚"自我奋斗"和"企业家精神"来表达的。这种价值观的好处是在美国存在大量的创业活动，甚至可以认为美国经济发展的动力在很大程度上归因于个人主义的哲学。

个人主义也不总是好事，美国频繁的雇员流动就是如此。雇员流动对单个公司而言是缺乏忠诚和责任感，尤其是管理和技术人员流动会明显影响到公司的日常业务甚至发展，也将导致这些管理人员只拥有一些高级的通用技能而缺乏在同一公司内工作多年而积累的经验、知识和人事关系网。同时，强调个人主义也可能导致在一个组织内执行集体任务时很难建立团队精神。最近麻省理工学院对美国竞争力的一项研究发现，美国企业受到全球经济的伤害是由于公司内（如各职能部门之间、管理者与劳动者之间）和公司间（如企业与供应商之间）缺乏合作。所以在美国强调个人主义，一方面帮助创造了富有生气的企业家经济，另一方面由于管理人员的流动和缺乏合作，可能提高了从事商务活动的成本。

群体是指两个或两个以上个人的集合体，他们分享同一种文化，并根据同一套对相互行为的预期以有组织的方式互相影响。在重视群体的社会中，群体的和谐和成功比个人的贡献和成功更重要。在日本，群体是社会组织的基本单位，个人的社会地位同时取决于其所属群体（工作团队或企业组织）的地位和个人成就。日本文化突出群体重要性的好处是，群体认同感不鼓励雇员流动，终身雇佣制有助于经理和工人们积累行业知识、经验和商务关系网，从而提高工作的效率。同时，强烈的群体认同感形成了相互帮助和集体行动的团队精神，个人之间、部门之间和企业之间在产品设计、质量管理、减少存货等方面的紧密合作大大提升了日本企业的整体竞争力。

然而，群体主义也不总是有利的。正如个人主义的价值观形成了美国社会充满动态和创业的特征，一些人认为日本社会因崇尚群体主义而相应的缺乏企业家精神，导致了其经济活力不足。尽管在文化差异的影响下，美国和日本经济长期运转的结果尚不清楚，但美国仍有可能比日本创造更多的新产业，并且会继续在开拓新产品和新的商务运作方式方面取得更大的成功。

（2）社会阶层及其流动性。所有社会都可以按家庭背景、职业和收入等划分的等级分成若干社会阶层（即社会等级），每个人都生于一个特定的社会等级，并成为其父母所属社会阶层的一员。出生于较高阶层的人相对于较低阶层的人来讲，可能拥有更好的生存机会，包括较好的受教育环境、较好的健康保障、较好的生活条件和较好的职业。在不同的国家，阶层划分的严格性不同，由此导致的社会阶层流动性差异会对商务活动产生影响。

社会阶层的流动性是指个人能从自己出生的社会阶层流动到其他阶层的难易程度。各国的社会阶层流动性有着很大的不同，最严格的等级制度是种姓等级制度。种姓等级制度是一种封闭的社会等级制度，在这一制度下，人们的社会地位是由出生的家庭所决定的，通常终其一生都不可能改变其地位。种姓等级地位通常与特定的职业相联系，某一种姓等级成员可能是鞋匠，另一种姓成员则可能是屠夫等，这些职业嵌入社会等级并通过家庭传给后代。虽然在20世纪许多社会的等级制度迅速地消失了，但印度是个例外。尽管种姓制度在印度独立后的1949年被正式宣布取消，但在印度农村，四个主要种姓等级和几千个子等级构成的等级社会仍然残存，职业和婚姻机会仍然与种姓等级社会有一定关联。

阶级制度是一种不太严格的社会等级形式，在这种开放的社会等级制度下，社会流动是可能的。一个人的阶级地位可以通过自己的成就或机遇改变，生于等级社会底层的个人，可能通过工作向上升；生于等级社会上层的个人，也可能因碌碌无为而滑落。不同的阶级制度里，阶级制度内部的流动性也有所不同。例如，美国的阶级制度就没有英国那么严格，并且流动性也更大。像英国一样，美国也有自己的上层阶级、中产阶级和工人阶级。然而，阶级成员原则上是由个人经济成就决定的，而不像英国由背景和学校决定。这样，一个人能通过自己的经济成就顺利地从工人阶级转移到上层阶级。事实上，在美国社会中，来自下层社会的成功人士是受到人们高度尊重的。

从商业角度看，社会阶层及其流动性会对企业的商务活动产生影响。在美国社会，高度的社会流动性以及对个人主义的高度重视，限制了阶级背景对商务活动的影响。而在像英国这样的国家，阶层之间的差异和相对缺乏流动性导致了阶级意识的产生。阶级意识在英国社会中表现为中上阶层管理人员与工人阶级雇员之间传统的敌意，相互间的对抗和历史上的缺乏尊重，使得许多英国公司管理层与工人之间很难取得合作，并产生较为激烈的行业竞争。总之，在阶级划分明显的国家中，管理层与工人之间的对抗关系，以及由此产生的缺乏合作和高度的行业混乱，往往会提高生产成本。从而导致这类国家的企业在建立全球经济竞争优势方面更加困难。

2. 宗教与道德体系

宗教是具有神圣意义的共同信仰和仪式。伦理体系是指一套道德原则或价值观，用于引导和决定行为。世界上大多数伦理体系都是宗教的产物，但伦理体系根植于宗教的原则也有一个例外，即儒家学说和儒教伦理影响并形成了亚洲部分地区的文化和行为，但儒教不是一种宗教。

今日世界虽有数千种宗教，从信徒数量上讲，只有四大宗教占统治地位。基督教，约有 17 亿信徒；伊斯兰教，约有 10 亿信徒；印度教，约有 7.5 亿信徒；佛教，约有 3.5 亿信徒。宗教和伦理与商务实践之间的关系是复杂的。有学者认为，宗教伦理对商务活动的影响主要在于不同的宗教所形成的对工作和企业家精神的看法，以及宗教伦理对一国商务活动成本的影响。

（1）基督教。基督教是世界上最广为信奉的宗教，教徒约占世界人口的 20%。基督教徒大多数居住在欧洲和美洲，其在非洲的教徒人数也正在迅速增长。基督教产生于犹太教，与犹太教一样是一种神教，11 世纪的一次宗教分裂导致形成了两个主要的基督教组织——天主教和东正教。目前，天主教徒占基督教徒总数的一半以上，他们大多数居住在南部欧洲和拉丁美洲；东正教的影响相对较小，但东正教在几个国家（如希腊和俄罗斯）仍然是最重要的宗教。16 世纪的宗教改革运动导致基督教的进一步分裂，结果是耶稣教产生，耶稣教的新教教义本质上促进了在新教保护伞下许多宗教派别的出现（如浸礼会、卫理公会、加尔文派）。

一些社会学家认为基督教的几个主要分支中，新教伦理有着重要的经济含义。德国社会学家马克斯·韦伯 1904 年首先提出了新教伦理和"资本主义的精神"的命题，韦伯指出：资本主义出现在西欧，西欧的企业领导和资本所有者，以及较高级的技术工人，甚至现代企业中受到较高的技术和商务培训的人，绝大多数是新教徒。新教伦理强调努力工作和俭朴（节制世俗享乐）以创造财富（为上帝争光），这就形成了促进资本主义发展的价值观体系：努力工作以创造财富，禁欲并有系统的积累财富以扩大资本规模。新教还打破了传统宗教长期维护的社会等级制度，给予教徒个人"发展他们自己与上帝的关系"的更大自由。这种对个人宗教自由的强调，为随后强调个人经济和政治自由，以及个人主义作为一种经济和政治哲学的资本主义发展铺平了道路。

（2）伊斯兰教。伊斯兰教是世界第二大主要宗教，拥有约 10 亿信徒。伊斯兰教创建于公元 610 年，先知穆罕默德开始布道，伊斯兰教信徒称为穆斯林，穆斯林构成了超过 35 个国家人口的大多数，居住在从非洲西北海岸邻近地区到中东，直到远东的中国和马来西亚。伊斯兰教根源于犹太教和基督教，也是一种神教。伊斯兰教的核心原则是存在一个唯一万能的真主（安拉），伊斯兰教徒必须无条件接受真主的唯一性、权力和权威，并尊崇生命的目标就是执行真主的意志，以期能进入天堂。按照伊斯兰教，世俗的利益和权力都是虚幻的，那些追求世上财富的人也许能得到它，可是那些放弃世俗欲望而寻求真主恩惠的人可以获得更大的财富——进入天堂。

伊斯兰教的一些经济原则在《古兰经》里都有明确的记载，《古兰经》赞同自由经商和通过贸易与商业赢得合法的利润（先知穆罕默德曾经是一位商人），对私有财产权利的保护也体现在伊斯兰教教义里。虽然伊斯兰教断定所有财产都是真主的恩惠，真主创造并拥有一切，那些拥有财产的人被看成是受托人。作为受托人，他们有权接受来自该项财产的利润，但必须以一种正当的、对社会有利的、节俭的方式利用财产。同时，伊斯兰教教义还强调，人们是集体的一部分，富有的和成功的人有责任帮助不幸的人。简单地说，在穆斯林国家赚取利润是好事，但利润要赚得公正，不能为了自己的利益而去剥削别人，得到利润的人要乐意帮助穷人。此外，伊斯兰教强调履行契约责任、信守诺言和绝不欺骗的重要性。这表明伊斯兰教倾向于赞同市场体系，穆斯林国家也能够接受国际企业，只要那些企业的行为方式不违背伊斯兰教伦理。

（3）印度教。印度教大约有 7.5 亿信徒，大多数居住在印度次大陆。印度教起源于 4000 年前的印度河谷，是世界上最古老的宗教之一。与基督教和伊斯兰教不同，印度教的创立不与特定的人物相联系，也没有官方认定的神圣的宗教典籍（如《圣经》或《古兰经》）。印度教相信社会上有一种道德力量，要求人们接受一定的责任，称"达摩"；印度教相信再生，人死后再投生一个不同的肉体；印度教也相信因果报应和个人灵魂的精神进步，认为一个人的因果报应受其生活方式的影响，个人道德状况的因果报应将决定他们来世所面对的挑战，通过改善每一次新生命的灵魂，个人就能逐步达到涅槃——一种功德圆满的完美精神状态，从而不再需要再生。许多印度教徒相信，达到涅槃的方式是过一种否定物质生活的、严格的苦行僧式的生活，献身于一种精神追求而不是物质享受。

马克斯·韦伯认为，蕴含在印度教中的苦行原则并不鼓励我们在新教中发现的追求财富创造的那种创业活动。按照韦伯的观点，传统的印度教价值观强调个人荣誉不应该按其物质成就判断，而应该按其精神成就判断。事实上，印度教认为追求物质享受的人很难升入天堂。由于强调一种苦行僧的生活方式，韦伯认为虔诚的印度教徒很少像虔诚的新教徒那样从事创业活动。另外，从传统上看，印度教也支持印度的种姓等级制度，认为一个人要在其一生中突破其所属的种姓等级是不可能的，一个人只有在今世获得精神进步，才有可能在来世进入较高的种姓等级。由于这种种姓等级制度限制了个人承担责任和影响社会的机会，因此，这种宗教信仰的经济结果必然是负面的。例如，在一个商务组织内，人们很可能发现一些非常合适的人选仅因为其种姓等级较低就失去进入高层组织的机会；基于同样原因，个人可能在一个企业内得到提升，多半是因为他们的种姓等级背景而不是由于他们的能力。当然，种姓等级制度在印度已经被废除，其影响力也在逐步减弱。

（4）佛教。公元前 6 世纪印度王子释迦牟尼创建了佛教，他放弃他的财富去追求一种苦行僧的生活方式和精神完美。释迦牟尼到达了天堂，可是他又决定返回人世，教诲其追随者怎样可以达到精神般若（觉悟）的状态，释迦牟尼从此成为了世人敬仰的佛（意为"觉醒的人"）。佛教有 3.5 亿信徒，大多数住在中亚和东南亚，包括中国、朝鲜和日本。佛教认为，生活中充满了苦难，不幸到处都有，这源于人们追求享乐欲望；按照佛经修炼高尚的八重路径，这些愿望可以有系统地被抑制，并强调正确地看、想、说、行、生活、努力、注意和沉思。与印度教不同，佛教不支持种姓等级制度，佛教也不倡导印度教鼓励的极端苦行主义。然而，与印度教一样，佛教强调来世和精神成就，而不是今生。同样，在佛教中找不到新教中强调的财富创造思想。因此，在佛教社会我们也看不到西方新教强调的企业家文化。但是，与印度教强调种姓制度和极端的苦行者行为不同，佛教文化可能比印度教文化为企业家活动提供了更肥沃的土壤。

（5）儒教。儒教是公元前 5 世纪由孔子创建的，至今已有 2000 多年的历史，在这期间儒教一直是中国官方的伦理体系。1949 年以来儒教伦理有所减弱，但仍有 2 亿多人信奉儒家教义，主要分布在中国、朝鲜和日本。尽管儒教不是宗教，但几个世纪以来，儒教思想意识渗透在这些国家的文化之中，影响着上亿人的生活。儒教的核心是高尚的道德、伦理和以诚待人，强调通过修身养性以完善自身的重要性，并建立了一套综合的伦理准则作为与别人相处的指导原则。与宗教不同，儒教不关心超自然的事物，也没有鬼神或来世的概念。

有些学者坚持认为，尽管儒教与新教的本质不同，但其对经济的影响与韦伯所提出的新教对经济的影响具有相似之处。其基本理由是儒教伦理对中国、日本和韩国文化的影响使这些国家和地区从事商务活动的成本较低，这一结论可以从儒教伦理体系的三个核心价值观——"忠、义、信"得出。

在儒家思想里，"忠"是下级对上级的忠诚，忠于自己的上司被看成是一种神圣而绝对的责任。在以儒教文化为基础的现代组织里，维系雇员与其组织领导之间的忠诚，可以减少管理层与工人之间的冲突，降低管理层和工人的合作成本。"义"指公正、合理而应当做的。儒教伦理强调对忠诚的下级汇报恩惠是上级的责任，只有施恩之义举才能使忠诚得以巩固。在任何一个企业中，"忠"和"义"相辅才能真正形成和谐的人际关系，并提高企业的经济绩效。"信"为诚实守信，儒家思想非常强调这一点。信的重要经济意义在于，当公司间能诚实守信，不破坏合同的责任时，从事商务活动的成本就低，不需要让收费昂贵的律师来解决合同争议。与在一个不太诚实的社会相比，在儒教社会的人们可能会较果断地投入大量资源进行合作投资，因为人们可以相互信任。所以，与不太诚实的社会相比，例如，日本社会中公司之间合作的成本可能较低。

3. 语言

语言是一种文化的明显特征，也是各国之间的一个最明显的差异。所谓语言，这里仅指口头的和非口头的两种沟通手段。

（1）口头语言。语言是人们表达思想和互相交流的工具，并形成人们理解世界的方式，因此也帮助定义文化。在拥有一种以上语言的国家里，通常也会有一种以上的文化，不同语言所代表的不同文化的人群之间关系并不和睦。例如，加拿大说英语和说法语的人之间，比利时说佛兰芒语和说法语的人之间，塞浦路斯说希腊语和说土耳其语的人之间，因文化差异，关系相当紧张。当然，语言不同不一定会导致不同的文化并产生分裂的压力。如瑞士有说四种语言的人群，但他们之间相处融洽。

汉语是世界上最大多数人的母语，其次是英语和印地语。但世界上使用最广泛的语言是英语，其次是法语、西班牙语和汉语。英语已经成为国际商务的主要交流语言。然而，在英语被广泛使用的同时，学习地方语言也会产生很大的优势，能够说地方语言会产生亲和力，这对国际商务交易非常重要。不懂得地方语言的国际企业，由于翻译欠佳可能会导致一些重大失误。例如，阳光公司（Sunbeam Corporation）用英语单词"喷雾棒"（Mist-Stick）表示用来喷雾定型的卷发铁棒，当进入德国市场并花了大量的广告费后，公司发现"喷雾"（mist）在德语中的意思是粪便。通用汽车公司也曾遇到过类似的麻烦，波多黎各经销商对通用汽车公司的新雪佛莱 Nova 牌车缺乏热情，因为 Nova 翻译成西班牙语，原本是"星"的意思，然而听起来就像是"没有阀"（nova），西班牙语意思是"不走"，后来通用汽车公司将车名改为 Caribe。

（2）非口头语言。非口头语言是指非言词的沟通。人们相互间的交流沟通很多时候是通过非口头语言的暗示，例如，在大多数文化里眉毛上扬被认为是表达某种信号，而微笑则表示高兴。然而，许多非口头语言是文化的集成，不懂得另一文化的非口头语言含义，可能导致交流的失败。例如，在美国用大拇指和食指围成圆圈表示友好，而在希腊和土耳其则表示粗俗的性挑逗；同样，大多数美国人和欧洲人用大拇指向上姿势表示好，而在希腊该姿势是猥亵。非言词交流的另一方面是个人空间，即你和谈话人之间适当的距离。在美国，两人之间商务谈话的习惯距离是 1.5~2.5 米，在拉丁美洲是 1~1.5 米。结果，许多北美人不习惯拉美人侵入他们的个人空间，对话时可以看见其逐步后退，而拉美人可能将这种逐步后退理解为冷淡，其结果是不同文化的两个商人间可能产生令人遗憾的隔阂。

4. 教育

正规教育在一个社会起关键的作用。正规教育是一种手段，人们通过它来学习在现代社会中不可或缺的语言、概念、数学等许多技能。正规教育也补充了家庭在教育青年适应社会价值观与准则方面的不足。人的价值观和准则是直接和间接地学到的，学校一般教的是有关一个社会的基本文化事实，也强调公民的基本义务与责任。人们在学校也间接学习文化准则，尊重别人、服从权威、诚实、整洁、守时等，都是学校"隐含课程"的一部分，制度的应用也教导儿童懂得个人成就和竞争的价值。

从国际商务的角度看，教育最重要的作用也许是它决定了国家的竞争优势。拥有一大批在受过良好教育和具备先进技术的工作者是一个国家经济成功的主要决定因素。此外，一个国家的普通教育水平也是决定在该国出售何种产品以及使用何类促销手段的有用指标。例如，巴基斯坦 70%以上的人口是文盲，这显然不会成为畅销书的理想市场，同时包含文字描述的大众市场产品的促销资料对该国好像也是无效的，在几乎 3/4 的人口不识字的国家，用图片促销可能更好。

6.1.3　文化差异的区分

如前所述，国别文化差异会对国际商务活动产生显著的影响，因此，从事国际商务的企业应该在开展跨国经营活动前首先对特定的国别文化环境进行差异分析。下面是两种被广泛认可的国别文化分类方法，它们都是以不同的文化特征差异作为区分基础的。

1. 克拉克洪—斯托特贝克分析框架

克拉克洪—斯托特贝克构架（Kluckhohn-Strodtbeck framework）从六个维度比较了文化的差异，该方法通过以下 6 个具体问题来研究并区分某种特定的文化。

（1）人们是认为环境控制了人类还是人类控制了环境，或者人类是自然的一部分？

（2）人们是关注过去、现在还是自身行为对将来的影响？

（3）人们是易于控制的且不值得信任的，还是值得信任的、能够自由行动且负有责任感？

（4）人们是追求生活中的成就感、轻松的生活，还是更注重精神和思想生活？

（5）人们是相信个人还是集体应该对每个人的福利负责？

（6）人们更愿意在私下还是公共场合处理大多数事务？

◎**案例**

日本文化特征的克拉克洪—斯托特贝克分析

日本人认为应该维持人与环境之间的复杂平衡。假设某公司的产品存在不易察觉的缺陷，并且会给消费者带来伤害。在许多国家，大桩的联合起诉案会代表受害者的家人向制造商提起控告，但是这种现象在日本很少出现。在日本文化中，个人无法控制所有的情形，因此意外事故时有发生。日本的受害者会接受真诚的道歉，并希望对方承诺以后不会再出现类似情况以及给予一个小小的补偿。

日本文化更关注未来。因为日本文化强调个人与组织，包括公司之间的紧密联系，因此在日本经营业务时，与他人建立长期的关系相当重要。在商务关系中，日本公司会与顾客保持紧密、持续的接触，以保证顾客的需求得到满足。这种关系也构成了供应商了解消费者在将来想得到什么商品和服务的交流渠道。

日本文化认为人们是值得信任的。日本公司之间的商业往来是建立在互相信任的基础上的，双方一旦签订合同就很难中止，除非出现非常严重的不可控因素，这是因为人们都很害怕因为无法履行商业承诺而"丢面子"。除了商务之外，社会生活的方方面面也反映了日本人之间的相互信任。日本的犯罪率非常低，就算是晚上在大城市的街道上行走也非常安全。

日本人注重团队意识。日本的孩子通过参与对学校的维护很早就学会了集体的重要性，他们一起拖地、擦窗户、擦黑板、整理课桌椅。他们还把这种在学校养成的习惯带到工作岗位上，管理者和员工都向着公司的目标共同努力，管理者通常会在考虑下属的情况后才作出决定。采购员、工程师、设计师、工厂监管人员以及市场营销人员在生产的每一个环节上都通力合作。

日本文化强调个人与集体的相互责任。这个特点长期以来都是日本公司的优良传统。传统上，下属承诺努力工作以及保持忠诚，高层管理者则提供工作保障。但是，长达十年的经济衰退使这种传统受到了威胁。为了保持自身的国际竞争力，日本公司开始裁员并将生产转移到低工资国家，如中国与越南。随着工作保障的传统逐渐被抛到一边，现在越来越多的日本工人都在考虑为其他国家的企业工作，而其他的人则成为临时员工。尽管这个特点在商业领域正在逐渐消失，但是在日本社会的其他方面它仍然是一个显著的特点，尤其是在家庭方面。

日本文化更具公开的特征。人们经常可以发现日本公司的高层就在开放的办公室里办公，他/她的办公桌被许多其他员工的办公桌包围着。相反，西方国家的高层通常都有独立的办公室，并且位于工作地点的某个角落。这个特点也深入到日本社会的方方面面，例如，日本人比较钟爱公共浴室。

2. 霍夫斯泰德分析框架

霍夫斯泰德分析构架（Hofstede framework）源于对 IBM 全球 40 多个国家的分公司的超过 11 万名员工的研究。在这个研究结果的基础上，荷兰心理学家霍夫斯泰德创立了从四个维度来区分国别文化差异的构架研究。具体内容如下：

个人主义和集体主义。这一维度旨在显示一种文化强调个人或者集体意识的程度。个人主义文化（在这方面得分较高的）提倡努力工作并且鼓励企业的风险投资，从而鼓励创新和改革。尽管这种文化给予人们充分的自由去实现个人目标，但是他们也得对自己的行为完全负责，也就是说决策失败的责任完全由决策者本人承担。同时，高度的个人主义也会导致员工的较高的跳槽率。

相反，在集体主义国家（在这方面得分较低的）人们与集体的联系紧密，这里的集体包括家庭和工作团队。人们会朝着集体目标而努力，而不仅仅是实现个人的目标，并且个人的行为要向集体负责。相应地，集体也要为成员的福祉负责。因此，在集体主义文化中，成败都由一个工作团队共同分担，而不是由其中一个人接受全部的荣誉或责备。所有的社会、政治、经济以及法律机构都体现了集体的重要地位。

权力差距。这一维度旨在显示一种文化对社会不平等的接受程度。权力差距较大的文化中上下级之间的不平等程度较大，组织机构更加等级化，权力来源于声望、个人努力和遗产。这就是拥有较大权力的经理和高层主管能够获得特殊待遇和声望的原因。另一方面，权力差距较小的文化则更为公平，声望和奖励由上下级共同分享。这种文化体系中的权力（相对于权力差距较大的文化）来源于努力工作和创业动力，因此通常被认为更加合理。

对不确定性的规避。这一维度旨在显示一种文化对不确定性和模糊性的规避程度。具有强烈不确定性规避偏好的国家（或地区）更强调安全感，且坚定地信任社会的规范体系。因此，在这种国家（或地区）员工跳槽率较低，员工行为的规章制度较多，改革较难实施。在这一项得分较低的文化对于改革和新思想则容易接受，因此我们也就不难理解为什么这些国家（或地区）的人更有进取心，而且各种组织机构也更能接受其他国家（或地区）的良好的商业规范。原因就是人们不害怕改变，但这些国家员工的跳槽率也会比较高。

成就与关爱。最后一维度描述的是一种文化强调个人成就和物质主义，或是强调人际关系和生活质量的程度。在这一项得分较高的文化更注重个人成就和财富的积累，特别是创业的动力。而得分较低的文化则强调轻松的生活方式，人们更关心相互之间的扶持而不是累积物质财富。

6.1.4　国别文化环境差异对国际商务的启示

国际商务之所以不同于国内商务，是由于各国社会的差异。社会差异是由于其不同的文化所致，而文化差异则是因社会结构、宗教、语言、教育、经济哲学和政治哲学等方面的深刻差异所致。这些差异导致了对国际商务三方面重要的启示。首先是加强对跨文化知识的把握，这不仅需要理解有文化差异的存在，而且还要理解这些差异对国际商务活动的意义；第二个启示是文化和国家竞争优势的关系；第三个启示是考察决策中文化和伦理之间的关系。

1. 加强对跨文化知识的把握

一家公司第一次去国外经商面临的最大危险之一是被误导，因为在一种文化中行得通的事情，在另一种文化中可能就行不通。在不同的文化背景下从事商务活动需要适应当地文化的价值体系和道德准则，适应一家国际企业在外国经营的所有方面，这包括谈生意的方式、销售人员合适的工资奖励制度、组织结构、产品名称、管理层与劳动者之间关系的状况、产品促销的方式等。

为了应对受误导的风险，国际企业应该考虑在一个特定文化环境中雇用当地人协助从事商务活动。国际企业还必须保证母国经理见多识广，懂得不同的文化如何影响国际商务实践。每隔一定时期对海外经理进行调整，使他们接触不同的文化，这将有助于建立一支世界性的经理人员队伍。国际企业还必须时刻警惕种族中心主义行为的危险，种族中心主义是一种对自己民族团体或文化具有优越感的信念，与种族中心主义并存的是不屑或漠视其他国家的文化。遗憾的是，种族中心主义到处盛行，许多美国人有民族自大感，许多法国人、日本人、英国人也是如此。种族中心主义是丑陋的，但这是活生生的事实，国际企业必须对它保持持续的警惕。

2. 文化和国家竞争优势的关系

一国的价值体系和道德准则影响在该国从事商务活动的成本，在一国从事商务活动的成本影响企业在全球市场上建立竞争优势的能力，我们已经看到社会结构和宗教如何影响管理层与劳动者之间合作的态度，对工作的态度，对利息支付的态度等。可以认为，在一些对阶级敏感的社会，工人与管理层之间的冲突导致产业纠纷，从而增加从事商务活动的成本。同样，印度教苦行主义者"另一世界"的伦理不可能像新教和儒教的伦理那样有助于资本主义的发展；伊斯兰教法律禁止利息支付也可能因限制一国银行的发展而提高从事商务活动的成本。

日本提供了一个文化影响竞争优势的范例。一些学者认为与西方国家相比，日本的现代文化有利于降低商务活动的成本。日本强调的群体关系、忠诚、责任、诚实和良好的教育都提高了日本公司的竞争性。强调群体关系和忠诚能鼓励个人与公司保持一致，这种倾向助长了一种努力工作以及管理层与劳动者之间"为公司的利益"加强合作的伦理。同样，责任和诚实也有助于营造公司与供应商之间相互信任的气氛，鼓励它们在存货减少、质量控制和共同设计等方面建立长期合作关系，从而提高组织的竞争力。另外，一大批高度熟练的劳动力，特别是工程师有助于日本企业开发降低成本的创新工艺，大大提高了这些企业的生产率。所以，文化因素可以用来解释为什么许多日本企业在全球市场上享有竞争优势，20 世纪后半叶日本上升为经济强国可以部分归因于其文化的结果。但也可以认为日本文化比美国文化更少支持创业活动。从许多方面看，创业活动是一种个人心态的产物，这不是日本人的典型特征。这似乎可用来解释为什么是美国企业而不是日本企业统领某些产业，在这些产业中创业和创新受到高度重视，如计算机软件和生物工程产业。

对国际企业而言，有两个原因使得研究文化与竞争优势之间的联系显得重要。这种联系将提示在哪些国家会产生最有活力的竞争者。例如，有人认为美国企业可能要面对那些来自环太平洋国家和地区的富有进取性的、讲求成本效益的各种竞争者的持续增长，在这些国家和地区可以看到的是自由市场经济、儒家思想、群体导向的社会结构和先进教育制度的结合（如韩国、中国台湾、日本和蒸蒸日上的中国）。

另外，文化与竞争优势的联系对决定在哪些国家从事投资生产和商务活动具有重要的启示。假设一家公司必须在 A 与 B 两国中选择一个投资生产，两个国家都有低劳动成本，并易于进入世界市场，两个国家人口规模和经济发展水平大致相当。在 A 国教育制度不发达，有明显的社会阶层分层特征，并有六种主要语言群。在 B 国教育制度发达，缺少社会分层，其文化重视群体认同，并只有一种语言群。哪一国家是最佳投资场所？答案是 B 国。在 A 国，管理层与劳动者之间的冲突、不同语言群体之间的冲突会导致社会和产业的混乱，从而会增加商务的成本。也可以预料，缺少良好的教育制度与达成企业目标是背道而驰的。

尽管文化是重要的，但在解释各国不同的经济增长状况时，文化可能不如经济、政治和法律制度那样重要。文化差异固然非常重要，但我们不应过于强调其对经济的重要性。例如，我们在前面提到马克斯·韦伯的观点，即印度教所蕴涵的苦行僧原则并不鼓励创业行为。然而，近年来印度的创业活动不断增长，尤其在信息技术领域，印度已迅速成为全球计算机领域的重要角色。印度教的苦行僧原则和种姓社会等级制度并未明显地阻碍该领域的创业活动。

3. 文化与伦理之间的关系

有许多基本伦理是跨越不同文化而被普遍认同的。例如，尽管各国文化不同，但诸如勿杀戮、勿偷盗等一些基本的道德原则仍是适用于全世界的。同样，在所有的文化中，单方面的、无理由违约的行为被认为是不道德的。不管何种文化，信守合同总是促进经济活动所必要的。在西方国家，法律制度，特别是合同法已较为成熟，这有助于保证人们遵守合约。在一些缺乏同样法律传统的国家里，就会出现某些其他的制度来帮助保障人们对商业合同的遵守。例如在中国，关系网可能就充当了这类角色。一个人如果毁约的话，就将名誉扫地，并在今后再也无法利用此关系网。所以，无论是中国还是西方国家，其基本原则都是一样的——无正当理由地违反商业合约是不道德的，违约者将面临制裁（或来自法律或来自文化）。

尽管许多伦理原则是有普遍意义的，但有些则是受制于文化环境的。在这些伦理差异领域，国际企业可能遭遇十分艰难的伦理悖论。例如，关系网是与礼尚往来这类观念一脉相承的，但是，如果一家西方公司向一个政府官员赠送礼品，试图与这个将来可能对公司有用的个人建立某种关系，该公司可能会受到行贿和支持腐败的谴责。面对这种悖论，有的人反应是由于国与国之间的习惯不同，商人应该采用所在国的习惯，按照所在国认为正确的方式行事。这是一种"相对论者"或"入乡随俗"的商业伦理，它也是一种危险的错误方式。例如，这就意味着如果某个国家实行奴隶制，那么你在这个国家经商时也可以使用奴隶，这显然是十分荒谬的。同样，如一些西方企业所发现的，仅因为亚洲某些地方的血汗工厂雇用童工，并支付给他们低于贫困线的工资，人们并不可以由此而得出结论说你也可以这样做。伦理道德并不是一件外套，你可以在某个地方穿上它，然后在别的地方脱掉。当你环游世界时你的伦理道德也始终与你同行，这就是说，"当你从事国际商务活动时使用谁的伦理？"答案是："你的伦理。"

6.2　国别政治环境的差异

6.2.1　国别政治制度的差异

1. 政治制度及其政治意识形态

政治制度指一个国家政府的组织结构和管理体制及相关法律和制度，它由一个国家纵向的权力安排方式（即国家结构形式，包括立法机构、政党、政府、利益集团及其他政治机构）和各国家机关之间的关系（即政权组织形式）所组成。政治制度的主要功能是在法律的基础上保持社会的稳定，保护国家不受外来威胁，并掌管有价值的资源在社会成员之间的分配。每个国家的政治制度都是在特定的历史、文化和经济的背景下形成的，政治意识形态是各国政治制度的基本文化内核，也是各国政治制度特征差异的产生基础。我们可以将全世界的各种政治制度看成处在由以下三种政治意识形态构成的连续统一体的不同位置。

第一，无政府主义。这种观念认为应该只由个人和私人团体来控制国家的政治活动。无政府主义者认为不需要也没有必要成立公共政府，因为这会干涉个人的自由。

第二，极权主义。这种观念认为为了使整个社会井然有序，人民生活的各个方面都应由国家政府进行有效控制。极权主义者不关心公民的自由权。事实上，人民常常认为是政治制度的奴隶。家庭、宗教、企业及劳动力等都要服从于国家意志。极权主义的政治制度包括法西斯主义等这样的专制。

第三，多元主义。多元主义介于无政府主义和极权主义之间，这种观念认为私人团体和公共团体在国家政治活动中都担负着重要角色。每个团体都由来自不同民族、种族、阶级、生活方式及背景的人们组成，以平衡每个群体所获得的权利。多元化的政治制度包括民主制和君主立宪制。

2. 两种不同的政治制度

当前，全球最普遍的政治制度类型是民主型，同时还存在着少数的极权型。在管理国民经济方面，从规范和控制国有企业和国内商业到调控宏观经济，政治制度的作用无所不包。不同政治制度中存在着不同性质的各种政治要素，正是这些要素造成了在不同国家开展商务活动时的差异。

（1）民主制。民主主义制度（Democracy）是一种由广泛参与政治活动的人民或人民代表直接选举政府领导人的政治制度。现实世界中，尝试实行"纯民主制"的国家是十分稀少的。例如，瑞士的政治制度鼓励全体合法公民参与投票制度，通过这种全民公投的方式，瑞士的公民直接就许多国家问题进行投票，而瑞士全民公投制度得以有效运行的原因在于其国内人口较少且国土面积相对较小。由于种种原因，这种"纯民主"制度只能是缺乏可行性的理想政治制度。首先，有些人既没时间也不意愿参与到政治中来。其次，随着人口的增多以及距离和时间障碍的加大，每一个公民都参与政治并且起到积极作用的可能性大大降低。再次，直接投票往往会导致投票结果与公众意见相冲突，所以纯民主制国家的领导人要想建立起一个有凝聚力的政治制度非常困难。

出于现实的原因，绝大多数国家实行的都是代议民主制（Representative Democracy）——即公民选举出本团体的代表，并由他们代为表达整个团体的政治需要和观点，这些代表还要帮助国家管理人民并审议法律。如果人们对代表的表现感到满意就会投票继续让他工作，而那些无法赢得公众最低支持率的代表就要离任。代议民主制一般确立了以下四个共同的政治原则：

第一，完全的公民权和财产权。公民权利包括言论自由、结社自由和获得公正裁决的权利；财产权利是财产（房子、汽车、企业等）拥有者的权利和义务。

第二，少数民族权利。从理论上讲，民主制都致力于使具有不同的种族、文化和民族背景的人们在社会中和平共处。理想的状态是，在法律上使每一个群体享有平等的权利，无论该群体有多少成员。

第三，定期选举。每一位由选举产生的代表都有一个任期，任期结束后人民（或者选民）将决定是否让他继续当选。美国（每四年一次）和法国（每七年一次）的总统选举都是采用定期选举的方式。

第四，非政治性官僚机构。官僚机构作为政府部门的一部分，负责贯彻执行已经获得代表们通过的法律法规。实际上在非政治官僚机构中，官员们往往会按照政党而不是人民代表的观点来执行决定，这显然与民主程序的目标相矛盾。

尽管具有以上共同原则，不同国家在实行代议民主制的方式上还是存在很大不同。例如，英国实行的是议会民主制，整个国家被划分成几个地理区域，人民在各自的区域为参加竞选的政党而不是为单个候选人投票。在竞选中赢得最多立法院席位的政党获得的席位必须大于其他参选政党获得席位的总数。如果获得最多席位的政党未能获得绝对多数的优势，那么它将与另外一个或多个政党组成所谓的联合政府。在这个联合政府中，各个政党通过分担政府职责来分享权利。联合政府常常出现在意大利、以色列和荷兰。由于这些国家的政党太多，因此获得席位最多的政党通常很难获得绝对多数优势。

在不同国家，每个政党所拥有的相对权利也各不相同。在有些民主国家里，某个政党可以长期有效地控制着政治体系。例如，日本的自由民主党（实际上是保守派）曾连续执政 38 年之久（1955—1993 年）；墨西哥的革命制度党曾执政达 71 年之久，直到 2001 年保守派国家行动党员 Vicente Fox 赢得总统选举。

民主制国家主要通过制定保护个体财产权的法律来维持稳定的商务环境，在民主制下从事商业活动的主体是以营利为目的的独立所有制公司，它们的生产经营活动既受法律规范，也受法律保护。

（2）极权制。极权主义制度（Totalitarian system）是指由不以民众支持为基础的个人或团体进行统治，政治权力高度集中，政府对人民生活的许多方面都进行控制，并且领导人不允许反对意见存在的政治制度。

极权主义制度主要有三个特征：第一，强权政治。这种极权体制明显缺乏民众参与，领导人经常以军事镇压和舞弊的手段来赢得选举或维持政权，他们有时也会通过合法手段取得政权，但在任期届满后还继续留任。第二，缺乏宪法保障。极权制度拒绝将公民的宪法权利列入民主实践的框架。它们限制、滥用或者完全拒绝言论自由、定期选举、保障公民权和财产权以及少数民族权利等一系列制度，其官僚机构一般也是政治性而不是非政治性组织。第三，参与受限。政治代表一般被限制只能来自支持政府的政党，或者那些被认为不会对政府构成威胁的群体。多数情况下政治上的反对派是被完全禁止的，反对者会遭到严厉的处罚。

极权制度有两种最普遍的专制政体：神权极权主义和世俗极权主义。

神权极权主义（Theocratic totalitarianism）：当一个国家的宗教领袖同时也是该国的政治领袖时，宗教领袖极力推行以宗教信仰为基础的法律法规，这种政治制度被称为神权政体（Theocracy）。伊朗是一个典型的神权极权主义国家。自从 1979 年推翻君主统治的革命开始，伊朗就成为一个伊斯兰国家。如今，许多年轻的伊朗人都开始对那些强加于公共和私人生活方面的严厉规则产生质疑，包括一些为抵制所谓的太过"西方化"的产品和理念而制定的严厉法律。他们并不怀疑自己的宗教信仰，只是渴望有一个更开放的社会环境。

世俗极权主义（Secular totalitarianism）：指政治领导人依靠军事力量和官僚力量实行统治的政治制度。世俗极权主义主要有两种形式：种族制和右翼制。

种族制：在部落极权主义统治下，一个部落（或种族）将自己的意愿强加于其他与之分享国家地位的部落（或种族）。随着欧洲殖民力量的撤离，非洲出现了许多新的国家边界，但是这些边界的划分并没有注意到居民的种族差异。因此，不同种族的人生活在同一国家，而同一种族的人却可能生活在不同国家中。经过长期斗争，其中某个种族夺取了政治和军事权力，而不同种族之间的相互仇恨往往会引发流血冲突。部落极权在许多非洲国家的政府中仍然盛行，包括布隆迪和卢旺达等。

右翼制：在右翼极权主义统治下，政府允许生产资料私有制和市场经济，但几乎不允许政治自由，并坚持反对左翼极权主义。在 20 世纪 80 年代，阿根廷、巴西、智利和巴拉圭都成立了右翼极权主义政府。

在极权主义国家从事商业活动的利弊。从正面来看，跨国企业不必担心遭到非政府组织对企业活动的政治反对意见。但无论如何，在极权主义国家从事商业活动都是一项冒险的举措。首先，他们可能要向东道国政府官员行贿或是提供回扣，否则就会失去进入该国市场甚至投资的机会。其次这些极权主义国家有关解决合同纠纷的法规往往模糊不清或者根本就不存在，在政府部门身居要职的官员可以按照自己的意愿对法律进行解释，极权政府的独裁特性往往使外国公司很难理解该如何对当地法律进行解释并适用于他们所从事的具体商务活动。再次，在极权主义国家经营的外国公司时常会遭到世界舆论的批评，指责他们对那些因东道国的压迫政策而受害的人民缺乏同情心，并遭受对其公众形象的潜在负面影响甚至经济制裁。

6.2.2 国际商务中的政治风险

1. 政治风险及其成因

政治风险（Political risk）是指一国政府或社会发生政治变革从而对当地商务活动造成负面影响的可能性。政治风险会通过不同方式影响不同类型的公司，它可能会威胁到出口商的市场、制造商的生产设备或是公司将在东道国的利润转移到国外的能力。政治风险可能来自以下几个方面的原因：

（1）腐败或者糟糕的政治领导；

（2）政府的频繁变更；

（3）军事领导人或宗教领导人对政治的干扰；

（4）不稳定的政治制度；

（5）不同种族、宗教或民族团体之间的冲突；

（6）与其他国家恶劣的外交关系。

政治风险一般直接起因于政府政策或行为的变化，如突然改变其外资政策，通过征用外国资产迫使外国的投资部分撤回的方式影响资产所有权，或通过限制外国企业的经济活动而最终减少其经济收益，造成风险损失。因此，判断政治风险的可能性及其程度主要是分析东道国的政局稳定性、所有权限制、外资政策和资本流动限制等方面。

（1）政局稳定性。一国的政局状况是各种政治力量相互作用的结果，包括宪政体制、政党制度、政府运行状态以及对外关系等，这些因素反映政府的执政能力和政府的行为类型，从中可以判断有无使投资环境突然改变的政治力量的存在；政府有无发生突发性事件的可能；国内是否会发生罢工、民族纷争和动乱；与邻国是否存在争端；是否会卷入战争；国家所处地区的政治局势是否安定及投资地是不是恐怖袭击的目标等。分析这些因素的目的并不是要了解一个国家的政治多么稳定，而是要了解国家所发生或将发生的事件会如何影响从事国际商务活动的利益。如果一国政局不稳，对投资者就意味着未来政策无力把握，无法确定政府的行为变化方向，存在被迫放弃投资、中断经营或降低利润的可能性。

（2）所有权限制。所有权限制指东道国允许外国投资者在该国境内设立的股份公司中所掌握股份的比例，这决定投资者掌握企业经营权的可能性。若比例过小，投资者不能拥有控制权，则外商对东道国是否会干预或限制企业的经营和管理没有把握。这类风险最极端的形式便是整个投资被强制没收。

（3）外资政策。外资政策反映政府对于外资的态度，主要内容是指东道国对外资是否实行国民待遇原则，即外资是否能在生产、市场和税收方面享受与当地企业同等待遇或更优惠的待遇。政治风险是一种歧视性风险，如果外资政策不明确，投资者对东道国是否限制外资就无把握。这种不确定性对国际投资有很大威胁，有时甚至会引发投资摩擦，恶化国际关系。

（4）资本流动限制。资本流动限制是指外汇资本能否自由出入国境。国际资本进出的自由程度是考察政治风险大小的主要指标。外资流入表明投资有利可图，正常利润收入和转移资本的自由汇出可以解除投资者的后顾之忧。而实行外汇管制的国家对外国投资的资本转移均有不同程度的规定，增加了转移风险。

2. 政治风险的类型

（1）政治风险按其影响的范围不同可分为宏观政治风险和微观政治风险。

宏观政治风险（Macro Political Risk）是指会对不同行业的所有外国公司产生影响的政治风险。例如，一些阿拉伯国家曾经对那些在以色列设有分公司，或允许以色列使用自己商标的公司进行联合抵制。

微观政治风险（Micro Political Risk）是指只对某些特殊行业或特定外国公司构成威胁的政治风险。例如，韩国对来自日本、印度和西班牙的进口钢铁制品征收超过15%的惩罚性关税。

（2）依据引起政治风险的不同原因划分的五种政治风险。

①冲突和暴乱风险。一国会因人民对本国政府的不满、国界纠纷以及不同种族、民族和宗教团体之间的争端等因素导致冲突和暴乱，冲突和暴乱会对公司制造和分销产品、获取原料和设备、招募人才等方面的能力造成不利影响，甚至会对物质资产（包括办公楼、工厂和生产设备）和员工的人身安全都会构成威胁。例如，埃克森-美孚曾被迫暂停其在印度尼西亚亚齐省的液化天然气生产，原因就是当地的分裂反叛力量不断将其综合大楼作为暴力袭击的目标。

②恐怖主义和绑架活动风险。一小部分对当前政治或社会现状不满的人采用暴力手段，通过制造恐怖性的破坏和绑架来达到变革的目的。恐怖主义和绑架活动严重影响了正常的经济秩序和日常的经营活动。例如"911"恐怖主义袭击事件导致美国金融与期货市场仅五个交易日内就损失约 1.4 亿美元。哥伦比亚每年都要发生 3000 起左右绑架事件，仅在首都波哥设有销售部的外国公司每年支付的安全费用就高达 12.5 万美元。

③没收财产风险。一国政府有时会以充公、征用或国有化的方式强制性、无补偿或低补偿地没收在本国境内经营的外国公司的资产，从而导致外国公司遭受巨大损失或被迫退出东道国市场。例如，20 世纪 70 年代，智利政府曾经将其庞大的铜工业国有化，但只向跨国公司支付了远远低于市场价值的补偿价格。

④政策变更风险。政府的政策变更是多种因素共同作用的结果，包括新上任政党的不同理想、特殊利益集团的政治压力以及民众或社会的不安定因素等。一种常见的政策措施是让国内公司拥有所有权，或是限制外国公司只能拥有小部分所有权。这就是百事公司在刚进入印度时只能拥有公司 49%的所有权的原因。

⑤当地成分要求风险。即一国规定某种商品或服务的特定成分必须由国内市场的生产者供应的法律规范。这类强制跨国公司使用当地的原材料、从当地供应商获取零部件或是雇用不低于一定数量的当地员工的要求虽然可以保证跨国公司在当地的商务活动，有助于缓解当地甚至整个国家的失业问题，还能够使政府在不采取征用和充公等极端措施的情况下实现对跨国公司的一定程度的控制。但是，也会因迫使跨国公司雇用没有接受过适当培训的劳动力或雇用过多的劳动力或使用当地原材料或零部件而增加生产成本或是降低产品质量。

6.2.3 政治风险的管理

如果能够有效预测公司国外经营活动潜在的政治变革风险，跨国公司就可以从中获利。随着国际商务活动在一些政治风险高的地区越来越频繁，放弃投资已经不是明智之举。如果风险水平不高且当地市场有足够的吸引力的话，跨国公司可以通过信息收集、适应性改变和影响当地政治来控制威胁其经营活动和长期利润的政治风险。

1. 信息收集

收集信息是跨国公司预测和管理政治风险的前提，公司通常利用以下两个信息来源来预测政治风险。

（1）调查了解相关信息的在职员工。员工在一个国家工作的时间较长，对当地的文化和政治相当了解，他们往往是获取信息的最好来源。同样，那些曾经从事过国际商务活动的人，可能在以前的工作中接触过当地政治人物或其他官员，因此他们也是很好的信息来源。但是由于政治力量经常会出现快速的变更，因此保证员工国际经验的时效性非常重要。

（2）咨询研究政治风险的专业服务机构。这类机构包括银行、政策咨询部门、新闻出版机构和风险评估部门，他们采用不同的标准和方法来评估风险，提供政治风险报告，详细地分析各国的政治制度和风险现状等各方面信息。鉴于此类信息服务的费用比较高昂，部分小公司和企业家认为来自政府的信息更好，因为各国政府情报机构都会为本国企业的海外经营活动提供既有价值又便宜的信息。

2. 适应性改变

做出适应性改变就是将公司战略与政治风险结合起来。公司可以通过发行当地股票和债券、当地化、发展援助、合法经营和保险五种战略来规避政治风险。

（1）发行当地股票和债券。发行当地股票和债券涉及当地公司、贸易联盟、金融机构和政府等为公司在东道国的经营活动融资的组织。作为公司在当地开展商务活动的合伙人，这些组织可以帮助公司的经营活动免受政治力量的干扰。如果这些合伙人拥有公司当地经营的股份或向公司提供贷款，他们就可以分享利润或收取利息。这样，跨国公司面临的风险就会降低，因为当地合伙人可以从公司的成功经营中获利，也因为公司减少了面临风险的自有资产。

（2）当地化。当地化要求公司对其生产要素、产品组合、经营方式甚至公司名称做出调整，以适应当地的偏好和方式。MTV 在全世界获得的成功正是得益于这一战略。通过使 MTV 节目中的部分内容更贴近当地人的口味，公司成功地将其形象当地化；同样因为 MTV 对当地社会文化和政治问题的准确把握，才使其在社会动荡时期避免成为民族主义者泄愤的对象。

（3）发展援助。向当地提供发展援助既能使跨国公司帮助东道国或所在地区建立分销和沟通渠道，还能改善当地人民的生活质量。由于公司和国家成为合作伙伴，双方都能从中获利。例如，英荷壳牌公司曾实施了一项旨在推动肯尼亚 100 个村镇（12 万人口）经济发展的十年规划，其目标是使 60% 最贫困家庭的收入翻一番，同时将平均粮食保障从 3 个月增加到 9 个月，这是该公司在全世界许多发展中国家成功开展经营活动的一个新案例。

（4）合作经营。作为一种越来越流行的风险管理方法，合作经营可以是公司进行扩张计划的有效杠杆。合作经营可以是正式或非正式的安排，一般包括合资、战略联盟和交叉持股。通过与当地公司或其他跨国企业的合作，公司可以分散所面临的风险，这一避险方式在发展中国家尤为重要。

（5）保险。当公司进入存在潜在政治风险的国家从事商务活动时往往会以购买保险的方式来应对风险的潜在影响。例如，海外私人投资公司（Over-seas Private Investment Corporation, OPIC）就专门为美国的跨国公司提供保险，并且向他们提供项目融资。如果当地政府限制东道国货币与母国货币的兑换，海外私人投资公司还会提供一些对策来保护公司的利益。其他保险范围还包括因暴力事件造成的损失，例如战争和恐怖活动等。

3. 影响当地政治

管理者必须应对适用于不同国家商业环境的各种法律法规。在许多国家，法律会经常出现变化，新法规不断出台。通过积极影响当地的政治活动，管理者也可以主动应对预期的变化。要影响当地的政治活动，经常要涉及与当地的政治家和立法者打交道，其方法不外乎是直接影响——馈赠或间接影响——游说。

（1）馈赠。商业馈赠是进行商务沟通和影响决策的一种普遍方法，在有些国家，商务馈赠已经是根深蒂固的社会风气，它通常是获得合同、进入市场以及得到商业庇护的有效途径。礼节性的商务馈赠为一般人们所理解，而贿赂性的商务馈赠却为有关法律和社会道德所禁止。然而，不同文化的国家对两者的法律和道德规范是有差异的。20世纪70年代初，美国的洛克希德公司（Lockheed Corp.）总裁曾通过贿赂日本官员获得一项重大的销售合同。后来这次事件被公众揭发，结果导致了1977年美国《反海外腐败法》的出台。该法禁止美国公司在其他国家行贿政府官员和政治候选人（除非遭遇人身危险）；贿赂包括"任何有价值的东西"：如钱、礼物等，并且这些东西不能送给任何在位的"国外政府官员"以使其做出可能对行贿者有利的"自由裁量的决策"；该法还要求跨国公司保留能够反映其国际活动和资产状况的会计记录。但在德国，用于贿赂的支出甚至可以具有税收减免的资格。

（2）游说。游说是指专门雇人来表达本公司对政治事件的观点的策略。说客们会去接触当地官员并试图影响他们在与本公司相关的事件上的观点，游说者的最终目标是使对本公司有利的法案获得通过，而不利的法案则被驳回。当然，他们还会尽量使当地官员相信本公司的经营活动可以带动当地经济的发展，改善自然环境、基础设施以及劳动力状况。

6.3　国别经济环境的差异

6.3.1　国别经济体制的差异

每种政治体制往往都和一种特定的经济体制联系在一起。总体来说，极权主义和指令经济体制密切相连，民主主义与市场经济体制密切相连，介于极权主义和民主主义之间的是具有社会主义元素、注重国家干预的混合经济体制。除此以外，20世纪80年代以来，前苏联和东欧社会主义集团中的30多个国家开始了由中央计划经济体制向市场经济体制的转轨。在这一范围广泛的经济体制变革浪潮中，也包括一些亚洲国家和非洲国家，例如：中国、越南、安哥拉、埃塞俄比亚和莫桑比克等。

1. 指令经济体制

也被称作中央计划经济。在指令经济体制下，国家负责制定全部决策，决定国家生产何种商品和服务、生产数量、销售价格以及分配方式。国家占有全部生产资料、土地和资金。政府将资源分配给政府希望扶持的产业。以中央计划者为中心的巨大官僚机构管理国家事务。尽管指令经济在 20 世纪还很普遍，事实证明这种经济形态缺乏效率，现在已经渐渐消失了。例如，前苏联物资非常短缺，人们往往排队几小时来购买糖和面包之类的物品。

2. 市场经济体制

对生产、消费、投资和储蓄的决策是市场供求力量相互作用的结果，经济决策由个人或企业作出，政府对市场的干预是有限的。市场经济以生产资料私有制为主体，市场参与者往往表现出市场导向的意识形态，具有企业家精神。国家的作用是建立法律体制来保护私有财产和合同协定以确保个人和公司能够进行公平有效的经济活动。

3. 混合经济体制

混合经济体制兼具有市场经济和计划经济两者的特征。它将国家干预和市场机制结合起来进行生产和分配，生产资料所有制形式多样，大多数企业由私人占有，企业家自主经营。在市场机制发挥基础性作用的同时，政府也控制着某些经济领域，例如养老金规定、劳动法规、最低工资水平和环境监控；国家通常资助公共教育、医疗保健及其他重要服务；国有企业通常占据着关键产业部门，如交通、通信和能源。

20 世纪，混合经济体制的数量大幅度增加，同时政府在经济事务中的参与程度也不断提升。例如，美国政府的各项支出从 20 世纪 30 年代占国内生产总值的 3%增长到 80 年代占国内生产总值的大约 20%。同期在大多数其他发达经济体，政府支出占国内生产总值的平均比例由 8%增长到 40%以上。欧洲、日本和北美的政府对私营企业实施了许多新规定，这些规定包括工作场所的安全保障、最低工资水平、养老金和环境保护等。

4. 经济体制转型

向市场经济体制转变的基本内容包括放松管制、私有化和创建市场经济的法律体系。

（1）放松管制。放松管制包括撤销对市场自由运作的法定限制，确立私有企业和私有企业经营方式。例如，大多数指令经济的政府对价格和产量严格实行控制，并通过国家具体计划来实施，它们也禁止私有企业从事大部分经济活动，严格限制外国企业的直接投资，限制国际贸易。在这些情况下的放松管制包括取消价格控制，让价格由市场供求来决定，废除禁止建立私有企业及其自主经营的法规，放松或取消对外国企业直接投资和国际贸易的限制。

（2）私有化。与放松管制并行的是不断增强的私有化运动。私有化是将国有财产转变为私人所有，经常是通过拍卖出售国有资产的方式进行的。私有化被看成一种解放生产力、提高经济效率的途径，它通过向新的私有企业主提供强有力刺激来寻求提高生产力，进入新市场，退出亏损的市场。

私有化运动开始于20世纪80年代初英国撒切尔首相时期，政府出售国有资产，如英国电话公司BT。这种出售是和英国电信业的放松管制相联系的，允许其他企业与BT公司竞争。当前，私有化已成为一种世界范围的运动。例如，非洲的莫桑比克和赞比亚正在推行雄心勃勃的私有化计划，赞比亚已将145个国有企业出售，莫桑比克也已售出许多国有企业，从茶叶种植场到巧克力厂。规模最大的私有化发生在前苏联和东欧各国。在捷克，1989—1996年间有3/4的国有企业被私有化，私人部门占GDP的比重从1989年的11%上升到1995年的60%；在俄罗斯，1989年前私人部门几乎完全受到限制，而到了1995年，私人部门的GDP比重达到50%；在波兰，私人部门占GDP的比重由1989年的20%上升到1995年的50%以上。

（3）建立市场经济法律体系。健全的法律体系是市场经济有效运行的保障机制，没有法律体系保护私有财产权，没有一个机制保障合同的履行，从事经济活动的私人和公共部门就可能会不断地减少，甚至产生有组织的犯罪，这些都会侵蚀私营经济部门所产生的利润。正如前面的案例所述，苏联解体后，俄罗斯没有建立起完善的保护私人财产权的法律体系，而且执法不力，致使其市场经济发展迟缓，混乱的市场机制和猖獗的腐败也严重地阻碍了外国投资的进入和国际贸易的发展。

6.3.2　国别经济发展水平的差异

1. 经济发展水平的衡量指标

不同国家的经济发展水平有很大的差异，衡量经济发展水平的一个共同尺度是人均国民收入（GNI）。GNI被视为衡量一国经济活动的标准，既可衡量该国居民总的年收入，也在一定程度上反映了该国的市场需求规模和结构。从表6-1中可以看出，美国、日本、德国、荷兰等国位于最富裕的国家之列，而印度、尼日利亚和中国则处于低收入水平的国家。2008年，印度的人均GNI仅为美国的2.4%。

然而，人均GNI值并不能准确地反映各国人民的实际生活水平，因为该值没有考虑生活费用的差异。例如，虽然2008年荷兰的人均GNI达到50150美元，超过了美国的47580美元；但以购买力平价（PPP）计算的人均GNI，荷兰以41670国际元低于美国的46970国际元，这表明较高的生活费用使荷兰公民实际比美国公民获得更少的商品和服务。利用参照PPP的人均GNI指标，我们可以对不同国家的生活水平进行较为直接的比较，表6-1中的数据也表明不同国家的生活标准显著不同。照此推算，有人可能认为，尽管印度有将近10亿人口，但对于许多西方国际企业生产的消费品来说，印度可能并不是一个很赚钱的市场。但是，这一结论并不一定正确，因为印度虽有大量穷人，但也有一批相当有钱的中产阶级。

　　遗憾的是，GNI 和 PPP 数据只是一个静态的描述。例如，数据表明中国比美国穷得多，但没有显示这一差距的变化。要评估这一点，我们必须考察不同国家取得的经济增长率。根据美国商务部和中国国家统计局的统计数据，在 1980—2007 年的 28 年间，美国实际 GDP 增长率约为 3%，明显低于中国 15.8% 的实际 GDP 增长率。因此，虽然像中国和印度这样的国家相对较穷，但它们的经济增长却比许多发达国家快得多，总有一天它们会成为发达国家，并成为国际企业产品的巨大市场。了解这种潜在市场，国际企业现在就开始在这些市场建立立足点，这不失为一种明智之举，虽然当前这些市场带给国际企业的收益可能很少，但是未来的贡献却可能很大。

表 6-1　　　　　　　　　　　　2008 年部分国家人均国民收入

国家	人均 GNI（美元）	人均 GNI（PPP，国际元）	GDP 增长率
巴西	7350	10070	5.1
中国	2940	6020	9.0
德国	42440	35940	1.3
印度	1070	2960	7.4
日本	38210	35220	-0.7
尼日利亚	1160	1940	6.0
波兰	11880	17310	4.9
俄罗斯	9620	15630	5.6
荷兰	50150	41670	2.0
美国	47580	46970	0.4

　　资料来源：World Bank. World Development Indicators. http：//econ. worldbank. org, 2010.

2. 不同经济发展水平国家的分类

　　通常把国家划分为发达国家、新兴工业化国家或发展中国家。这种划分方法主要是基于一些国家指标，如人均 GDP、农业在经济中所占的比重、工业品出口总量和整体经济结构等。

　　（1）发达国家。我们通常将经济和科技发达、劳动生产率和工业化水平高、法律制度和社会保障相对较为完善的国家称为发达国家。发达国家不仅人民生活水平和教育水平高，而且社会稳定、市场发达。这类国家包括美国、加拿大、日本、澳大利亚、新西兰以及所有西欧国家和希腊。

　　（2）新兴工业化国家或地区。近些年来国内产出增速快和工业品出口比重不断增加的国家或地区被称为新兴工业化国家或地区。新兴工业化国家基本上分布在亚洲和拉丁美洲。大多数对新兴工业化国家和地区的统计列表都包括"亚洲四小龙"（中国香港、韩国、新加坡和中国台湾)、巴西、中国(大陆)、印度、马来西亚、墨西哥、南非和泰国。根据赋予分类标准的权重不同,许多别的国家也被归为这一类,包括阿根廷、文莱、智利、捷克共和国、匈牙利、印度尼西亚、菲律宾、波兰、俄罗斯、斯洛伐克和土耳其。

(3)发展中国家。发展中国家是指那些基础设施最为薄弱、人均收入水平最低的国家(也被称为欠发达国家)。这些国家通常严重依赖一个或者少数几个部门的生产,例如农业、采矿业、原油开采业等,其经济结构呈现出高度的二元性特征,即市场经济与自然经济、先进技术部门与传统技术部门并存的经济结构;它们可能有成为新兴工业化国家的潜力,但是极度缺乏必要的技术和资源。多数情况下,发展中国家的分类都包括非洲的大部分国家、中东以及东欧和亚洲最穷的前社会主义国家或地区。

6.4 国别法律环境的差异

一国的法律制度是指国内的一系列法律法规,包括法律的制定和执行过程以及法院做出判决的方式。像一国的经济制度一样,一国的法律制度也受占统治地位的政治体制的影响。国家构建法律框架并定义法律条文,企业在此法律制度下从事商务活动。管理商务活动的法律通常反映出统治者的政治意识。例如,具有集体主义倾向的集权国家趋向于制定严格限制私有制企业的法律;而在民主国家,因个人主义占支配地位的政治哲学,其政府制定的法律趋向于鼓励私有企业和保护消费者。了解不同国家的法律制度对国际商务极其重要,各国法律制度在制约商务实践、定义商务交易方式、确定商务交易中有关各方权利和义务等方面的巨大差异,会在相当程度上影响一国作为国际市场和投资场所的吸引力。

6.4.1 国别法律制度的类型

世界各国所采用的法律主要有三种法律体系(或法律传统):普通法、大陆法和宗教法。

1. 普通法(习惯法)

普通法体系在英国实施已有几百年的历史了,目前依然采用此法系的大多为英国及其前殖民地国家,包括美国。普通法体系以传统、先例和惯例为基础。传统是指一个国家的法律历史,先例是指法院以前所判过的案例,而惯例则是指具体应用法律的方式。法庭在解释普通法时,会依据这些特征行事,这给普通法体系带来了某种程度的灵活性,这也是其他法律体系所没有的。在普通法体系下,法官有权解释法律,所以它只适用于单一案例的特定情景。这样,每个新的解释便确立了一个先例,而以后发生类似案例将参照此先例。随着新的判例的产生,法规可能发生变化,变得更为清晰或完善,以应对新的情况。

2. 罗马法（大陆法）

大陆法体系是以一套十分详尽的法律条文所组成的法典为基础的。法庭在解释大陆法时，所依据的就是这些法律条文。包括德国、法国、日本和俄罗斯等 80 多个国家实行大陆法。相对于普通法体系而言，大陆法较少对抗性，因为法官主要依据详尽的条文，而不是传统、先例和惯例。换言之，较之普通法，大陆法体系的灵活性相对有限。在普通法体系中，法官有解释法律的权力，而在大陆法体系中，法官只有应用法律的权力。

普通法体系和大陆法体系的差异可以在合同法中找到充分的例证（见表 6-2）。由于普通法相对趋向于不太具体的条文，故在普通法框架下起草合同往往对所有偶然事件都要有非常详细的说明。而在大陆法体系下，合同趋向于简短和笼统的描述，因为在普通法合同中涉及的许多问题在大陆法法典中都有明文规定。可以设想，在实施普通法体系的国家起草一份合同较为昂贵，而在实施大陆法体系的国家处理合同纠纷可能有很多争议。另一方面，普通法体系具有较大的灵活性，允许法官根据具体情况来处理合同纠纷。从事国际商务必须充分认识这些差异，因为在一个实施大陆法体系的国家中，如果按普通法准则来处理合同纠纷就会犯错，反之亦然。

表 6-2　　　　　　　　　　　　　　　普通法和大陆法之间的差别

法律事件	大陆法	普通法
知识产权	通过注册确定	根据最先使用确定
执行协议	商业协议只有在公证或注册之后才能生效	只需证明协议存在，合同即生效
合同条文	合同简短，因为许多潜在问题已在法典中涉及	合同详细，需列出各种可能发生的意外事件
合同履行	如果发生不可预见的人类行为，可以不履行合同义务	不可抗力是不履行合同义务的唯一理由

资料来源：塔默·卡瓦斯基尔. 国际商务. 中国人民大学出版社，2009：130.

3. 宗教法

宗教法（或神权法）体系是以宗教教义为基础的一种法律制度。伊斯兰法是现代世界使用最为广泛的宗教法律制度。伊斯兰法是以伊斯兰经——《古兰经》、伊斯兰教规、伊斯兰教教祖穆罕默德的言论以及伊斯兰学者根据《古兰经》和伊斯兰教教规的原则精神所撰写的论著为基础形成的。由于《古兰经》和伊斯兰教教规是神的旨意，所以伊斯兰法的基本精神是不能变更的。但是在现实中，伊斯兰法官和学者也经常争论伊斯兰法律如何在现代世界应用的问题。事实上，多数穆斯林国家现在实行双重法律体制，宗教法庭和非宗教法庭同时并存，即所采用的法律制度是伊斯兰法和普通法或大陆法的混合体。例如，在拥有大量穆斯林人口的国家，如印度尼西亚、孟加拉和巴基斯坦，现在也实施非宗教法律；土耳其的宪法具有浓厚的非宗教色彩；沙特阿拉伯和伊朗非常特殊，宗教法庭管辖审判的各个方面。

伊斯兰法主要侧重于道德伦理，而不是一个商业法规，它倾向于全方位地管理生活。尽管伊斯兰法律主要关注伦理行为，但也沿用至某些商业活动。例如，利息的支付和收受。按《古兰经》的教义，利息是高利贷，是非法的。对于虔诚的穆斯林来讲，接受支付的利息是一宗不可饶恕的罪孽，给的人和拿的人都要受到诅咒。例如20世纪90年代，巴基斯坦联邦法院宣布利息是反伊斯兰教的，因此是非法的，要求政府必须照此修改所有的金融法规。1999年，巴基斯坦最高法院规定，该国从2001年7月1日起实施伊斯兰银行法。至2002年，全世界约有150家伊斯兰银行，它们管理2000亿美元以上的资产①。除巴基斯坦外，在海湾国家、埃及和马来西亚等都有伊斯兰银行。

6.4.2 国际商务中的法律和伦理问题

除了国别法律制度存在差异外，从事国际商务活动的企业还将面临诸如知识产权保护、反垄断、产品安全和社会责任等具体的法律问题以及有关人权、环保和腐败等社会伦理问题。随着全球化的发展，这些法律和伦理问题日益成为全球经济活动中备受关注的焦点，需要引起跨国经营企业的高度重视。

1. 国际商务中的法律问题

（1）知识产权保护。知识产权属于财产权，是公民或法人等主体依据法律的规定，对其从事智力创作或创新活动所产生的知识产品所享有的专有权利，主要包括由专利、商标、工业品外观设计组成的工业产权和由文学、音乐、戏剧、绘画、雕塑、摄影、电影以及软件等方面的作品组成的版权（著作权）两部分。制定知识产权保护法律的目的在于鼓励创新和创意活动。"知识经济"时代的到来，知识产权越来越成为企业创造经济价值的重要来源。但随着信息技术的进步，保护知识产权也变得越来越复杂，尤其是当它能以数字方式被复制，然后通过盗版光盘或因特网分销出去时更是如此。

保护知识产权需要各国的共同努力，这也成为了国际司法合作的重要领域，目前已形成了包括《保护工业产权巴黎公约》、《保护文学艺术作品伯尔尼公约》、《世界版权公约》、《专利合作条约》、《商标国际注册马德里协定》、《国际植物新品种保护公约》等在内的约80多个国际知识产权保护公约。但是，由于各国对知识产权的保护有很大的差异，加之知识产权具有地域性特征（只在被确认和保护的地域内有效），因此，尽管许多国家对知识产权保护有明文规定，然而这些规定在执行中经常是马马虎虎，执法不力导致了对知识产权的侵犯。商标和版权是侵权行为最为猖獗的领域。据国际唱片业联合会估计，2001年在全球生产和销售的光盘和录音带中有40%是非法的，每年因盗版所导致的损失高达43亿美元；据商业软件联盟估计，2002年全球的应用软件中39%

① 查尔斯·W. L. 希尔. 国际商务. 周健临等译. 中国人民大学出版社，2005：51.

是盗版的，由于侵权使电脑软件公司遭受的损失在 2002 年达 130 亿美元。①

国际企业对这种侵权可能有许多不同的反应。企业可以游说其政府签署国际协议，以保证知识产权受到保护，并强制实施法律。这种行动的结果之一是国际法规在一定程度上被加强了。1994 年签署的世界贸易协定第一次将《服务贸易总协定》（GATS）的适用范围扩大到知识产权，并制定和签署了《与贸易有关的知识产权保护协议》（TRIPS），作为世界贸易组织建立的一个理事会，从 1995 年起严格执行有关知识产权规定。除了游说政府外，企业还可能为保护自身利益而诉诸法律手段。企业也可以避开那些不严格执行知识产权法的国家，而不是冒险进入，以致它们的设想被当地企业"偷"走。同时，企业也要警惕，以免那些在不严格执行知识产权法的国家生产的盗版产品流回本国市场或流向第三国市场。

（2）产品安全法和产品责任。产品安全法是指对某一产品必须建立一定的安全标准，产品责任是指当一个产品引起伤害、死亡或损害时，该生产企业和主管人员应负责。如果一个产品与应有的安全标准不一致，产品责任可能相当大。有民事和刑事两种产品责任法，民事法要求支付赔偿金，刑事法导致罚金或监禁。

世界各国的产品安全和责任立法差异很大。美国是产品安全和责任立法适用范围最广泛和实施最严格的国家，只要是由于产品缺陷引起人身伤害或财产损失，厂商就有责任承担赔偿。这里的"产品缺陷"不论是不是由于厂商的疏忽所造成的，也不管是不是当时的科技水平所无法预见或无法避免的；而承担责任的厂商可以是产品的生产者，也可以是其流通环节中的进口商、批发商或零售商。欧洲联盟虽然在 1985 年通过了统一的产品责任法，但法国、西班牙和爱尔兰至今仍未执行；同时，欧盟产品责任法的规定比美国宽松，只要求厂商负责根据目前科技水平可以预见的问题；德国、希腊、葡萄牙和西班牙对产品责任的赔偿金限定了最高限额，并同时规定了消费者本人的责任。在加拿大，产品责任法至今仍是建立在"厂商疏忽"的原则上；在日本，产品过失的经济赔偿极为有限；在发展中国家，产品安全和责任立法更为薄弱，甚至缺失。这种差异甚大的法律环境，对企业的产品设计、营销战略的制定都有直接的影响。

除了竞争问题以外，产品安全和责任法的国家差异也给企业在海外从事商务活动带来了一个重要的伦理问题。当产品安全法在企业母国比在外国更严格，或外国产品责任法相对宽松时，企业在外国从事商务活动应该依照当地更宽松的标准还是较严格的母国标准呢？从道义上讲，毫无疑问应该依照母国标准，但事实上，大家都清楚企业一直按照宽松的安全和责任法从事商务活动，而这种做法在国内是不允许的。

（3）反垄断法。反垄断（或反托拉斯）法是用以防止公司固定价格、瓜分市场、获得不公正垄断优势的法律。这类法律的基本原则有两条：一是禁止企业在市场上相互勾结操纵价格，二是以其他方式限制市场竞争和禁止在市场上占垄断地位的企业滥用市场权利。制定和实施反垄断法的目的主要是维护市场的公平竞争秩序，并以公平价格为消费者提供种类尽可能多的产品。

---

① 查尔斯·W.L. 希尔. 国际商务. 周健临等译. 中国人民大学出版社，2005：56.

各主要工业化国家在反垄断方面的法律规定相对接近，但在具体执行上仍差距甚大。美国有世界上最严格的反垄断法，执行力度也最大。美国的反托拉斯法采用两种准则：一是"本质违法"，二是"合理判断"。目前，只要厂商之间有相互勾结操纵价格、或在竞争者之间瓜分市场的行为，而不论动机和效果如何，都被认为是"本质违法"；而限制竞争的其他行为则要看其动机和效果是否合理。例如，在技术转让中，为保护商业秘密和保证特许经营的产品和服务质量，而在经营范围、质量和价格等方面所作出的限制，这被认为是合理的。从近20年美国反托拉斯法的实践来看，美国对反托拉斯法的解释和执行有逐步放宽的趋势。

欧盟的反垄断法较美国相对宽松，主要是欧共体建立初期，各成员国之间的市场壁垒较高，有关法律鼓励企业间的跨国合作，以促进经济一体化的发展，因而对企业之间的合作和兼并限制较少。欧盟反垄断法无"本质违法"的规定，仅使用"合理判断"原则，甚至允许能够提高经济效益的限制竞争行为。日本由于传统的株式会社组织方式，其反垄断行为的立法和执法都与欧美大相径庭。根据日本的企业制度和实践，很多卡特尔组织是合法的，甚至是政府组织起来的，以限制过度竞争，并协助企业共同处理行业生产能力过剩时的转产和限产。日本的反垄断法律由公平贸易委员会执行，但执法力度相对较弱。如果发现企业有垄断行为，公平贸易委员会一般是发出"警告"，有时也处以罚款，但罚款数额比销售额少得多。

从反垄断法的司法实践看，美国有两点区别于其他国家。第一，美国的反托拉斯诉讼案件约90%都是由企业提起的，由司法部和联邦贸易委员会提起的案件只占很小部分。原因是，美国反托拉斯法规定，败诉方不承担胜诉方的诉讼费用。如果胜诉，可能得到的赔偿数额极大。这导致起诉企业有恃无恐，被诉企业因潜在风险太大而倾向庭外和解。欧洲体制则更多地采取事先预防机制，企业可以就企业间的合作事宜事先通报欧盟，申请反垄断法的豁免；如果得到批准，就可以避免美国体制下的那种"事先吃不准，事后吃官司"的两难局面。第二，美国的反托拉斯法倾向对境外扩大管辖权。欧盟则不愿如此，为了防止美国法庭向境外扩大管辖权，加拿大、澳大利亚、法国和英国在20世纪80年代初，都通过了相应的贸易保护法律，禁止本国的企业向美国法庭提供反托拉斯审查所需的文件和资料。

反垄断法的国别差异会导致不同国家的竞争对手处于不平等的地位，甚至会引起国家间的对抗。在全球性反垄断执法机构尚未成立之前，从事国际商务的企业必须特别关注其业务量众多的那些国家的反垄断法。事实上，如果两家外国公司在东道国的经营状况非常好的话，东道国或地区可能会阻止这两家公司进行合并或收购。美国的通用电气公司与霍尼韦尔公司之间430亿美元的合并计划最终宣告失败，正是由于这个原因。通用电气希望将其飞机引擎的生产并入霍尼韦尔专门为航空工业生产先进电子产品的部门。虽然两家公司的总部都在美国，但是它们在欧盟的分公司共雇用了约10万欧洲员工。这项计划合并案破产的前一年，光是通用电气在欧洲的收入就高达250亿美元。正因为如此，欧盟阻止了这项合并，因为它们担心此举会给消费者，特别是对航空业带来更高的价格。①

2. 国际商务中的伦理问题

每个国家都有一套法律体系来确立个人和企业行为的法律界限。然而，却没有一套法律可以完善到对每一种个人和公司行为的可能结果做出预测并加以规定。于是，一些跨国公司及其管理者便利用各国法律之间的差异来牟利。例如，一家公司可能会在国外市场出售一些在本国不允许销售的商品，或是在一些反污染法规相对较宽松的国家经营。因此，对于国际商务人士来说，法律差异很可能转化为伦理问题。当一家公司进入国际商务领域时，其管理者就必须要面对各种不同的文化。管理者需要遵守各种不同的伦理和社会责任行为准则，这既可能给他们带来巨大的商机，也可能使他们陷入潜在的陷阱。

（1）商业道德行为。商业道德行为是指符合良好的行为或伦理标准规范的个人商业行为。伦理道德问题不同于法律问题，当一项制约管理者行为的法律出台之后，遵守法律规定是唯一正确的选择。但是伦理道德问题不存在绝对的对错之分，它具有两面性，究竟哪一面是正确的取决于人们怎么看待它。

管理者在决定是要遵守当地的管理惯例还是延续母国的管理方式时，其经营活动会遇到伦理问题。一种观点认为，公司在任何国家经营时都应该维持母国的经营方式和策略。而另一种观点则赞成那句古老的谚语"入乡随俗"。然而，这个古老的哲学理念经常使发达国家的公司在发展中国家经营时遇到麻烦。人权和劳工组织公布了这样一个案例，它们调查了对耐克公司的一家越南供应商虐待员工的指控。据报道称，该厂的 56 名女工中曾有 12 人因没有穿规定的鞋子而被监工惩罚绕工厂跑圈，结果导致这 12 人虚脱。耐克公司在证实了这篇报道之后解雇了这名监工，并且采取措施使当地工厂遵守母国的伦理规范，尽管在越南并未遭致同样的起诉。

（2）社会责任。除了管理者的个人行为要符合道德要求之外，公司经营也需要表现出社会责任感，即公司除尽法律义务外应主动平衡投资者、消费者、其他公司和社会团体之间的利益。近年来，各国政府、工会组织、消费者群体和人权机构都在整合资源以达成共同目标，目标之一就是让那些发达国家的公司在其国际生产活动中实施行为规范和自我监督原则。其他有关方面还包括鼓励发达国家公司与发展中国家进行贸易的措施（政府问题），本国工厂重新到海外选址（劳工问题），以及海外承包商对待当地员工的方式（人权问题）等。

有时候，即使在没有政府干预的情况下公司也会自发地对其商业政策做出修改。大部分商界领袖都认为公司的未来成就要靠全世界良好的劳工关系和商业环境来创造。在这方面，李维·施特劳斯成为了开拓者，该公司采用一系列实践准则来控制承包商工厂的工作环境并评估一国市场作为潜在经营地点的潜力。一名国际管理人员负责监控李

---
① 约翰·J. 怀尔德，肯尼思·L. 怀尔德. 国际商务. 陈焰译. 北京大学出版社，2009：109-110.

141

维·施特劳斯海外承包商的工作环境。该公司只与符合其所谓的"约定条款"的公司合作，其中包括合作者必须达到的道德标准、法律要求、环境要求、雇佣标准以及相关机构的要求。

星巴克咖啡也是一家致力于以富有社会责任感的方式进行经营的公司，该公司正努力帮助生产咖啡的贫穷居民走出困境。星巴克通过开办学校、兴办医疗诊所和提供咖啡加工设备等方式来帮助咖啡种植园区的家庭改善生活水平；同时，公司还出售所谓的"公平贸易咖啡"。公平贸易产品是由公司和供应商以一种更公平、更有意义、更具可持续性的方式合作生产出来的。对于星巴克来说，咖啡上标有公平贸易的图标表明它已经通过美国公平贸易组织的认证。从某种程序上来讲，星巴克和美国公平贸易组织合作主要为了使咖啡种植者得到合理的回报，以保证咖啡种植业以环保和和谐的方式发展。

6.5　国别环境差异对国际商务的影响

一个国家作为市场或投资场所的综合吸引力取决于在该国长期从事商务活动的收益与成本和风险之间的差额，而国别环境之间的差异则是决定这一差额的基础性因素。

6.5.1　收益的国别差异

一般而言，在一个国家长期从事商务活动的货币收益是由该国市场的现实规模和潜在规模（即该国消费者的现有购买力和未来购买力）决定的。一些市场用消费者人数来衡量是非常大的市场（如中国和印度），但较低的生活水平可能意味着其现实购买力有限，所以用经济收益来衡量这些市场就是相对小的市场。但国际企业同时也要能够预测一个国家市场的未来可能发展前景。例如，1960年韩国被看成一个贫穷的不发达的国家，但到2000年，用GDP度量，韩国成了世界第12经济大国，1960年就认识到韩国的潜力并开始在该国从事商务活动的国际企业可能已获取了巨大的收益。

一个国家的经济制度和产权制度是合理预测经济前景的良好指标。通常，产权受到很好保护的自由市场经济国家比产权保护差的国家或指令经济的国家更易取得较高的经济增长率。综合考虑一个国家的经济制度、产权制度以及市场大小，可以构成一个合理的指标体系，以判断在一个国家从事商务活动的潜在长期利益。

通过较早识别和投资于一个有潜力的未来经济后起之秀，国际企业可以在该国商务实践中建立品牌信誉和商务优势，如果该国取得持续高速的经济增长率，则上述做法会收到丰厚的回报。相反，迟来的企业可能会发现，由于缺乏品牌信誉和必要的经验而难以在该市场上取得优势。用商务战略的语言来讲，早日进入有潜力的后起之秀国家，企业可能获得实质性的先发优势，而迟到的企业可能陷入后发劣势。

6.5.2　成本的国别差异

许多政治、经济、法律和文化因素决定了国际企业在一个国家从事商务活动的成本。关于政治因素，是指在一个国家从事商务活动的成本可能因需要收买政治势力以便取得政府对商务活动的许可而增加。在封闭的极权国家，需要支付的贿赂可能远大于在开放的民主国家需要支付给政治家选举的资助。一个国际企业是否应该通过贿赂来进入市场要根据法律和伦理上的判断来决定。

在法律因素方面，在一个对产品安全、工作场所安全、环境污染等方面制定了严格法规标准的国家从事商务活动可能需要更高的成本，因为遵守这些法规是要花费成本的。在美国这样的国家从事商务活动可能要支付很高的成本，因为在这些国家的伤害赔偿费不封顶，这意味着责任保险费率的不断上升。然而，在一个缺乏健全的管理商务活动法律体系的国家，从事商务活动也可能需要更高的成本。如果缺乏商务合同法或执法不力，国际企业可能找不到满意的方式来解决合同争端，其结果是常常因合同违约而遭受巨大的损失。类似地，当地方法律对适当的保护知识产权无效时，就会导致国际企业的知识产权被"偷窃"，从而丧失利益。

至于经济因素，一个最重要的变量是国别经济的复杂性。在一个不发达的国家从事商务活动，尽管可以支付较低的劳动力成本，但可能需要更高的经营成本，因为缺少商务活动所需要的基础设施和配套产业；在极端的情况下，国际企业可能不得不自己提供所需的基础设施和配套产品，这无疑会增加成本。例如，当麦当劳决定在莫斯科开设第一家餐馆时，它发现为了给连锁店提供相同品质的食品和饮料，必须实行垂直的后向一体化，以解决所需要的原材料。俄罗斯当地土豆和肉的质量太差，为了保证其产品的质量，麦当劳决定在俄罗斯建立自己的奶牛场、养牛场、蔬菜园和食品加工厂，这就提高了在俄罗斯从事商务活动的成本。而在经济相对发达的国家从事商务活动，尽管其劳动力成本较高，其经营成本则要低许多，因为高质量原材料在开放市场上随处都可以买到。

6.5.3　风险的国别差异

与成本一样，在一个国家从事商务活动的风险是由许多政治、法律、经济和文化因素决定的。政治风险是政治力量引起一国商务环境的剧烈变化，从而对特定工商企业的利润和其他目标产生负面影响的可能性。经历着社会动乱的国家，或因社会性质决定的发生社会动乱可能性较大的国家，其政治风险一般也较大。在一些多民族国家更容易发生社会动乱，在这些国家中各种对立的为政治所控制的意识形态使争斗难以避免。社会动乱会导致政府及政府政策产生突然的变化或公众冲突的加剧，并对工商企业的商务活动产生不利的影响。例如，1979 年伊朗发生伊斯兰革命后，许多美国公司在伊朗的资产被伊朗的新政府没收。类似地，当南斯拉夫联邦的暴力冲突进入战争状态时，包括波斯尼亚、克罗地亚和塞尔维亚在内，当地的经济和投资盈利一落千丈。

经济风险是由于一国政府对经济管理不当引起该国商务环境剧烈变化，从而对特定企业的利润和其他目标产生不利影响的可能性。经济风险并不独立于政治风险，经济管理不当可能引起社会动乱和政治风险，从而共同干扰了企业的商务活动。20世纪90年代，在印度尼西亚、泰国和韩国等亚洲国家，企业经常在政府的怂恿下，投资于一些所谓对国家具有"重要战略意义"的行业，结果是企业的投资和负债过度，加之对国内外投机活动的管制不力，最终引发了1997—1998年的东南亚金融危机。混乱的金融秩序和严重的经济衰退对许多亚洲国家的影响长达数年，致使国内外企业和投资者损失惨重。

在法律方面，当一国的法律制度不能对违反合同或侵犯财产权提供适当的安全保护时，法律风险就产生了。当法律保护较弱时，企业似乎更易违反合同或偷窃知识产权。当一个国家的法律风险较高时，国际企业可能不愿意与该国企业签订一项长期合同或合资协定。例如，20世纪70年代当印度政府通过一项法律，要求所有外国投资者都必须以与印度公司合资的形式进入，美国IBM和可口可乐公司就结束了其在印度的投资。它们认为印度的法律制度不可能对知识产权提供足够的保护，如果建立合资企业，印度伙伴可能剥夺美国公司的知识产权，而这恰好是IBM和可口可乐公司取得竞争优势的核心部分。

6.5.4 国别环境的综合吸引力

一个国家对外国企业作为一种潜在市场或投资场所的综合吸引力取决于在该国从事商务活动相关的收益、成本和风险的平衡。一般而言，在外国从事国际商务活动相关的成本和风险在经济发达国家和政治稳定的民主国家较低，而在不发达国家和政治不稳定的国家较高。然而，计算是复杂的。事实上，潜在的长期经营收益并非仅仅取决于东道国当前的经济发展水平或政治稳定状况；相反，收益与未来经济增长的相关性可能更高。经济增长显然是自由市场制度和国家增长潜力的函数。这就导致一个结论，在其他条件不变的情况下，要在收益、成本、风险之间取得平衡，似乎政治稳定的发达或发展中国家最适合，它们实行自由市场制度，没有高得惊人的通货膨胀率和私人债务。而实行混合经济或指令经济且政治不稳定的发展中国家是最不适合的，那里的投机金融泡沫导致了过度负债。

◎案例

英荷壳牌石油公司在尼日利亚的困境

1. 事件经过

英荷壳牌石油公司（Royal Dutch/Shell）自20世纪50年代后期起开始从奥哥尼土地开采石油。奥哥尼（Ogoni）是居住在尼日利亚海岸平原、由50万农民和渔民组成的民族群体。几年来，奥哥尼一直开展着活跃的政治运动，反对尼日利亚军事统治者和巨大的英荷壳牌石油公司，他们一直寻求更大的自主决定权，以获得在奥哥尼土地上开采石油的收益权以及因石油经常从断裂管道喷出而污染环境的补偿。1994 年主张与尼日利亚军政府合作而非冲突的四位奥哥尼首领被一群奥哥尼青年暴民私刑处死。虽然抗议运动的领袖萨罗·维瓦（Ken Sero-Wiwa）当时不在，但事后他被逮捕。1995 年，尼日利亚的一个军事法庭（大多数观察家把它描述为虚假的审问）下令处死著名的作家和编剧肯·萨罗·维瓦和另外八名拯救奥哥尼人民运动的成员。

尽管国际上施加了强大的压力，包括呼吁壳牌公司利用它的影响要求尼日利亚政府对罪犯宽容，但死刑还是在 1995 年 11 月 10 日提前执行。事后，西方媒体批评壳牌公司显然并不愿意对尼日利亚极权统治者施压。这次事件开始引发壳牌公司从道义上寻求一个跨国公司在像尼日利亚这样一个保护人权和环境方面不符合西方标准的国家所应承担的社会和环境责任。

2. 事件背景

1961 年，非洲国家尼日利亚从英国统治下赢得独立，当时，许多人相信尼日利亚有潜力成为非洲经济增长的发动机之一。该国具有丰富的石油和天然气资源，也是食品净出口国，拥有大量受过良好教育的人口（按非洲的标准）。到 20 世纪 90 年代中期，许多潜在优势依然没有变成现实。独立 35 年后，尼日利亚仍严重依赖石油部门，石油生产占 GDP 的 30%，占外汇收益的 95%，占政府预算收入的 80%；农业发展跟不上人口的迅速增长，由食物净出口国退化为食物进口国；人均 GDP 仅为 230 美元，只有 1981 年的 1/4，并欠下了 400 亿美元的外债。尼日利亚甚至得不到国际货币基金组织的金融援助，因为政府不愿意说明其如何使用石油税收收益。

政治问题能部分解释尼日利亚的经济症结所在。尼日利亚由 250 多个少数民族构成，内部冲突一直不断。20 世纪 60 年代，国家因一场激烈的内战几乎分裂。1983 年 12 月，一个军事组织发动了一场政变，将该国的文职政府赶下台，并宣布自己执政。1993 年，尼日利亚举行民主选举，但军事政府取消了选举结果，宣布选举中存在广泛的舞弊。

英荷壳牌石油公司是在尼日利亚的主要外国石油生产商。公司于 20 世纪初创立，当时荷兰皇家公司在印度尼西亚有大量石油生产经营业务，它与英国壳牌运输和贸易公司合并为世界上最早的跨国石油公司之一。英荷壳牌石油公司现在是世界上最大的石油公司，年收入超过 1300 亿美元。公司自 1937 年起在尼日利亚开始经营，到 20 世纪 90 年代中期，开采经营尼日利亚一半的石油。尼日利亚石油占公司全球产量的 11%~12%，英荷壳牌石油公司的年纯收入达 2 亿美元。

3. 奥哥尼地区的问题

1958 年，英荷壳牌石油公司在奥哥尼的土地上发现了石油，估计该公司已从该地区累计开采了约300亿美元的石油。尽管如此，奥哥尼仍然相当贫穷，大多数人居住在棕榈叶盖顶的小泥草棚内，靠务农勉强为生。英荷壳牌石油公司在尼日利亚有5000名雇员，到1995年只有85人是奥哥尼地区的人。奥哥尼是尼日利亚1.1亿人口中没有权力的少数民族，在政府或私人部门分配工作时常常被忽视。

从1982年起，尼日利亚政府声称要将其石油收入的1.5%返还给出产石油的地区。1992年，这一数字上升到3%。但奥哥尼人声称事实上他们从没有看到过这笔钱，显然大多数钱被该部落地区的统治者花掉了或被腐败交易耗费掉了。1994年，虽然奥哥尼地区有96口油井、2家炼油厂、1家石化综合厂和1家肥料厂，但奥哥尼唯一一所医院只有尚未完工的混凝土外壳，公办学校因无力支付教师的工资而难以开学。

除了缺少石油生产的回报外，奥哥尼人认为他们的土地环境遭到了破坏，其中大多数污染是英荷壳牌石油公司造成的。奥哥尼的活跃分子认为是英荷壳牌石油公司环境保护措施不力导致了大量石油泄漏，大面积污染了土壤和地下水。英荷壳牌石油公司一位发言人在1994年接受采访时似乎承认抱怨是有根据的，他说："过去30年安装的一些设备当时可接受，现在看来已不可接受，由于这些输油管年久老化，随着时间推移难免发生断裂和石油溢出。"然而这位发言人也抱怨道，近来许多奥哥尼地区的漏油事件是人为蓄意破坏的结果，这种破坏行为有两个动机，一个是为了得到补偿，另一个是为了支持环境日益恶化这一说法。

肯·萨罗·维瓦认为这些言论是荒谬的，他争辩说，虽然没有受过教育的年轻人出于受挫和愤怒也许会采取一两次行动毁坏一些壳牌公司安装的设备，但"人们绝不会故意将石油溢出在他们自己的土地上，因为他们知道所谓的补偿是微不足道的，而土地一旦被破坏将永久难以复原。"为支持自己的观点，萨罗·维瓦指出，六十年代在一个称为衣布布的居住地附近发生的石油泄漏，至今仍未被清除干净。壳牌公司的答复是，漏油事件发生在60年代的内战期间，清除工作已于1990年完成。但沉没的石油现在又重新浮出表面，壳牌公司声称由于在该地区的雇员受到了威胁，使公司无法开展任何工作。1993年1月，出于安全考虑，壳牌公司禁止它的雇员进入这一地区。

1993年4月，奥哥尼组织了第一次反对英荷壳牌石油公司和政府的抗议。奥哥尼的农民站在推土设备前，该设备正在安装壳牌公司穿过农田的一段输油管。尽管壳牌公司声称它已通过合法手段获得了该片土地，并把全部补偿付给了当地的农民和社会，但当时一些居民对他们的土地被继续用于开采石油很不满。壳牌公司将抗议活动通知了尼日利亚政府，尼日利亚军队迅速到达并向抗议人群开火，打死了一名奥哥尼人，打伤数人。

随后发生了一系列可疑的意外事件，尼日利亚士兵冲击了奥哥尼的一些村庄，声称是在平息奥哥尼附近少数民族之间的骚乱。奥哥尼人认为袭击是对抗议的惩罚，他们说军事当局以早已由非暴力方式解决了一些土地纠纷为借口，下令扫荡整个村庄。一支可怕的绰号为"杀人就走"的机动警察队伍参与了这些袭击，虽然细节尚不太清楚，但据报道已有数百人在暴力行动中丧生，整个暴力行动在杀死了四名要求与政府妥协的奥哥尼领导人后达到高潮。这为政府逮捕肯·萨罗·维瓦和八名参与奥哥尼人生存运动有关的人士提供了借口。

4. 尼日利亚政府和英荷壳牌石油公司受到的压力

萨罗·维瓦的被捕达到了抗议和流血没有达到的目的。奥哥尼人的困境，尼日利亚政府的严厉政策和英荷壳牌石油公司在尼日利亚的活动引起了国际上的密切关注。几个人权组织立即施压要求英荷壳牌石油公司利用它的影响来释放萨罗·维瓦，他们也敦促英荷壳牌石油公司推迟计划在尼日利亚动工的 35 亿美元液化天然气项目，这一项目是英荷壳牌石油公司与尼日利亚政府合资经营的，人权组织相信英荷壳牌石油公司在该项目中的重要作用能对尼日利亚政府产生相当的影响。

英荷壳牌石油公司声称它对尼日利亚政府严厉镇压奥哥尼人深表遗憾，并对奥哥尼社会遭受的痛苦和损失表示歉意。公司也会采用"谨慎的外交"手段对尼日利亚政府施加影响。但是，尼日利亚政府领导根本无心听取英荷壳牌石油公司或任何别人委婉的外交劝告，经过非正规的军事法庭审讯后，萨罗·维瓦和他的八名同伴被判处绞刑，判决在 1995 年 11 月 10 日执行。

5. 事件后果

萨罗·维瓦被绞死后，接踵而来的是席卷全球的抗议浪潮。52 个英联邦国家的领导人在新西兰开会时正是萨罗·维瓦被行刑的时间，会议决定暂停并宣称如果在两年内尼日利亚还不回到民主政治上来，将开除该国的成员资格。美国总统克林顿召回美国驻尼日利亚大使，并禁止将军事设备出售给尼日利亚，削减对其的援助，以示抗议。英国首相梅杰宣布禁止向尼日利亚出售武器，并要求实行最大可能的禁运。15 个欧盟国家的大使被召回，且欧盟暂停所有对尼日利亚的援助。

可是没有国家停止购买尼日利亚的石油或停止向尼日利亚出售石油服务设备。美国从尼日利亚进口的石油占其每日产出量 200 万桶的 40%，对石油禁运问题更默不作声。同样，没有西方国家（许多国家在尼日利亚石油业有自己的公司）表示它们对尼日利亚石油部门的销售与采购实行禁运。唯独南非总统曼德拉要求对英荷壳牌石油公司实行禁运，这一号召得到包括绿色和平组织（Greenpeace）和地球之友组织（Friends of the Earth）等在内的几个环保组织的响应，二者督促它们的支持者抵制英荷壳牌石油产品。然而，南非从未颁布正式禁令，抵制的号召只取得了有限的成功。

英荷壳牌石油公司表示将继续执行与尼日利亚政府合资经营液化天然气的计划。英荷壳牌石油公司在英国的报纸上公开发表声明说："有人建议壳牌应该放弃尼日利亚液化天然气项目，可是如果我们现在撤离，项目将彻底完蛋，也许永远也不会恢复。所以我们应该搞清楚，如果项目取消，谁将受害最甚。取消项目一定会伤害数千尼日利亚人，他们需要该项目的工作，还会伤害成千上万从当地经济中受益的人。"

1996 年 11 月，人权宪章中心代表，现住在美国的萨罗·维瓦的亲属向曼哈顿美国地区法院递交了联邦诉讼状，起诉英荷壳牌石油公司作为密谋的一分子，导致了萨罗·维瓦被绞死。壳牌公司否认了这种指控，并表示将在法庭上予以驳斥。

1997 年 5 月，壳牌运输和贸易公司在伦敦召开年会，18 个机构的投资者共同提出一项协议，要求壳牌公司建立一个独立的、监视环境和人权政策的部门，但股东代表以 10 票对 1 票的投票结果否决了该项协议。

股东们否决动议的一个理由是公司已表明将采取步骤改变文化和改进对环境和人权政策的监督。在股东大会召开前，公司发布了它在尼日利亚的政策报告，在报告中，公司承认需要改进对环境和人权政策的监督。壳牌公司的新总裁马克·穆迪·斯图尔特（Mark Moody-Stuart）表示，公司将发挥其应有的作用，对基本人权表示支持，并将适当关注健康、安全和环境，使之与公司承诺的持续发展相一致。公司也接受联合国《人权世界宣言》，保证建立社会责任管理体制，并允诺制订培训规划以帮助管理层正确处理人权问题。

对壳牌公司采取的这些步骤，人权观察发言人评论道："应给壳牌公司一些肯定，它已经认识到必须审视自己的经营以及如何作出反应，它承认大公司对社会的责任，这对跨国公司来说是相当大的进步。"

由于威胁还在进行，英荷壳牌石油公司继续禁止其雇员进入奥哥尼地区，到 2002 年情况依然如此。该地区的石油储量估计约 3 亿桶，但由于害怕再一次招致当地人对公司的仇恨，英荷壳牌石油公司不敢轻易开采。英荷壳牌石油公司遗留在那里的输油管遭到了窃贼们的洗劫，他们用钢锯或铁锤将输油管偷走。25 英尺长的一段管子可以卖 10 000 尼日利亚奈拉，约合 87 美元，远远超过了当地许多国有企业工人的月工资。随着管子被锯，残留的石油流向地面，进一步加剧了环境的恶化。英荷壳牌石油公司曾多次表示它将派工人返回当地清理环境污染物，但由于害怕其安全没有保障，公司至今没有清理。

奥哥尼人的领袖们依然对英荷壳牌石油公司持有敌意。2001 年，肯·萨罗·维瓦的继承人，拯救奥哥尼人民运动的领袖勒登·米梯（Ledum Mittee）说："对于壳牌公司已经改变以及愿意与人为善的这类说法，我感到十分突兀。该公司在尼日利亚的所作所为丝毫不能证明这一点，奥哥尼人民以及居住在三角洲其他地方的大多数人都认为壳牌是一家对人民和环境麻木不仁的公司，他们认为它是压迫者的同盟，壳牌公司这些年来在言辞方面虽有所改变，但其在尼日利亚的行为并未发生相应的变化。壳牌的公关手段是一流的，但它在将口头承诺转化为行动方面做得很糟糕。"私下里，英荷壳牌石油公司的一些经理认为，壳牌成了公众关注的焦点，这实际上对拯救奥哥尼人运动是有利的，奥哥尼地区的环境恶化成了"世界新闻界一个十分便利的舞台，在这方面，奥哥尼人民所遭受的苦难可以生动地显现在媒体上"。

资料来源：查尔斯·W. L. 希尔. 国际商务. 周健临等译. 中国人民大学出版社，2005：131-135.

◎思考题

1. 在尼日利亚奥哥尼地区的问题上，壳牌公司是否应该承担某些责任？

2. 壳牌公司为了将反对它的抗议行为遏制在萌芽状态，是否可以并采取哪些措施？

3. 壳牌公司能否为肯·萨罗·维瓦得到从宽处理多做些工作？做什么？

4. 西方政府对肯·萨罗·维瓦被判死刑的反应是否正确？这种反应是太过激烈还是太温和？适当的反应是什么？

5. 在肯·萨罗·维瓦被判死刑后，壳牌公司继续推进其在尼日利亚的液化天然气项目的做法是否得当？

6. 你认为像壳牌这样的公司有可能从内部对其自身进行改革吗？或许在其外部建立一个监督其人权和环境政策的部门是否更好？

7. 壳牌公司将其人员撤出奥哥尼地区已有 10 年，鉴于该地区拥有丰富的石油储量，它是否应该回去？如何回去？

第 7 章
国际商务的国际环境

◎**本章要点**

1. 国际商务环境是指围绕并影响跨国企业生存与发展的各种因素的总和。这些因素既包括宏观政治、经济、法律、文化和宗教，也包括微观行业市场特征、厂商行为和消费者行为等。

2. 目前，跨国经营企业面临的主要国际环境包括经济全球化深入发展、国际区域经济一体化方兴未艾、经济信息化初现端倪、全球技术创新速度加快以及国际竞争日益激烈。

3. 在经济全球化和区域经济一体化的背景下，世界各国之间的相互依赖日益加深。为了应对这一情况，世界各国普遍采取了贸易与投资自由化、便利化等政策，为跨国企业提供了更加宽松的经营环境。此外，信息技术的广泛应用有效降低了跨国企业的经营成本，进一步优化了跨国企业的经营环境。

4. 在新的国际经济环境下，企业的跨国经营开始实行"思考全球化、行动本土化"的经营理念，并利用扁平化、网络化的分权结构增强企业的灵活适应性。

5. 国际竞争的加剧迫使跨国企业不断调整经营战略，围绕成本、质量、柔性、顾客反应时间等方面展开竞争。与此同时，跨国企业之间也广泛缔结国际战略联盟，共同争取双赢局面。

7.1　国际商务的国际环境基本概念

按现代系统论，环境是指系统边界以外所有因素的集合。环境和系统之间存在着物质、能量和信息的输入和输出关系，并影响和制约着系统的运行。国际商务环境是指围绕并影响跨国企业生存与发展的各种因素的总和。这些因素既包括宏观政治、经济、法律、文化和宗教，也包括微观行业市场特征、厂商行为和消费者行为等。它们对企业国际经营活动的影响方式、方向和强度各不相同。因此，分析和把握国际经营过程中各因素的现状与变动趋势，是提高国际经营决策和管理效率的必要前提。

7.1.1　企业跨国经营国际环境的结构

企业跨国经营的环境包括母国环境、东道国环境和国际环境。母国环境是企业在实施国际经营过程中所面临的直接或间接影响其行为与决策的各类本国因素的总和。这些因素不仅会对企业国际化经营产生"推力"或"阻力"，而且对其国内正常经营也会产生各种各样的影响。例如，母国政府为改善国际收支状况，对资本外流采取外汇管制措施。这些措施必然会制约以本国为基地的各类公司向海外的扩张。就环境因素构成而言，东道国与母国环境类似。但是，在各因素对国际经营影响程度方面，东道国可能与母国环境有着较大的区别。在母国，尽管国际经营环境复杂多变，但企业决策者们长期生长、生活和工作在这一环境之中，对有关环境因素的变动规律较为熟悉，环境的变化可以较好地加以预见，并及时做出相应的反应。而国际企业的经营者对于东道国环境的认识相对缺乏，使其决策过程难以做出类似在母国的快速反应。因此，东道国环境因素具有难以评估和预测的特征。国际环境则是由母国与东道国环境之间，以及各东道国环境之间相互作用形成的。它包括一系列的跨国政治、法律、惯例和经济等因素。这些因素不仅对规范企业的国际经营活动具有重要意义，而且也对国际企业解决和协调经营过程中可能出现的各种矛盾冲突发挥主要作用。

按照国际环境对企业跨国经营活动影响的方式，可以将企业跨国经营的国际环境划分为间接环境和直接环境。所谓国际间接环境也被称为一般环境或客观环境。它是所有企业在国际经营过程中必须面对而又无法控制的各种国际因素的总和，它包括政治、经济、法律、社会文化和技术等。间接环境对企业的影响主要通过直接作用于企业活动和通过直接环境作用于企业活动等两种渠道实现的。各间接环境因素的作用方向与强度并非一致，其作用大小也因产业特征或产品生命周期的不同而互有差别。间接环境与产业特征之间的关系可参见表 7-1。

表 7-1　　　　　　　　　国际间接环境与产业特征之间的相互作用

	消费资料	生产资料	用其他产品代替与补充的可能性	生产规模的经济效益与经验曲线效果	资本密集度	技术革新的可能性	买方集中度
国际政治因素							√
国际经济因素	√	√	√	√	√	√	
国际法律因素							√
国际社会文化因素	√						

续表

	消费资料	生产资料	用其他产品代替与补充的可能性	生产规模的经济效益与经验曲线效果	资本密集度	技术革新的可能性	买方集中度
国际自然因素	√		√			√	
国际技术因素	√		√				√

注："√"表示存在相互作用关系。

资料来源：王英辉、李文陆. 国际市场分析与营销策略. 中国物价出版社，2002：42.

而国际直接环境又称作业环境。它是对具体企业经营活动产生立竿见影作用的各种国际因素的总和。这些因素主要包括国际市场环境（如产业、客户和竞争）和事务环境（供应商、投资者、融资者）等。国际直接环境对企业经营活动的影响一般都是通过构成直接环境的各要素之间的相互作用而实现。这种相互作用被称为国际直接环境构成的结构特性。结构特性的表现方式很多，且因产业而异。表 7-2 归纳了有关国际直接环境要素的结构特性。

表 7-2　　　　　　　　　　国际直接环境的结构特征

	结构特征
顾客	（1）国际市场规模 （2）对不同性质产品的选择
中间商	（1）国际市场的中间商数目 （2）规模与分布 （3）形态的不同性 （4）各供货企业产品的经营比例
供应商	（1）国际市场中供应商数量 （2）规模和分布 （3）对供应产品的依赖程度 （4）对企业的供货比例
竞争者	（1）在国际市场上竞争对手数量 （2）竞争对手的规模与分布 （3）对竞争产品的依赖程度 （4）拳头产品的存在

资料来源：王英辉、李文陆：《国际市场分析与营销策略》，中国物价出版社，2002 年版，第 43 页。

7.1.2　企业跨国经营国际环境的影响矩阵

影响企业跨国经营活动的环境因素特征很多，不同特征对国际企业影响程度也不尽相同。为了对企业跨国经营的国际环境有一个总体的了解，我们可选择两类与企业经营活动关系较为密切的特征为参照系，用矩阵的方式对有关环境因素进行概括性描述。

通常在构建这一环境矩阵时所采用的特征指标主要有变化程度和复杂程度等。所谓变化程度主要是指环境因素的"可变性"。因此，静态因素主要是指那些基本不变的且可以分辨和预见的因素。反之，那些无法根据过去情形加以推测的环境因素就是动态因素。决定环境的因素很多，其中有经济发展中的不可预见的变化、顾客需求和偏好的迅速改变、政府的稳定性、人口特征的意外变化。利益集团影响的扩大、技术变革等。企业环境的复杂程度有高低之分。决定环境复杂性的因素主要有两个。其一是需要发生相互作用的单位的数量，即数量越少，环境越简单；反之，越复杂。其二是企业所需知识的复杂程度。根据这两类指标，可以对跨国企业国际经营环境构造环境矩阵（如表 7-3）。

表 7-3　　　　　　　　　　　企业跨国经营的国际环境矩阵

		变化程度	
		静态	动态
复杂程度	简单	I 静态且可预见环境 产品和服务少 客户、供应商、竞争者少 对复杂知识需要很少	III 动态且不可预见环境 产品和服务少 客户、供应商、竞争者少 对复杂知识需要较少
	复杂	II 静态且可预见环境 产品和服务多 客户、供应商、竞争者多 对复杂只是要求高	IV 动态且不可预见环境 产品和服务多 客户、供应商、竞争者多 对复杂知识要求很高

资料来源：王英辉、李文陆 . 国际市场分析与营销策略 . 中国物价出版社，2002：45.

在表 7-3 中，第 I 象限表示基本可预见的环境。该象限涉及的相互作用的单位较少，需要的知识也不复杂，如包装纸盒生产部门。第 II 象限在变化程度上与第 I 象限相似，但环境更为复杂，如家庭用品制造行业。第 III 象限代表有限客户、供应商和竞争者的动态环境，如向零售店批发产品的制衣企业。其环境的动态性主要是因为着装潮流的快速变化。第 IV 象限表示既复杂又动态的环境，信息产品生产企业就属此类。

7.1.3　企业跨国经营国际环境的特点

与企业面临的母国环境和东道国环境相比，跨国企业面临的国际环境更加复杂多变。因此，企业跨国经营的国际环境具有以下特点。

1. 蕴含更大的经营风险

在更加复杂的国际环境中，企业的跨国经营具有更大的风险。这里包含两层含义。第一，跨国企业必须面临国内企业所不必考虑的风险。这里的风险可分为两类：一是与东道国有关的政治风险，如东道国的政治、社会稳定情况、对外资的政策等；二是与世界金融市场变幻有关，也包括与世界市场竞争有关的各种商业风险，如商品供求关系和价格的急剧变动等。第二，跨国企业可能同时面临国内外公司的竞争，并面临与世界上最强的对手竞争，激烈程度与压力往往超过国内竞争。这也可能造成跨国公司比国内公司具有更大的风险。一些研究资料表明，跨国企业破产（包括被收购、兼并）的比例是相当高的。

2. 具有更严重的市场不完全性

同国别市场相比，国际市场具有更大的不完全性。造成市场不完全性的原因很多，例如市场结构、经济体制、经济运行机制、经济政策或行政干预以及市场实物形态方面的因素等，以及市场实物形态方面的因素。市场不完全性往往与市场分割紧密联系，与分割后的市场之间的各种差异联系在一起。在幅员广阔的世界市场上，下列因素所起分割市场的作用，要远比在一个国别市场中重大得多：信息的覆盖面、及时性和全面性；交通仓储设施；市场的行政分割。前两个因素与市场的实物形态技术特征有关，后一个因素则与国际政治经济政策所造成的区域市场分割有关。例如，欧洲经济一体化之后形成的共同市场，打破了西欧各国之间的市场分割，却加剧了统一市场内外的差异对世界市场不完全性的影响。

3. 给企业带来更高的运行成本

跨国企业面临着地域比国内公司广阔得多的世界市场，必然会带来某些运行成本的增加，如通讯成本、技术人员与职业经理的派遣成本。同时，跨国企业面临着不同社会、文化背景的市场，在增加对这些市场的了解上要付出成本，从而带来交易成本的增加。因而对这些市场缺乏了解也会在决策、计划及其实施上付出成本。很多情况下，这方面的成本是难以定量化的。按照交易成本理论，企业经营的国际化程度越高，其交易成本、组织成本也就会越高。两者存在着正相关的关系。图 7-1 展示了上述关系。当然，另一方面，跨国企业通过选择合适的投资目标国，可以获取区位优势，从而降低诸如劳动、原材料、购买、运输等方面的成本。

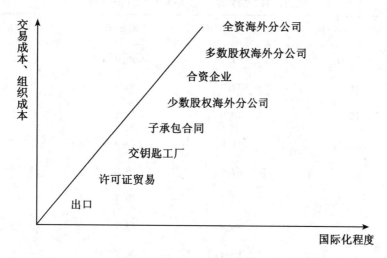

图 7-1　国际商务方式与成本之间的关系

7.2　国际商务的具体国际环境

7.2.1　经济全球化深入发展

经济全球化作为人类经济活动跨越国界、相互融合的一种现象，反映的是在货物、资本、生产、技术、信息等生产要素跨国流动加速发展的条件下，全球市场经济进一步形成、国家和其他经济力量进行调整和重组、各国经济上的联系和相互作用大大加强的趋势。当前，世界各国通过资本、劳动力、商品等交易和流动密切相连，共同推动了经济全球化的发展。故此，经济全球化主要表现为贸易全球化、生产与投资全球化、金融全球化和劳动流动全球化。

1. 贸易全球化

经济全球化起始于贸易全球化，商品和服务贸易始终是经济全球化的主要内容。贸易全球化，指的是随着科学技术的发展和各国对外开放程度的提高，流通领域中国际交换的范围、规模、程度不断得到增强的现象。在贸易壁垒逐渐被消除、贸易成本不断下降的背景下，世界各国之间的贸易联系日益密切，各国对出口贸易的依存度也不断加深。如表 7-4 所示，世界经济整体对贸易的依存度由 1980 年的 21.0%增加至 2005 年的 28.5%，进而增加至 2008 年的 32.5%。其中发达经济体的贸易依存度也由 1980 年的 44.7%增加至 2008 年的 61.8%，世界经济中最为活跃的新兴亚洲经济体的贸易依存度由 1980 年的 128.1%增加至 2008 年的 190%。

表 7-4　　　　　世界经济及各经济体的贸易依存度（1980—2008 年）　　　　单位:%

年份	世界经济整体	发达经济体	7 国集团	新兴亚洲经济体
1980	21.0	44.7	36.0	128.1
1985	18.2	37.8	30.2	114.1
1990	19.0	40.0	32.1	111.9
1995	21.3	41.0	30.9	122.9
2000	24.7	47.6	36.0	140.1
2005	28.5	53.1	40.1	153.8
2006	30.3	56.8	43.1	159.9
2007	31.3	59.1	44.8	163.7
2008	32.5	61.8	46.4	190.0

注：世界经济整体的贸易依存度=全球商品和服务贸易出口额/世界 GDP 总额；经济体的贸易依存度=经济体商品和服务进出口额之和/经济体的 GDP。

资料来源：根据国际货币基金组织世界经济展望数据库（World Economic Outlook Database，2009 年 10 月）资料计算而得。

2. 生产与投资全球化

　　生产与投资全球化是指从事跨国经营的企业在全球范围内建立分支机构，并借助母公司与分支机构之间各种形式的联系，实行组织和管理体制上无国界规划，逐步建立以价值增值为基础的跨国生产和投资体系的过程。从微观层次来看，生产与投资全球化主要指跨国企业的全球生产。在当今世界，国内市场日益狭小、国际市场竞争日益激烈，迫使具备一定规模和实力的企业选择在多国投资办厂，充分利用公司专有技术、管理、营销网络、商品和技术开发能力，与东道国当地资本、技术、劳动力和市场等优势要素相结合，进行生产和经营，以期实现生产要素的最佳配置和利润最大化。从宏观层次来讲，生产与投资全球化体现了国家之间的产业分工和产业联系，主要表现为世界范围内的产业结构调整和转移带来的国家间产业分工。在当代世界经济中，跨国公司是从事跨国经营企业的典型代表，它主要依托国际直接投资等形式，将资本、技术和管理合成一体，推广到世界各地，形成全球性的生产、交换、分配和消费。世界各国的生产与分工联系也主要以跨国公司为载体，各国成为跨国公司全球产业体系的宏观组成部分。因此可以说，跨国公司在全球的直接投资和生产经营是生产与投资全球化的核心内容，跨国公司是生产与投资全球化的最重要的微观主体。

　　跨国企业在全球范围内进行生产与投资布局，客观上促进了东道国的固定资本投资和资本形成。如表 7-5 所示，国际直接投资流入总量占全球固定资本形成总额的比重由 1985年的 2.2%增加至 2000 年的 20%。2001 年之后尽管这一比重有所下降，但是在 2001 年至2008 年间也维持在 11.1%左右的水平。对于发达经济体而言，国际直接投资流入量占其固定资本形成总额的比重由 1985 年的 2.1%增加至 2000 年的 21.4%，在之后的 8 年基本上维持在 10.6%左右的水平。对于发展中经济体而言，国际直接投资流入量占其固定资本形成总额的比重由 1985 年的 2.6%增加至 2000 年的 16%，在之后的 8 年基本上维持在12.2%左右的水平。对于转轨经济体而言，国际直接投资流入量占其固定资本形成总额的比重由 1985 年的 0.2%增加至 2000 年的 9.8%。2001 年之后这一比重逐年增加，2007 年增加至 22%，2008 年也达到了 21.4%。国际直接投资流入量占固定资本形成总额的比重增加，一方面反映出国际直接投资对各国资本形成的促进作用在不断加大，另一方面也体现出世界经济以及各经济体对生产与投资全球化的依赖程度不断加深。

表 7-5　　　　　**国际直接投资流入量占全球经济体固定资本形成总额的比重**　　　　单位:%

年份	世界整体	发达经济体	发展中经济体	转轨经济体
1970	2.3	1.9	4.6	——
1975	2.2	1.7	4.0	——
1980	2.1	2.5	1.2	0.1
1985	2.2	2.1	2.6	0.2
1990	4.3	4.4	4.0	0.5
1995	5.3	4.5	8.0	3.5
2000	20.0	21.4	16.0	9.8
2001	12.3	11.9	13.6	10.8
2002	9.3	8.9	10.6	11.6
2003	7.4	6.5	9.7	15.7
2004	8.4	6.6	12.6	17.5
2005	9.9	9.0	11.8	14.3
2006	13.4	13.4	13.0	18.9
2007	16.0	17.1	13.1	22.0
2008	12.3	11.4	12.8	21.4
2001—2008 年平均	11.1	10.6	12.2	16.5

　　资料来源：联合国贸发会议．世界投资报告（World Investment Report，2009）．

　　为此，世界各国纷纷调整外资利用政策，希望出台更有利于投资的政策吸引更多的国际直接投资流入。如表 7-6 所示，1992 年全球共有 43 个国家进行了外资政策调整，共计调整外资政策 77 项，此 77 项全部是鼓励国际直接投资的政策。1993 年，全球共有 56 个国家进行了外资政策调整，共计调整外资政策 100 项，其中 99 项为鼓励国际直接投资的政策，只有 1 项为限制国际直接投资的政策。2002 年，全球进行外资政策调整的国家共计 72 个，共出台了 234 项促进国际直接投资的政策。即使在 2008 年全球贸易保护主义和投资保护主义抬头的背景下，全球也有 55 个国家调整了外资政策，共计出台有利于国际直接投资的政策 85 项，占外资政策调整总数的 77.3%。

表 7-6 国家管制的变化（1992—2008 年）

年份	调整外资政策的国家数量（个）	调整外资的政策数量（项）	更加有利于投资的政策数量（项）	更加有利于投资的政策数量占比（%）
1992	43	77	77	100.0
1993	56	100	99	99.0
1994	49	110	108	98.2
1995	63	112	106	94.6
1996	66	114	98	86.0
1997	76	150	134	89.3
1998	60	145	136	93.8
1999	65	139	130	93.5
2000	70	150	147	98.0
2001	71	207	193	93.2
2002	72	246	234	95.1
2003	82	242	218	90.1
2004	103	270	234	86.7
2005	92	203	162	79.8
2006	91	177	142	80.2
2007	58	98	74	75.5
2008	55	110	85	77.3

资料来源：联合国贸发会议．世界投资报告（World Investment Report，2009）．

3. 金融全球化

金融全球化是经济全球化的重要发展阶段之一，是世界经济和金融发展的必然趋势。正如金融是现代经济的核心一样，金融全球化也是经济全球化的核心。所谓金融全球化，就是指世界各国、各地区在金融业务、金融政策等方面相互交往和协调、相互渗透和扩张、相互竞争和制约已发展到相当水平，进而使全球金融形成一个联系密切、不可分割的整体，具体包括金融机构的全球化经营和金融市场的一体化。

　　一般意义上的金融机构的跨国发展是指它们在世界各地普遍建立分支机构，以适应日益扩大的上述各种交易的需要。如表 7-7 所示，2008 年全球前 10 强的金融机构共设立国外分支机构 5739 家，其中意大利品牌联合信贷银行设立国外分支机构 1052 家，企业经营国际化指数达到 94.7%。为了适应经济、金融全球化和竞争、避险的需要，国际金融机构在不断推出新金融工具和业务的同时，逐步从专业化经营向多样化、全能化的混业经营转变。同时，各金融机构通过并购做到优势互补，取得规模和竞争效益。

表 7-7　　　　　　　　　　2008 年全球金融机构前 10 强的跨国经营状况

金融机构名称	母国	总资产 （亿美元）	雇员数 （人）	分设机构 数量（家）	国外分设机 构数量（家）	国际化指 数（%）
花旗	美国	19384.70	322800	1020	723	70.9
安联	德国	13670.62	182865	823	612	74.4
荷兰银行	荷兰	9539.59	69747	945	703	74.4
忠利银行	意大利	5492.69	84063	396	342	86.4
汇丰	英国	25274.65	331458	1048	683	65.2
兴业银行	法国	16165.99	160430	526	345	65.6
苏黎世金融服务集团	瑞士	3279.44	57609	393	383	97.5
瑞银集团	瑞士	19262.09	77783	465	432	92.9
意大利品牌联合信贷银行	意大利	14958.68	174519	1111	1052	94.7
金盛保险	法国	9635.39	109304	575	464	80.7

　　注：国际化指数＝国外分设机构数量/分设机构数量。

　　资料来源：联合国贸发会议 . 世界投资报告（World Investment Report，2009）.

　　此外，为了满足各类投资者的多种需求，以避免和减少汇率波动造成的损失，利用汇率的差价和波动赚取利润，国际金融市场上的创新活动接连不断，有力促进了全球金融市场一体化的发展。当代通信技术和电子网络技术的发展，不仅大大简化了国际间资金的划拨和结算程序，而且使各个金融市场通过电报、电话、电传、网络等方式进行电子交易的不断发展，使全球范围内的资金调拨和融通得以在极短的时间内完成。巨额资金的交叉流动完全超越了时空限制，世界各主要金融机构和金融中心正在形成一个一体化的金融市场，包括：金融市场在空间上的拓展，从只允许本国居民参加的国内金融市场发展为允许非居民参加的传统的国际金融市场（在岸金融市场），再发展到非居民之间进行交易的离岸金融市场；金融市场在时间上的连续，即全球金融交易一天 24 小时连续运转；金融市场的交易工具不断创新，即在原生性交易工具的基础上，衍生交易工具及其组合层出不穷；金融市场的发展趋势是自由化和资产证券化，等等。

4. 劳动力流动全球化

随着商品、资本流动全球化趋势的日益明显，劳动力也作为重要的生产要素之一开始进入全球流动阶段。从存量上看，据国际劳工组织估计，活跃在各国的外籍劳工达 8090 万；从流量上看，目前全球每年流动劳务约 3000 万~3500 万人，比 20 世纪 80 年代初的 2000 万人增加了 50% 以上；从劳务政策上看，由于许多发达国家受人口增长率低和劳动力成本高的影响，需要外来的低成本劳动力，因此，各国对劳动力流动的限制会逐步放松。此外，经济全球化的发展、国家间依存度的增加和交通运输的改善，也加速了国际间劳动力的流动。图 7-2 反映出发达经济体和发展中经济劳动力流动与进出口之间的正相关关系。

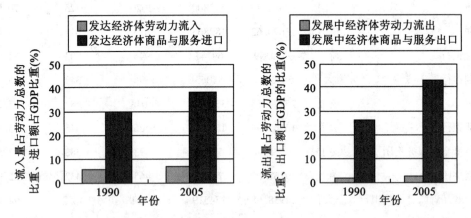

图 7-2　发达经济体与发展中经济体劳动力流动与进出口关系（1990 年与 2005 年）
资料来源：国际货币基金组织．世界经济展望（World Economic Outlook，2007）．

与此同时，劳动力的全球流动也带动了全球移民数量的快速增加。如图 7-3 所示，1975 年，国际移民总数为 7990.8 万人，占全球总人口数的 2.15%；1985 年，全球移民总数增加至 10246.4 万人，占全球总人口比重达到 2.3%；2000 年，全球移民数量进一步增加至 17568.5 万人，占全球人口比重达到 2.9%；2005 年，全球共有移民 18969.3 万人，国际移民数量占全球人口比例增加至 2.95%。

7.2.2　全球区域经济一体化浪潮方兴未艾

20 世纪 80 年代中期以后，国际政治趋向缓和，各国将更多的精力投入经济建设中。在世界经济国际化、全球化和新技术革命的推动下，国际区域经济一体化进程出现

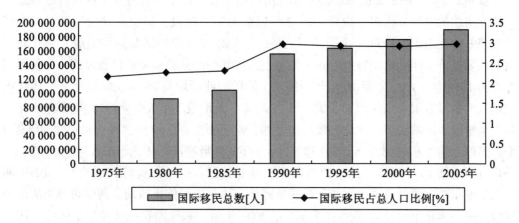

图 7-3　国际移民情况（1975—2005 年）

资料来源：根据世界银行数据库绘制。

了迅猛发展的态势。所谓国际区域经济一体化，是指地理位置上相邻或相近的两个或两个以上的国家或地区，为了深化劳动分工、优化资源配置和实现生产要素自由流动，通过达成经济合作的某种承诺或签订条约、协议，在经济上结合起来形成一个更大的经济联合体的状态和过程，主要包括自由贸易区、关税同盟、共同市场、经济同盟、完全经济一体化等类型。如表 7-8 所示，截至 2009 年 5 月，全球共有在 WTO 登记的区域贸易安排 186 个。

表 7-8　　　　　　　　WTO 统计的区域贸易安排数量（2009 年 5 月 14 日）

年份	累计的区域贸易安排数量	年份	累计的区域贸易安排数量
1958—1972	5	2001	97
1973—1977	14	2002	108
1978—1982	17	2003	119
1983—1987	20	2004	129
1988—1991	26	2005	142
1992—1997	64	2006	157
1998	71	2007	168
1999	76	2008	181
2000	86	2009	186

资料来源：WTO RTA database（2009）.

按照表 7-8 反映的是区域经济一体化组织增加数量和发展的特点，可以将区域经济一体化组织的发展分为四个阶段。1972 年以前为第一阶段，该阶段仅仅签订了 5 个区域经济一体化组织，1958 年由于"罗马条约"生效，欧洲经济共同体的建立使在此之前的区域经济一体化组织自然停止了实施，所以新的统计将最早的区域经济一体化组织计算为 1958 年；1973 年至 1991 年为第二个阶段，此阶段共 29 年，区域经济一体化组织增长的数量有限，仅仅增加了 21 个，平均每年新增数不足 1 个；1992 年至 2000 年为第三个阶段，区域经济一体化组织快速增加，9 年间增加了 60 个，平均每年增加将近 7 个；第四个阶段从 2001 年至 2009 年 5 月，9 年间区域经济一体化组织数量净增 100 个，平均每年新增 10 个以上。此阶段有两个明显的特征：第一，欧盟 2004 年、2007 年两次大规模东扩，致使成员国家签署的区域经济一体化组织停止活动，两年间停止活动的区域经济一体化组织总数达 58 个；第二，2001 年始，东亚国家积极参与了区域经济一体化组织进程。

1. 区域经济一体化最初发展阶段（1972 年以前）

此阶段从 1949 年开始，经历了 23 年，在 1958 年以前仅仅建立了两个区域经济一体化组织，一个是经济互助委员会，一个是欧洲煤钢联盟。此阶段成立的区域经济一体化组织主要是为了达到一定的政治目的，而经济的发展处于次要的位置。

1949 年 1 月成立的经济互助委员会是以前苏联为首的社会主义国家参与的区域经济组织，其成立的主要目的是应对马歇尔的欧洲复兴计划（European Recovery Program），可以说，它是当时社会主义和资本主义两大阵营对垒的产物。经互会的目的是在社会主义国家之间加强和完善经济和科技合作与发展社会主义一体化，并且规定在 15~20 年内分阶段实现生产、科技、外贸和货币金融的一体化。经互会成立初期有 6 个国家，包括苏联、保加利亚、匈牙利、波兰、罗马尼亚、捷克斯洛伐克。阿尔巴尼亚、民主德国、蒙古、古巴、越南先后加入经济互助委员会。南斯拉夫根据专门协定参加经互会一些机构的工作，拥有咨询投票权。中国、朝鲜、老挝、安哥拉、埃塞俄比亚、阿富汗、也门民主人民共和国、莫桑比克等国一度作为观察员参加经互会活动。芬兰、伊拉克、墨西哥和尼加拉瓜分别与经互会签订了合作协定。①

1951 年 4 月，法国、联邦德国、意大利、比利时、荷兰、卢森堡六国在巴黎签订了《欧洲煤钢共同体条约》。条约确定共同体的基本任务是建立煤、钢单一共同市场，取消有关关税限制，对生产、流通和分配过程实行干预。此阶段欧洲区域经济一体化的建立更多是考虑欧洲的安全。1958 年 1 月"欧洲经济共同体"正式启动。此时，欧洲经济共同体的建立已将发展经济作为主要目标，并在其发展过程中建立经济和货币联盟。1967 年 7 月欧洲经济共同体、欧洲原子能共同体、欧洲煤钢共同体三个机构改革

---

① 1991 年 6 月 28 日，由于前苏联解体和一些国家的政治经济体制的巨大变化，经济互助委员会正式宣布解散。

合并，更名为"欧洲共同体"。

2. 区域经济一体化平稳发展阶段（1973—1991 年）

此阶段是区域经济一体化组织平稳发展阶段。20 世纪 70 年代初欧洲经济共同体进一步扩大，表现为英国、丹麦、爱尔兰、希腊、葡萄牙和西班牙的先后加入（1973 年、1981 年和 1986 年），使欧共体成员国扩大到 12 个。此期间欧洲经济共同体 12 国间建立了关税同盟，统一了外贸政策和农业政策，创立了欧洲货币体系，并建立了统一预算和政治合作制度，逐步发展成为欧洲国家经济、政治利益的代言人。同时，欧共体与冰岛、挪威、塞浦路斯、瑞士和列支敦士登、阿尔及利亚、叙利亚和埃及等国家也缔结了自由贸易协定。同时，发展中国家区域经济一体化进一步发展。这一阶段，在发展中国家之间组建了许多较大规模的经济一体化组织，包括拉美自由贸易区和加勒比共同体（1973 年），西非国家经济共同体（1975 年），南部非洲发展协调会议（南部非洲发展共同体的前身，1980 年）、海湾合作委员会（1981 年）、拉美一体化协会（由 1960 年成立的拉丁美洲自由贸易协会而来）、阿拉伯合作委员会（1989 年）、南方共同市场（1991 年）、智利-墨西哥自由贸易协定（1991 年）和非洲经济共同体（1991 年）等。

在这一历史时期，各缔结的经济一体化组织由以政治与安全为导向，逐步转化为以经济发展为导向，而且这一阶段建立的区域经济一体化组织多数为多个国家组成的 CU 或 FTA，双边区域经济一体化组织相对较少，而且各个区域经济一体化组织成员的地理位置相互接壤。

3. 区域经济一体化蓬勃发展阶段（1992—2000 年）

20 世纪 90 年代初开始，全球区域经济一体化进程呈现出不断加快发展的趋势，不仅表现在其数量的增加和规模的扩张上，而且原有的经济一体化组织有更深入的发展。此阶段区域经济一体化组织以相当快的速度增加。

前苏联国家的解体和东欧剧变，加速了区域经济一体化组织增长的进程，1992 年区域经济一体化组织净增加了 15 个。在东南亚地区，继 1984 年文莱加入东南亚国家联盟之后，越南、老挝、缅甸和柬埔寨 4 国也先后加入东盟，使这一组织涵盖整个东南亚地区。20 世纪 90 年代初，东盟率先发起区域合作进程，逐步形成了以东盟为中心的一系列区域合作机制。1992 年 1 月成立了东盟自由贸易区。1991 年 12 月 11 日欧共体在马斯特里赫特首脑会议通过了建立欧洲经济与货币联盟和欧洲政治联盟为目标的《欧洲联盟条约》，亦称《马斯特里赫特条约》（简称"马约"）。1993 年 11 月 1 日《欧洲联盟条约》正式生效，欧共体再次改名为"欧洲联盟"，简称欧盟。此后，欧盟加大了扩张进程，1995 年奥地利、瑞典和芬兰加入了欧盟，使 EC 成员国扩大到 15 个。其他发展中国家区域经济一体化组织的规模和数量也逐渐扩大，中美洲自由贸易区（1993 年）、泛阿拉伯自由贸易区（1998 年）相继建立。2000 年 9 月南部非洲发展共同体（Southern African Development Community，简称：SADC）成立。这是非洲最大的区域经济一体化组织。在拉美地区，新的国际经济一体化组织不断涌现。美国和加拿大两国于 1989 年签订了美加自由贸易协定，并在 1992 年与墨西哥签署了由三国参加的北美自由贸易协定，该协定是美洲经济一体化重要的里程碑。①

4. 区域经济一体化的深入发展阶段（2001 年至今）

进入 21 世纪开始，中国与承认其市场经济地位的贸易伙伴开展区域经济一体化组织谈判。2001 年 5 月中国正式成为《曼谷协定》成员，后改为《亚太贸易协定》。2001 年 11 月中国与东盟签署了《中国—东盟经济合作框架协议》。截至 2010 年 5 月，中国已经与中国香港和澳门、亚太贸易协定、东盟、智利、新加坡、新西兰、巴基斯坦、秘鲁、哥斯达黎加签订了 9 个区域经济一体化协定。

亚洲的日本和韩国这一阶段签订 FTA 的速度比较快，自 2002 年 11 月日本与新加坡签订第一个区域经济一体化组织以来，先后与墨西哥、马来西亚、智利、泰国、印度尼西亚、文莱、菲律宾等国家共签订了 8 个区域经济一体化组织。韩国发展进程也比较快，截止到 2009 年 5 月，已经有 7 个区域经济一体化组织在运作。

2004 年欧盟加速了东扩进程，塞浦路斯、匈牙利、捷克、爱沙尼亚、拉脱维亚、立陶宛、马耳他、波兰、斯洛伐克和斯洛文尼亚 10 个中东欧国家加入欧盟，使欧盟成员国增加到 25 个。2007 年 1 月罗马尼亚，保加利亚加入欧盟。2007 年 10 月 18 日，欧盟 27 个成员国的首脑在葡萄牙首都里斯本就《里斯本条约》的文本内容达成共识。

7.2.3 经济信息化趋势初现端倪

所谓经济信息化，是指社会经济的发展，从以物质与能源为经济结构的重心，向以信息为经济结构的重心转变的过程。目前，全球经济信息化趋势已经初见端倪。

1. 全球信息网络为经济信息化提供了坚实基础

20 世纪 70 年代以来，随着微电子技术、计算机技术、通信技术、光电子技术等的发展，围绕信息的产生、收集、传输、接收、处理、存储、检索等，形成了开发和利用信息资源的高技术群——现代信息技术。其中最重要的是微电子技术、计算机技术、通信技术、信息存储技术、数据库技术、网络技术等，此外还有多媒体技术、声像技术、复印技术、信息检索技术等。信息技术将继续向高性能、低成本、智能化等主要方向发展。纳米科技、生物技术与认知科学等多学科的交叉融合，将促进基于生物特征的、以图像和自然语言理解为基础的"以人为中心"的信息技术发展，推动多领域的创新。重点研究低成本的自组织网络，个性化的智能机器人和人机交互系统、高柔性免受攻击的数据网络和先进的信息安全系统。

20 世纪后期，由于数字技术及半导体技术的进展，通信技术从模拟通信走向数字

---

① 根据 WTO 网站区域经济一体化组织 database 资料整理。

通信，并与计算机相互渗透，形成了计算机网络或数字通信网络。由于信息交换的网络规模及覆盖面日益扩大，以及国际互联网迅速普及，现代社会加速了网络化的进程，给人们的生产方式、生活方式和思想观念带来翻天覆地的变化。20 世纪 90 年代以来，全球信息网络将飞速发展。宽带通信已成为国际上应用最广的通信技术，IP 技术已占数据通信领域的主导地位，新一代智能化光网络将逐渐成熟，多媒体技术、虚拟现实技术、网络技术、数据库技术等一系列信息技术将会在全球信息网络建设中得以改进、完善及发展。

2. 信息已经成为全球经济中的重要生产要素

信息是生产体系的一部分，生产体系需要信息控制经济活动的开始、运行及终止，控制生产的数量和质量。信息作为一种生产要素，具有如下特点。

第一，信息具有强大的渗透性，可以渗入一切生产要素和经济活动中，增加各生产要素的知识或技术含量，使各生产要素进行现代化配置和组合，从而实现内涵式的扩大再生产。具体来说，在市场经济条件下，一切物质资源的开发和利用，一切产品质量的提高和效益的增大，一切生产技术和产品的更新换代，一切决策的及时和正确，都依赖于信息搜集的数量和质量、信息筛选和加工的能力和速度。信息渗透到一切经济和经营的环节中，已经成为企业经营降低成本、提高质量、加快速度、战胜竞争对手的有力武器。

第二，信息是一种在使用中不受损失且收益递增的生产要素。迄今为止，经济增长大都是资源依赖型的经济增长，经济增长总是伴随着资源消耗的增加。而信息和知识是可以不断积累、不断复制、不断传递、反复使用的生产要素，其成本不断下降，其报酬不断递增。与传统的物质生产要素相反，信息发挥作用的规律是收益递增。

第三，信息是一种最具流动性的生产要素。它不受地域、国别、空间的限制，可以跨地区、跨国界地直接流动。当今世界各个角落几乎都被信息流构成的密网所覆盖。从信息流的内容来说，有政治、经济、文化、科技、军事等信息；从信息流载体来说，既有传统的印刷品信息、电话、电报信息，又有新兴的图像、数据多媒体信息；从信息所依托的产业来说，有新闻出版业、邮电通信业、广播电影电视业、咨询业、电脑数据库业等。这些信息流及其载体在世界迅速普及，形成互联网，给各国特别是后进国家追赶先进国家提供了有力的渠道和工具。

3. 信息产业对经济增长的推动力与日俱增

20 世纪 90 年代以来，以微电子技术为基础，以计算机技术和通信技术相结合为主要特征，以信息高速公路为代表的信息化革命席卷全球，信息化已成为推动经济增长和社会进步的历史进程，从而信息产业也就成为带动世界经济发展的支柱产业。信息产业指现代信息设备的生产制造以及利用这些设备进行信息采集、储存、处理与服务的部门的总和。具体地说，信息产业包括信息机械设备生产业（电子计算机及其外部设备、现代通信机械器材、现代影视机械器材、自动控制机械系统、信号装置设备等)、信息生产业 (宣传、印刷出版、教育、研究开发等)、信息服务业 (咨询服务、档案储存、数据库、审计服务、法律服务等)。世界信息产业从初露端倪到现在,其发展速度远远超过其他产业。

目前,信息技术和信息产业已成为发达国家经济中规模和影响最大的产业,并且促使世界发达国家的产业结构发生重大变化。信息产业的迅速发展和社会经济作用的提高,使产业的划分和产业结构发生了新的变化。其突出表现在:第一,三大产业的界限日益模糊。过去,三大产业在劳动工具、劳动时间、劳动方式、产品形态上各不相同,界限比较分明。但是,由于经济信息化的发展,电脑及其他信息设备的大量涌现及其在各产业中的广泛应用,使各产业部门都具有了跨部门、跨产业的特点。例如钢铁工业属于第二产业,但其应用电脑设备进行自动化生产,其开发和使用的软件又属于第三产业;农业生产属于第一产业,但农业中信息技术和生物技术的应用,又使其汇入第三产业之中;就是信息产业本身,其硬件的生产属于第二产业,而其软件生产当属第三产业。第二,由于信息经济的发展使三大产业之间的界限日渐模糊,三大产业的划分已经难以表达产业结构的新变化。人们趋向于将信息产业从第三产业中分离和独立出来,将其称为第四产业。这种产业代表着新一代的生产力,是促进社会从工业社会向信息社会过渡的先导产业。它的发展水平也是衡量一个国家综合国力的重要尺度。

7.2.4 全球技术创新速度加快

面对经济全球化、知识经济和信息化的高速发展,技术要素已成为影响跨国公司竞争优势的决定因素,以技术创新全球化为核心便成为其构建跨国投资的经营战略。20世纪 90 年代以前,美国产品的平均生命周期为 3 年,现在 IT 产品的生命周期已降到不到 1 年。与此同时,技术的构成正日益复杂,对技术的研发投入也日益增大,而且新技术的重大创新更多在跨学科、跨产业领域出现。信息技术的高速发展和普及加速了技术的扩散,经济全球化的发展改变了以往技术、消费都以美国等少数几个发达国家为中心的现象,使新技术、新的消费热点有可能出现在其他发达国家以及新兴工业化国家,从而使进入国际市场的企业增多,竞争加剧。

技术生命周期的缩短直接影响着产品乃至企业的生命周期。因此,跨国公司的竞争优势不再主要取决于资源、资本、硬件技术的数量、规模和增量等传统生产要素,其核心优势必然是建立在技术流量的基础之上。跨国公司只有不断加大研发的投入,不断加快生产和获取新技术的方式,占据在技术上的动态优势,才能立于不败之地。所以,跨国公司通过对外投资进行技术的内部转移,不仅是为了保持跨国公司现有技术存量的完整,也是为创造新技术而构筑平台,使得跨国公司更加注重全球范围的规模经济和范围经济,从而尽快分摊巨额的研发投资成本。

与此同时,信息技术的高速发展也加快了技术的成长和扩散速度。当前,跨国公司之间的竞争已从传统的市场结构因素转移到企业产生新技术和复制新技术之间的较量，成为一种创新者和模仿者之间的竞赛，跨国公司要实现自身转移和创新技术的有效性，其转移和创造技术的速度必须超过这一技术在市场上被仿制的速度。

7.2.5　国际竞争日益激烈

在经济全球化背景下，世界各国之间的经济联系日益紧密。但是由于市场容量的有限性，国际竞争也呈现出日益激烈的迹象。

1. 跨国公司成为国际市场竞争的主体

当今国际市场的一个重要特征是，跨国公司成为国际市场的竞争主体，对国际市场的控制程度不断加大。主要表现在以下几点：第一，对外投资规模扩大，分支机构数量增多。第二，对外投资地域分布广泛，新兴产业成为其投资重点。跨国公司对亚太地区新兴工业化国家和地区的投资急剧增加，从而增强了他们对新兴市场的控制能力，高新技术、金融保险和贸易服务等新兴产业成为其投资重点。第三，内部贸易比例增大，本地化程度提高。第四，跨国并购增长迅速，市场垄断趋势明显加强。

2. 竞争范围不断被扩大

国际市场竞争范围不断扩大，第一表现为行业界限的突破。经济的全球化和信息化使竞争不仅仅限于单个的产业市场，特别是互联网已将不同的行业联结起来，使行业的界限趋于模糊，因此，传统的竞争结构已被打破，国际市场竞争呈现出多行业互动竞争的态势。第二表现为地域范围的扩张。随着信息技术的发展，消费者可通过邮政、电话或网络向远在海外的生产厂家或经销商购买产品或服务，企业也可利用互联网与分散在各地的顾客联系和沟通，当地厂商在本国市场的垄断地位将被打破，竞争的地域范围趋于全球化。第三表现为形式和内容的多样化。国际市场竞争不仅表现为产品出口竞争，还表现为产品输出、资金输出、技术输出和品牌输出等多种形式的综合竞争；不仅包括产品数量、款式、包装和价格等有形竞争，而且还包括服务、品牌、信息、形象等无形竞争；不仅存在争夺产品销售市场的竞争，而且还存在资金、技术、信息、人才乃至战略伙伴的竞争。

3. 竞争手段的层出不穷

国际市场竞争手段的创新，一是从单一的价格竞争发展到产品、服务、价格、分销和促销等多种手段的组合竞争。二是从可控因素的竞争扩大到可控因素和不可控因素的综合竞争。当今国际市场上贸易壁垒林立，仅仅依赖产品、定价、分销与促销等可控因素竞争，企业往往无法进入备受保护的当地市场。只有综合利用经济、心理、政治和公共关系等可控因素与不可控因素，形成众多营销因素的竞争合力，才有可能打开封闭的国家或地区市场。三是促销方式创新。广告促销、人员推销、营业推广等是传统的促销方式，而当今国际市场上服务促销、关系促销、文化促销、绿色促销和网络促销等促销形式层出不穷，竞争手段趋于多样化。

4. 竞争方式逐步发生转变

国际市场竞争方式呈现出从粗放式向集约化发展的趋势。第一，从价格竞争向非价格竞争转变。产品质量、交货时间、售后服务和企业形象等非价格竞争手段逐渐成为国际市场竞争的主要方式。第二，从物质竞争转向非物质竞争。产品品牌、服务质量、企业形象和文化内涵等非物质竞争成为国际市场竞争的重点。第三，从追求规模经济的竞争转变为强调适应与创新的竞争。当今国际市场营销环境多变，消费需求多样，客户订单呈现数量少、品种多和要货急的特点，批量生产、批量销售的规模竞争模式难以适应，竞争的关键在于对国际市场变化的快速反应，强调的是适应与创新。第四，从单纯竞争转变为既竞争又合作。为了避免不必要的过度竞争，许多企业开始接受既竞争又合作的新理念，与竞争对手建立战略联盟，追求"双赢"的竞争效果。

7.3 国际环境的变化对国际商务活动的影响

近年来，企业跨国经营的国际环境发生了巨大变化，尤其是经济全球化、区域经济一体化以及经济信息化等新的国际环境，给跨国企业带来了空前的机遇和挑战。具体而言，当前国际环境的变化从以下几个方面对跨国企业的国际商务活动产生了影响。

7.3.1 对跨国企业的整体运营环境与成本产生影响

在经济全球化和区域经济一体化的背景下，世界各国之间的相互依赖日益加深。为了应对这一情况，世界各国普遍采取了贸易与投资自由化、便利化等政策，为跨国企业提供了更加宽松的经营环境。此外，信息技术的广泛应用有效降低了跨国企业的经营成本，进一步优化了跨国企业的经营环境。

第一，跨国企业利用信息技术可以用来全面有效地改造原有的传统产业，实现机电一体化和智能化，促进生产能力和经济效益的极大提高。应用现代信息技术将产品设计、生产过程、生产管理、营销管理、资金管理等各个环节联结起来，既能降低生产成本，又可以提高劳动生产率。据统计，在设计、制造方面，用计算机辅助设计与制造，可使设计与制造的出错率从手工设计、制造时的 5% 降低到现在的 1%，其工效提高 6~8 倍，投资至少节省 2%~5%，产品试制周期缩短 1/3 至 1/2。由于柔性制造技术对库存管理具有替代效应，使信息化企业减少了库存量，降低了管理成本。

第二，应用信息技术可以降低跨国企业决策成本。跨国企业一方面经营的产品复杂多样，另一方面市场涉及国家多，同时面临激烈竞争。通过应用现代信息技术，采取网络组织形式，跨国企业总部可以抛开许多具体繁杂的管理和控制事项，集中精力研究把握公司的总体战略，集中财力和人力进行更合理化的资源配置，而子公司则可以主动地抓住机遇，快速地适应市场变化，灵活地应对千差万别的环境。信息技术的应用缩短了信息的流程，保证了信息的开发和共享，有利于子公司经营决策的协调与合作，以及公司内部各级管理者的才能与优势的调动。

第三，信息技术的应用为跨国企业与市场之间的交流合作提供了便利条件。信息技术对通信技术的影响，不仅在于大幅度地降低通信费用，而且使通信手段日益丰富，如互联网的普及和电子商务的发展，使得跨国企业之间的信息交流更加便利和快捷，从而降低了因交易而产生的成本。

第四，跨国企业应用信息技术使产品自身的信息可以直接进入计算机网络，以便对产品产生的问题进行迅速诊断和维修，提高了对用户服务的质量和速度。凭借条码技术和其他商业信息收集手段的利用，跨国企业还可以得到实时的市场信息，优化营销活动，并将消费者需求和偏好的变化迅速传达给生产部门，提高对消费者需求变化的应对能力。

在众多的跨国企业中，跨国公司的快速发展格外醒目。作为生产国际化和资本国际流动的载体，富可敌国的跨国公司的数量和规模持续扩大，组织形式和经营方式也不断表现出新的特征。跨国公司的发展反映出世界经济微观基础和运行机制的明显变化，对世界经济的运行与发展产生了广泛而深远的影响。

20 世纪 90 年代以后，跨国公司母公司和子公司数量大幅度增加。1991 年，全球范围跨国公司母公司数为 3.7 万家，所属国外分支机构为 24 万家。到 2000 年，全球跨国公司母公司总数已达到 6 万多家，拥有 80 多万家国外分支机构。另外，以跨国公司为主体的全球化生产与销售规模空前扩大。1992 年跨国公司在国外的销售额约为 5.5 万亿美元，而到 1998 年已超过 11 万亿美元，大大超过同期全世界商品和劳务出口总额。1999 年，跨国公司海外附属企业的货物和服务的销售额为 135640 亿美元，超过同年世界货物和非要素服务出口规模。进入 21 世纪之后，跨国公司的生产与投资国际化程度获得了空前的提升。以全球排名前 100 名的跨国公司为例。如表 7-9 所示，2006 年，全球跨国公司 100 强总资产达到 92390 亿美元，其中海外资产达到 5245 亿美元，海外资产占总资产的比例达到 57%。2007 年，全球跨国公司 100 强的海外资产增加至 61160 亿美元。2008 年，全球金融危机使得跨国公司 100 强的海外资产有所缩水，但是仍维持在 60940 亿美元。2007 年和 2008 年，跨国公司 100 强的海外资产占其总资产的比重仍保持在 57% 的水平。此外，跨国公司 100 强的海外销售额由 2006 年的 40780 亿美元增加至 2008 年的 52080 亿美元，占其销售总额的比重也由 2006 年的 58% 增加至 2008 年的 61%。随着跨国公司海外业务的日益增加，其海外雇员的数量和比重也逐年增加。全球跨国公司 100 强的海外雇员数量从 2006 年的 858.2 万人增加至 2008 年的 889.8 万人，占其雇员总数的比重由 2006 年的 56% 增加至 2008 年的 58%。全球最大的 100 家跨国企业生产与投资国际化程度的不断提高，直接体现出生产与投资全球化进程的深化与扩大。

表 7-9　　全球最大的 100 家跨国公司生产与投资国际化状况（2006—2008 年）

	2006 年	2007 年	2008 年
资产			
海外资产（亿美元）	52450	61160	60940
总资产（亿美元）	92390	107020	106870
国外资产占比（%）	57	57	57
销售			
海外销售（亿美元）	40780	49360	52080
总销售（亿美元）	70880	80780	85180
国外销售占比（%）	58	61	61
雇员			
海外雇员数（万人）	858.2	844	889.8
总雇员数（万人）	1538.8	1487	1530.2
海外雇员数占比	56	57	58

资料来源：联合国贸发会议.世界投资报告（World Investment Report，2009）.

7.3.2　促使企业跨国经营方式发生转变

20 世纪 80 年代以前，国际资本的跨国投资，主要通过独资、合资或者合作方式设立新企业。80 年代以来，特别是进入 90 年代，跨国经营的主要方式已悄然发生变化，由新设投资转向并购投资。2000 年这种并购投资已占整个跨国经营比重的 85%。实践证明，并购投资方式比新设投资方式时间短、成本低，还能迅速扩大规模，建立营销网络，得以优势互补，提升竞争力。尤其是近年来，作为资本国际化的主要微观主体，跨国公司在全球资本流动、金融资源跨国界配置进程中也扮演着非常重要的角色。如图 7-4 所示，在全球企业并购浪潮中，银行、保险公司和证券公司等大型跨国金融机构的并购金额不断增加，从 1987 年的 153.5 亿美元增加至 2000 年的 2254.09 亿美元，2007 年进而增加至 6717.53 亿美元。金融机构并购金额占并购总额的比重也由 1987 年的 31.7%增加至 2008 年的 52.3%。在其间的 1992 年和 2004 年，这一比重一度高达 74.0%和 88.3%。这种并购是跨国金融机构适应全球金融竞争的需要的举动，也是化解不良债权的需要的举动。它的意义绝不仅仅是各金融机构在世界排名的变化，更重要的是它表明金融资本全球化程度的加深。

7.3.3　对跨国企业的经营战略与结构产生影响

20 世纪 90 年代以来，跨国公司掀起了组织结构调整的浪潮，这一浪潮达到了前所

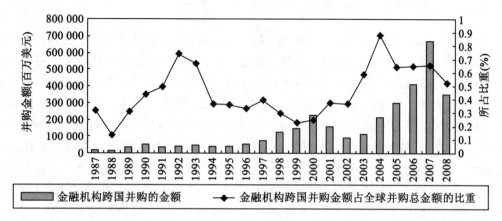

图 7-4　金融机构参与跨国并购情况（1987—2008 年）

资料来源：联合国贸发会议 . 世界投资报告（World Investment Report，2009）.

未有的深度和广度。

在经济全球化条件下，一国国内市场与国际市场的区别，只剩下具体经营环境的差异。市场的国际化，迫使企业跨国经营必须树立"思考全球化、行动本土化"的经营理念，因为在跨国经营中，市场、员工所处的政治、文化、法律等环境是本地的，接触的客户、合作伙伴和经营商也是本地的，因此，20 世纪 90 年代以来，本土化经营已成为跨国公司全球经营战略的重要选择。本土化包括研究与开发的本土化、人才运用的本土化、管理体制的本土化、资本运作的本土化和经营策略的本土化等，跨国经营通过本土化战略，既可以向东道国经济渗透，也使东道国经济得以与全球经济联通；既要考虑本公司在东道国投资中获利，也要考虑东道国能从本公司投资中获利，使双方通过合作都成为赢家。

与此同时，一些著名跨国公司正在逐步告别传统的官僚、臃肿、低效的金字塔体系，代之以扁平化、网络化的分权结构，以增强企业的灵活适应性，方便信息流通，简化决策程序，充分发挥职工个人的主动精神和责任感。所谓的"扁平化"，是指形形色色的纵向结构正在拆除，中间管理阶层被迅速削减，在最高层只保留一个精干的高级经理小组，以发挥在财务、人事等方面的指导作用。目前世界上许多公司都在进行着这方面的组织改造，力求压缩中间管理层次，使信息更加快捷、通畅。例如美国阿莫科公司曾经取消三个子公司和总公司直接领导下的十几个企业，大大压缩了管理层次。

所谓"网络化"，是指公司为了减少管理层次，提高企业内部信息沟通效率，使决策权不再局限于公司上层少数领导者手中，从而面向网络模式的管理结构发展。这种结构通过电子邮件、声音邮件、共享数据库资源等技术，在公司内部提供横向及平行甚至多向重叠的联系，从而加强了公司内部多层次间的信息交流，减少了决策与行动之间的时间延迟。

7.3.4 对跨国企业的生产与研发产生影响

第二次世界大战结束以后，多数企业跨国经营采用大规模生产方式，尤其是美国以大规模生产战略，赢得了全球经济的统治地位。但是，20世纪90年代以来，随着经济全球化的发展，全世界制造行业的生产供应出现了供应过剩现象，并且越来越多的达到"温饱"后的社会公众由满足基本需求而逐渐成为非常挑剔的顾客，以"上帝"的身份出现在制造商、供应商的面前。在这种形势下，传统的大规模生产的负面影响逐渐暴露出来，以个性化客户为中心，以计算机、网络、电子商务为基础的"定制"规模化应运而生。美国戴尔电脑公司就是实施规模定制战略的成功典范，它每年生产的数万台个人计算机，每台都是根据客户的具体要求组装的。海尔集团为满足用户的个性化需求，推出了全球定制模式，以9200个规格品种为"素材"，加上可提供的上千种"佐料"即两万多个基本功能模块，经销商和消费者可在这个个性化的平台上，有针对性地自由地将这些"素材"和"佐料"进行组合，并产生出独具个性的产品。

环境的巨大变化迫使跨国公司改变了将研发部门集中于母公司、滞留在母国的传统。进入20世纪90年代以来，跨国公司研发国际化的趋势日益明显，具体呈现出以下特征。

第一，跨国公司在境外研究与开发机构获得的专利件数不断增加。以拥有跨国公司最多的美、欧、日"三极"地区的19家电子行业跨国公司（美国：IBM，TI，KODAK，MOTOROLA，HP，XEROX，INTEL；欧洲：PHILIPS，ERICSSON，SIEMENS；日本：SONY，TOSHIBA，SHARP，NEC，CANON，MATSUSHITA，FUJITSU，HITACHI，MITSUBISHI）的海外研究者参与获得的美国专利件数与跨国公司获得的全部美国专利件数的比例为例，日本9家公司在1980年、1990年和2000年分别为1.4%、3%和4.7%；美国公司在同期分别为5.3%、10.2%和12.3%；欧洲公司的同期比例分别为16.4%、35.2%和36.7%。这一数据的递增充分表明，跨国公司在研究开发的过程中，其利用国外的高技术水平人才来获取新知识、新技术的趋势日益增强。

第二，跨国公司研究开发基地出现分散化趋势，上述19家跨国公司中，2000年，日本9家跨国公司的海外R&D基地参与研发并获得的美国专利合计为572件，其中有464件是属于美国的R&D基地研发的，属于英国、德国和澳大利亚的R&D基地研发的分别为57件、13件和15件。就美国7家跨国公司而言，其海外R&D基地在1980年分布于9个国家，1990年为18个国家，到2000年更增加到30个国家。欧盟3家公司参与取得美国专利的海外R&D基地所在国家数，1980年为18个，1990年为27个，到2000年则增长到46个。上述数据显示出跨国公司研究开发基地逐步向全球布局的趋势。

第三，技术密集型行业成为跨国公司研发竞争的焦点。跨国公司研发的重点在技术密集型行业，如通信、计算机和办公设备、电子、医药等，这些行业具有技术复杂、研制周期长和研发投资巨大等特点。

第四，跨国公司研发国际化区位选择重点在发达国家。跨国公司研发国际化区位选择与东道国所具备的研发环境紧密相关。跨国公司往往倾向于在科技资源多、科研政策宽松、服务设施完善和创新技术产品的市场销售潜力巨大的东道国从事技术开发，而拥有这些条件的多为发达国家，与此同时，发达国家所采取的有利于高技术产业发展的种种措施，也为技术创新提供了良性科研环境。

7.3.5　对跨国企业之间的竞争与合作策略产生影响

随着全球一体化进程的加快，各国市场面临着被整合为全球统一大市场的局面。在这个大市场里，跨国公司各尽其能，围绕成本、质量、柔性、顾客反应时间等方面展开竞争，以便使自己在其中占取最大的市场份额，这使得跨国公司之间的竞争进一步加剧。竞争的加剧又促使跨国公司近些年来不断调整其经营战略，寻求新的方式获取国际竞争优势，主要表现在以下几个方面。

第一，跨国公司不断强化突出自己的核心业务。在 20 世纪 80 年代，西方典型的跨国公司是多种产品、多种技术和多种市场，是多元化经营的企业。进入 90 年代以来，实施突出核心业务已成为大多数跨国公司的主要趋势和战略。就大多数跨国公司而言，价值链上所有环节并非都有优势，对于不存在比较优势的非核心价值环节，实际上已经失去将这些环节仍通过内部一体化保留在企业内部的必要性，因而可以外包给那些在相应环节保持优势的企业，这样，跨国公司可以将自身的主要资源投入具有竞争优势的环节，或通过兼并目标企业来获得和创造新的竞争优势，以进一步优化原有优势，从而保证跨国公司整体价值链的动态性和占先性。突出核心业务的战略并不是放弃多元化，它是要在突出核心业务中建立市场竞争力，通过释放核心业务的全部潜力，扩展到环绕核心业务的相邻业务中，其基本要旨是：把公司的业务集中到最具竞争优势的行业上；把经营重点放在核心行业价值链上自己优势最大的环节上；特别强调核心能力的培育、维护和发展。

第二，跨国公司争夺新兴市场日趋白热化。新兴市场是指在全球经济一体化过程中经济迅速增长的一些国家和地区，在这些国家和地区，市场正在加速成长且潜力巨大。20 世纪 90 年代以来，在对发展中国家的直接投资中，大约 80% 都流向了中国、印度、墨西哥等 "新兴市场" 国家。这些地区都将是跨国公司激烈争夺的市场。

第三，跨国公司既竞争又合作。既竞争又合作是当今跨国公司经营战略的新动向，当今世界企业竞争日趋激烈，面对市场和外部环境的不断变化和挑战，企业也不断培育和提升竞争能力。企业之间既竞争又合作，可以实现优势互补，建立战略联盟，共同应对挑战，不断开拓发展。企业都充分认识到既竞争又合作的 "双赢" 模式是客观发展的必然趋势，即使是实力最雄厚的企业和国家也无法主宰世界。面对发展迅速的科技和激烈变化的市场等外部环境，跨国公司既竞争又合作，不仅在弥补资源不足、降低风险、开拓市场等方面可以互补促进，而且在开发新技术、控制产品标准、获取和占领市场制高点等方面可以进行合作。

第四，跨国企业之间广泛的缔结国际战略联盟。所谓国际战略联盟，是指两个或两个以上具有互补资源优势的跨国企业，为了达到某些共同的战略目标，通过各种协议、契约结成的利益共享的长期而松散的联合体。这种联合体是基于成本、效率、竞争优势及共担风险等因素的考虑，它可以有效降低成本、提高产品和服务质量，在全球范围内拓展发展空间。进入90年代以来，随着经济全球化趋势的日益加强，市场竞争日趋激烈，跨国经营纷纷由原来的传统企业扩张方式转向缔结战略联盟。据统计，在世界上200家大型跨国企业中，以不同方式结成战略联盟的高达90%，而且合作伙伴日益增多，如美国的IBM公司，在全球就有400多家合作伙伴。国际合作的领域主要集中在资本技术密集型行业，且覆盖从科研开发到产品销售和服务的各个环节。

◎案例

宜家的成功之道

宜家的成长轨迹折射了第二次世界大战后跨国公司发展壮大的一般规律：遵循国际化战略的黄金律，在全球复制公司成功经验的同时兼顾公司文化的适应性。

把一条线分为两部分，长段与短段之比恰恰等于整条线与长段之比，比值为1：0.618，这被称为黄金律。它有严格的比例性、和谐性和艺术性，在音乐、物理、建筑乃至管理学上都有广泛的用途。黄金律的魅力在于不仅允许一分为二地看待问题，还指明了每一部分应该倾注多少的注意力。

1943年，宜家集团（IKEA）由坎普拉德（Kamprad）创办于瑞典，是当今全球最大的家具生产与零售厂商。宜家的成长轨迹折射了第二次世界大战后跨国公司发展壮大的一般规律：遵循国际化战略的黄金律，在全球复制公司成功经验的同时兼顾公司文化的适应性。宜家生产销售的全球化已经进入成熟阶段，母国概念日渐模糊；公司在世界范围推销其倡导的生活方式，产品作为公司文化的载体受到重视；注重公司文化的适应性，适当地将当地生活方式和文化元素融入产品设计。

1. "迫不得已"的全球化

企业全球化包含两个部分，生产全球化和市场全球化。20世纪50年代，迫于国内同行的挤压，宜家被迫到国外寻找原材料供应商，结果却发现成本反而较低。这是宜家的第一次将生产全球化的尝试。从这个角度来看，当时的宜家已经成为一家采购全球化的企业。目前，宜家公司在全球53个国家拥有1300个供应商，这个庞大的供货网络使它总是能够为设计师们的灵光一现的设计物色最合适的制造商。该公司一度曾与滑雪板制造公司联手制作Poang扶手椅，因为这些厂商在加工曲木上比家具制造商专业得多。

有了全球采购的成功，到70年代早期，瑞典家具市场陷入停滞时，宜家自然将目光投向了国际市场。从1974年到2005年，宜家已经从拥有10家店铺的一家公司，扩大至在34个国家拥有251家店铺，销售额达138亿欧元。而且，在宜家138亿欧元的销售额中，仅有8%来自母国瑞典，成为一家不折不扣的跨国公司。

但是，如果没有50年代最初的生产国际化尝试和70年代开始的市场全球化扩张，宜家可能仅仅是一家并不知名的瑞典小企业，甚至可能已经破产。在全球化浪潮的席卷下，很多企业都必须在国际市场上寻找更价廉物美的原材料，更多的客户来增强自己的市场竞争力。固守本国市场可能不但无法发展壮大，甚至连生存都不可求。外战内行，内战才不会外行。

2. 卖家具，更卖生活方式

宜家在全球范围内推销其所倡导的生活方式，而产品则是实现这种生活方式的最佳途径。宜家在各国都拥有数量众多的顾客，他们大都把光顾宜家专卖店看作是一次休闲活动，而不是进行日常家庭采购。这其实正是宜家刻意为之的结果。哈佛大学商学院在它的宜家公司经营案例报告中说，该公司采用了一种"温和胁迫"的做法，目的是尽可能让顾客在商店多待一会。例如，顾客一进店门，就可以把自己的孩子寄放在店内的儿童游戏室里，此类设施的设置完全是为了使顾客能够从容地在店内购物和闲逛。由于宜家的环境如此让顾客流连忘返，即使没有特别合适的东西，客户甚至也会买上一两件作为逛街的战利品。

轻松、自在的购物氛围是全球250多家宜家卖场的共同特征。在这个环境中，你也可以自由放松地享受宜家的生活氛围。立体展示、透明化的信息、亲身体验……宜家用心打造每一个营销环节，给人们的购物之旅带来不少乐趣。

"设计精良、美观实用"与"老百姓买得起"，在当前的家居市场，几乎是一个悖论，可宜家实实在在做到了。宜家除木制家具外，还有陶土、金属、玻璃、硬纸等制品，小到杯子、刀叉，大到组合家具，宜家的产品简约、精美、时尚、温馨，搭配丰富的色彩，不矫揉造作。在这里，所有的产品，想象丰富，大胆创新，没有浓郁的工业化产品感觉，取而代之的是人性化。在满足人们物质、生理需要的同时，也满足了人们对美感的需求，这就是宜家创造的家居文化。而宜家的这种风格也确实能够打动大多数顾客的心，激起人的购买欲望。

为了贯彻实现以上风格，希望自己的品牌以及自己的专利产品能够最终覆盖全球，宜家一直坚持由自己亲自设计所有产品并拥有其专利，每年有100多名设计师在夜以继日地疯狂工作以保证"全部的产品、全部的专利"，因此它的设计推陈出新的频率很高，总是能够引领时代潮流。宜家的设计理念是"同样价格的产品谁的设计成本更低"，设计师在设计中竞争焦点常常集中在是否少用一个螺钉或能否更经济地利用一根铁棍上，这样不仅有降低成本的好处，而且往往会产生杰出的创意。"简约"，永远是宜家所追求的审美情趣。

对于发达国家的中产阶级，宜家家具不仅有着匠心独具的设计，而且价廉物美。为了节约物流成本，所有的家具采用平板包装，顾客必须自己动手来组装。对热衷于DIY的年轻夫妇，宜家家具不仅便于搬运，而且乐趣无穷。当然，对于没有动手天赋的顾客，宜家的工作人员可以代劳，但等候时间可能比较长。作为典型的北欧风格家具，宜家的设计理念融合了简洁和实用，体现了对生活细节的关怀。设计师们并不偏好使用昂贵的材料，也不在乎家具看上去是否高档，但他们确实关心家中所有的杂物是否能够恰到好处地摆放，烛光晚餐是否温馨浪漫或者沙发是否足够缓解一天的疲劳。

另外，宜家所代表的北欧设计风格也是其广受欢迎的重要原因。19世纪末，艺术家Carl和KarinLarsson将古典风格与瑞典的民间格调相结合，他们创造了瑞典家居设计的典范，至今仍载誉世界。到了50年代，随着瑞典建立起平等的社会，现代主义和实用主义风格也得到了发展。大自然和家都在人们的生活中占据了重要的位置。实际上，宜家的家具风格完美再现了大自然，充满阳光和清新气息，同时又朴实无华。宜家产品系列很现代但不追赶时髦，很实用而不乏新颖，注重以人为本，在多方面体现了瑞典家居的传统。宜家设计上的成功，引来了大量的仿制者。从产品到价签，宜家在中国遭遇到从个人到商家的大量仿制。很多家具厂商都是到宜家找灵感，然后设计生产自己的家具产品。而那些迷恋宜家风格又不堪承受其价格的顾客，有时干脆带上木工去宜家卖场看好样式、量好尺寸后再回来定做。毋庸置疑，仿制者在一定程度上侵蚀了宜家的市场份额，宜家则以加快产品设计的更新速度来反击。位于瑞典的宜家产品开发中心（IOS）每天都在策划和筛选大量崭新的设计方案，以保持宜家在家居时尚和实用方面的敏锐。

3. 何为国际化战略的黄金律

用七分的资源复制成功，用三分的资源兼顾本土化。宜家印证了这个国际化的黄金律。在海外开连锁店的时候，他们必须改变那些他们赖以成功的策略。当然，所有企业在全球化的时候，都会遇到这种困境，但是零售业更为突出，因为零售业是一种最贴近客户的生意。所以，零售运营商们必须快速调整战略，以适应本地的特性。游戏的陷阱是，在本地化的同时，不能改变那些让我们成功的基石。

1985年，宜家进入美国市场，到1990年在美国开了6家分店，但成熟的美国消费者却不买宜家这个名牌的账。宜家的设计美国人接受不了，比如，美国的房间大，而宜家的床太窄；厨房的碗柜太浅，容纳不下美国人装比萨的大盘子；衣橱的抽屉浅，毛衣根本摆不下。同时，宜家用公分来衡量长度，美国人却用英制的尺寸。经过调查，宜家还发现，很多顾客来家具店参观，走的时候却两手空空，美国顾客抱怨排队太长，有的东西还经常缺货。强势的文化差异使宜家连年亏损。

宜家在美国市场的经历体现了跨国公司在发展中所遇到的种种问题。首先，是否进入美国市场，选择怎样的时机和方式进入美国；其次，进入之后怎样去解决跨国公司所普遍遇到的文化冲突的问题。这两个问题解决不好，宜家在美国陷入困境也就不奇怪了。

宜家进入美国的时机并不成熟。宜家虽然有在加拿大市场成功的经验，但这只是个个例，况且两国的生活习惯，社会竞争环境也不尽相同。公司领导在没有充足前期市场调研和风险评估的基础上就做出了进入美国市场的决定。

坎普拉德的《家具经营者之嘱》中所体现的宜家公司文化和欧洲风格的产品设计也和美国文化摩擦不断。美国的员工不能融入宜家的企业文化，美国的消费者也不喜欢宜家家具的设计风格。

要想走出困境，宜家必须学会去修正自己的企业文化，让它有更强的适应性，不再依赖于某个传奇的领导人。

首先，决策过程要科学。传奇领导人的直觉可能在大部分情况下是对的，但有时也会出错，何况不是每个领导人都有这样的能力。前期的市场调研，风险评估和进入某一新市场所采用的方式都要慎重考虑，不能由某个领导拍脑袋来决定。领导可以去控制决策过程的节奏，但不能抛开整个过程。

其次，不能固守原有的成功经验，企业文化也要因时因地而变。文化，往往被看成是一群人中间共有的，为生存而形成的一套价值观和行为准则。一般的，价值观具有较强的稳定性，是企业文化的核心；而行为准则，作为价值观衍生出来的具有方法论意义的内容，必须适应外部环境的变化。跨国公司必须坚持国际化战略的黄金律，既要坚持自身赖以成功的公司文化，也要不断发掘不同文化之间的细微差别并适时校正自己的行为准则。唯有如此，跨国公司才能克服文化差异导致的经营困境。

发现原因后，宜家迅速做了美国战略调整。在产品上迎合当地的口味，在家具尺寸和风格上做调整，优化购物的流程，避免客户排队等待时间，加大库存，提高送货的效率（次天送货），组织本地生产等。之后，宜家的运作开始好转，1990 年销售翻了 3 倍并开始盈利。1991 年宜家在洛杉矶收购了 4 家模仿店，10 月，宜家开了美国第 13 家家具店。

经过这次教训之后，宜家改写了它的经营原则，改变了宜家在不同地区以同样的方法销售同样的产品的做法，在广告策略上不再强调纯的北欧设计风格，而强调变化和多样的瑞典生活理念。

资料来源：沈晗耀、王少杰 . 国际化战略的黄金律：宜家成功之道 . 董事会，2007 年第 7 期。

◎ 思考题

1. 宜家的跨国经营面临着怎样的国际环境？
2. 国际环境给宜家的跨国经营带来了怎样的机遇和挑战？
3. 宜家跨国经营的成功之道给中国企业什么样的启示？

第四篇

国际商务运营管理

第四章

国际百货公司管理

◆◆ 第 *8* 章
国际商务主体与组织结构

◎本章要点

1. 跨国公司有多种界定方法，一般认为跨国公司是在两个或两个以上的国家（经济体）建立的有一个统一决策中心并且通过产权（股权）关系接连的经济实体。目前，跨国公司是国际商务最重要的活动主体。

2. 跨国公司的经济实践很早，但它的快速发展时期还是在第二次世界大战之后，特别是 20 世纪 90 年代以来跨国公司发展出现了一些新变化。

3. 跨国公司的组织结构比较复杂，根据控制与被控制关系，跨国公司可以划分为母公司和子公司或者是总公司与分公司。

4. 跨国公司管理结构可以分成全球职能式结构、全球性产品组织结构、全球性区域组织结构和全球矩阵式结构四种类型。

5. 由于经济全球化和信息技术革命的影响，目前跨国公司组织结构出现了扁平化、柔性化和网络化的趋势。

8.1 跨国公司及其发展

在经济全球化背景下，跨国公司作为非国家经济行为主体，凭借显著的竞争优势和活跃的投资活动，已经成为国际商务活动的主体出现在当今国际舞台上。而且根据其发展趋势跨国公司将必然成为一支不可忽视的国际经济力量。因此，了解跨国公司组织结构对学习国际商务有重要意义。

8.1.1 跨国公司的定义

跨国公司有多种界定方法和不同的名称，例如跨国公司、多国公司、国际公司、超国家公司、宇宙公司等，这些名称都是社会各界从不同角度对跨国公司进行的描述。仅从"跨国公司"的字面意思可以把它理解为在它们基地所在国家之外拥有或控制生产或服务设施的多国企业。

目前人们普遍接受的定义是 1983 年联合国跨国公司中心对跨国公司做出的明确界定，它主要包括：（1）跨国公司包括设在两个或两个以上国家的实体，不管这些实体的法律形式和领域如何；（2）跨国公司在一个决策体系中进行经营，能通过一个或几个决策中心采取一致对策和共同战略；（3）跨国公司的各实体通过股权或其他方式形成的联系，使其中的一个或几个实体有可能对别的实体施加重大影响，特别是同其他实体分享知识资源和分担责任。

因此，总体上可以说，跨国公司是以营利为目标的，在两个或两个国家通过股权或其他方式形成的，相互之间能通过一个或多个决策中心采取一致对策和共同战略的经济实体。

8.1.2 跨国公司的发展

1. 第二次世界大战之前跨国公司的发展

跨国公司的雏形可以追溯到 17 世纪初期的英国东印度公司。但由于东印度公司是英国在资本原始积累时期对殖民地进行野蛮掠夺的一种殖民组织，所以它并不是真正意义上的跨国公司。

19 世纪初，在完成工业革命的英国，开始出现一些到海外进行贸易或在海外从事公司业务的公司。当时从事的业务主要是在拉美、亚洲和非洲大规模开采原料资源，运回国内加工。

19 世纪末 20 世纪初，第二次工业技术革命推动着自由资本主义向垄断资本主义过渡，巨额过剩资本的形成和向外扩张掠夺的需要，使大规模的资本输出成为可能。这一时期跨国公司母公司只局限在英国和美国等少数资本主义强国，同时跨国公司的对外投资主要为间接投资。另外，投资区域主要集中于资源丰富的国家和殖民地国家，用于东道国铁路、公用事业和资源开发业。

1914—1945 年的两次世界大战使跨国公司的发展进入低谷，跨国公司发展势头减缓。这一阶段，发达国家对外投资额基本上徘徊不前，增加数额有限，增长速度缓慢，有些国家甚至出现负增长情况。

2. 第二次世界大战之后跨国公司的发展

20 世纪 40 年代末到 60 年代，跨国公司发展开始出现美国跨国公司占据了主导地位的局面。由于欧洲与日本的工业能力大部分被摧毁，第二次世界大战后，国际经济与政治环境发生了对美国有利的变化。

20 世纪 70 年代以来，日本和联邦德国经济的崛起，美国经济整体实力的下降使世界政治经济环境发生了较大变化。从 1956 年开始，日本工业以平均 10% 的年率增长，到 1962 年日本实际国民生产总值增长约 1 倍，制造业净增长近两倍。联邦德国 50 年代国民生产总值年平均增长率为 7.5%，60 年代为 6.8%。同时，70 年代发生的两次石油危机大大提高了石油输出国在世界经济中的地位，亚洲与拉丁美洲的一些发展中国家与新兴工业化国家经济高速发展，形成潜力巨大的新区域市场。

20 世纪 80 年代末 90 年代初，由于冷战结束，国际贸易与投资环境的改善以及经济全球化的发展趋势，都对跨国公司的发展产生了直接和积极影响。

在经济全球化背景下，自由化、信息化成为全球性特征，资本国际化进入了一个新的发展阶段，跨国公司作为资本国际化的载体也迅速发展，出现了一些新现象，主要表现在对外直接投资总额和比重明显增长和数目急增但分布不平衡上。例如，1990 年全世界跨国公司总数超过 3.5 万家，在海外设立分支机构 15 万多家。2009 年，在世界各地大约有 6.5 万家跨国公司，分支机构达 85 万家。但是，跨国公司分布的地区与经营的行业分布并不平衡，以海外资产衡量的世界最大 100 家跨国公司中有 90 家跨国公司的总部设在美国、欧盟与日本等发达国家与地区。此外，跨国公司还具有投资领域发生转移、研发费用增长迅速等特点。

8.2　跨国公司的组织形式

8.2.1　母公司和子公司

跨国公司是以母公司对外投资为前提，以母公司的经营目标为中心的企业。根据公司在控制与被控制关系中所处地位的不同，可以划分为母公司和子公司。

1. 母公司

母公司是指拥有其他公司一定数额的股份或根据协议能够控制、支配其他公司的人事、财务、业务等事项的公司。母公司最基本的特征，不在于是否持有子公司的股份，而在于是否参与子公司业务经营。

2. 子公司

子公司一般是指母公司出资设立的被母公司控股的具有独立法人资格的公司。一般来说母公司在子公司都拥有相当一部分股权，有很强的控制力，具有独立法人资格，拥有自己所有的财产，自己的公司名称、章程和董事会，对外独立开展业务和承担责任。但涉及公司利益的重大决策或重大人事安排，仍要由母公司来决定。也就是说，实际控制其他公司的公司是母公司，受其他公司实际控制的公司是子公司。它们都具有法人资格。

8.2.2　总公司和分公司

跨国公司也可以分为总公司和分公司。

1. 总公司

总公司是指依法设立的管辖公司全部组织的具有企业法人资格的总机构。与总公司相对的分公司则是指公司在其住所以外设立以自己的名义从事活动的，在业务、资金、人事等方面受总公司管辖，属于总公司的分支机构或附属机构而不具有法人资格的分支机构。

2. 分公司

分公司在法律上、经济上没有独立性，没有自己的名称、章程、财产，以总公司的资产对分公司的债务承担法律责任。总公司通常先于分公司而设立，在公司内部管辖系统中，处于领导、支配地位。

8.3 跨国公司的管理组织结构

8.3.1 管理组织结构的基本模式

根据一体化程度的不同，跨国公司的组织结构可以分为区域一体化组织结构和全球一体化组织结构。本书考虑的是后者，跨国公司的全球组织结构大体可以分为四种类型：全球职能式结构、全球性产品组织结构、全球性区域组织结构和全球矩阵式结构。

1. 全球职能式结构

全球职能式结构，也称多线性组织结构。它按职能来组织部门分工，具体讲，也就是从企业高层到基层均把承担相同职能的管理业务及其人员组合在一起，设置相应的管理部门和管理职务。例如，把所有与销售有关的业务工作和人员都组合起来，成立销售部门，再由分管市场营销的副经理领导全部销售工作。

全球职能式结构的特点：各级管理机构和人员实行高度的专业化分工，各自履行一定的管理职能；实行直线-参谋制；企业管理权力高度集中于最高领导层，主要是经理身上。

全球职能式结构主要适用于中小型的、产品品种比较单一、生产技术发展变化较慢、外部环境比较稳定的企业。由于按职能划分部门，所以采用全球职能式结构的企业职责明确；同时，每个职能部门从事专门的一项职能工作有利于整个组织系统提高稳定性，也有利于管理人员注重并能熟练掌握本职工作的技能，强化专业管理，提高工作效率。

虽然如此，全球职能式结构也存在明显的缺陷：一是横向协调困难。高度的专业化分工以及稳定性使各职能部门的眼界比较狭窄，他们往往片面强调本部门工作的重要性，容易产生本位主义、分散主义，造成许多摩擦和内耗，使职能部门之间的横向协调比较困难。二是对外部环境变化的适应性差。由于人们主要关心自己狭窄的专业工作，妨碍相互间的信息沟通，整个组织系统就不能对外部环境的变化及时做出反应。三是企业管理者负担重。在职能制结构条件下，部门之间的横向协调和经营决策都依靠企业管理者，因此，企业高层领导的工作负担就十分繁重，容易陷入行政事务之中，延误深入研究和妥善解决生产经营的重大问题，同时也不利于培养素质全面的、能够经营整个企业的管理人才。

2. 全球性产品组织结构

全球性产品组织结构是指以公司主要产品的种类及相关服务的特点为基础，设立若干产品部，每个产品部都是一个利润中心，拥有一套完整的职能组织机构和职员，由公司任命一名副经理，负责该产品或产品线在全球范围内的生产、营销、开发和计划等全部职能活动，并直接向公司总经理报告的组织结构。

全球性产品组织结构具有较大灵活性，当企业涉足新的产品领域时，只要在组织结构上增加一个新的产品系列部就行了。而且，由于每种产品都有相对应的产品经理负责，该组织结构有助企业对各个产品系列给予足够的重视，体现了分权化的经营思路，有利于调动产品部经理的积极性，促进了新产品的研发和国际市场的开拓。

全球性产品组织结也有缺点，如果缺乏整体观念，各产品部之间会为保持各自产品的利益而发生摩擦，而产生协调问题；同时，这种组织形式意味着随产品种类的不同，企业要建立多个机构，因此可能导致机构设置重叠、管理人员浪费和产品知识分散化等问题。

一般而言，致力于全球目标的企业都习惯于采用以产品为基础且以全球性业务为中心的全球性产品组织结构。以这种方式组成的全球企业是由许多全球性业务组成的，它适合于技术含量高的产品。因为技术含量高的产品，其各产品的差异很大，而且产品品种很多。IBM 公司采用的就是全球性产品组织结构，该公司分别有一支负责销售个人电脑的销售队伍和负责办公设备的销售队伍。

3. 全球性区域组织结构

对于在地理上分散的企业来说，按地区划分部门是一种比较普遍的方法。因此，全球性区域组织结构是把某个地区或区域内的业务工作集中起来，委派一位经理来主管的企业组织结构。这种组织结构使企业摆脱国家障碍，按照主要的地理区域进行划分，每一个主要的地区都有自己的总部和执行官。在每个区域的首席执行官下面，企业将以国家为中心做进一步划分。这种按地区划分部门的做法，特别适用于规模大的跨国公司。全球性区域组织结构形态，在设计上往往设有中央服务部门，如采购、人事、财务、广告等，向各区域提供专业性的服务。

按照区域进行部门划分有以下几种优势：第一，可以实现责任到区域，即每一个区域都是跨国公司一个独立的利润中心，每一区域部门的主管都要负责该地区的业务盈亏；第二，可以做到权力下放到区域，每一个区域有其特殊的市场需求与问题，总部可以让区域人员处理，每一个区域主管，都要担负一切管理职能的活动，这对培养通才管理人员大有好处；第三，有利于地区内部协调，由于对区域内顾客比较了解，有利于服务与沟通。

随着地区的增加，采用区域组织结构的企业将面临寻找具有全面管理能力的高级管理人才的压力。另外，由于每一个区域都是一个相对独立的单位，加上时间、空间上的限制，一方面使得总部的实际控制力受限，另一方面也难以维持集中的经济服务工作。

4. 全球矩阵式组织结构

全球矩阵式组织结构是在直线职能制垂直形态组织系统的基础上，再增加一种横向的领导系统。这种结构根据产品和地理区域来协调公司各部门的工作，使得事业部制与职能制组织结构特征同时实现。矩阵组织也称之为非长期固定性组织。在组织结构上，它是把职能划分的部门和按产品（项目）划分的小组结合起来组成一个矩阵，一名管理人员既同原职能部门保持组织与业务上的联系，又参加项目小组的工作。职能部门是固定的组织，项目小组是临时性组织，完成任务以后就自动解散，其成员回原部门工作。全球矩阵式结构为现今众多大型组织和跨国企业所采用，尤其是产品部门化和区域部门化相融合的二维矩阵结构，是跨国企业经营的基本模式。

全球矩阵式组织结构机动而且灵活，可随项目的开发与结束进行组织或解散；由于这种结构是根据项目组织的，任务清楚，目的明确，各方面有专长的人都是有备而来。同时，全球矩阵式组织结构还加强了不同部门之间的配合和信息交流，克服了直线职能结构中各部门互相脱节的现象。因而全球矩阵式结构非常适用于以开发与实验为主的，需要横向协作和项目攻关的单位。

但是由于全球矩阵式组织结构中参加项目的人员都来自不同部门，隶属关系仍在原单位，造成了多重领导，容易产生临时工作的观念，加上没有足够的激励手段与惩治手段，项目负责人管理难度增大，对工作完成会有一定影响。

8.3.2 跨国公司管理组织结构的发展趋势

20世纪90年代以来，信息技术的进步和经济全球化的浪潮，已经改变了企业管理者对竞争方式的认识。企业利用现代的通信工具和交通工具，能够观察市场环境的变化和预测竞争者的行动。为了在全球竞争中保持继续领先优势，跨国公司正在以一种全新的方式进行全球性资源配置和转移。由于企业竞争环境的改变和组织能力发展的需要，跨国公司尤其是大型跨国公司纷纷加强了组织结构调整的力度，跨国公司管理组织结构呈现出扁平化、柔性化和网络化的趋势。

1. 管理结构扁平化

企业组织结构扁平化是当今组织结构变革的一大趋势。传统的跨国公司组织结构是类似于金字塔型的结构，目前，西方许多跨国公司的组织结构已经放弃这种组织结构而向扁平型发展。所谓组织结构扁平化，是指通过减少管理层次和裁减冗员而建立起来的一种紧凑型的组织结构，它能使组织变得灵活、敏捷，从而提高组织效率和效能。

现代信息技术的发展为跨国公司组织结构扁平化提供了物质技术基础和手段。信息技术的进步，通过计算机参与决策的管理，加快了信息的收集、传递和处理，缩短了组织结构的高层与基层之间的信息传递距离，提高了决策和管理的速度和效率，传统的组织结构正在变"扁"、变"平"。其中，变"扁"是指大刀阔斧的拆除企业的纵向组织结构，即跨国公司中间管理阶层被缩减。变"平"是指组织部门横向压缩，将原来企业单元中的服务辅助部门抽出来，组成单独的服务公司，使各企业能够从法律事务、文书等各种后勤服务工作中解脱出来。

通过变"扁"变"平"，企业对员工充分授权，激发员工工作动力，培养员工自主工作与协调能力，由此管理者与基层管理者及基层员工之间建立起一种新型的服务关系。

2. 管理结构柔性化

柔性组织结构是相对于传统刚性组织结构而言的，它指适应现代市场需求而产生的，结构简洁，反应灵敏、迅速，灵活多变，能适应现代化的高柔性生产技术的组织结构。

跨国公司在循环过程中持续反复地获取、积累、运用、创造新知识的能力，创新活动的内在特性要求组织结构必须进行相应的调整或变革。随着计算机集成制造系统和敏捷制造系统等先进、灵活可变、高柔性的生产系统在跨国公司中的逐渐采用，跨国公司组织结构出现了柔性化的趋势。组织结构的扁平化，使得管理幅度加宽，同时互联网技术的应用，支持了企业的所有部门及人员能够更直接地面对市场，加快跨国公司对市场和竞争动态变化的反应，从而使组织能力变得更具柔性化。

3. 管理结构网络化

随着经济全球化的发展和国际互联网在国际商务活动中的广泛使用，跨国公司的信息传递不必遵循传统的自上而下或自下而上的等级阶层，依靠计算机网络、软件、虚拟现实技术实现部门与部门、人与人之间资源共享，直接进行信息交流。在此背景下，跨国公司的组织结构呈现出网络化发展的趋势。

网络组织最显著的特征是强调通过全方位的交流和合作实现创新和双赢，其基础是全球网络技术的蓬勃发展和计算机的广泛应用极大地降低了企业间网络的运作费用，推动了企业间网络的发展，形成了信息传递的网络化。具体而言，跨国公司组织结构的网络化主要包括两个方面的内容：一是企业间结构网络化。即以技术和资本为纽带，使处于价值链不同环节的企业间或者处于不同行业的企业间组成一种新的利益共同体网络。二是企业内部网络化，包括企业营销组织网络化和企业内部组织网络化。前者是跨国公司通过发展连锁经营和商务代理等业务，形成了一个庞大的销售网络体系，使得企业实现营销组织网络化。后者是企业内部组织结构日趋扁平，管理幅度加大，执行层机构增多，每个执行机构都与决策层建立了直接联系，横向的联络也不断增多，使得企业内部组织机构网络化。

◎案例

通用汽车——企业组织结构与战略分析

通用汽车公司目前是全世界重要的汽车生产制造公司。通用汽车公司的组织结构分为执行委员会、各事业部、运营委员会、事业部委员会四大部分。其中，执行委员会位于运营机构金字塔的顶端，直接对董事会负责，同时对公司运营方面拥有至高的权力；执行委员会主席同时兼任总裁，拥有执行政策所需的全部权力；各事业部享有一定的独立运营权；运营委员会负责提供政策建议并对事业部进行评估，它的成员包括各事业部总经理在内；事业部委员会围绕协调问题对采购、工程设计、销售等领域给出评价手段和结果。

20 世纪以来，GM 公司的战略呈现以下阶段性的特征：20 世纪 20 年代——产品多样化战略；20 世纪 70 年代——精益生产，科技创新战略；20 世纪 90 年代——满足顾客需求战略；2008 年至今——新能源汽车产品战略。根据不同阶段所制定的战略方向 GM 公司组织结构也做出了相应的调整。与产品多样化战略相对应的是独立运作事业部向"集中政策下的分权"的转变；与精益生产，科技创新战略相对应的是打破官僚体系，成立具有独立职能的新事业部制；与满足顾客需求战略相对应的是按产品划分部门，建立品牌经理制。

1. 独立运作事业部向"集中政策下的分权"转变

以多产品主义为原则实施多型号、多式样战略，形成了由各种车身、发动机、设备、传动系统、颜色组合而成的庞大通用汽车家族，为不同的目标群体生产汽车。

"集中政策下的分权"界定了各个事业部之间的职能，也包括事业部与集团公司总部之间的职能，让独立的、如散沙般各自为政的事业部能在享有一定业务经营权的基础上继续发挥各自的能动性，同时又能使它们彼此之间建立一种协同效应，在集团层面实现"1+1>2"，发挥整体作战的优势。

2. 打破官僚体系，成立具有独立职能的新事业部制

市场对轻型车的需求骤增，以日本汽车为代表的凭借"精益方式"生产的轻型轿车乘势大举进军美国。1984 年，通用汽车公司撤销了负责设计的轿车事业部、负责制造的 Fisher 车身和负责提供改装设备的 GMAD 设备厂，而将这些部门原有人员分别安置到了由雪弗兰、庞蒂亚克和通用加拿大分部组建的 CDC 事业部和由别克、奥兹莫比尔和卡迪拉克组建的 BOC 事业部，这一举措赋予了新成立的两个事业部以独立研发和生产的职能，并将它们置于相互竞争之中，从而在制度上保证了公司具有持久的活力。

3. 按产品划分部门，品牌经理制

品牌经理制是指在企业内部建立产品经理组织制度，以协调职能型组织中的部门冲突。企业所生产的各种产品差异很大，产品品种太多，在按职能设置的市场营销组织无法处理的情况下，建立品牌经理制度是适宜的。其基本做法是，由一名产品市场营销经理负责一个产品品牌经理部，该部门下设几个产品线经理，产品线经理之下再设几个具体产品的品牌经理分支负责各具体的产品。品牌经理制的实施可以有利地推动企业管理水平的全方位提高，改善公司参与市场竞争的机制，使公司能灵敏高效地适应市场的变化。

20 世纪 90 年代汽车消费者的偏好发生了重大的变化，轻型货车包括运动型多功能车（SUV）、微型厢式车和皮卡的年需求量超过了 650 万辆。通用公司根据市场变化，按产品划分部门，实行品牌经理制，通过零部件外购，拆分"垂直一体化"结构。企业建立了品牌经理制后，公司对每一新产品研制开发或现有产品的变动，均应由相应的品牌经理通过严格的程序来进行管理和控制。首先，在市场调研的基础上提出新产品研制开发的意向书，在意向书中，品牌经理概括出当前的市场竞争状况和机会。具体的产品概念（功能、包装等）、销售渠道、竞争对手或潜在竞争对手的情况以及大致的时间进程表等。意向书经过总经理批准后发给产品开发部门和销售部门进行讨论，品牌经理根据各部门讨论的结果，提出产品开发建议。在建议书中，品牌经理组织有关人员进行可行性研究，若能通过可行性研究，品牌经理就着手编制产品开发计划，评述产品生产要求，分给各职能部门执行。在执行过程中，品牌经理可以根据市场信息变化，及时地调整生产计划和销售计划。品牌经理在市场营销中起着关键的作用，他要对所管理的品牌产品或产品成功与否负最终责任。因此，品牌经理不仅要关心新产品的开发、生产和销售，而且还要关心产品和产品线的发展，以期利用品牌的知名度，求得最大的经济效益。

4. 全球新能源汽车战略规划

未来，通用汽车在新能源汽车研发上制定了短、中、长期三步走战略。短期内，通用汽车的研发涉及对现有内燃机技术的持续优化、提高天然气能源和生物能源等可替代新能源的利用程度等多个方面。中期战略即推动混合动力技术的广泛应用。长期战略就是以氢动力为主导，并举开发多种能源。

目前，通用汽车在新能源方面的战略已从"三步走"发展为现在的多样化能源战略，包括近期通过各种先进技术的应用以及混合动力技术的推广，提高燃油发动机的经济效益并降低排放；到推动可替代清洁能源的应用，降低汽车产品对石油资源的依赖度；以及最终走向以"电动汽车和氢燃料电池车"为代表的汽车电气

化发展趋势。

资料来源：www.zhaopinchina.com.

◎思考题

1. 20 世纪以来，通用公司针对其战略在组织结构方面做出了哪些相应的调整，分别起到哪些作用？

2. 试通过学习案例中的组织结构，分析跨国公司企业组织结构和经营战略的关系。

第9章

国际生产管理

◎ **本章要点**

1. 生产物流管理是为了保证生产系统的正常运行而对物流的生产、配送、存储到运输整个系统进行管理的过程。

2. 采购管理是企业为了实现生产和销售计划，在确保产品适当品质的条件下，选择适当的供应商，在适当的时期、以适当的价格、购入必须数量的物品或服务所采取的一切管理活动。

3. 企业生产流程再造的本质就是对企业现有的生产流程进行系统的重新审查和改进，重新设计一个能够在成本、质量、服务及反应速度等方面全面提升的生产系统。

4. 库存管理就是对库存物料进行管理，它涉及库存物料计划和控制的相关业务，主要包括仓库管理和库存控制。

9.1 国际生产系统管理

9.1.1 生产系统与物流系统概述

1. 生产系统的含义

（1）生产系统概念

生产过程本身就是一个物流过程，通常我们将两者合并起来称为生产物流。广义生产系统包括制造业和服务业，狭义的生产系统只包括制造业。本章涉及的内容主要是狭义的生产系统，它是由生产投入、转换、产出与反馈等四个部分有机组合的系统。在整个系统中，进行生产物资采购，投入资本、人力、材料、土地等生产要素，经由生产流程再造、库存管理等转换过程，以增加产品或服务的附加值，最终产出产品或服务，实现产品或服务的价值。同时，在生产活动中还必须注意搜集各种信息，包括产品、服务信息和客户需求信息等，及时调整生产目标，这即是反馈。以上四个相互联系和相互协调的部分构成了生产系统。

（2）生产系统特征

生产系统有很多特性，主要有以下几个：

①集合性。任何一个系统，至少由两个或两个以上的可以相互区别的单元（元素、部件、子系统等）组成的，而且它们之间是有层次的组合。生产系统的集合性反映在系统是由多个可以相互区别的要素（或子系统）所组成，生产系统内各要素是互相联系的。集合性确定了生产系统的组成要素。如将一台机床看作一个子系统的话，它就可分解为许多部件、组件和零件等。

②相关性。系统各个元素之间是相互依赖而有联系的，其中任何一个元素发生变化，其他部分也随之变化，以保持系统的整体最优化。集合性确定了系统的组成要素，而相关性则说明了这些组成要素之间的关系，这种关系构成了生产系统的结构，决定生产系统的性质。如在机床工艺系统中，就是通过机床、刀具和工件按工艺规程的要求相互发生作用，才加工成合格的零件。

③目的性。作为一个整体，生产系统都要完成一定的任务，或要达到一个或多个目的，重要目的之一就是盈利。如果把工厂企业看成是一个系统的话，它就是把生产要素（人、财、物和信息等要素）有效地转变成生产财富（产品），增加原材料的附加价值来创造企业利润。

④环境适应性。任何一个系统都存在于一定的环境之中，它必须能适应外部环境的要求和变化。外部环境与系统是相互影响的，两者之间必然进行物质、能量或信息的交换。如一个工厂的产品进入市场，客户就会对产品的技术功能及经济性等方面作出反应，工厂就应积极、迅速地根据市场的反馈信息来不断调整和改进产品的结构，提高产品质量，以保持产品适销对路，扩大产品销售。

2. 物流系统的含义

（1）物流系统的概念

从广义上讲，物流泛指物质实体及其载体在场所上的转移和在时间上占用的过程，即指物质实体的物理流动过程。它是生产和消费在时间上和空间上被日益分离的条件下，为有机地衔接"供"和"需"双方，保证社会生产顺利进行，而对物质流动进行管理的系统。物流所要解决的问题是物流活动的机械化、自动化和合理化，以实现物流系统的时间和空间效益。

物流系统是由物料、设备、人员以及通信等若干相互制约的动态要素所构成，与生产、采购、储存、包装和运输等活动密切相关，并对时间和空间具有特定要求的有机整体。

（2）物流系统的目的与功能

建立物流系统的目的主要是为了获得宏观和微观两个方面的经济效益。物流系统的宏观经济效益是指一个物流系统的建立对全社会经济效益的影响。物流系统的微观经济效益是指物流系统本身在运行后所获得的企业效益。其直接表现形式是通过有效地组织

"物"的流动，在提高客户服务质量的同时降低物流运营成本。

物流系统具有输入、转换及输出三大功能，通过输入和输出使物流系统与社会环境进行交换，使系统和环境相依而存；而转换功能是输入和输出功能的过渡阶段，也是物流系统的增值阶段。一般来讲，物流系统的输入是指物流成本，而物流系统的输出是由企业效益、竞争优势以及客户服务三部分组成。物流系统主要包括包装、运输、储存、流程加工、配送、物流信息等要素。

3. 生产物流系统的概念和特征

（1）生产物流系统的概念

生产物流系统是为生产目标的完成和生产顺利进行所必需的物料、设备、部件、动力、加工件等，整合为一个物流系统，并能使生产物流总体趋于合理化的综合体。

（2）生产物流系统的特征

生产物流系统是一个复杂而巨大的系统，生产物流的主要特征如下：

①流动性和固定性相结合。生产物流中物的不断流动与生产系统中生产的相对固定相结合，它连接着生产核心环节的两头，伴随着生产环节本身的物流而形成的一个流动性较强的系统；但生产系统是按照固定的产品和生产方式，连续或不连续地生产，系统相对稳定。

②复杂性。在生产环节，物流系统的对象品种繁多，数量庞大。生产环节的快速、高节奏和顺次性较强的特点，决定了生产物流系统必须具有高协调性、准时性、准确性，才能保证生产系统的稳定和秩序。

③多元化。一个运行良好的生产物流系统应具备四个特征：一是准时性。即物的准备、放置和传送必须按照生产工序的要求，在第一时间到位；二是准确性。即物的准备、放置和传送在数量、品种、规格等方面必须一次性满足生产的需要，不允许发生重复物流的现象；三是节约性。即通过准时的物流活动，减少或避免生产的间断时间，保障生产的关键环节的正常运行，达到节约生产工时的目的；四是高质量性。良好的生产物流系统应该在物流管理上尽可能地避免原材料等物料缺陷引起的生产缺陷。

④整体性。系统作为一个整体，其要素是相互联系、相互制约的。表现在物流系统中，就存在一个"效益悖反"问题，它是指在物流的各项活动（运输、保管、搬运、包装、流通加工）中，对于同一资源（例如成本）的两个方面处于相互矛盾的关系之中，想要较多地达到其中一个方面的目的，必然使另一方面的目的受到部分损失。例如减少库存，势必使库存补充变得频繁，必然增加运输次数。因此，物流系统就是要调整各个分系统之间的矛盾，把它们有机地联系起来使之成为一个整体，使成本降为最低以追求和实现部门的最佳效益。

4. 生产物流系统管理的内容和目的

（1）生产物流管理的内容

生产物流管理的内容包括物流资源的投入管理和生产物流的输出管理两个部分。其中，物流资源投入管理的主要目标是以最经济的方法保证及时、充足、优质的物料供应，以及设施设备灵活、便捷的生产运作能力。

（2）生产物流管理的目标

生产物流管理的目标有三个：效率目标、保障目标、最佳效益目标。

效率目标是为了减少等待物料的时间、缩短生产周期、提高生产效率；保障目标是在恰当的时间、以恰当的方式、在恰当的地点、以最经济的方法保障物料的供应；最佳效益目标是在最佳的保障目标下，在最佳的供应路线中，保证物流管理的最佳效益。

（3）生产物流的计划管理

生产物流计划管理是根据计划期内规定的产出产品的品种、数量、期限以及变化的客观实际，具体安排产品在各工艺阶段的进程。同时，为企业内部各生产环节安排短期和长期的生产任务，协调前后衔接关系。

（4）生产物流业务的重组

企业生产物流的重组包括三个内容：功能的重组、组织的重组和管理的重组。通过功能重组可以明确部门的职能，实现团队管理，从而提供快捷、方便、灵活的服务；通过组织的重组可以降低物流的成本，减少物流的资源浪费，提高物流管理组织的运作效率；管理的重组实际上是一种管理方法的创新，是利用先进的物流管理技术、方法和理念，提升管理效率和层次。

9.1.2　生产系统管理的方法

1. 生产物流计划的内容和方法

（1）生产物流计划的内容和特点

生产物流计划的核心内容是生产作业计划的编制工作，即根据计划期内确定的产品品种、数量、期限，以及变化的客观实际，具体安排产品在各个生产阶段的生产进度和生产任务。

生产物流计划主要有三个方面的特点：

①灵活性。承诺是企业对合作伙伴的一种保证，灵活性则是在承诺基础上的一种补充和完善。由于承诺的下达时间超前于承诺本身付诸实践的时间，因此，尽管承诺方尽可能兑现承诺，但误差难以避免。灵活性为承诺方缓解了这一矛盾，使承诺方有可能修正原有的承诺。可见，承诺和灵活性的结合是供应合同签订的关键因素。

②共享性。生产进度信息既是制订生产计划过程中用于修正原有计划的制订新计划的重要信息，也是企业本身检查生产计划执行状况的重要依据。在供应链管理的环境下，生产进度信息属于可共享的信息。企业的生产计划往往和生产过程的实际进度不一致，生产计划信息不可能实时反映物流的运动状态，因此，企业可以通过网络和双方通用的软件了解下游企业真实需求信息，并准时提供所需物资。在这种情况下，下游企业可以避免不必要的库存，而上游企业可以灵活地安排生产，适当地调节生产计划，使供应链上的各个环节紧密地衔接在一起。

③有效性。企业在现有的技术水平下都具有一个最大的生产能力，但最大的生产能力并不意味着最优，因此，在规划生产计划时要尽可能借助外部资源，考虑如何有效地利用上游企业的生产能力，使自身的生产能力与之相匹配。

（2）生产物流计划的方法

生产物流计划的方法包括三种：

①成批生产方式。成批生产方式主要是指耗尽时间法和累计编号法。耗尽时间法是指生产作业计划中已安排的产品生产时间，加上库存中已有产品，足以满足用户对一组产品在时间和数量上的要求；累计编号法指确定各子系统任务时，要从计划初期开始，对产品进行累计编号。这种方法主要是解决当产品轮流生产时，各生产环节必然存在时间与数量的衔接问题。

②大量流水生产方式。大量流水生产方式可以看成是成批生产的一种极端情况，即在相当长的时间内，生产设备仅完成一种生产任务，因此生产计划的安排和产品在各个阶段的平衡和衔接，主要是在数量上的平衡。

③单件小批生产方式。单件小批生产方式主要是安排生产任务在各车间的合理流动和处理顺序，一般分为任务达到方式和任务流动模式。任务达到方式又可分为成批到达和按某种时间统计分布到达；任务流动模式则分为定流型和随机型。定流型的特点是物流路线固定，任务从车间的某一设备开始，逐步向后面的设备流动。随机型特点是物流路线不固定，但存在交叉或逆流现象。

2. 生产物流控制的内容和方法

（1）生产物流控制的内容和程序

在实际的生产物流系统中，由于受到环境的影响，计划与实际之间往往会产生偏差，为了保证计划的完成，必须对物流活动进行有效的控制。生产物流控制的具体内容有：

①进度控制。这是生产物流控制的核心，即物流在生产的过程中对流入、流出以及物流量的控制。

②制成品控制。这主要包括实务控制和信息控制。有效的控制制成品的数量对及时完成生产计划和减少库存积压有重要意义。

③偏差控制。首先要预测计划和实际的差距，实现规划消除差距的措施，及时将差距向生产计划部门进行反馈；另外，为了尽量使本期计划不作或少作修改，也需将差距向计划部门反馈，以便作为下一计划调整的依据。

与控制的内容相适应，物流控制的程序一般包括：

①制订计划。即根据生产计划制订相应的物流计划。

②收集、处理物流信息。

③短期调整。为保证生产的正常进行，及时调整生产计划，使之顺利完成。

④长期调整。对生产进行有效的评估。

（2）生产物流控制的方法

①强制控制和弹性控制。强制控制即通过有关生产标准、严密的监视等手段所进行的控制。弹性控制是指控制能够适应组织内部条件与外部环境的变化，具有灵活性。它们通常与控制的标准有关，有时也与控制系统的设计有关；通常组织目标并不是单一的，而是多重目标的组合。

②目标控制和程序控制。即明确控制系统是核查生产实际结果还是对生产程序、生产方式进行核查。

③管理控制和作业控制。管理控制的对象是全局，指为了使系统整体达到最佳效益而按照总体计划来协调各个环节、各个部门的生产活动。作业控制的对象是对某项作业进行控制，是局部的，其目的是保证具体任务或目标的实现。

3. 生产管理系统

（1）材料需求计划系统（MRP）

MRP 生产管理方法是在全面分析企业生产库存的特点后发展起来的一种将企业采购物流、生产物流、销售物流集成在一起的一体化系统。主要是根据订单或预估的销售量，推算出最适当的原物料购置计划，以在原物料供应充足和进料成本之间取得平衡点，目的是维持生产上需求的适当数量并同时使库存最小化。

MRP 系统实际上是一个信息系统，其设计原则是适时物流原则，即在需要的时间，生产或采购需要的数量。包括输入、转换和输出三个阶段。输入的主要是生产计划、产品结构信息以及库存记录。输出的为生产计划和采购计划。MRP 系统所需的计算和步骤并不复杂，只涉及简单的算术计算：

①总需求量。即每个时期的预计生产量、耗用量或出库量。

②预计到达量。即已经订货物料的时间和数量。

③预计库存量。即满足需求后的期末库存量。

④净需求量。即总需求量减去预计到达量和上期预计库存量。

⑤计划订货到达量。即计划订货的数量和时间，根据计算出的净需求量，按照生产或采购批量调整。

⑥计划订货发出量。应当发出订单的时间和订货数量。

采用 MRP 的好处：减少库存；减少生产成本；更准确的时间和信息控制；实时性的定料；增加投资报酬率；提供良好的制造管理。

（2）准时生产方式（JIT）

准时生产方式就是在一定时间内按照需要的量，生产所需的产品。其核心是追求一种零库存生产系统或使库存达到最小的生产系统。为了降低成本，JIT 采取的主要措施是适时适量地生产产品，最大限度地减少人员数量，全面及时地进行检测和控制。

JIT 生产系统的优点在于能够彻底消除浪费，使企业的内部生产更有效率，提高顾客满意度。一般而言，JIT 的好处有：改进存活周转；减少反应时间；减少存货空间；使生产及时有效。但是这一系统需要满足的条件有：

①必须与运输业者建立长久的关系。

②供应商少量多次生产。

③供应商厂址的选择必须靠近生产厂商。

（3）最优生产技术（OPT）

最优生产技术的基本原理是：面对生产产品，找出影响生产进度的最薄弱环节，集中力量保证最薄弱环节的顺利工作，以缩短生产周期。OPT 的方法分为两个层次，首先是关键产品的生产计划，在确保关键产品生产进度的前提下，再进行非关键产品的生产计划，具体方法如下：

①估算零部件的交货期和工序的交货期。其主要依据是主要生产计划、产品结构、工艺路线以及库存信息。

②确定并平衡关键资源。

③确定关键工序及关键零部件。

④编制关键零部件的生产计划。

⑤编制非关键零部件的生产计划。

9.2 国际生产采购管理

9.2.1 采购

1. 采购的定义

在通常情况下，采购就是一次选购的过程：首先了解需求并选择供应商，然后就价格及其他相关条款谈判，最后确保货物运送。

在狭义上，采购就是为企业购买货物和服务的行为，即为企业获取货物和服务的过程。然而，采购过程不仅仅是一种活动的终点，还是一系列跨组织边界的活动的成功实现。所以，采购的完整定义是为满足用户需求而获取货物和服务的所有必要活动。它的指导思想是：用最合理的成本，在合适的时间和地点，向合适的供应商，以商品交易的形式进行公正的购买，从而满足工厂生存和发展的需要。

2. 采购活动的主体

（1）采购活动的主体

采购活动的主体主要分为采购部门和买方。在作业环境中，采购活动由代表企业根据合同执行采购职能的采购部门负责。在服务环境中，购买活动则是由买方来执行。买方对购买货物以及对货物再销售的企业的销售和利润负有责任。

（2）采购活动的对象

采购对象可以分为直接物料和间接物料。直接物料将直接用于构成采购企业向其客户提供的产品或服务的全部或部分；间接物料则将在企业的内部生产和经营活动中被使用和消耗，转化成为其他形式的产品或服务。

3. 采购的形式

（1）纵向一体化

①纵向一体化的概念

纵向一体化是企业在两个可能的方向上扩展现有经营业务的一种发展战略，它包括前向一体化和后向一体化。

前向一体化是企业自行对本公司产品做进一步深加工，或者对资源进行综合利用，或公司建立自己的销售组织来销售本公司的产品或服务，如制造钢铁的企业自己轧制各种型材，并将型材制成各种不同的最终产品。

后向一体化则是企业自己供应生产现有产品或服务所需要的全部或部分原材料或半成品，如钢铁公司不仅拥有自己的矿山，还拥有自己的炼焦设施；纺织厂自己从事纺纱、洗纱等业务等。

②纵向一体化优势

第一，纵向一体化能为企业带来经济利益。纵向一体化可以提高总资产回报率，并可以制定更有竞争力的价格，不仅保护了自己原有的经营范围，而且扩大了经营业务；同时还限制了所在行业的竞争程度，使企业的定价有了更大的自主权，从而获得较大的利润。

第二，纵向一体化提高了行业进入壁垒。纵向一体化可以使关键的投入资源和销售渠道控制在企业自己手中，从而使行业的进入门槛提高，防止竞争对手轻松地进入本企业的经营领域。

尽管纵向一体化有很多优势，但并不意味着纵向一体化对所有企业都适用。因为，纵向一体化会提高企业在行业中的投资，提高退出壁垒，从而增加商业风险。另外，纵向一体化迫使企业依赖自己的内部市场而不是外部的供应源。而这样做所付出的代价可能随时间的推移而变得比外部寻找资源更昂贵。当企业所在地的行业经历技术革新而企业管理却没有跟上，或者将资金投入下一个技术进步时，后向一体化风险增大。

（2）虚拟公司

①虚拟公司定义

虚拟公司是指利用网络通信技术组成的不受地域和时间限制的经营性组织。虚拟公司可能没有办公室，没有组织，没有系统层次与垂直整合，虚拟公司是看不到的公司，也称之为"影子公司"。

②虚拟公司优势

虚拟公司的优势主要体现在以下几个方面：

第一，虚拟公司具有流动和随时变化的组织边界，能创造一个独特的、柔性的企业组织以满足变化的市场需求。虚拟公司能提供一系列服务，包括发放工资、雇佣职员、设计产品、提供咨询服务、生产零件、指导测试或分销产品。提供这种服务可能是短期的，也可能是长期的。

第二，虚拟公司利用高科技信息技术手段，在全球范围内经营软性操作机构。由于虚拟公司不受地域和时间限制，即每个地区无需传统的办公人员，总公司能够直接受理并随时处理各地区的业务和工作。

9.2.2　采购管理

采购管理是企业为了实现其生产和销售计划，在确保适当产品品质的条件下，选择适当的供应商，在适当的时期、以适当的价格、购入必须数量的物品或服务所采取的一切管理活动。在采购管理过程中，采购部门一方面要对内部客户的需求做出快速反应，另一方面，也要和供应商维系一种良好的互利关系。

1. 采购管理的内容

采购管理的主要内容包括采购计划管理、采购订单管理及采购结算管理。

（1）采购计划管理

采购管理首先要制订采购计划，包括定期采购计划（如周、月度、季度、年度）、非定期采购任务计划（如系统根据销售和生产需求产生的）。通过对多对象多元素的采购计划的编制和分解，把企业的采购需求变为直接的采购活动，形成以销定购、以销定产、以产定购的多种采购应用模式，支持设置灵活的多种采购单生产流程。采购计划管理是对企业的采购计划进行制定和管理，为企业提供及时准确的采购计划和执行路线。

（2）采购订单管理

采购订单管理即以采购单为源头，对从供应商确认订单、发货、到货、检验、入库等采购订单流转的各个环节进行准确的跟踪，实现全过程管理。通过采购流程配置，可进行多种采购流程选择，如订单直接入库，或经过到货质检环节后检验入库等。在整个过程中，可以实现对采购存货的计划状态、订单在途状态和到货待检状态等的监控和管理。

（3）采购结算管理

采购结算的工作程序包括审定合同，收集原始单据或资料，最后根据审核的原始凭据的各种数据指标和对应关系，计算并出具结算单。采购结算管理的主要内容是结算发票管理。

2. 采购方法

（1）总订单

总订单是供应商没有填写的订单，也称为"延期交货订单"或"未完成订单"。总订单是从供应商那里购买商品的意向性合同，它并非发货的授权书。发货只有在接到同意文件后才能进行，这些文件可能是装运申请书或运输放行书。

（2）无发票采购

无发票采购是建立在良好的供应商关系基础上的采购方法的扩展。在无发票购买环境下，一件产品的所有部件都由一个供应商供应的做法是很普遍的。如果供应商为生产的一台割草机提供四个轮胎，那么管理者就应该知道生产了多少个轮胎。轮胎数目正好是所生产的割草机数目的 4 倍，然后根据这一订货量将支票开给供应商。

（3）电子订货和资金转账

电子订货和资金转账减少了纸上交易。纸上交易包括购买订单、购买发票、接收文件、同意开出发票（相对应的是同意接收报告），最后是开出支票。购买部门可以通过电子订货减少文字工作，收到的零件全部验收合格后，再通过电子资金转账来付款。电子订货不仅减少了文字工作，而且缩短了传统的购买周期。

（4）无存货采购

无存货采购指的是供应商为购买方保证存货，比如寄销存货。如果供应商为使用相同产品或产品差别不大的顾客保存货物，那么也许会有积压。

9.2.3 准时制采购

1. 准时制采购的概念与特点

（1）准时制采购的概念

准时制采购也被称作 JIP 采购法，即在恰当的时间、恰当的地点、以恰当的数量、恰当的质量采购恰当的物品。它是从准时生产发展而来的，是为了消除库存和不必要的浪费而进行的采购方法。

（2）准时制采购的特点

准时制采购活动的突出特点表现为以订单驱动方式进行采购，即制造订单的产生是在用户需求订单的驱动下产生的，然后，制造订单驱动采购订单，采购订单再驱动供应商。这种准时化的订单驱动模式，使生产企业能及时、准确地响应用户的需求，从而降低了不必要的库存成本，提高物流速度和库存周转率。

2. 准时制采购的优势

（1）减少中间环节，直接面向客户需求

在准时制采购模式下，采购来的物品直接送到需求点上，接收活动和货到检查都是不必要的。如果采购人员在选择和发展供应商时是非常有效率的，那么收到货物时就不需要正式清点数量、检查和测试等过程，从而减少了传统采购中所必需的环节，使企业生产直接面向需求。

（2）实现零库存，消除场内存货

由于准时制购买是从准时生产发展而来的，而准时制生产是为了消除库存和不必要的浪费而进行的持续性改进，因此准时制采购追求的目标同样也是无库存或使库存最小化，这样就减少了企业的库存持有成本。但零库存目标同时也对供应商提出了更高的要求，由于买方基本上是没有库存的，供应商必须准时交货，否则就会造成停产或者脱销。

（3）单源供应，提高了供求双方的信任度

准时制采购认为，最理想的供应商数目是采购每一物品只对应一个供应商，即单源供应。单源供应的条件下就必然要求供应商提高并且保证采购物资的质量，由此一并提高供应双方的信任度，加强对供应商的长期投入。卖方和买方必须建立相互理解和信任，建立长期供求合作关系。这样就能及时获得数量充足和品质优良的货物或所谓销售零缺陷产品。当然，供应商和运输系统都必须很出色。因此，准时采购模式建立在供需双方互利合作关系的基础上，当需求商对原材料或半成品产生需求时，有能力适时地从供应商处得到质量可靠的所需物料。

3. 实施准时制采购的受限因素

对于实施准时制采购的双方来说，供应商相对于企业而言明显处于弱势地位，因此主要从供应商方面考虑限制准时制采购的因素：

（1）寻求多样性的目标受阻

在准时制采购中，供应商通常是单源供应商，即采购每一物品只对应一个供应商。实施单源供应后，单源供应商的产品完全依赖于合作企业的经营活动，如果采购企业经营受阻时，单源供应商将遭受不同程度的损失。因此，如果供应商与准时制采购企业建立长期合作关系，则供应商寻求众多客户以分散经营风险的目标就受到限制。

（2）对订单计划不稳定的担心

在实施准时制购买活动的过程中，供应商大多处于被动接受订单的地位，一旦出现由买方单方面造成的订单问题时，供应商将受到损失。因此，在期望与购买者以稳定的订单为合作基础的计划方面，供应商大多缺乏信心。同时，如果由于购买者方面频繁的工程变化，而没有为供应商进行工具和工序调整预留足够的时间，也会给准时制购买造成困难。

（3）质量保证的严苛性

准时制购买基于准时制生产，在生产过程中要力求达到严格的质量保障，高质量来自于"零次品"或"零缺陷"的产品，准时制就是要消除各种引起不合格品的原因，在加工过程中保证各工作环节一直处于良好的状态，追求零缺陷。为了保障购买者的准时制购买中要求的"零次品"或"零缺陷"就对供应商提出了极高的要求。

（4）生产规模的不均衡

供应商的供应过程一般都是为大批量而设计的，只有达到一定规模的批量供应，才能减少供应商的固定成本。但购买方订单中的订购数量规模却是不一定的，由于签订了长期供应合同，因此即使是小批量的生产规模，供应商也不得不按照合同提供产品，但若长期以小批量产品的规模进行生产，就会使供应商的生产成本增加。因此，不均衡的订单规模就成为供应商考虑的因素。

（5）运输成本的压力

运输成本主要是供应商将供应商品运送给买方的过程中产生的成本。这项成本主要取决于买方距供应商的距离远近。相同的订单总量，距离越近，成本越低；相同的距离条件下，订单总量越大，成本越低。因此，供应商将认为经常小批量送货给买方的成本过于昂贵。这也是运输成本成为限制供应商的原因之一。

9.3 国际生产流程再造

9.3.1 国际生产流程概述

1. 国际生产流程的概念及特点

（1）国际生产流程战略的概念

工业企业的生产流程是指从生产材料准备和零部件配套到零部件生产、生产总装或按一定工艺流程连续制造加工出产品的一个完整的产品制造生产过程。生产流程作为企业作业流程的组成部分，决定着制造或生产或加工出来的产品的性能、质量、成本和交货期等诸多因素，因此，生产流程不仅是企业正常运行的基础条件和必要条件，也是企业提高应变能力和竞争能力的重要保证。

（2）生产流程的特点

现代企业生产流程建立在技术密集型、知识密集型和信息化社会的大背景下，因而它具有不同于精细分工式的传统工业时代生产流程的特点：

①整合性。现代企业生产流程的整合性体现在采用先进工艺设备和控制技术，改变工艺路线，减少或取消一些不利于生产的工序，使生产工序紧密衔接和高度整合。生产工序的紧密衔接和整合能够加快产品制造生产周期，降低工序之间的生产原辅料等的损失，最终提高生产作业流程的运作效率。

②多样性。现代企业生产流程兼顾了"人力"、"财力"、"物力"及"信息"等多种经营资源，来满足产品"多品种"、"高性能"、"高质量"、"低成本"、"高柔性"等多项目标。现代企业生产流程是面向合同、面向买方市场的，必须兼顾多种经营资源，满足多项生产目标，为"高竞争和多样化消费时代"生产方式奠定技术和管理的基础。

③高效性。现代企业生产流程的一体化管理突出了其高效性的特征。生产工序的紧密衔接和整合便于建立区域一体化生产管理机构，使各道工序间统一计划，统一调度，使物流连续高效运作，大大提高了高效性和竞争力。

④灵活性。现代企业生产流程融入经营管理大系统的发展方向便是迈向计算机集成制造系统，以达到生产流程与企业组织结构的高度整合和总体优化运作，在生产计划实施过程中具备快速动态调整的能力，使企业员工能够真正面对顾客，大大提高了灵活性和竞争力。

现代企业生产流程的以上特点正是企业提高经济效益、应变能力和竞争能力的重要保证。

2. 国际生产流程的种类

当企业生产流程跨越国界，企业生产流程就演变成国际生产流程。目前，国际生产流程主要有工艺导向型流程、产品导向型流程和重复型流程。

（1）工艺导向型国际生产流程

①工艺导向型国际生产流程的概念

企业不同部门在设备、布局和监督方面是以工艺流程为中心的，可以满足各种需要，处理各种变化，生产数量少而品种多的流程称为工艺导向型流程。采用工艺导向型国际生产流程战略的企业提供的产品一般都具有高度的灵活性。

②工艺导向型国际生产流程的特点

工艺导向型流程适用于生产数量少、品种多的产品，因此企业使用的设备必须是适用于多目的生产的，操作人员必须具备多种技术。同时，在该流程战略下，部件在工厂流动速度较慢，而且相对于产品的价值而言，原材料的库存较多。另外，工艺导向型流程生产的固定成本较低，可变成本较高。

（2）产品导向型国际生产流程

①产品导向型国际生产流程的概念

以生产数量多、品种少的产品为主的企业则必须以产品为中心，即产品导向的。企业的设备、布局和监督以长时间、持续生产的产品为中心进行组织的流程被称为产品导向型流程。采用连续的产品导向型流程可以提高生产效率。

②产品导向型国际生产流程的特点

产品导向型流程战略主要用于生产数量多、品种少的产品，其工作订单和工作制订计划已经标准化，生产使用设备的用途是单一的。在产品导向型流程中，相对产品的价值而言原材料的库存较低，其部件在工厂较快流动。另外，在此种流程战略下，企业要承受的固定成本较高，可变成本较低。

（3）重复型国际生产流程

①重复型国际生产流程的概念

在工艺导向型流程和产品导向型流程以外，还有使用模块进行生产的重复型流程。这里的模块是指已经生产出来的零件或组件。重复型流程目前应用广泛，包括几乎所有的汽车和家用电器的装配。

②重复型国际生产流程的特点

重复型流程战略在灵活性方面不如工艺导向型流程，但强于产品导向型流程。该种流程战略适用于长期生产用模块构成的标准产品。该流程操作减少了执行指令所需的训练同时避免了经常在不同工作指令之间进行转换。一般而言，产品导向型流程操作使用准时制生产采购和准时制库存方法，其流动速度比工艺导向型流程快。

9.3.2 国际生产流程再造概述

1. 国际生产流程再造的内涵

（1）国际生产流程再造的概念

管理学家迈克尔·哈默（Michael Hammer）在20世纪90年代首先提出了"业务流程设计与再造"的观点。他将流程再造定义为："对企业过程的根本性的再思考和重新设计，从而使成本、质量、服务和反应速度等具有时代特征的关键指标获得巨大的改善。"企业再造包括企业战略再造、企业文化再造、市场营销再造、企业组织再造、企业生产流程再造和质量控制系统再造。其中生产流程再造是现代企业提高竞争能力的重要途径。

企业生产流程再造的本质是：对企业现有的生产流程进行全面系统的重新审视与思考，包括对资源、时间、价值的重新认识，重新设计一个能够在成本、质量、服务及反应速度等方面全面提升的生产系统。

（2）国际生产流程再造的原因

首先，在生产流程中的库存掩盖了生产中各种问题和矛盾。因为无论什么类型的企业，它的生产流程都是由不同性质的工序、作业或活动组成的，但其基本原理是相同的。例如，所有的制造业企业的生产流程基本上是"原材料供应——库存——制造——库存——装配——库存"。从其生产流程中可以看出，各个阶段的库存在生产流程中起着十分重要的作用。然而，库存是掩盖生产中各种矛盾和问题的根本原因，消除不必要的库存，已经在生产管理者中达成共识，但是在传统的生产流程中，库存问题是无法解决的。

其次，在制造阶段，生产单元的布局已逐渐暴露出难以克服的缺陷。传统的生产单元布局形式一般属于功能式布局、流水线布局或是单元式布局。这些布局形式在成本、柔性、效率等方面各有特点。

①功能式布局是将同一功能的资源集中在一个生产单位内，对各种不同的加工对象进行相同工艺的加工。功能式布局突出的优点是，最有效地利用了所有的资源，有利于员工的培训与考核，易于实行过程的标准化；缺点是缺乏同步性。

②流水线布局最大的优势在于成本低、效率高、质量有保证，同步性强。但流水线布局流程局限于品种单一并且批量足够大的产品。

③单元式布局是将加工零件（产品）的所有不同性质的资源组织在一个工作单元中，形成一个能够承担全部或大部分工作任务的复杂资源集合体。在这个资源集合体中，各个岗位及设备按照生产工艺的要求进行排列，形成一个连续、紧凑的生产流程。这种布局的优点在于它可以以最短的物流距离、最快的信息传递速度，实行"细胞"内各工作岗位的同步化运行。但单元式布局不太适应品种繁多、转换累积时间大、工作内容复杂的生产模式。

2. 国际生产流程再造的目标

（1）适应市场

鉴于生产流程中出现的各种缺陷和矛盾，这些缺陷和矛盾最终将在市场竞争中表现出来。国际企业生产流程再造就是用精益生产的思想及其方法对流程进行根本的思考和重新的设计，把原来的流程彻底分解，再按照能够更好适应市场的精益生产原则重新组合起来，最终形成新的从顾客需求出发的、适应市场环境的核心业务流程。

（2）降低成本

现代工业体制中企业存在原材料、在制品和产品的停滞和积压、管理业务的重复、等待等诸多问题，造成了过量生产、等待时间、搬运、工序、库存、不良品产生等浪费。这些浪费占用了人力、物力、资本，增加了企业生产过程中的成本。生产流程再造是伴随着信息技术在企业中的应用而产生的一种技术方法和管理思想，旨在帮助企业实现高效益、低成本的经营目标。

3. 国际生产流程再造的实现途径

（1）进行资源整合

资源整合包括两个方面：一是物质技术形态的资源整合；二是人力资源的整合。在物质技术形态方面的资源整合是指企业应当从长远持续的保持生产系统的竞争优势出发，加大对先进技术的投资力度，而不仅仅是将提高竞争优势的着眼点放在传统意义的技术改造上。比如，企业投资建立柔性化的制造系统，提高柔性制造技术，集自动化技术、信息技术和制作加工技术于一体，把以往工厂企业中相互孤立的工程设计、制造、经营管理等过程，在计算机及其软件和数据库的支持下，构成一个覆盖整个企业的有机系统。

在人力资源方面，为了实现流程的同步性，必须对人力资源的整合是指依据战略与组织管理的调整，引导组织内各成员的目标与组织目标朝同一方面靠近，对人力资源的使用达到最优配置，提高组织绩效的过程。越来越多的企业人力资源治理者逐渐意识到通过明确地、有意识地、系统地提高企业组织人力资源治理工作的绩效，有目的地进行人力资源的整合，可以充分发挥企业员工的潜能，和谐处理企业经营者与员工之间的关系，并对相应的各种治理活动，予以计划、组织、指挥和控制，从而促成企业革新、提高企业组织效率，增强企业核心竞争力。

（2）采用以过程为核心的组织方式

以过程为核心的组织就要求对一个企业的组织从完全不同的角度进行理解，其前提条件是把产品制造过程中的各项活动进行跨部门组织。无论是管理人员还是生产工人都必须从原来的企业职能中脱离出来，将生产过程中一切问题的核心集中于完成市场需求所产生的合同。如，为生产服务的部门，必须面对成本和市场竞争的压力，在采取恰当生产措施的同时，采用能适应销售和采购市场的、个性化的最佳柔性组织结构及企业运作过程。

（3）改进生产设备

生产中技术措施和手段是生产力最直接的体现。同时，由于新的生产流程必须以降低成本、适应市场变化为目的，所以，必然要求采用许多有别于传统模式的新方法、新技术。主要包括：改进并提高工艺技术，革新或发展工艺设备，采用高可靠性、高精度的机械设备、制造设备、采用新的制造技术等。

（4）采用先进的自动化技术和信息技术

国际企业生产流程以过程自动化和基础自动化为主要手段，与经营管理计算机系统通过信息网络连成一体，将生产部门与企业内部各职能部门甚至外界中间部门一直最终用户直接联系起来。于是先进的自动化技术和信息技术对于企业生产流程再造而言的重要性不言而喻。

9.3.3 影响国际生产流程再造的因素

1. 企业思想观念的转变

企业生产活动要在新的流程下运作，必然要求打破之前生产流程模式下的机构设置、人员分工和各机构的界限，同时存在于先前生产活动中的关系将被新的生产组织所取代。在新的生产流程中，对生产组织的重新安排，其结果是产品开发、制造、销售之间的交叉加强了。生产流程的再造必然要求企业的全体员工从根本上转变观念。

2. 企业的投资

生产流程再造是一项复杂的系统工程，必将把生产流程设计成物流、信息流、能量流相统一的系统，涉及企业的方方面面，如人员的重组、技术的重组、组织机构的重组、企业文化的重组等。在现有的大型企业的生产中，产品的结构大多十分复杂，涉及成千上万个零部件的制造、采购、装配。要实现整个生产流程系统的优化和可控，必须借助于现代化的信息技术、信息数据处理工具。为了实现企业生产流程的再造，企业必须在该方面付出极大的投资。

3. 人力资源及社会保障

任何生产流程中，人都处于主体地位。参与企业生产流程再造过程的人的素质高低直接关系到生产流程再造所必需的先进技术、方法、措施能否得到实施和发挥作用。而且，生产流程再造必将涉及众多管理者和工人岗位的调整。随着生产流程再造的进行，企业更将面临短期内吸收相当数量的新人力资源的压力，同时必将有大量管理者、工人下岗再就业，这也要求全社会形成新的择业观念，同时对社会保障体系提出新的要求。

4. 宏观经济环境

国家的宏观环境对企业制定发展战略是极其重要的。从企业的大环境，即宏观环境而言，国家整个经济模式必须建立起健全的市场经济体制，真正让市场经济规律支配众多企业的生产、经营活动，才可能为生产流程再造营造良好的经济氛围。同时，这也是促使企业进行生产流程再造的根本动力。

9.4　国际生产库存管理

9.4.1　库存管理概述

1. 库存管理的概念

（1）库存管理的含义

库存管理就是与库存物料计划与控制相关的所有业务，包括仓库管理和库存控制。仓库管理活动包括仓库的规划、商品入库、出库管理、仓库质量管理等。库存控制是对制造业或服务业生产、经营全过程的各种物品、产成品以及其他资源进行管理和控制，使其储备保持在经济合理的水平上。库存管理通常被认为是对库存物料的数量管理，其主要内容就是保持一定的库存数量。

（2）库存管理的类型

从生产过程的角度出发，可将库存分为原材料库存、零部件及半成品库存和成品库存三类；从库存物品所处状态出发，可将库存分为静态库存和动态库存；从经营过程的角度出发，可以将库存分为以下七种类型：

①经常库存。它指在正常的经营环境下，企业为满足日常需要而建立的库存。这种库存随着每日的需要不断减少，当其降低到某一水平时就需要以订货来补充库存，这种库存补充是按一定的规则反复进行的。

②安全库存。它指为了防止由于不确定因素（如大量突发性订货、交货期突然延期等）而准备的缓冲库存。

③生产加工和运输过程的库存。生产加工库存是指处于生产加工状态的库存；运输过程库存是指处于运输状态为了运输目的而暂时处于库存状态的物品。

④季节性库存。它指为了满足季节中出现的特定需要而建立的库存，或指对季节性生产的原材料而在生产的季节大量收购所建立的库存。

⑤促销库存。它指为了对应企业的促销活动产生的预期销售增加而建立的库存。

⑥投机库存。它指为了避免因价格上涨造成损失或为了从商品价格上涨中获利而建立的库存。

⑦积压库存。它指因物品品质变坏而不再有效用的库存，或没有市场销路而卖不出

去的商品库存。

2. 库存管理的意义

库存管理的目的是在满足顾客服务要求的前提下通过对企业的库存水平进行控制，力求尽可能降低库存水平，提高系统的传递效率，以强化企业的竞争力。具体而言，实行库存管理的意义如下：

（1）有利于实施科学管理，防止短缺。库存的重要目标之一就是在需要的时候，将必需的物资按需求量供应。企业生产急需的物资不能及时供应，管理就会混乱。

（2）有利于提高资金的利用效率，缩短顾客的订货提前期。当制造商维持一定量的成品库存时，顾客就可以很容易地采购到他们所需的物品，由此缩短了顾客的订货提前期，使得企业的经营活动更为灵活。

（3）有利于有效地开展仓库管理工作。通过库存，可使得原来零散放置的物料整理得井然有序，废旧物料堆放整齐，工厂空地整洁干净，从而实现文明生产。

总之，库存管理的目标不是增加库存，而是在保证一定服务水平的基础上不断降低库存。

3. 库存管理的主要内容

（1）总量控制

①总量控制的必要性。要控制好库存并管理好生产，需要采取的方法是从控制好总量开始。要有效地控制好库存，需要清楚现有的库存量、需要的库存量以及获得的投入和产出。对于总库存按照类别、产品分类等信息，需要记录编码，以便在需要知道总量的时候能及时将有关项目加总以得到有用的数量值。

②制定库存预算的主要方法。大多企业采用制定库存预算的方法是使用周转率或库存占销售量的百分比来衡量。其中使用周转率＝发货成本值/总库存的成本值；库存占销售量的百分比＝周转率的倒数。

除此之外，还可以采取下列理论上的公式来确定库存预算：

$$平均库存 = 1/2（订货量）+ 安全库存$$

但由于实际情况与理论上的假设有所差距，导致制成品库存、季节性产品的预期库存、在途物料没有包括在内等一系列问题。

（2）投入产出控制

库存的投入又称为生产量，它包括采购的物料与服务、直接劳务和工厂管理费三个部分。库存的产出是指发货量，大多企业都会对发货量进行详尽的预算。

基本的投入产出控制公式如下：

$$现有库存量 + 生产量 - 发货量 = 库存目标$$

这一方法是通过编制库存投入和产出报告，以适当地压缩产品系列的库存，使得采购物料和生产性劳务这两项投入压缩到维持库存为常数所需的水平以下。其中，每月的压缩量取决于允许的期间，期间越短，每月的压缩量就越大。值得注意的是，详尽的库存投入和产出报告必须与总体的总量控制相一致。它适合下列几种库存类型：批量库存、安全库存和运输库存。

（3）安全存货库存

安全存货库存是指客户服务与库存投资之间的一种平衡关系，一般而言，客户服务的水平越高，安全库存也越高。使用从一特定物品的需求数据中来计算平均绝对偏差从而统计得出安全存货的办法，大多数企业采取的方法是使物料控制人员确定每种物品的所需安全存货，从而能适当地计算其补货的数量。

这种方法是通过分配缺货的次数来计算出安全存货，从而解决了是将库存周转率作为企业有效率的指标还是将客户服务水平作为库存控制的有效度量指标的矛盾。用这种方法有利于库存投资的合理性，可以在客户服务和库存投资之间找到某种平衡。通常是通过物料控制人员提出一决策信息，并设定特定的库存投资和客户服务目标之后，由操作库存控制系统的人员完成这一目标。

（4）运输库存

运输库存是保持物料流通所必需的投资，其计算公式为：运输库存 = 每种发运金额×在途周数。该公式表明，发运量取决于生产率与发运率；在途时间取决于所选用的发运范围。发运越快，其费用越高，所需库存越低，至于选择哪种运输方式，取决于每种运输方式的特点以及各个公司不同的要求。

9.4.2　影响存货水平的因素

1. 订单周期

订单周期是指从下订单到接到商品之间经历的总体时间，在库存管理中，重要的两个方面是：总订单周期的长度和总订单周期的一致性。

（1）总订单周期的长度

在确定所需保持的存货水平时，必须考虑三个因素：订单周期、预期的客户服务水平以及使用的库存战略工具。

在国际商务活动中，订单周期的长度都要长于国内商务活动，它由订单转移时间、订单处理、包装、备货以及运输过程中所消耗的时间组成。现在普遍使用的一种信息交换技术是电子数据交换，它是一种贸易合作伙伴的计算机之间直接交换信息的技术。这种技术可以节省传统方式下大量处理订单的时间和管理费用，从而缩短总订单周期的长度。

但是如果对国外的市场不是很熟悉，就会很难预知新的订单，从而能导致订单处理的时间增加，最后的运输时间也会随着距离的增加而增加。因此，在国内和国际市场维持大量的存货来弥补时间的差距是很有必要的。

（2）总订单周期的一致性

在国际商务中，订单周期的一致性是很难保持的一个尺度，根据选用的运输方式不同，每批货物的运输时间都会有很大的差异，这就需要更大量的安全库存加以保障，以便在交货期滞后的情况下能及时满足需求。

2. 客户服务水平

客户服务水平是指库存政策对任何特定环境的响应程度。通俗地讲，就是在一定的时间内处理所有订单的能力。客户服务水平的影响因素主要是成本因素和国内标准因素。应用在国际市场的客户服务水平则由各个市场的期望值来决定，这个期望值取决于过去绩效、产品优点、客户成熟度和公司竞争力。通常情况，客户服务水平的高低与服务费用的高低是成正比的，因此，企业应该选择可接受的客户服务水平，根据不同的客户等级将服务水平进行分级。

9.4.3 有效管理库存的途径

1. 反向物流管理

（1）反向物流管理的含义

反向物流管理是指为了资源回收或正确处理废弃物，在高效及适当的成本下，对原材料、在制品、产成品及相关信息从消费点到产出点的流动和储存进行规划、实施和控制的过程。反向物流管理是为了更好地跟踪退货，并将其快速报废。良好的库存和运输管理，严密的退货回收、更新和循环利用政策是反向物流管理的主要内容。

（2）几个反向物流管理的成功案例

由于每种产品都有自己的生命周期，根据每种产品的特点，都需要完善的退货系统才能改进企业的客户服务水平，扩大产品销售途径。美国公司每年花费在处理、运输和加工退货上大约是350多亿美元，这一数据是不包括报废和对多余商品重复利用的成本，也不包括管理时间的成本。

纽约的雅诗兰黛公司是退货管理的成功者。它采用专用的 RISE 软件系统，该系统集退货、次品、样品和退出战略于一体，使雅诗兰黛公司的退货处理时间从几周削减为几天，并消除了大量的纸面工作，大大地削减了生产和库存水平。具体来说，这个系统是将所有的优惠价商品的退货都送往一个地点，实行耗时的退货分类处理过程自动化。当雅诗兰黛公司收到退货时，按照定制的软件扫描每个条形码，以确定产品的有效期以及状况，然后公司进行统一的商品处理。

英迈国际有限公司是一家技术零部件的批发商，它拥有一个集收集、处理、回收产品和产品零部件于一体的全自动的反向物流中心，其目的是为了削减报废成本，提高供应链的效率。同时，该公司利用反向物流系统提供了客户对产品的满意度与公司设计和生产团队进行沟通，共享这些数据，从而有效改进每种新产品，减少被退货的可能性。

（3）应用反向物流系统的好处

反向物流系统的好处主要体现在：对退货进行及时处理和报废，使用相关资料和信息，有效削减成本、增加收入、提高客户满意度，并且根据追踪调查进一步了解客户不满意的原因，从而降低退货率，减少不必要的重复。

2. 供应商库存管理—VMI 管理系统

（1）VMI 管理系统的定义

供应商管理库存系统（Vendor Managed Inventory，即 VMI）是一种在供应链环境下的库存管理运作模式。本质上，它是将多级供应链问题变成单级库存管理问题。相对于按照传统用户发出订单进行补货的传统做法，VMI 是以实际或预测的消费需求和库存量，作为市场需求预测和库存补货的解决方法，即根据销售资料得到消费需求信息，供货商可以更有效的计划和更快速的反应来应对市场变化并满足消费需求。

VMI 管理是一种用户和供应商之间的合作性管理策略，体现了供应链中的集成化管理思想，其目的是使双方成本最小，在互相同意的框架下由供应商管理库存，从而产生一种连续改进的环境。

（2）采用 VMI 管理系统的必要性

成功的库存管理主要是通过平衡存货成本和消费者服务水平之间的关系，VMI 管理正是通过减少成本和改进服务来使这两方面得以协调，所以采用 VMI 管理的必要性也就表现在这两个方面。

在成本缩减方面，VMI 管理缓解了由于需求的不确定性带来的供应链问题，它可以削弱产量的峰值和谷值，允许小规模的生产能力和存货水平。另外，VMI 管理将使运输成本减少，增加低成本运输比例。

在服务改善方面，服务质量的好坏通常由产品的可得性来衡量，VMI 管理一方面在多用户补货订单、递送间的协调上很大地改善了服务水平。它平衡了合作伙伴的需求，使得供应商能够改善系统的工作状况，如果没有 VMI 管理供应商很难有效地安排顾客需求的先后顺序；另一方面，VMI 管理可以使产品更新速度加快，限制旧货在系统中流通，加快新产品的上架速度。如果没有 VMI 管理，用户与分散在各地的配送中心之间就缺乏有效的沟通，甚至会导致无法发货。

（3）VMI 管理的实施方法

实施 VMI 管理，要改变订单的处理方式，建立一种称为托付订单的处理模式。这种模式首先是供应商和批发商一起确定供应商的订单业务处理过程中的信息，然后再建立一种订单的处理标准模式，最后把订单、交货和票据处理各种业务功能综合在供应商这一方。VMI 管理具体的实施策略如下：

①建立客户信息系统。通过建立顾客的信息库，供应商能够及时了解需求变化的有关情况，把由批发商进行的需求预测与分析集中到供应商的系统中来。

②建立销售网络管理系统。这是为了更好地管理库存，保证自身的产品需求信息和

物流流通。这就必须处理好产品条码的可读性、产品分类的标准化、商品存储运输的识别问题。

③建立供应商与批发商的合作框架协议。通过供应商和批发商之间的协商，确定订单处理的业务流程和库存控制的参数。

④组织机构的改革。由于 VMI 管理策略改变了供应商的组织模式，所以在订货部门中产生了一个新的职能负责控制库存和服务水平。

（4）实施 VMI 管理面临的问题

在实施 VMI 管理的过程中也会遇到一些问题：供应链中企业的仓储人员有可能认为 VMI 管理对他们在企业中的地位构成威胁，因此，必须做好他们的思想工作。此外还必须考虑如何从 VMI 管理中提出产品或改变单位送货规格，弄清楚单位库存产品的所有权归谁，适当地对 VMI 管理系统进行评估。

总的来说，VMI 管理的实施需要全体参与者的努力，用户和供应商之间的协调不可能包括所有可能发生的情况，需要根据 VMI 管理完成的情况定期调整和更新计划。

3. 联合库存管理

（1）联合库存管理的基本思想

联合库存管理的思想源于分销中心的联合库存功能，分销中心既是一个商品的联合库存中心，也是需求信息的交流与传递枢纽。在供应链企业的合作中，联合库存管理体现了一种战略供应商联盟的新型企业合作关系。

传统的库存管理中，将库存分为独立需求和相关需求两种库存模式。独立需求则是采用订货点总处理，相关需求是采用物料需求计划即 MRP 处理方法。通常，产成品库存管理为独立需求库存，在制品和零部件以及原材料为相关需求库存。供应商作为独立的企业其库存即产品库存为独立需求库存，制造商的材料、半成品库存为相关需求库存。

联合库存管理是解决供应链系统中独立库存运作模式的需求问题，是促使供应链同步化程度的一种方法，它强调供应商和用户双方的同时参与，共同制订库存计划，从而保持供应链中库存对需求预期的一致性。

（2）联合库存管理的实施策略

①建立供需协调管理机制，明确共同的合作目标，建立合理的沟通渠道和利益分配机制。

②建立快捷的响应系统，有效减少供应链中从原材料到用户的时间和库存，最大限度地提高运作效率。

③发挥第三方物流企业的作用。第三方物流企业又称为物流服务提供商，它为用户提供各种服务，比如产品运输、库存管理等。可以通过将库存管理的部分职能授权给第三方物流企业管理，从而使企业将精力集中在自己的核心业务上。

◎案例

海尔——准时生产方式，实现零库存

海尔集团取得今天的业绩，和企业实行全面的信息化管理是分不开的。借助先进的信息技术，海尔发动了一场"管理革命"——以市场链为纽带，以订单信息流为中心，带动物流和资金流的运动。通过整合全球资源，逐步向"零库存和（与客户）零距离"的终极目标迈进。

1. 以市场链为纽带重构业务流程

从生产规模看，海尔现有10800多个产品品种，平均每天开发1.3个新产品，每天有5万台产品出库。海尔一年的资金运作进出达996亿元，平均每天需做2.76亿元结算，处理1800多笔账。随着业务的全球化扩展，海尔集团在全球有近1000家分供方（其中世界500强企业44个），营销网络53000多个，海尔还拥有15个设计中心和3000多名海外经理人，如此庞大的业务体系，依靠传统的金字塔式管理架构或者矩阵式模式，很难维持正常运转，业务流程重组势在必行。

总结多年的管理经验，海尔探索出一套市场链管理模式。市场链简单地说就是把外部市场内部化。过去，企业和市场之间有条鸿沟，在企业内部人员相互之间的关系也只是简单的上下级关系。如果产品被市场投诉了或者滞销了，往往是企业领导人一个人的责任。为了让整个企业和企业里的每一个员工都去面对市场，海尔也把市场机制成功地导入企业的内部管理，把员工相互之间的上下级关系转变为市场关系，形成内部的市场链机制。

结合市场链模式，海尔集团对组织机构和业务流程进行了调整，把原来各事业部的财务、采购、销售业务全部分离出来，整合成商流推进本部、物流推进本部、资金流推进本部，实行全集团统一营销、采购和结算；把原来的职能管理部门整合成订单支持流程3R（研发、人力资源、客户管理）和基础支持流程3T（全面预算、全面设备管理、全面质量管理两大管理系统），并成立相应独立经营的服务公司。

整合后，海尔集团商流本部和海外推进本部负责搭建全球的营销网络，从全球用户资源中获取订单；产品本部在3R支持流程的支持下不断创造新产品满足用户需求；产品事业部执行商流本部获取的订单即实施生产；物流本部利用全球供应链资源搭建全球采购配送网络，提高采购和配送效率；资金流本部搭建全面预算系统；这样就形成了完整的直接面对市场的核心流程体系以及3R和3T等支持体系。

商流本部、海外推进本部从全球营销网络获得的订单形成订单信息流，传递到产品本部、事业部和物流本部，物流本部按照订单安排采购配送，产品事业部组织安排生产；生产的产品通过物流的配送系统送到用户手中，而用户的货款也通过资金流本部依次传递到商流本部、产品本部、物流和分供方手中。这样就形成横向网络化的同步的业务流程。

2. ERP+CRM：快速响应客户需求

在业务流程再造的基础上，海尔形成了"前台一张网，后台一条链"（前台的一张网是海尔客户关系管理网站，后台的一条链是海尔的市场链）的闭环系统，构筑了企业内部供应链系统、ERP 系统、物流配送系统、资金流管理结算系统和遍布全国的分销管理系统及客户服务响应 Call-Center 系统，并形成了以订单信息流为核心的各子系统之间无缝连接的集成系统。

海尔 ERP 系统（企业资源规划系统）和 CRM 系统（客户关系管理系统）的目的是一致的，都是为了快速响应市场和客户的需求。前台的 CRM 网络作为与客户快速沟通的桥梁，将客户的需求快速收集、反馈，实现与客户的零距离；后台的 ERP 系统可以将客户需求快速传送到供应链系统、物流配送系统、财务结算系统、客户服务系统等流程系统，实现对客户需求的协同服务，大大缩短对客户需求的响应时间。

海尔集团于 2000 年 3 月 10 日投资成立海尔电子商务有限公司，在家电行业率先建立企业电子商务网站，全面开展面对供应商的 B2B 业务和针对消费者个性化需求的 B2C 业务。通过电子商务采购平台和定制平台与供应商和销售终端建立紧密的网络关系，构建动态企业联盟，达到双赢的目标，提高双方市场竞争力。在海尔搭建的电子商务平台上，企业和供应商、消费者实现互动沟通，提高信息的增值能力。

面对个人消费者，海尔可以实现全国范围内网上销售业务。消费者可以轻点鼠标，在海尔的网站上浏览、选购、支付，然后可以在家里静候海尔的快捷配送及安装服务。海尔首先推出 23 种 800 多个产品在网上直接销售，各大城市的网上订购用户可以在两天内拿到自己需要的产品和零距离的全天候星级服务。

3. CIMS+JIT：海尔 e 制造

海尔的 e 制造是根据订单进行的大批量定制。海尔 ERP 系统每天准确自动生成向生产线配送物料的 BOM（即界定产品结构的物料清单），通过无线扫描、红外传输等现代物流技术的支持，实现定时、定量、定点的三定配送；海尔独创的过站式物流，实现了从大批量生产到大批量定制的转化。

实现 e 制造还需要柔性制造系统。在满足用户个性化需求的过程中，海尔采用计算机辅助设计与制造（CAD/CAM），建立计算机集成制造系统（CIMS）。在开发决策支持系统（DSS）的基础上，通过人机对话实施计划与控制，从物料资源规划（MRP）发展到制造资源规划（MRP-Ⅱ）和企业资源规划（ERP）。还创建了集开发、生产和实物分销于一体的适时生产（JIT），供应链管理中的快速响应和柔性制造（Agile Manufacturing），以及通过网络协调设计与生产的并行工程（Concurrent Engineering）等管理服务系统。这些新的生产方式把信息技术革命和管理进步融为一体。

　　现在海尔在集团内部已经实施了 CIMS（计算机集成制造系统），生产线可以实现不同型号产品的混流生产。如海尔建成了国内首条 CIMS 柔性电脑生产线。海尔电脑从接到订单到出厂，中间的每一道工序都是在电脑系统的集成管理和严格监控之下完成的。为了使生产线的生产模式更加灵活，海尔有针对性地开发了 EOS 商务系统、ERP 系统、JIT 三定配送系统等六大辅助系统。正是因为采用了这种柔性制造系统，海尔不但能够实现单台电脑客户定制，还能同时生产千余种配置的电脑，可以实现 36 小时快速交货。

4. 零距离、零库存——零运营成本

　　海尔认为，企业之间的竞争已经从过去直接市场竞争转向争取客户的竞争。就海尔已经实施的 ERP 系统和 CRM 系统，就是要拆除影响信息同步沟通和准确传递的障碍。ERP 是拆除企业内部各部门的"墙"，CRM 是拆除企业与客户之间的"墙"，从而达到快速获取客户订单，快速满足用户需求。

　　海尔现 JIT 采购就是按照计算机系统的采购计划，需要多少，采购多少。JIT 送料指各种零部件暂时存放在海尔立体库，然后由计算机进行配置，把配置好的零部件直接接送到生产线。海尔在全国建有物流中心系统，无论在全国什么地方，海尔都可以快速送货，实现 JIT 配送。

　　库存不仅仅是资金占用的问题，最主要的是会形成很多的呆坏账。现在电子产品更新很快，一旦产品换代，原材料和产成品价格跌幅均较大，产成品积压的最后出路就只有降价，所以会形成现在市场上的价格战，降价的压力就来自于库存。海尔用即时配送的时间来满足用户的要求，最终降低库存成本。

　　资料来源：全国物流信息网 www.56885.net，2009-7-24。

◎思考题

1. 海尔是如何对市场链进行整合的？
2. 海尔是如何实现零库存管理的？

第 *10* 章
全球供应链管理

◎**本章要点**

　　1. 供应链是围绕核心企业，通过对信息流、物流、资金流的控制，把供应商、制造商、分销商、零售商和最终用户整合成为一个整体的功能网络结构模式。

　　2. 供应链管理是一种集成的管理方法，它把不同企业集成起来，注重企业间的合作，使各企业分担生产、采购、库存、运输等不同职能，以提高整个供应链的效率。

　　3. 供应链管理的主要内容包括任务规划、运输方式选择、全球包装和全球他储共四个问题。

10.1　全球供应链管理概述

10.1.1　全球物流管理的含义

　　全球物流管理是一个对物料流入、流经、流出跨国公司进行系统控制和管理的过程，它涉及商品流动运营的全部范畴，既包括进口又包括出口，涵盖了全部商品流动的概念。

1. 物料流动的两个主要阶段

　　物料流动中的两个主要阶段是物料管理和物资流通。其中物料管理是指原材料、零部件和供应品流入和流经企业的实时运动管理。物资流通则是企业的产成品向客户的流动。尽管这两个阶段的内容不同，但这两个阶段的整个过程都要考察物资的流动，因而对仓储和存货的考察也包括在内。物料流动的基本目标是有效地协调两个阶段以及不同组成部分之间的关系，在达到服务标准的同时取得成本和效益的最优。

2. 物料活动中的三个核心概念

　　物料活动中的三个核心概念分别是系统概念、总成本概念和权衡概念。

系统概念认为企业内部和外部的物流活动丰富而复杂，以至于只能在彼此互动的过程中加以考察。这一概念并不要求企业中的每个职能部门、每个供应商和客户都必须在各自的最优化目标下运作，而是主张为了使得整体的系统利益最大化必须使一部分处于次优化状态，目的是为了给国内外企业、供应商、客户带来大规模运作的协同效益。

总成本概念是在系统概念的基础上产生的，成本是用来作为衡量、评估和优化物流活动的基础。这一概念的提出是为了通过落实系统概念使得企业的总物流成本最小。

权衡概念是通过物流系统各个组成部分的相互作用来识别物流系统，它是一种决策概念。管理人员只有充分认识到各种矛盾和得失后进行决策，才能使物流系统的绩效最大。

10.1.2　供应链管理

1. 供应链管理的概念

供应链是围绕核心企业，通过对信息流、物流、资金流的控制，从采购原材料开始，制成中间产品以及最终产品，最后由销售网络把产品送到消费者手中，最终把供应商、制造商、分销商、零售商和最终用户整合成为一个整体的功能网络结构模式。

供应链管理是一种集成的管理方法，它执行供应链中从供应商到最终用户的物流计划和控制等职能。它将不同企业集成起来，注重企业间的合作，使各企业分担生产、采购、库存、运输等不同的职能，并协调不同机制的发展，以提高整个供应链的效率。

2. 供应链管理的模式及特征

供应链管理主要涉及四个领域：供应、生产计划、物流、需求。供应链管理以同步化、集成化生产计划为指导，以各种技术为支持，尤其以 Internet/Intranet 为依托，围绕供应、生产作业、物流、满足需求来实施的。供应链管理活动主要包括计划、合作和控制从供应商到用户的物料和信息。供应链管理的目标在于获得高服务水平和低库存投资、低单位成本，并且寻求两个目标间的平衡。供应链管理注重总的物流成本与用户服务水平之间的关系，要把供应链各个职能部门有机地结合在一起，最大限度地发挥出供应链整体的力量，达到供应链企业整体效益最优的目的。

供应链管理的特征表现为：

（1）供应链管理把供应链中所有分企业看成一个整体，供应链管理涵盖整个物流的生产、采购、销售等职能领域。

（2）供应链管理强调战略管理。这是由它影响整个供应链的成本和市场占有份额决定的。

（3）供应链管理采取集成的思想和方法，而不是简单的资源连接。

（4）供应链管理通过库存和合作关系以实现更高水平的服务。

10.2　全球供应链管理的内容

10.2.1　供应链中的规划任务

1. 短期规划任务

短期规划包括短期生产计划、销售计划、仓库补货、运输计划和人员计划等。短期生产计划要确定生产批量和生产顺序，生产批量要考虑不同产品之间的联系，平衡生产转换成本和库存持有成本；短期销售计划是包括用存货来满足客户订单，将现有库存分为已预订库存和可供库存；短期仓库补货和运输计划包括确定每种产品每天的补货量，该计划考虑了运输能力、实际订单数；短期人员计划则是根据用工合同和人工成本确定具体的人员安排。

2. 中期规划任务

中期规划任务主要包括主生产计划、产能计划、销售计划、配送计划、人员计划以及物料需求计划。其中主生产计划和产能计划是考虑需求的季节性波动，计算出各时期所需的加班时间，其目标是以成本最低的方式利用一个或多个生产设施的产能；销售计划的主要任务是预测特定区域内各种产品的未来销售情况，该预测是主生产计划的输入信息，因此，需要根据产品的生产特点进行分类；配送计划包括仓库之间的运输计划和库存水平计划。可行计划是根据现有的运输能力和存储能力来满足预期的需求，并使相关成本最小化；人员计划则需计算出零部件以及其他生产阶段所需的人员数，考虑各组人员的特定技能，以满足劳动合同上的工作时间；物料需求计划就是 MRP 计划，它需要计算出所有剩余物料的生产量和订购量。

3. 长期规划任务

长期规划任务包括产品规划和战略销售规划、工厂选址和生产系统、原材料计划和供应商选择、战略合作。产品规划应反映整个产品领域未来的销售情况，包括考虑产品的生命周期、竞争因素等多方面的信息；工厂选址和生产系统需要根据产品规划和销售量的长期变化进行考察。通常，工厂的选址决策和配送决策是同时做出的，都以长期预测和现有的生产能力为基础；原材料计划和供应商选择是通过物料规划直接与产品规划相联系，因此，最终产品由特定的零部件和原材料构成；战略合作是今天企业越来越重视的一项长期规划任务，它包括运用供应商管理库存、低价战略和适时供应等新型管理理念来达到削减库存和保留订单的目的。

10.2.2　国际运输问题

运输问题是供应链管理中的一个主要内容，因为它决定了货物的接收方式。运输问题包含三个部分：基础设施、运输方式和选择的运输方式。

1. 基础设施

基础设施的问题主要表现在三个方面：一是一国在拥有完善的入境和出境运输系统的同时，其内部的运输网络却相对薄弱。二是处于运输网络之外的地区常常在它们将商品运入市场的过程中碰壁。物流平台的建立为企业在有利的成本条件下迅速到达市场提供了一种途径。三是运输频率的波动性较大。

2. 运输方式

可供选择的运输方式有海运、空运、铁路运输、公路运输和管道运输等。每种运输方式有各自的特征。比如海运具有运量大、运费低、速度慢等特点；空运具有速度快、运量小、运费高等特点；铁路运输具有适宜长途大量运输、运费低、受气候影响小、灵活性低等特点；公路运输具有运送速度快、普及性高、灵活性强、运载量小等特点；管道运输具有运输量大、运费低、不受气候影响、无需包装等特点。由于各国地理限制的差异，运输方式的选择不只是依靠陆运、海运或空运来完成，通常是在了解不同运输方式特性的情况下，将多种运输方式结合起来，灵活地加以运用，使货物在不同的运输方式之间转换。

3. 选择的运输方式

选择运输方式在很大程度上受到企业和客户的影响，结合各种运输方式的运输时间、可预测性、成本和非经济因素、比较优势和劣势后再进行选择。

10.2.3　全球包装问题

全球包装问题十分重要，因为它要保证货物安全地抵达最终目的地。全球包装决策主要考虑以下几个方面的因素：

一是环境差异。比如当最终目的地非常潮湿或寒冷时，就必须采取特殊的保护措施以避免产品损坏。

二是包装的重量，尤其在空运时。在国际商务运输中，关税是根据货物的重量来计算的，因此，发货时必须考虑包装的重量。在国际物流中，对包装问题的解决方式是开放多式联运的集装箱运输，它适合于卡车、轮船、火车和飞机的大金属箱，便于国际运输中频繁的搬动。

10.2.4　全球仓储问题

全球仓储问题实际上就是国际库存问题。国际物流中必须考虑供应链成本和服务之间的平衡，确定适当的库存水平。即必须分析仓库的条件，根据仓库的需求对产品进行分类，分布在不同的销售中心，从而大大减少总的库存需求，以维持一个适当的服务水平。

此外，在全球物流中解决国际库存问题的一个有效途径是充分利用自由贸易区，自由贸易区的作用主要是存储或者加工国外商品，而不用缴税，这样就可以有效地减少物流费用。

10.3 全球供应链管理的方法

10.3.1 全球供应链的新环境

在国内物流决策中，其依据是管理人员的经验、行业比较、对未来趋势的关注以及由经验而言的直观判断等。在国外物流决策中，则主要依据跨国公司物流经理人员有根据的推测来确定需要采取怎样的步骤，以便达到理想的服务水平。

在全球供应链中，环境的变动往往与地点的变动联系在一起，如果对所发生的变动不熟悉，说明对决策的制定产生不利的影响。适合国内环境的决策不一定适应国外新的环境，其结果必然会影响企业效益，因此，要根据全球供应链中新特征和环境变化的新趋势，因地制宜，灵活应变，才能提高整条供应链的供应能力。

10.3.2 全球供应链管理的整合

1. 整合创造的价值

全球供应链管理中的关键问题是提高供应链管理的整合程度，企业内部和企业之间各个职能的协作就形成了国内或国际供应链。通过整合后的供应链创造的价值主要表现在三个方面：经济价值、市场价值、关联价值。

经济价值和效率一样，都是建立在长远的规模效益的基础上，规模效益力求以企业固定的管理费用来实现最低的总成本。经济价值的核心就是产品或服务的生产效率，通过尽力做好这方面的生产工作实现高性价比的产品或服务。

市场价值就是在正确的时间和地点展现产品最好的一面，从而有效吸引消费者，给消费者带来便利的产品或服务以及多样性的选择。现实生活中，大型的购物卖场、各种电子商务运作就是很好的例子。

关联价值包括客户化增值服务，这种服务超越了产品本身。经济价值反映出来的是正确的价格市场，价值反映出来的是正确的产品和服务，关联价值就是在这两个特点的基础上，对产品和服务进行改善以创造更多的价值。

整个供应链的整合就是将经济价值、市场价值和关联价值一体化，贯穿在商业运作的过程中。

2. 物流一体化整合的目标

物流一体化整合的目标有五个：快速反应、减少差异、降低库存、集体运作、质量保证。

快速反应关系到一个企业能否及时地满足消费者的需求。实施快速反应机制，可以使得企业的重心从预测消费者需求转移到高速的订货-发送运作，以满足客户的要求。这一机制要求企业接到客户订单后进行库存配置，及时支付。

减少差异中的"差异"二字是指物流系统的所有运作领域所产生的差异，通常这种差异的产生是由于物流运作在某一方面没有达到预期的效果，比如客户订单处理的延误、加工运作的中断、在途货物的损失等。为了减少这种差异，通常采用的是安全库存的方法和特种运输方式的方法，不过考虑到这两种方法的高成本性，现在比较普遍的方法是信息技术法。这是一种通过保持积极的物流控制能力来减少差异，从而提高物流运作的能力。

为了达到降低库存的目标，整合的物流系统必须控制库存资产和周转率。库存资产是库存反映在财务方面的价值。而库存周转率则是在一定时段内库存补充的速度。高度的库存可得性结合高速的库存周转率意味着高效利用了被库存占用的资金，从而使得整个运作的总资产投入相对减少了。

物流运作成本中最主要的成本之一是运输成本，许多物流解决方案是采取直接补货的方法，运输速度快但批量小，成本高。集运运作是通过企业间的相互协调，将小批量的货物运输进行及时合并的一种物流运作方式。物流系统的作用就是通过集运运作的方式降低运输费用。

质量保证是企业追求的最终目标之一。全面质量管理（TQM）是保障质量的有力措施之一。如果产品在交付给客户之后，出现质量问题还不得不退货的话，物流成本就会迅速的提高。因此，一流企业的物流目标就是要致力于实现零缺陷的订货和交货模式。

3. 供应链内部一体化整合

在对供应链内部进行一体化整合之前要明确三个理念。一是协作会降低风险并提高整个物流运作的效率。为了实现高水平的协作，必须在供应链的各个成员间实施战略信息共享，共享交易信息和计划信息，只有这样，各个供应链参与企业才能真正联合起来。二是要减少重复的工作环节。供应链的有效协作可以进一步地降低大量库存带来的风险。三是相互依存是供应链稳固的首要动力，相互依存驱动着功能整合、信息共享和参与协作。

在三种理念的基础上，构建出供应链一体化的整合框架，这个框架要求企业具有对整合供应链的运作能力和竞争能力。其中运作能力包括满足特殊顾客的要求、与供应链伙伴协作实现运作整合、在供应链伙伴之间有效地共享运作和计划信息以及监测整个供应链的绩效。整合供应链体现在竞争能力、生产能力、采购能力、分销能力、计划和控制能力以及关系整合能力等几个方面，在这些职能价值的基础上，企业可以通过协调好产品服务价值流、市场供给流、信息流、资金流四个方面来实现供应链的一体化。

4. 供应链国际一体化整合

国内的物流运作的供应链整合主要是增值服务的运作，而全球物流则必须考虑不同国家政治和经济制度方面的特点，处理不断增加的距离、要求等不确定因素以及一系列国际商务文件所引发的问题。这使得全球物流运作的物流成本和运作复杂性大大增加。比如，北美物流的特点是具有开放的地理条件和广泛的陆地运输运程，对跨国界运作支持文件的要求不多。欧洲的物流运作的特点是地理条件相对局限，常常涉及大量的政治、文化、规章和语言方面的障碍。而环太平洋地区的物流运作则主要是以该地区的各个岛屿为基础，通过大量的水运或空运来运作。这就要求开展全球物流运作的企业具有宽广的各种能力和技能。

在应对上面各种问题时，企业对国际化供应链的整合可以从以下几个方面进行管理：

（1）运行周期

运行周期的长短是国内和国际协作之间最大的不同。相比国内运行周期，国际运行周期既不是 3~5 天，也不是 4~10 天，而是以几周或几个月来计算的。这主要是通信、资金的延误，运行时期缓慢和保管延迟等原因造成的。因此，在对国际供应链进行整合的时候必须考虑运作周期带来的复杂性，从运作周期缺乏持续性和灵活性着手处理。

（2）运输环节

运输环节具有三个特点：联运的所有权和运作的权利、私有化以及针对国外运输公司的沿海航行权和双边协议。国际化的运输需要由多种交通运输工具来共同完成，虽然存在一些所有权和运作方面的限制，但是国家与国家之间的营销和联盟组织已经产生，这大大增强了运输的灵活性；出于保证国家安全的目的，很多运输工具都是由政府拥有和使用的，这就发生政府对企业征收附加费的问题，导致运输成本的提高，因此运输工具的私有化成为解决这一问题的有效措施；沿海航行权要求在国内两个港口间运行的旅客和货物只能使用国内的运输工具。沿海航行权的各种法律是为保护国内的运输企业而设计的。它降低了整个运输设备的利用率和运作效率，是影响国际物流的第三大因素。

（3）系统的整合

大多数公司都是通过吞并和合并的形式实施全球化运作，系统的整合对全球供应链系统提出了更高的要求，它要求在全世界范围内拥有通过电子形式发送订单和处理库存需求的能力，要求企业有更多的资金投入。

（4）联盟

国际物流相对国内物流最大的不同还在于有第三方联盟的介入。运输公司和专业的服务提供商联盟在国际运作中占有更为重要的地位，国际联盟的出现为国际化企业提供了市场入口和专业化的技术支持，并且降低了全球经营中面临的风险。

全球化是未来发展的趋势，在全球供应链管理的过程中，随着国家化运作的加强，对供应链整合提出了更高的要求。针对供应链越来越长、不确定因素越来越多等问题，全球物流的能力也要不断提高以顺应要求，以应对更加严格和复杂的挑战，从而实现真正意义上的全球化运作。

◎案例

高效供应链管理创造 ZARA 神话

ZARA，一个来自西班牙的服装品牌，一个让潮流追随者流连忘返的品牌服装零售连锁店。在 ZARA 的背后是西班牙排名第一、全球排名第三的服装零售商 Inditex。作为 Inditex 公司 9 个品牌中最出名的旗舰品牌，创立于 1975 年的 ZARA 以数量只占集团三分之一的专卖店，贡献了 70% 的销售额。

ZARA 以快速反应著称于流行服饰业界，其成功的创新模式成为业界标杆，堪称"时装行业中的 Dell"。它不断创造服装业奇迹的秘诀就是敢于打破所有零售规则，而其背后是"快时尚"理念引导下的快速供应链管理。

1. 潮流的快速跟随者

分布于全球 50 多个国家的 3000 多家 ZARA 门店，设计的总后方只有一个——位于西班牙北部加里西亚的 Arteixo，这里是 ZARA 唯一的集中设计中心和产品生产中心。

在产品设计方面，ZARA 很少完全依靠自己设计和研发，更多是从其他时装品牌的发布会上寻找灵感。根据服装行业的传统，高档品牌时装每年都会在销售季节提前 6 个月左右发布时装信息。这些时装公司会在巴黎、米兰、佛罗伦萨、纽约等世界时尚中心来发布其新款服装，而 ZARA 的设计师们则是最积极的"观众"。

这些信息被迅速反馈回总部后，马上会有专业的时装设计师团队分类别、款式及风格进行改版设计，重新组合成 ZARA 全新的系列主题产品。ZARA 总部有一个 260 人的专业团队，由设计专家、市场专家和采购专家组成，共同探讨将来可能流行的服装款式、花色、面料等，并讨论大致的成本和零售价格等问题，初步形成一致意见。

在设计师绘出服装草样并完善后，这个团队还会根据草样进一步讨论并确定批量、价格以及决定是否要投产等。开放的团队，频繁的沟通，马上付诸实施，这些使得 ZARA 的设计除了拥有低成本和流行元素外，更具备了 6 个月的时尚信息"提前量"。也正是如此，ZARA 能够在仅仅两个星期的时间内使一件女装、衬衫或外套从制图板走上货架，整个过程所使用的时间还不到行业平均时间的四分之一。

2. 极速生产配送

ZARA 的采购环节也非常有特色。在布匹采购方面，ZARA 主要购买原坯布（未染色的织布），根据需要进行染色后再生产。这不仅可以迅速应对市场上花色变换的潮流，还可以有效降低原材料库存成本并防止缺货的风险。为防止对某家供应商的依赖，同时也鼓励供应商更快的反应速度，ZARA 剩余的原材料供应来自于公司附近的 260 家供应商，每家供应商的份额最多不超过 4%。

当服装进入生产阶段，ZARA 的做法则和世界上流行的外包模式大相径庭，它不仅拥有自己的纺织厂及服装加工厂，并在欧洲一些主要地区建立了独立的物流运输企业。由 ZARA 投资控股的 14 家工厂联结成一个超大型的自动化配销仓库，完全自制自销，虽然生产成本比外包生产提高了 15%~20%，但高效率的作业管理使生产速度得到提升，并减少了存货带来的滞压成本，因此除了有效消除掉这部分可见的成本外，生产企业基本还可以维持 10% 的稳定利润。

配送环节也至关重要。为加快物流速度，ZARA 总部设有双车道高速公路直通各配送中心。通常收到订单后 8 个小时内货物就可以被运走，每周给各专卖店配货两次。

3. 店长权利"最大化"

ZARA 每一家门店的店长手中都有一台 PDA。与餐馆的服务员手里那个连接后厨的 PDA 不同，ZARA 店长们手中的这台 PDA 是和西班牙总部直接联系。通过这台特别定制的联网的 PDA，他们可以直接向总部下订单，而总部可以直接掌握每一间门店的销售情况，同时门店店长也可以和总部产品经理及时沟通。

ZARA 要求各专卖店必须每天定时把销售情况发回总部，并且每周要根据当前库存和未来两周内的销售预期向总部发两次补货申请。这些信息的准确性是对专卖店管理人员的重点考核内容。

在 ZARA 专卖店里，另外一个看似简单却功能强大的机器就是平时大卖场中常见的 POS 机。在进行结算的同时，POS 机收集了最及时、最全面的当日销售数据。所有门店每天晚上必须将各种销售数据和报表直接传给西班牙总部。

总部拿到各专卖店的销售、库存和订单等信息后，会综合分析各种产品是畅销还是滞销，如果滞销则取消原定生产计划。由于在当季销售前 ZARA 只生产下个季度出货量的 15% 左右，这样 ZARA 在一个销售季节结束后不太符合消费者口味的服装最多不超过 18%，而行业平均水平为 35%。

4. 神奇的标准化

支持 ZARA 高速运转的是其高度标准化的 IT 数据管理系统。

首先是对时尚信息的标准化。在完成时尚信息的搜集和汇总之后，ZARA 调控中心的办公人员们通过对这些时尚信息的萃取、分类、归档，将他们以标准化的格式录入总部的数据库之中。正是在这种数据标准化存储的数据库的帮助下，ZARA 的设计人员才得以高效地获取并理解来自全球范围的时尚信息，进而把他们糅合为新的时尚设计。

其次是生产过程的标准化。在 ZARA 服装生产的过程中，每件衣物在进行裁剪之后，都会有其相应的条形码与之相匹配，这些条形码随着这些配套的布料一直经历缝合、装箱、分拣、配送和销售的全过程。这说明在 ZARA 的这些环节中，对衣物的识别都使用着统一的标准。因此，在整个供应链的运作过程中，同一款式服装的信息之间绝对不会存在任何的不匹配现象，这保证了信息传递的流畅，进而确保了供应链的快速响应。

对于数据进行标准化处理从而疏通流程，在当今大小企业中已经屡见不鲜。数据标准化的重要性也已经得到了共识。但是，如果说 ZARA 在生产过程中的数据标准化通过一定的努力还可以模仿的话，ZARA 对服装的美学信息、时尚信息、款式的信息是如何进行标准化，进而促进设计的，这对业界人士来说至今仍然是个谜。

◎思考题

1. ZARA 供应链管理是如何做到高效运作的？
2. ZARA 通过哪些途径达到了降低成本提高质量的目标？

第 **11** 章

国际市场营销

◎ **本章要点**

1. 国际市场细分是市场细分概念在国际营销中的运用。它具有两个层次：第一个层次是国际市场宏观细分。第二个是国际市场微观细分。

2. 选择国际目标市场时需考虑的主要因素包括：国际目标市场的规模和潜量、目标市场的竞争结构及强度和企业自身的经营目标和资源条件等。

3. 国际市场定位是指企业在国际市场细分的基础上，根据目标消费者要求来给产品确定一个适当的位置。国际市场定位策略包括：对抗定位、回避定位、反向定位、重新定位、"高级俱乐部"定位、间接定位等。

4. 国际营销的 4PS 策略包括：产品属性需要在不同国家有所不同，以满足不同消费者的品位和偏好；显著的国家差别存在于销售系统中；国际沟通方面的障碍包括文化障碍、源头影响及噪声水平，沟通策略有"推式"和"拉式"两种；不同的国际定价策略，如价格歧视、掠夺性定价、多点定价及经验曲线定价等。

5. 国际营销控制就是把企业的国际营销活动维持在营销目标可以允许的范围内。任何国际营销控制都包含三个基本环节：设定控制标准、衡量执行情况和纠正偏差。国际营销控制的内容主要包括：销售额控制、价格控制、产品控制、促销控制、分销渠道控制、人员控制、投资控制、利润控制、销售能力控制等。

11.1 国际市场细分战略

11.1.1 国际市场细分

1. 国际市场细分的概念与意义

（1）国际市场细分的概念

国际市场细分（International market segmentation）是在市场细分的基础上发展起来的，是市场细分概念在国际营销中的运用。国际市场细分具有两个层次：第一个层次是国际市场宏观细分。企业根据某种标准（如经济、文化、地理等）把整个世界市场分为若干子市场，每一个子市场具有基本相同的营销环境，即把整个世界划分成若干个国家群，一个国家群就构成一个子市场。企业可以选择某一个或某几个国家作为目标市场。第二个是国际市场微观细分。指企业进入某一国外市场后，将发现该国的顾客需求也是千差万别，企业不可能满足该国所有顾客的需求，而只能将其细分为若干个子市场，即划分成若干个顾客群，企业选择一个或若干个子市场作为目标市场。这种细分也叫一国之内的细分。

举例来说，一家牛仔裤公司根据消费者身材特点将世界划分为亚洲市场和欧美市场。由于亚洲人身材相对较矮小，欧美人较高大，因此，亚欧就构成了不同的子市场。这种国际市场细分就是宏观细分。根据企业的条件，目前比较适合进入亚洲市场，放弃欧美市场。进入日本市场后，发现日本青年人对牛仔裤又有不同的要求，一是男女要求不同，二是对颜色要求不同，三是对裤腿的肥瘦要求不同。这样在日本又需要进行市场细分和目标市场的选择。这种国际市场细分就是微观细分。

（2）国际市场细分的意义

第一，有利于发现新的市场营销机会，实现市场开拓创新。经过细分的市场，目标顾客集中，容易发现未被满足（或未被充分满足）的消费需求，从而为企业提供新的市场营销机会。

第二，有利于集中人力、物力投入目标市场。通过细分市场，选择了适合自己的目标市场，企业可以集中人、财、物等资源，去争取局部市场上的优势，然后再占领自己的目标市场。

第三，有利于发挥本企业的优势，提高企业竞争能力和应变能力。在每个细分市场上，竞争者的优势与弱点能明显地暴露出来，企业只要看准时机，针对竞争对手的弱点，利用本企业的资源优势，推出更适合消费者需要的产品，就能用较少的资源把竞争对手的原有顾客和潜在顾客转变为本企业产品的购买者。

第四，有利于企业发掘隐性的市场营销机会，及时调整营销策略。市场需求是瞬息万变的，在整体市场中各个细分市场的变化又是不同的，通过市场细分，企业就能较好地掌握每个细分市场的变化特点，及时调整市场营销策略，使企业有较强的应变能力。

2. 国际市场宏观细分

宏观细分是微观细分的基础。国际市场宏观细分的标准有地理标准、经济标准、文化标准和组合法。

（1）用地理标准细分国际市场，可将整个世界市场划分为北美市场、南美市场、非洲市场、中东市场、西欧市场、东欧市场以及亚洲市场等。这是一个最常用的划分标准。

（2）用经济标准划分国际市场，把整个国际市场分成了三个子市场，即按照人均国民生产总值，把人均国民生产总值在 4000 美元以上的国家划为工业化国家；把人均国民生产总值处于 700~4000 美元的国家划为中等收入国家；把 700 美元以下者划入低收入国家。

（3）以文化为标准细分国际市场。以语言为例，为英国市场生产的电子计算机软件，在法国、德国等不同语种的国家就不适销；宗教也是如此，世界上的主要宗教有基督教、佛教、伊斯兰教和印度教，不同宗教的教徒有着根本不同的信仰、价值观和生活方式，因而可将信奉同一宗教的国家划分为同一子市场，实施同样的营销策略。而且，单纯地用文化作为细分市场的标准在很多情况下是不可行的，如英、美两国，语言虽然相通，但其生活方式、民族特性等还有很大差异。因此营销策略也不可能完全相同。

（4）用组合法细分国际市场。这是由里兹克拉（Elias G. Rizkallah）在 1980 年提出的一种新的以战略计划为基础的划分国际市场的方法，这种方法要求从国家潜量、竞争力和风险三个方面分析世界各国，从而把各国分成 18 类。组合法相对上述三种标准更全面、更实际，是企业进行国际市场宏观细分的一个很有用的方法。

除上述细分标准外，还可以以政治制度、生活方式等作为细分标准。在众多的方法中，究竟选择何种方法，往往取决于产品的性质，如对从事耐用消费品营销的企业来说，用人均收入为标准来划分世界市场就比较有意义。对于那些试图综合分析海外市场，评估海外营销机会的企业来说，组合法则更为有效。企业应根据具体情况进行具体分析，灵活运用各种细分方法。

3. 国际市场微观细分

微观细分类似于国内市场细分，这种一国之内的细分标准即是国内市场细分标准，例如消费品市场有地理环境、人口状况、消费者心理、购买情况等几大标准，工业品市场有地理环境、用户状况、需求特点和购买行为四大标准。

（1）消费品市场的细分标准

消费品市场的细分标准主要参照人口统计因素、社会经济因素、地理因素、心理因素和行为因素来加以确定。①人口统计因素包括年龄、性别、家庭规模、职业、教育、种族、宗教等。②社会经济因素包括社会阶层、家庭生命周期、收入等。③地理因素包括区位因素，如南方、北方、城市、农村、平原、山区、沿海、内地等。④心理因素包括消费者的性别、生活方式、对产品和企业的态度等。⑤行为因素包括消费者所追求的利益、对牌子的偏爱程度、购买频率、消费模式、对企业营销组合的敏感程度等。

（2）工业品市场的细分标准

工业品市场因其特殊性，其细分标准与消费品市场的细分标准有所不同，主要参照的标准包括：地理位置、用户性质（如生产企业、中间商、政府部门等）、用户规模、用户要求（如经济型、质量型、方便型等）以及购买方式（如购买频率、支付方式等）。

（3）市场微观细分的要求

第一是可衡量性（Measurability）。所谓可衡量性，是指细分后形成的市场，其规模及购买力程度必须能够衡量，否则某些特性就不能成为细分市场的依据。比如用生活方式作为细分标准就很难确定一国中究竟有多少人属于某一种生活方式。

第二是可接近性（Accessibility）。指企业的人力、物力及营销组合因素必须足以达到和占领所选择的细分市场，如果市场细分后，消费者不能有效地了解商品的特点，不能在销售渠道买到这些商品，则说明企业不能达到该细分市场，企业就应放弃该细分。

第三是足量性（Substantiality）。即细分后所形成的市场规模必须足以使企业有利可图，并有一定的发展潜力。因为只有足够大的市场与发展潜力，才值得企业尽心尽力开发。

第四是可实施性（Action-ability）。即企业能够有效地吸引并服务于子市场的可行程度。例如，计算机公司根据某国的顾客对计算机的不同使用与服务要求，将顾客分为数个子市场，但公司资源有限，缺乏必需的技术与营销力量，不能为每个子市场制定切实可行的营销策略，因此该公司的市场细分就没有意义。

4. 国际市场细分的步骤

国际市场细分过程可以分为下述几个步骤：

（1）确定划分世界市场的方法（即确定细分标准）；

（2）将所有具有共同特点的国家划为一组，即构成一个子市场；

（3）了解满足每组需求对企业资源条件有哪些要求；

（4）根据本企业的特点，看看由本企业满足哪个或哪些子市场最适当，最有优势；

（5）从理论分析，要满足目标市场的需求应采取的措施；

（6）把这种理论上的策略和方法根据实际情况加以修正和调整。

假设一个生产电子计算机的企业打算进入国际市场。应用上述细分过程，该企业将分六个步骤细分世界市场。

第一步，企业认为，应根据各国经济技术的发展水平和对电子计算机的需求来划分世界市场。

第二步，按照上述细分标准，可将世界电子计算机市场分成三个子市场。①需要简单、小型电子计算机（如第一代电子计算机）的市场；②需要中型、较复杂电子计算机的市场；③需要大型、复杂电子计算机的市场。

第三步，要满足第一个子市场，企业只要具备生产简单电子计算机的技术能力和生产能力即可；要满足第二个子市场，需要具备中等技术水平和生产能力；要满足第三个子市场，需要企业拥有生产现代大型电子计算机的尖端技术，有能力与国际商业机器公司第一流企业抗衡。

第四步，根据企业的资源条件，确定服务于哪一个子市场最有力。

第五步，假设根据企业的资源条件，确定服务于第二个子市场，并假设下述国家和地区属于第二子市场：韩国、印度、新加坡、中国香港、墨西哥、巴西、尼日利亚。为满足这些目标市场国家的需求，公司可以在尼日利亚、巴西和韩国分别建立一个组装厂，其他国家的需求可以通过从这三个国家进口而得到满足。

第六步，假设经过进一步调研，发现韩国比较缺乏科技人才，在韩国建厂难免出现效率低的现象；而印度的科技人才较多。故决定把组装厂建在印度，再由印度向整个亚洲地区出口。

11.1.2 国际目标市场战略

1. 影响国际目标市场选择的因素

（1）国际目标市场的规模和潜量

目标市场规模太小，企业无法发挥资源优势，无法实现规模经济效益；目标市场规模太大，企业则无法有效控制或占有市场，反而为竞争对手的进入创造了条件或提供了缺口。

（2）目标市场的竞争结构及强度

企业应选择那些竞争对手力量薄弱，或尚未完全受到重视而自身又拥有相对竞争优势的细分市场作为自己的目标市场，而应避免进入竞争激烈或已为竞争对手控制的子市场。

（3）目标市场应符合企业的经营目标和资源条件

在目标市场的规模、潜量、竞争强度都较理想的情况下，企业还需考虑自身的情况。某些目标市场虽然潜力很大，但与企业的战略目标相背离，或者可能分散企业的资源而无法实现战略目标，对于这些目标市场只能放弃。另外，即使目标市场符合企业的战略目标，企业还须在该市场具备一定的竞争优势，如低成本、产品差异性等。否则，企业也不能选择自身无竞争优势的细分市场作为自己的目标市场。

2. 选择国际目标市场的策略

目标市场的选择策略，即关于企业为哪个或哪几个细分市场服务的决定。通常有五种模式供参考：（见图 11-1）

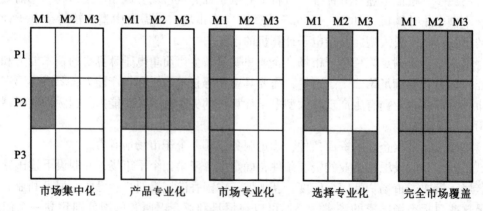

图 11-1　选择国际目标市场策略图

（1）市场集中化。企业选择一个细分市场，集中力量为之服务。较小的企业一般这样专门填补市场的某一部分。集中营销使企业深刻了解该细分市场的需求特点，采用相应的产品、价格、渠道和促销策略，从而获得强有力的市场地位和良好的声誉。但同时隐含较大的经营风险。

（2）产品专业化。企业集中生产一种产品，并向所有顾客销售这种产品。例如服装厂商向青年、中年和老年消费者销售高档服装，企业为不同的顾客提供不同种类的高档服装产品和服务，而不生产消费者需要的其他档次的服装。这样，企业在高档服装产品方面享有很高的声誉，但一旦出现其他品牌的替代品或消费者流行的偏好转移，企业将面临巨大的威胁。

（3）市场专业化。企业专门服务于某一特定顾客群，尽力满足他们的各种需求。例如企业专门为老年消费者提供各种档次的服装。企业专门为这个顾客群服务，能建立良好的声誉。但一旦这个顾客群的需求潜量和特点发生突然变化，企业要承担较大风险。

（4）选择专业化。企业选择几个细分市场，每一个对企业的目标和资源利用都有一定的吸引力。但各细分市场彼此之间很少或根本没有任何联系。这种策略能分散企业经营风险，即使其中某个细分市场失去了吸引力，企业还能在其他细分市场盈利。

（5）完全市场覆盖。企业力图用各种产品满足各种顾客群体的需求，即以所有的细分市场作为目标市场，例如上例中的服装厂商为不同年龄层次的顾客提供各种档次的服装。一般只有实力强大的大企业才能采用这种策略。例如 IBM 公司在计算机市场、可口可乐公司在饮料市场开发众多的产品，满足各种消费需求。

11.1.3　国际市场定位

1. 国际市场定位的含义

所谓市场定位就是根据所在地选定的目标市场上的竞争者现有产品所处的位置和企业自身的条件，从各方面为企业和产品创造一定的特色，塑造并树立一定的市场形象，以求在目标顾客心目中形成一种特殊的偏爱。

所谓国际市场定位，是指企业在国际市场细分的基础上，根据目标消费者要求来给产品确定一个适当的位置。

2. 国际市场定位的因素分析

企业在进行产品的市场定位时，应主要分析以下因素：

（1）市场分析

对于某一产品市场，或将要参与竞争的市场，企业的经营者必须做到对以下几点心中有数：

- 全局观念的市场到底有多大？
- 这个市场的增长率是多少？

- 当前的市场是如何被细分的？
- 当前的市场趋势是否能指明近期细分市场的主要变化？
- 目前企业参与竞争的是哪一细分市场，所占份额有多大？
- 竞争者所占有的市场份额有多大？

（2）竞争者分析

同行业中的竞争对手的产品、价格、分销、促销策略会直接影响到本企业产品的市场地位。因此在分析了市场之后，企业还要进一步审视站在对面的竞争对手，看它的本事如何；同时在心里掂量自己是不是能竞争得过它。一个好的市场定位无非是要让自己的产品胜过竞争者，不断地扩展自己的市场占有份额。

（3）本企业分析

要想在竞争中取胜，除了了解企业的外部环境外，还应对本企业的情况有客观准确的把握，只有这样才能真正做到知己知彼，才能做出正确的市场定位决策。本企业的关键问题包括以下几点：

- 从企业规模、市场份额、资金来源、历史记录和现行市场定位的记录看，企业在市场中所处的地位如何？
- 企业是处于领导地位还是仅仅是一个追随者？
- 企业的管理目标和策略是什么？
- 企业的优势和劣势是什么？
- 为实现目标，有哪些资源可供利用？
- 企业所处行业的关键性成功因素是什么？

3. 国际市场定位的程序

（1）识别可能的竞争优势

消费者一般都选择那些给他们带来最大价值的产品和服务。因此，赢得和保持顾客的关键是比竞争者更好地理解顾客的需要和购买过程，以及向他们提供更多的价值。通过提供比竞争者较低的价格，或者是提供更多的价值以使较高的价格显得合理。企业可以把自己的市场定位为：向目标市场提供优越的价值，从而企业可赢得竞争优势。

（2）选择合适的竞争优势

假定企业已很幸运地发现了若干个潜在的竞争优势。现在，企业必须选择其中几个竞争优势，据以建立起市场定位战略。企业必须决定促销多少种，以及哪几种优势。总的来说，企业需要避免市场定位错误。

（3）传播和送达选定的市场定位

一旦选择好市场定位，企业就必须采取切实步骤把理想的市场定位传达给目标消费者。企业所有的市场营销组合必须支持这一市场定位战略。给企业定位要求有具体的行动而不是空谈。

4. 国际市场定位的战略

（1）国际市场定位的依据

各个企业经营的产品不同，面对的顾客不同，所处的竞争环境也不同，因而，市场定位的依据自然也不一样。总的来说，市场定位常用的依据包括以下内容。

①根据具体产品特色定位：在定位时侧重企业产品的主要特色，在有些情况下，质量取决于制作产品的原材料或制作工艺，价格则往往反映其定位。

②根据特定的使用场合及用途定位：即针对提出某些特殊需要的顾客群定位。另外为老产品找到一种新用途也是为该产品创造新的市场定位的好方法。

③根据提供的利益、解决问题的方法和需求定位：产品本身的属性和由此获得的利益、解决问题的方法以及需求满足的程度，能使顾客感受到它的定位。

④根据使用者的类型定位：企业常常试图把其产品指引给适当的使用者即某个市场，以便根据该市场的看法塑造恰当的形象。

⑤根据竞争的需要定位：这是针对市场竞争态势，力求凸显企业优势的定位。企业可以定位于其相似的另一种类型的竞争者或者产品的档次，以便与之对比。也可以定位于与竞争直接有关的不同属性或利益。

事实上，许多企业进行市场定位的依据往往不是一个，而是多个结合使用。因为作为市场定位体现的企业及其产品形象，必须是多维的，是一个多侧面的立体。市场定位及其形象的认识，是一个持续的过程，即不断地由浅入深的过程。

（2）国际市场定位策略

①对抗定位：即对抗竞争定位，企业不服输，与强者对着干，以此显示自己的实力、地位和决心，并力争取得与强者一样的甚至超过强者的市场占有率和知名度。如美国的百事可乐就是采用对抗竞争方法，直接同位居首位的可口可乐展开竞争，并成为处于其后的第二可乐型饮料。

②回避定位：回避定位是指企业避开与对手直接竞争，而选择竞争对手忽略的市场空白作为自己的定位依据。这种策略能使企业迅速占领市场，并在消费者心目中树立企业形象，风险较低，成功率较高，因此为大多数企业所采用。回避定位的经典案例是七喜的定位。由于可口可乐在市场占据支配地位，七喜公司把自己定位成"非可乐"的汽水，从而取得了巨大的成功。

③反向定位：反向定位是指企业主动说出自己的差距或缺陷，从而增加消费者对它的信任。反向定位具有较大的风险，如果消费者喜欢最好的产品或服务，这种策略会让企业的愿望落空。因此，在使用这种策略时，要强调存在的差距并不影响消费者的利益。反向定位的经典案例是美国的 Avis 汽车租赁公司，它公开承认自己只是汽车租赁业的老二，但强调自己更加努力。在进行反向定位策略后，该公司扭亏为盈。

④重新定位：一方面企业可以改变现有产品的某种属性，以接近消费者的需求和偏好。另一方面可以通过广告宣传等方式，介绍产品特色，改变消费者对产品的片面认

识，使消费者从心理上感受到产品的特色与自己的需求和偏好一致。

⑤"高级俱乐部"定位：高级俱乐部定位即强调自己是某个具有良好声誉的小集团的成员之一。当企业不能取得第一位和某种有价值的独特属性时，将自己和某一名牌划归为同一范围不失为一种有效的定位策略。美国克莱斯勒汽车公司宣布自己是美国"三大汽车公司之一"，使消费者感到克莱斯勒和第一、第二一样都是知名轿车了，从而缩小了三大汽车公司之间的距离。

⑥间接定位：间接定位是指通过对竞争对手的产品进行定位，而事实上达到为自己的产品定位的一种策略。这种策略适用于当消费者无法分清企业产品和竞争对手产品的时候。例如，Rapnael 是法国生产的一种葡萄酒，而 Dubonnet 是美国生产的一种葡萄酒，Rapnael 公司通过"每瓶少花 1 美元，你可以享受进口产品"的广告诉求，让消费者知道了 Dubonnet 是美国的产品，间接达到了自己纯正法国葡萄酒的市场地位的目的。

(3) 常见的几种市场定位错误

①定位过低。定位过低也称定位不足。定位过低导致消费者对企业产品印象模糊，与竞争产品相比显示不出明显差异，或者这种差异被顾客认为不具有实质意义。例如，百事可乐公司在 1993 年推出清爽科里斯托饮料时，消费者并不清楚它在软饮料中的重要差异在哪里，对这种饮料也没有特别的印象。

②定位过高。定位过高也称定位过窄。定位过高导致无法吸引足够数量的消费者。例如，蒂万尼公司由于定位太高，使消费者认为该公司只生产 5000 美元的钻石戒指，而事实上，它也生产人们可以承受的 900 美元的钻石戒指。

③定位混乱。定位混乱导致消费者对产品印象模糊，使消费者感到无所适从。定位混乱的原因包括企业定位主题太多、重点不突出、定位依据相互矛盾、频繁变换产品定位等。例如，斯蒂芬·乔布斯的 Next 桌面电脑，首先定位是学生，然后是工程师，再后来是商人，结果都没有成功。

④定位怀疑。企业的定位不符合实际，提出的定位目标难以实现，导致消费者不相信企业在产品特色、价格或制造商方面的宣传。

11.2 国际市场营销策略

11.2.1 标准化与定制化

一些公司实施全球战略，在全球范围内以近乎相同的营销组合销售同一产品；另一些公司则发现需要对其产品做一些改变，以适应国外市场消费者的口味；还有一些公司的产品则需要采用不同的宣传方式，目的在于利用当地市场独有的特色吸引当地顾客。那么，经理人如何决定什么时候他们的营销战略需要进行修改呢？在此我们将解释全球化对标准化决策与定制化决策的影响。

美国著名学者西奥多·莱维特在他的一篇广为人知的文章中写道，世界正日益变得标准化和同质化，全球公司在世界各地应该以同样的方式销售同样的产品，莱维特认为，技术的进步已经使世界上所有顾客的需求和偏好趋向大同，因此，公司应该通过标准化其产品的物理特性和营销策略来降低生产成本和营销成本。

自从那篇文章发表以来，关于标准化与定制化的争论层出不穷。鼓励标准化和定制化的因素在表 11-1 中加以了总结。

表 11-1	标准化与定制化
促使标准化的因素	促使定制化的因素
产品研究开发的经济性	不同的使用环境
生产中的经验效应	政府和规章制度的影响
市场营销的经济性	购买者的不同的行为模式
控制市场营销方案	执行中当地的创造性和推动力量
全球市场的"收缩"	遵循市场营销的概念

有人指出，标准化只不过是已经成功进入国际市场的公司所采用的诸多战略中的一种而已，而诸多企业面对不同国家在文化、经济、竞争环境、产品和技术标准、分销体系、政府法规等方面的差异，需要在各国改变其营销组合的各个方面。例如，麦当劳通常被看做全球销售标准化产品的经典范例。但实际上，麦当劳的营销组合的一个重要方面——食谱，在各个国家是不同的。

由于营销组合的一个或几个要素通常存在着标准化的机会，各公司可能会发现有必要、有可能使其全球广告词和（或）新产品特性标准化以获得大幅度降低成本的好处；同时它们有可能发现有必要根据当地的差异来修改其分销和定价策略。

事实上，关于"定制"和"标准化"的讨论不是一个全盘否定或肯定的问题。对营销组合的某些方面实行标准化，而对另一些方面根据不同国家市场的情况量身定制，通常是比较明智的做法。嘉实多在全球销售标准化的产品——润滑油，但它根据不同国家市场的经济状况、竞争环境和分销体系，对其营销策略的其他方面进行调整。是定制还是搞标准化产品的决策，取决于对营销组合每一个要素这样做的成本和效益的详细分析和研究。

11.2.2 产品策略

商品或者服务构成企业国际运营的核心，企业成功取决于其产品如何能够更快地适应需求以及他们如何能够与竞争产品区别开来，影响产品针对国外市场环境而进行调整的因素包括区域、国际化或是本地特征，产品特征和公司的考虑等。

1. 区域、国际化或是本地特征

一是法律法规。公司经常必须调整其产品以满足目标市场上的法律法规的要求。二是产品与技术标准。产品与技术的标准对经营者在拓展海外市场有两方面的影响，一方面是对质量与技术提高的要求。例如，欧洲经济区的成员国对于从玩具到拖拉机座位的一万多种商品制定了标准。又例如，由于有些规章制度要求采用由国际标准组织批准的全部制度，制造商可能将被迫改进产品质量。另一方面是产品标准对产品兼容性方面的要求。例如，3G 手机的技术标准在各国不同，美国使用 CDMA2000 标准，欧盟使用的 WCDMA 标准，而中国还在考虑到底使用本国自行研发的 TD-SCDMA 标准还是兼用各个标准，那么各个手机生产厂商在开拓各国市场时就必须考虑以哪个标准为方向进行研发生产。三是文化差异。由消费产品的市场营销者做出的产品决策尤其会受到当地行为模式、口味、态度和传统的影响，对于文化和心理差异的知识也许是成功的关键，公司需要调整其产品，以满足当地消费者因为文化和心理差异影响的产品偏好。四是经济发展水平。消费者的消费行为受到一国经济发展水平的影响。处于像美国这样高度发达国家中的公司倾向于在产品中加入许多额外的功能。这些产品特性对于欠发达国家中的消费者来说通常是不需要的，这些国家的消费者需要的是更基本的产品。五是当地竞争对手。监控竞争对手的产品特征，以及决定如何对付并且击败它们，对于产品调整适应决策来说至关重要。竞争性产品可以给出一个衡量资源的底线，例如，它们可以帮助确定在特定竞争条件下要成功地达到临界市场份额的必要条件。

2. 产品特征

产品特征指所提供产品的内在特性，无论是实际拥有的特性或者是感觉到的特性。产品的内在特征，以及它们给处于不同市场的消费者们带来的好处使得某些产品易于标准化，但是另外一些产品则不行。

（1）品牌名与产品名

品牌名就是能够说明产品来源或特点的一个或多个产品的名称。一个品牌名会给予购买者自己产品的个性特色和形象。品牌能够帮助消费者挑选、推荐或者拒绝产品；品牌还能起到法律保护的作用，使品牌拥有人免受竞争者非法入侵的影响。一个响亮的品牌名称可以成为企业最有价值的资产和竞争优势的主要来源。品牌名称上出现任何不一致都可能会在现有和潜在的顾客群中产生混乱，尽管公司一般都会在各个市场上保持品牌名称的稳定，但是他们经常也会创造出一些新的产品名称或修改现有的以适应当地偏好。例如吉列公司，Silkience 护发素在法国销售时叫做 Syance，在意大利销售时叫做 Sientel，而在德国销售时则叫做 Silkience。如果品牌已经落伍或者可能与在国际市场上的品牌被混淆，公司需要及时审查品牌形象并进行修改。例如，联想原来的国际品牌名称是 Legend，但是公司发现 Legend 这一品牌名称在其他国家被其他许多公司注册了，并且没有传达公司关于创新的理念，于是，公司将 Legend 改名为 Lenovo，是由 legend（联想）和 novo（在拉丁文中是创新的意思）合成的。

（2）包装

包装是企业通常都要进行改进的一个方面。由于产品在分销渠道要经历较长的时间，跨国公司，特别是经营食品的公司，为出口运输使用了更昂贵的包装材料或者更昂贵的运输方式。对于环境方面的考虑逐渐影响到包装决策。首先，政府通过鼓励市场营销者采用保护环境的 4R 标准［Redesign（再设计）、Reduce（减少）、Reuse（再利用）和 Recycle（循环）］来减少包装物浪费。其次，很多市场中存在着相当一部分十分关心环境保护的消费者，他们为了保护环境而改变他们的消费模式，这就导致要对产品进行改进，比如欧洲的丹依公司（Dany）和达能公司（Danone）已采用可循环使用的酸奶容器。

包装在促销方面所需要进行的修改主要与标签相关。最主要的调整在于法律要求的双语标示，例如加拿大（法语和英语）、比利时（法语和佛兰德语）、芬兰（芬兰语和瑞典语）。另外一些政府规定包括要求产品标签为消费者保护和告知方面提供更多信息。标签上标识不清、不使用规定的语言或者是标签上过于简略或错误地描述产品都会产生问题。

（3）维修和售后服务

当在国际市场上销售的产品需要维修、零配件或者是服务时，拥有、培训以及维护一支完善的工程人员或修理人员队伍并不是很容易就能解决的难题。如果产品出了问题而维修安排却没有达到标准，产品形象就会受损。在有些情况下，销往国外的产品并非用于设计好的用途方面，因而可能不只需要修改产品构造还要调整服务频率。例如美国出口的除雪机在沙特阿拉伯却被用于清除马路上的沙子。

（4）原产地

有关产品原产国的信息通常用"在（某国）制造"这个短语加以传递，这对消费者对于质量的感觉方面有很大的影响。每当我们想起意大利的鞋，德国的豪华汽车以及日本的电子产品时我们就会看到原产地的影响力。

3. 公司的考虑

公司政策通常决定是否需要调整产品及其调整的程度。关于产品调整适应的讨论经常会以这个问题结束："是否值得？"答案取决于公司控制成本、正确估计市场潜力以及最后一个方面——确保盈利的能力。调整适应的决定前提是对市场进行全面的分析，应该进行对原始数据收集或者是测试的正式市场调研。从财务的观点来看，有些公司在决定对产品调整适应之前有明确的资本回报水平要求（比如 25%）；其他一些公司把回报要求作为面向市场以及进入市场的时间函数的变量，允许存在一定的变化幅度，也就是说，开始时的盈利性可以妥协于适宜的市场进入战略。

4. 产品的系列管理

国际市场营销者的产品系列由当地品牌、地区品牌以及全球品牌构成。在某一特定的市场上，一家出口商的产品系列，通常比其在国内所提供的产品范围要小，而且集中于利润最高的产品。产品系列可能因市场不同而差异很大，这取决于企业的经营状况。有些企业一开始只迎合特定细分市场的需要，然后再向整个市场扩张。例如，日本汽车制造商在世界小型汽车细分市场上建立起了强有力的地位之后再向高利润的豪华车细分市场推进。对于当地要求和品位的敏感性同样也要在公司的产品系列中加以反映。

11.2.3 分销策略

公司营销组合的关键要素是它的分销策略，即它选择的如何将产品送达顾客的方法。送货的方法是由公司的市场进入策略所决定的。图 11-2 是一个典型的、由一个渠道组成的分销系统。这个渠道包括一个经销商和一个零售商。公司在某一国家生产的产品可以直销到客户手中，也可以出售给零售商或批发商。在这个国家以外生产的公司面临同样的选择，此外，公司也可以选择将产品卖给进口商，然后由进口商和批发商、零售商或消费者打交道。

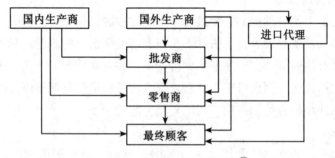

图 11-2　一个典型的分销系统①

1. 国家间的差异②

（1）零售商的集中度

在有些国家，零售体系是非常集中的，而在另一些国家则相对分散。在一个比较集中的体系中，少数几个零售商负责供应整个市场；而在一个分散的体系中有许多零售商，但它们当中没有一个占据市场的多数份额。集中度的差异有很大一部分源自历史和

---

①　Charles W. L. Hill. Global Business Today（5th Edition）[M]. China Machine Press, 2008, p. 463.

②　查尔斯·W. L. 希尔. 当地全球商务. 曹海陵、刘萍译. 机械工业出版社, 2009：339-340.

传统。发达国家有零售业更加集中的趋势。三大因素促成这一趋势：拥有汽车的人越来越多、家用电器中冰箱和冷柜的增加以及双职工家庭的增多。所有这些因素已改变了购物习惯，促进了大型零售商远离传统商业区发展。过去十年里，在全球零售业中出现了合并，像沃尔玛和家乐福这样的公司试图通过在不同国家兼并零售商成为全球零售商。这增进了零售的集中度。反之，在很多发展中国家，零售系统则相对分散。

（2）渠道长度

渠道长度是指在生产商和消费者之间存在的中间环节的数量。如果生产商直接向顾客销售，则渠道短；如果生产商通过进口代理、批发商和零售商销售其产品，则渠道长。选择长渠道或短渠道是一家生产商的战略性选择。但是，有些国家的分销渠道比另一些国家的长。渠道长短最重要的决定因素是分销体系的分散程度。分散的销售体系往往会促进批发商的发展以便为零售商服务，这样渠道就长了。

一般而言，零售体系分散的国家也趋于拥有长的销售渠道，有时是多层的。经典的案例是日本，那里在厂商和零售商之间通常有 2 ~ 3 层批发商。在像英国、德国和美国这样的国家，零售体系集中得多，渠道就短得多。

（3）渠道的独占性

独占性的分销渠道外人是很难进入的。例如，一家新公司的产品要想上超市的货架通常是很困难的。出现这种情况是因为零售商通常喜欢销售国内历史悠久的厂商的产品，而不愿冒险销售名不见经传者的产品。分销渠道的独占性在不同国家是不同的。日本的体系常常被看做独占性很强的典型。在日本，制造商、批发商和零售商之间的关系常常可以追溯到几十年前。许多欧美企业已经得到这样一个经验，即上述的密切关系使得日本市场难以进入。

2. 分销策略的选择

分销策略的选择决定了公司将使用怎样的渠道将产品转移到潜在的消费者手中。最佳的策略是由每一种方式的相对成本和优势所决定的。每一种方式的成本和收益因国家的不同而有所差异，这主要取决于三个因素：零售商的集中度、渠道长度和渠道的独占性。

由于渠道中每一个中间商都会在产品的售价上加上自己的那份利润，在其他条件相同的情况下，公司应选择较短的渠道。然而，使用长渠道带来的好处常常要超过上述弊端。当零售体系非常分散时，长渠道可以带来的好处之一是降低销售成本。因此，对于一家跨国公司来说，在零售体系分散的国家采用长渠道，而在集中度较高的国家采用短渠道是比较明智的选择。长渠道带来的另外一个好处是市场的通道——进入独占性渠道的能力。进口代理商或许已经与批发商、零售商和/或重要客户建立起了长期的、良好的合作关系，故而能更容易赢得订单和进入分销渠道。同样，批发和零售商之间已有的长期关系，使得它们处于一种比生产商自己更有利的地位来说服零售商经销自己的产品。

3. 管理渠道关系

渠道关系（除直销）可以比作婚姻。如果要发挥合作关系的作用，每一方都必须公开各自的预期，公开地对另一方与协议相违背的行为所显示出来的变动进行沟通。管理渠道关系的框架如表 11-2 所示。

表 11-2   管理与海外分销商的关系

抑制因素	导致	补救的方法在于
独立的所有权	某种程度削弱； 形成买方卖方的关系； 不明确的未来意图 交流障碍；	提供良性的激励、有益的支持方案、忠诚的讨论计划、以互利的方式互动
地理和文化差异	对外国人的消极态度； 实际的分销阻碍	明智的使用双向互访，制定合理良好的交流方案
不同的法规	纵向贸易壁垒； 解散困难	充分遵守法律，起草强有力的分销商协议

导致合作双方分裂的复杂因素可以分为所有权、地理和文化差异以及不同的法律法规。合作双方不应一味抱怨困难的存在，而是应该采取有力的行动加以补救。通常，首先要承认差异的存在。

11.2.4 沟通策略

对于公司来说，可以选择的沟通渠道有很多，包括直销、促销活动、直接的营销活动和广告。一家公司的沟通策略部分是由渠道的选择所决定的。有些公司基本上依靠直销，有些依靠销售网点促销活动，有些靠直接的营销，还有一些靠大量的广告。另有一些公司则同时使用几种渠道将它们的信息传达给潜在的消费者。以下，我们讨论国际沟通的障碍、沟通策略的选择和全球性广告。

1. 国际沟通的障碍①

（1）文化障碍

文化障碍使得在不同文化之间传播信息变得很困难。由于文化的差异，在一个国家表示某一意思的宣传到了另一个国家就可能是另外一回事了。例如，20 世纪 80 年代，宝洁在日本市场促销一种"佳美"（Carnmy）牌肥皂时拍摄了这样的一个画面；一个日

———————————
① 查尔斯 W. L. 希尔. 当地全球商务. 曹海陵、刘萍译. 机械工业出版社，2009：342-344.

本男人走进浴室，他妻子正在里面洗澡，这则广告在欧洲是极流行的，但在日本却失败了。因为在日本，妻子沐浴时，丈夫擅自闯入是件很不礼貌的事。

公司要想克服文化障碍最好的办法是培育跨文化的沟通能力。另外，应当多使用当地的资源投入，如用当地的广告公司设计广告词。如果公司采取直销而非广告手段与客户沟通，那么它应该尽量发展本地的销售队伍。

（2）源效应与原产国效应

当信息的接收者（这里指潜在的消费者）根据信息发送者的身份或形象评估信息时就产生了源效应。如果一个目标国的消费者对外国公司有偏见，源效应对跨国公司来说是有危害的。许多跨国公司为了消除源效应带来的负面影响而淡化其外籍身份。英国石油公司在兼并美孚石油公司（Mobil Oil）在全美的加油站后，将公司易名为 BP，以把大家的注意力从这样一个事实上引开：全美最大的连锁加油站之一的所有者是一家英国公司。

源效应的一个子集被称为原产国效应。原产国效应是指制造地点对产品估价的影响程度。当存在原产国负效应时，国际性企业或许不得不通过利用强调其产品性能的促销信息来抵消这种影响。因而，韩国汽车公司现代（Hyundai）试图通过体现该公司汽车与更有声望品牌的有利比较的广告，来克服美国消费者不认可其产品质量的障碍。法国葡萄酒、意大利服装和德国豪华汽车都从几乎是全球性的正面源效应中获益匪浅。在这种情况下，公司强调其外籍身份有益无害。

（3）噪音水平

噪音往往会降低沟通的效果。这里的噪音是指争夺潜在消费者注意力的其他信息量，而这在不同国家也是有差异的。在高度发达的国家如美国，噪音水平极高；在发展中国家，争夺潜在消费者注意力的公司数量较少，故噪音水平也较低。

2. 推拉策略①

与沟通策略相关的主要决策是选择推还是拉的策略。"推"更强调促销组合中的人员推销而不是公众媒体广告。虽然作为一种促销工具，人员推销是很有效的，但它需要高强度地使用其销售队伍，故成本较高。"拉"则更多依靠大众媒体来把它的促销信息传达给潜在的消费者。

决定推/拉策略哪个更适宜的因素包括产品类型和消费者经验、渠道长度及媒体的可得性。

（1）产品类型和消费者经验

生产消费品的公司一般喜欢采用拉的战略。这些公司面对着很大的一个细分市场，利用大众媒体做宣传可以取得成本上的好处，它们一般很少采用直销。而销售工业品或其他复杂产品的公司就比较倾向于用推的策略。利用直销，公司可以向潜在的消费者介绍其产品的特色。这在发达国家也许就不必要了，因为在那里，复杂产品在市场上已面

---

① 查尔斯 W. L. 希尔. 当地全球商务. 曹海陵、刘萍译. 机械工业出版社，2009：344-345.

世很久了，产品的特性已经为广大客户所熟悉，消费者比较老练。而当消费者对产品特性不太熟悉时，比如在发展中国家，或者在新产品刚面世的发达国家，对客户宣传就显得很重要了。

（2）渠道长度

分销渠道越长，就意味着要说服越多的中间商来经营其产品，并将产品送到消费者手中。这会导致渠道惯性，使新公司进入渠道变得很困难。使用直销手段将产品推向多层分销渠道的成本很高。在这种情形下，公司可以考虑用大众媒体广告创造消费需求，以便打通其产品的各层渠道。一旦把需求创造出来，中间商便会竞相经销自己的产品。

（3）媒体的可得性

能否采用拉的策略取决于能否找到广告媒体。在发达国家，大众媒体非常广泛。但在发展中国家，因为各种大众媒体非常有限，因此这方面受到的限制也就更多。所以，在有些国家，使用拉的策略将受到有限媒体的限制。在这种情况下，推的策略更具吸引力。例如，联合利华在很少有大众媒体可用的印度农村采用推的策略销售消费品。在有些情况下，媒体的可得性还受到国家法律的约束。虽然一般国家都允许在印刷媒体上做烟酒广告，但很少有国家允许在电视和无线电上做这类广告。

推拉策略的最佳组合取决于产品类型和消费者经验、渠道长度及媒体的发达程度。在下列情况下通常用推的策略：工业品和/或复杂的新产品、分销渠道短；印刷媒体或电子媒体不多。在下列情况下通常用拉的策略：消费品；分销渠道长；有足够数量的印刷媒体和电子媒体可以登载营销信息。

3. 全球性广告①

关于全球广告标准化利弊的讨论不少。最成功的标准化广告要算菲利普·莫里斯烟草公司的万宝路系列广告。

（1）赞同标准化广告

①具有很大的经济利益。标准化广告使得创造价值的成本降低，因为它把开发广告的固定成本分摊到许多个国家。例如，可口可乐的广告商麦卡恩—埃里克森（McCann-Erickson）声称，过去20年来，通过在全球利用其广告的某些内容，可口可乐节省了约9 000万美元。②广告人才比较稀缺，因此集中人才搞一个大的广告所产生的效果要比40个或50个小广告的效果来得更好。③许多著名的品牌是全球性的。如今，出国旅行已司空见惯，加上媒体跨国界覆盖面很广，许多跨国公司想在全球营造单一的品牌形象，以避免因广告的本地化所带来的混乱。这一点在西欧这样的地区尤为重要，在那里，出国旅游就和在美国跨州旅游一样普通。

（2）反对标准化广告

①文化差异。国别之间的文化差异会造成在一个国家成功的广告在另一个国家可能会惨败。由于文化的多元性，要想设计一个在全球都有效的广告主题是极其困难的。针

---

① 查尔斯 W. L. 希尔．当地全球商务．曹海陵、刘萍译．机械工业出版社，2009：346-347.

对特定国家的广告可能比全球广告更具效果。②广告法规可能会阻碍标准化广告的实施。例如，在法国，广告在剪掉了身穿凯洛格 T 恤男孩的内容后才允许播放，因为法国法律禁止使用小孩做广告；广告语"凯洛格生产的爆米花是其历史上最好的爆米花"在德国就不能采用，因为德国法律禁止做竞争性的声明。

（3）应对国别差异

一些公司正在进行这样的实践，即一方面抓住全球标准化广告带来的好处，另一方面又不忽略国别文化和法律环境的差异。一家公司可以把广告中的某些内容放在所有的广告宣传中，而把其他内容按当地的情况定制。这样做的结果是公司可以节约一定的费用，且在树立国际化品牌形象的同时针对不同的文化定制广告。百事可乐在 20 世纪 80 年代的一则广告中使用了这种方法。百事可乐公司聘请了美国歌星蒂娜·特纳以及来自六个国家的摇滚歌星在一场盛大的摇滚音乐会上同台演唱百事可乐主题歌。通过展现蒂娜和来自该国的摇滚歌星的表演，该广告做到了为每个国家量身定制广告。除了当地歌星表演的那部分内容不同外，广告其余内容完全一致。通过一次拍摄所有的广告内容，百事节约了广告摄制成本。

11.2.5　定价策略

1. 价格歧视

不同国家的消费者为同一产品支付不同的价格就存在价格歧视。价格歧视还包括市场能承受怎样的价格就制定怎样的价格。在一个竞争性市场中，价格要比垄断性市场低。价格歧视有助于公司获取最大利润。在不同国家制定不同的价格是有经济意义的。

价格歧视有利可图需要具备两个条件，第一，公司必须能将各个国家的市场分割开。如果做不到这一点，个人或企业就会利用套利使价格歧视策略遭到破坏。套利是指个人或企业利用同一商品在两国的价格差异，在价格低的国家购进再在价格高的国家抛出该商品的行为。第二，不同国家的需求弹性要有所差别。价格弹性系数是衡量产品需求对价格变化所做出的反应程度的量值。很小的价格变化引起很大的需求变化，这种情况称为需求富有弹性；反之，当很大的价格变化引起的需求变化很小时，就称为需求缺乏弹性。一般来说，在需求缺乏弹性的国家，一家公司的产品定价可以高一些。

2. 战略性定价

战略性定价的概念包括三层含义，我们称为掠夺性定价、多点定价和经验曲线定价。掠夺性定价和经验曲线定价都有可能违反反倾销法。

（1）掠夺性定价

掠夺性定价是以价格为竞争武器，将较弱的竞争者逐出一个国家的市场。一旦竞争者被赶走，该公司就可以抬高价格获取高额的利润。要使这种价格策略成功，公司一般必须在另一个国家的市场处于盈利地位，以此来弥补在这一市场因掠夺性定价造成的损失。历史上，许多日本公司被指控采用这一策略，其论据大致如此。因为日本市场受到很强的非正式贸易壁垒的保护，使得外国公司很难进入。日本公司在国内可以以高价获取很高的利润，它们用这些利润来补贴海外掠夺性定价造成的损失，目的是要把那些市场上的竞争者赶走。一旦达到目的，据说日本公司就会抬价。

（2）多点定价策略

多点定价是指这样一个事实，即一家公司在一个市场上的定价策略可能会影响到对手在另一个市场上的定价策略。在一个市场上的攻击性定价行为可能会招致对手在另一个市场上的反击。富士于 1997 年 1 月在美国市场上向柯达发起攻击，将其 35 毫米多卷装的胶片价格调低 50% 之多。这一降价行为导致头 6 个月富士胶卷在美国的销量同比上升 28%，而柯达的销量却下降 11%。这一攻击行为使柯达陷入窘境，柯达不想在其最大的、获利最丰厚的美国市场上削价竞争。最后，柯达的对策是在富士最大的市场日本采取大幅度的降价行为。这一战略反应其实承认了柯达和富士两者的依存关系和双方在世界多个国家竞争的事实。后来，富士只得取消了它在美国市场的攻击行为。

柯达的故事反映了多点定价的一个重要方面：在一个市场采取攻击性定价可能会招致对手在另一个市场的反击，因此，公司在改变价格策略前，必须考虑它在全球的竞争对手会做出怎样的反应。其次，当两家以上的跨国公司集中力量在某几个国家的市场发起强劲的价格战以获取市场的垄断地位时，就产生了多点定价的另一方面的问题。在巴西的一次性尿布市场，由于都想取得市场的主导地位，两家美国公司——金佰利（Kimberly-Clark）和宝洁打起了价格战。结果一次性尿布的价格从 1994 年的 1 美元降到了 1997 年的 33 美分。与此同时，其他的竞争者，包括本土的巴西公司被逐出了市场。金佰利和宝洁在全球展开竞争以争夺市场份额和垄断地位，而巴西只是其中的一个战场而已。两家公司都有实力进行这种价格战，因为虽然公司在巴西的利润减少了、但它们在全球其他地方的盈利可以弥补这些损失。

（3）经验曲线定价

随着公司累计产出的递增，单位成本将因经验效应而降低。学习效应和规模经济支撑了经验曲线。价格引起人们的注意是因为攻击性定价（加上攻击性促销和广告）能迅速提高累计产出，从而将生产向经验曲线下方推移。处于经验曲线下方的公司比那些在该曲线上方的对手公司具有成本优势。

许多公司在全球范围内采取经验曲线定价策略，试图通过低价来尽可能快地提高在全球的销量。尽管这意味着在起步时公司将面临巨大损失，但它们坚信，几年后，当它们向经验曲线下方推移后，它们将取得巨额的利润和相对于缺乏进取性的竞争对手的成本优势。

3. 法规对价格的影响

一家公司采取价格歧视或战略定价的能力会受到一国或国际法规的限制，最重要的是，一家公司根据自己的意愿制定价格的自由将受到反倾销法规和竞争政策的约束。

（1）反倾销法规

掠夺性定价和经验曲线定价可能会与反倾销法规相冲突。公司以低于制造成本的价格销售产品时就产生了倾销。反倾销法规给出口价格设定了下限，同时又限制了公司推行战略定价的能力。

（2）竞争政策

绝大多数工业化国家都有旨在促进竞争和限制垄断行为的立法。这些法规可用于限制一家公司在一国的定价行为。例如，20 世纪 60~70 年代，瑞士制药公司罗氏（Hoffr-rmnn-Lakoche）垄断了安定和利眠宁两种镇静剂的供应。1973 年该公司受到英国负责促进公平竞争的英国垄断和兼并委员会的调查。该委员会发现罗氏对镇静剂的定价过高，勒令它把价格下调 35%~40%。

11.2.6　确定营销方法组合

企业可能在不同国家在营销组合方面有变化，以考虑当地文化、经济条件、竞争条件、产品和技术水平、销售体系、政府法规等的差别。这些差别可能要求在产品属性、销售战略、沟通战略和定价战略上有变化。这些因素叠加影响的结果，是使企业很少在世界范围采取相同的营销组合。

不过，通常在营销组合的一个或几个因素方面有相当多的标准化机会。公司会发现使全球化的广告信息标准化，或使核心产品属性标准化来实现实质上的成本经济是可能的，也是可取的。公司可能发现利用地区差别制定销售战略和定价战略是有好处的。现实中，"定制与标准化"的争论不是非此即彼的问题，通常较为明智的营销组合就是在一些方面标准化而在另外一些方面则实行定制，这取决于各国市场的情况。

11.3　国际市场营销控制[①]

11.3.1　国际营销控制的含义和内容

1. 国际营销控制的含义

国际营销控制就是把企业的国际营销活动维持在营销目标可以允许的范围内。任何国际营销控制都包含三个基本环节：设定控制标准，衡量执行情况，纠正偏差。国际营销控制是国际市场营销管理的关键职能。

在企业的营销控制上，由于沟通上的隔阂使国际市场营销比国内市场营销困难得多。世界各地的时差、文化差异、通讯的延误以及各个国别市场上的不同营销目标，对其应变能力的要求也高于传统的控制方法。

2. 国际营销控制的内容

国际营销控制的内容主要包括：

---

① 甘碧群. 国际市场营销学. 高等教育出版社，2001：440-445.

（1）销售额控制

销售额控制具有十分重要的意义。由于销售是企业经营活动的中心，销售额的大小反映了企业的经营发展规模，销售额的增长是企业经济效益提高的前提。因此，国际营销控制首先要对销售额进行控制。销售额控制主要是通过将每周、每月或每季度的销售数字汇总。将它与预期指标进行比较，以判断各种因素对销售量的影响。从销售量差异的分析中，可以找出什么是造成差异的原因，以便对症下药。从各国市场的销售差异中，可以辨别出哪些市场对公司的发展有利。从各类产品的不同销售差异中，可以找出公司扩大生产能力的方向。销售额的大小取决于在市场营销方面的努力程度，因此可以从销售额的大小来确定营销开支和推销程度是否与潜在收益相称。有关销售额的详细报告应当列举大量采购的数字和市场份额的信息，从而使管理部门在实施控制时不仅促进本公司的销售，而且也了解本公司相对于竞争对手所处的位置。如果市场份额下降，即使销量增加也说明公司营销不佳。

（2）价格控制

对国际市场产品价格控制标准较难确定，因此，主要将注意力集中于控制不同国别市场和销售产品的赢利状况，也可以为各子公司规定一个价格范围，要求各子公司根据这一标准来定价或变动价格。

（3）产品控制

产品控制至关重要，因为在竞争空前激烈的今天，产品质量的高低、款式是否新颖、售前售后服务是否周到往往决定着企业的生死存亡。

国际企业的产品控制主要包括：①建立统一的产品质量标准，要求企业必须严格参照执行；②公司总部及地区总部或产品总部必须设立质量控制部门，定期和不定期地对国内外市场的产品进行质量检验；③监控经销商的服务质量。各特约经销商必须提供完善的售前售后服务，根据需要公司还可增设服务点；④各控制管理部门必须建立完善的信息反馈系统，及时了解消费者对产品的意见。

（4）促销控制

主要是控制人员的推销的目标、广告目标及其他促销形式的目标，以确保各分公司的业务遵循公司统一的国际营销目标。

（5）分销渠道控制

主要是对中间商在代理销售、供应订货、售后服务等功能的执行情况，渠道的销售额，售后服务的效率进行控制。

（6）人员控制

国际营销的人员控制是指对下属机构的经理人员控制，人员控制主要包括：对聘任的经理人员必须经过严格的考核，必须定期对下属机构经理的工作进行考核检查，并做出评价。奖惩严明，对工作积极、业绩较好的经理人员应给予奖励，工作不努力者应给予必要的批评与警告，对不称职者应及时撤换。

（7）投资控制

一般而言，海外直接投资应采用直接控制的办法，即公司总部高层负责人应直接参与海外直接投资的项目选择、可行性研究和重要的项目谈判。投资项目需经总经理的审查方能执行。项目开始执行后，总公司的高层负责人须密切注视其进展情况，并及时了解投资回收和投资报酬情况。

（8）利润控制

国际企业的利润控制有两个方面：首先要控制企业的盈利水平。为此，公司要分析各海外分公司的损益表，以便了解它们的成本支出和经营状况及当前的国外市场形势。其次，作为国际企业（主要是跨国经营企业）必须控制利润的来源国别。按照"责任中心"管理制度的要求，各海外企业分别建立各种中心，如成本中心、销售中心、投资中心、利润中心等。为了保证企业利润总水平的提高，各中心必须各司其职，而不能从局部利益出发，片面追求自己的利润水平，当然公司总部必须对各种中心规定不同的考核标准。

（9）销售能力控制

主要是对不同产品，不同市场的销量；老客户与新客户的比例；新产品与老产品的比例及市场份额等进行控制。

11.3.2　国际营销控制程序

国际营销控制是一个动态的运行过程，其程序主要包括以下七个步骤，这七个步骤按照顺序不断重复进行，每次重复都在一个更高层次上进行，都有更新的内容。

1. 设定营销控制目标

控制目标有两层含义。第一层含义是指控制本身的目标，即企业对经营活动进行控制的目的何在。控制自身的目标是保证企业制定的方针、政策得以贯彻、执行，促使企业经营有效运转。但是在不同的时期，面对不同的环境，控制自身目标的具体内容也会有所不同，如有时加强控制是为了促使企业上等级，有时是为了克服某些方面的薄弱环节，有时则是为了应付面临的各种机会和挑战等。控制目标的第二层含义是指被控制对象应实现的目标，亦即一定时期内企业经营应达到的目的。我们这里所说的控制目标是指其第二层含义。

目标是控制的核心，它是控制的起始点，即有了目标才能开始进行控制；它又是控制的归宿，因为唯有目标实现的程度才能说明控制是否有效。因此，确定目标是控制程序中一个十分重要的步骤。

控制的目标就是企业计划的目标。控制目标与计划目标其内容是一致的，但控制目标又具有两个特征：其一，控制目标必须是具体的、可操作的；其二，控制目标是比较详细的，不仅企业各个层次，各个部门（单位）的目标必须明确无误，而且应指明各项目标的种种细节。

2. 选择营销控制方法

国际营销的控制方法基本有两种：一是直接控制，二是间接控制。（1）直接控制就是企业总部有关管理人员直接参与下属机构的经营管理。例如，总公司上层领导以股东身份直接参与海外子公司对外合同签订，直接主持制定子公司的经营计划，以至直接参与选择中间商和直接参与制定某项产品的销售价格等。（2）间接控制则是指企业总部有关管理人员通过各种杠杆机制干预调节下属机构的经营活动。间接控制包括下达各种指令性或指导性计划指标，制定和宣布一整套完善的规章制度，投入或撤回部分资金，制定并下达各项政策，组织企业竞赛等。另外，通过签订正式合同的方法有可能为控制海外营销机构提供一种有效而直接的控制机制。合同控制法常常通过定额和许可证的方式实行控制，要求国际营销机构达到具体的绩效。但须注意的是合同条款不是任何情况下都能强制执行的。总公司能参与其国际业务贷款机构的管理，那么就能确保它能实施很大程度的控制。

两种控制方法各有优点和不足。直接控制的最大优点是能够直接把握下属企业的发展方向，但这种方法会挫伤下属企业的经营积极性，而且其适用的范围十分有限。当企业规模较大，尤其是海外业务已有相当发展时，总部要直接控制显然是很困难的。间接控制具有明显的灵活性，因此，比较适合国际企业的管理，但是它难度比较大。一般而言，国际企业应该根据不同情况，在不同的时候采取不同的控制方法。

3. 设立营销控制标准

控制的衡量标准与目标的指标是一致的，确定国际营销的控制衡量标准时一般应注意三点：一是要数量化，金额、数量要明确，并要确定相应的等级范围；二是要充分考虑国外企业当地的经营环境，如不同的币种及其汇率，当地政府的税收、价格、金融等方面的政策；三是要顾及某些抽象性目标，如进入某一国家或地区市场对企业全球战略的意义。

国际营销的控制标准参见营销控制内容，这里不加赘述。

4. 分配责任及指定具体责任人

（1）分配责任

国际营销组织的复杂性是难以分配海外营销活动的具体责任，任何一件营销活动都可能需要多方人员的合作。母公司各不同部门都必须密切关注其他部门正在进行的活动。采用产品性组织的跨国公司在国际市场上需要比在国内市场上更加密切地进行合作；采用地区性组织的跨国公司需要在各不同地区的子公司之间进行紧密合作。

（2）指定责任人

指定责任人对于建立控制系统也具有十分重要的意义，因为从某种意义上讲，控制系统本身就是由人组成的。控制系统的责任人基本分三个层次：公司总经理及中央各职能部门是最高控制者，这为第一层次；国际事业部，或地区部，或产品部的副总经理及各职能部门既是总经理及中央职能部门的被控制者，又是下属子公司的控制者，这为承上启下的第二层次；子公司或其他下属机构的经理及其职能部门则是最下层被控制者，这为第三层次。

指定责任人最关键的一点是必须遵循责、权、利三者结合的原则，即无论是控制者或是被控制者都必须有明确的责任、权力和利益。首先要明确各自责任。控制者要清楚自己对哪一方面进行控制，职责范围是什么。如下达命令，提出有关建议和警告，审查上报请示和计划等。被控制者要清楚自己在哪方面，向谁负责，具体应该做什么事等。无论是控制者还是被控制者，没有完成自己的任务就是失职。第二，权力是尽责的前提。权力和义务相辅相成，如果控制者没有足够的权力，那他们的命令、建议、警告、批示等便失去效力，一切听命于上层，那也不应让他对自己的工作负责。第三，对于尽心尽力的责任者必须给予相应的利益。当然这种利益应该包括精神和物质两个方面的，不给予利益就不能激励责任者不断努力工作。

5. 收集资料，并建立国际营销信息反馈系统

国际营销信息反馈系统是跨国公司的中枢神经系统，对于及时有效地收集和传递信息起着至关重要的作用。它主要是针对企业在国际市场上营销的各种信息和顾客信息、产品销售和服务信息、各地区和各子公司的营销活动信息、竞争者的信息、市场环境信息等，在系统中经过分类、处理和存储，作为目标营销控制的基础数据。

这一系统是由一个互相关联的人员、设备和程序所组成的复合体，它与一般的营销信息系统不同：（1）范围不同——它不只是一个国家，而是包括了许多国家和地区的市场。（2）层次不同——该系统分为两个层次，一是国别（地区）层次，各国（地区）信息分系统彼此间可能有显著差别；一是全球层次，它包括整个国际业务。在国际营销信息反馈系统中，为各国设有一国别分系统，负责搜集、整理和存储企业在该国别市场进行营销活动的信息。每个国别分系统向该市场营销信息反馈系统提供信息。整个国际营销信息反馈系统汇总各个国别市场分系统的信息，为公司总部的国际营销控制提供信息。由于公司总部是以各国（区域）系统所提供的信息作为决策依据，因此建立跨国国际营销信息系统时，应当先在每个国家（地区）设立能全面反映企业营销活动信息的反馈系统。各国（地区）市场情况、企业的国际营销活动状况千差万别，所以各国（地区）的营销信息反馈系统也各有其不同的需求，各国（地区）的反馈系统设立之后，再着手设计为整个公司国际营销控制服务的国际营销信息反馈系统。

6. 评估营销活动的结果

评估就是在占有详尽资料的基础上，依据制定的标准，将被控制单位的经营业绩与公司的有关目标进行比较，再对被控制单位的工作做出评估。评估应该严格依据既定标准，确定被控制单位的业绩是否达到预期的水平，同时应充分考虑当地的经营环境。如

当地汇率变化，通货膨胀，经济不景气，政府政策变动都会对企业的经营绩效产生重大影响，评估遵循实事求是的原则是十分重要的。评估过程同时又是分析过程，尤其是被控制单位工作未能达到既定目标时，必须分析其原因，并提出相应的改进措施。

7. 进行必要的纠正

企业必须将所收集的信息与事先确定的控制标准加以对照，如果不符，就必须采取措施纠正不正确的营销活动，或是对控制标准加以修正。纠正偏差以致失误是控制的直接目的，因而它是控制的关键环节。由于国际业务单位相距遥远，文化背景不同，组织复杂，纠正的实际操作难度较大，但是考虑到纠正的效果，纠正的操作必须及时，这就要求控制部门必须建立比较完善的纠正机制和充分利用当今发达的国际通讯设备。国际营销控制是一个周而复始的循环过程。因此纠正既是上一控制周期的终点，又是下一控制周期的起点。

11.3.3 国际营销控制系统

任何一种营销控制系统要发挥作用，均有两个先决条件：一是控制计划；二是控制系统组织结构。国际营销控制过程的第一步是明确预期的目标。因此，必须先有控制计划，然后才能着手建立控制系统，此外，为了实施营销控制，必须有专人负责在营销活动"失控"而需要纠正时采取措施，明确组织内的权限划分和职责分工。

为了确保国际营销控制的有效性，必须建立有效的控制系统以确保各个分支机构按照公司策略计划去实现企业的目标。由于处于海外市场的每个分公司的环境条件不同，不能使用一个完全标准的评估系统。有效的控制系统要全面综合衡量、评价各种不同的因素，以便真实地确定出各海外分公司的国际营销绩效，同时还要能制定和贯彻公司的国际营销策略计划。为了确保对各海外分公司的绩效进行有效的监督和评估，一家跨国公司的营销控制系统应当满足下列要求：（1）每一个海外分公司应当具有现实的目标，这些目标应考虑每个分公司的内部和外部环境；（2）应当使用财务和非财务资料来分析分支机构的绩效；（3）控制系统应当在海外分公司计划发生偏移时或发生偏移之前就能觉察并提出报告；（4）评价海外分公司营销绩效的领域应当限于直接控制下的那些领域，应当考虑那些对海外分公司绩效有影响但海外分公司极少能或不能控制的因素；（5）控制系统不应当一成不变，而应当按照海外分公司环境变化的需求做出修正和论述；（6）各海外分公司的经理应参与控制系统的程序和技术的制定，并能够理解和接受整个控制过程；（7）控制系统应当由最高管理层和各海外分公司的经理参与评价过程；（8）公司总部必须将报酬与实绩联在一起，对于突出的业绩，必须给予实质性的奖赏；（9）控制系统的购买成本及其他运营成本等，至少应能由该系统产生的利益来平衡。

一个典型的国际营销控制系统在营销信息系统中的控制流程如图 11-3 所示。

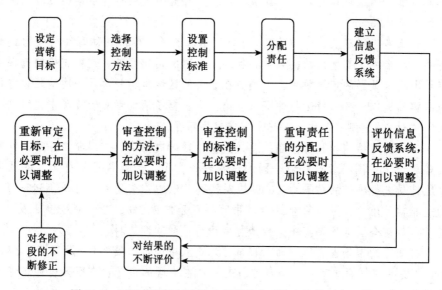

图 11-3　国际营销控制系统在营销信息系统中的控制流程①

◎案例

可口可乐中国营销战

1. 抢夺市场先机

2003 年 8 月 3 日，北京天坛在这个盛夏之夜再次吸引了全球无数目光。北京奥组委为举世瞩目的 2008 年北京奥运会新会徽举行了一场由张艺谋执导的盛大的揭标仪式。

就在同一天，100 万只印有新会徽的可口可乐限量精美纪念罐也正式上市。可口可乐公司因此成为北京奥运会顶级赞助商中第一家有幸被授权使用奥运新会徽的公司。

作为世界软饮料行业近一个世纪的"首席"品牌，可口可乐这次的风头只不过是它无数次抢占市场先机的一个剪影。2000 年 6 月，在美国宣布部分解除对朝鲜持续 50 年制裁的第三天，中朝边境的丹东传出一条颇令世界媒体感兴趣的消息：一整车的可口可乐越过中朝边界，销往朝鲜。当时一名嗅觉灵敏的路透社记者一直守在丹东"盯梢"，逮到了可口可乐被装上朝鲜卡车的情景。这张照片后来被国际媒体广泛采用。

而可口可乐在中国最有象征意义的先机抢夺战莫过于 1979 年的重返大陆市场，在邓小平在京签署《中美联合公报》之后第三天，第一批 3000 箱可口可乐产品从

---

① 甘碧群. 国际市场营销学. 高等教育出版社，2001：446.

香港运抵广州。可口可乐也因此成为中国对外开放大门打开后第一个进入中国大陆的外国消费品。

作为多年饮料业的"老大"，可口可乐对政治、经济、体育等领域的这些重大事件已经形成了高度机敏的触觉和独到而丰富的运作经验。这些先机的把握并不一定带来立竿见影的市场效果，但是会在有关的区域市场一次又一次地强化它作为领先品牌的地位。按照特劳特的定位理论，它占据了消费者心智资源中留给这一类产品的"地盘"，别的品牌再要进入就非常困难了。

市场业绩给这种先机争夺的意义提供了很好的佐证。推出非常可乐的娃哈哈集团曾通过《中国经营报》对全国的消费者进行了"为非常可乐打分"的调查，北京统计局进行统计的结果为：63%的人购买可乐的首选是可口可乐，34%的人首选的是非常可乐，而可口可乐的老对手百事可乐仅为3%。"可口可乐"及"雪碧"连续六年在全国各项调查中，被消费者评为最受欢迎饮料。

在实际的市场占有率方面，百事可乐进入中国市场虽然只晚了3年，但是百事3个主要品牌（百事可乐、美年达、七喜）在中国的市场占有率只有可口可乐3个品牌的40%左右。

2. 保持价格主导

具有规模经济的市场领先者一般也都是价格的领导者。在进入中国市场以后，可口可乐一直采用渗透定价法——在一定的时期内维持较低的浓缩液价格，这样可以使罐装商最大限度地进入市场，到销售扩张完成时，浓缩液的价格将逐步增长。这一策略曾使可口可乐在拉丁美洲创造了巨大的利润。据估计，目前中国市场上的可口可乐浓缩液价格为美国的60%左右。

采取渗透定价法的好处是不但商品可以迅速占领市场，且低价薄利能有效地阻止竞争者进入市场。

充当市场领先者的好处在于，在涉及价格的竞争中，追随者往往无法对领先者的动作无动于衷，但是领先者却可以对追随者的举动保持一种居高临下的"蔑视"。例如，可口可乐在2002年九运会期间率先向市场推出了容量分别为1.5升和2.25升促销装的可口可乐、雪碧和芬达产品。虽然百事可乐也立刻相应地向市场推出相同容量的百事可乐和美年达产品，但是百事可乐推出的产品比可口可乐慢了半个月左右的时间，同时又因为百事可乐终端管理能力比可口可乐相对较弱，当百事可乐加量产品在市场销售的时候，可口可乐第一批的加量产品已经差不多销售完毕。百事可乐的被动跟进，在没有周详计划的情况下就向市场推出了加量产品，造成了原来1.25升和2升产品的积压。

反过来，如果面对挑战者的价格攻势，品牌地位确立以后的领先者却可以而且应该用相对稳定的价格来坚定渠道的信心和表达面对挑战者的淡定从容。娃哈哈的非常可乐推出之后，一个重要的竞争手段是它的价格比可口可乐便宜10%~20%，但至少在一级市场，我们一直没有看到可口可乐的价格受到丝毫的影响。

1995年，可口可乐把它信奉多年的3A战略改成了3P。所谓3A指的是让消费者在购买可口可乐产品时，买得到（Available）、乐得买（Acceptable）、买得起（Affordable），而所谓 3P 指的是无处不在（Pervasiveness）、心中首选（Preference）、物有所值（Price to value）。你可以说它只是文字上的递进，但心机敏锐的人可以发现其中价值理念的微妙变化。比如说"买得起"强调的是保证品质的前提下让产品更便宜，但是物超所值就更多地倾向于在价格不变的情况下提供更好的产品。而对价格相对不敏感，或者说价格弹性小的消费人群是那些经常喝可乐、而且一讲到可乐就想起可口可乐的人。所以从 3A 到 3P 某种程度上流露出一个领先品牌战略防守的理念——不拼价格，追求"消费者忠诚"。

3. 分销无处不在

可口可乐公司有一句著名的销售格言："有人的地方就会有人'口渴'，就会对饮料产生购买需求。"因此，如果产品能让消费者伸手可及，就一定能占有市场。所谓"买得到"与"无处不在"也就是讲的这个道理。

"无处不在"的理念体现在渠道和终端建设上，就是极度重视网点覆盖率和零售商对品牌的认同。早在 1988 年可口可乐的雪碧、芬达登陆上海时，就曾掀起一场生气勃勃的终端革命。可口可乐跳过各类中间环节，直接对终端发起了冲击：各装瓶厂建立了一支庞大的业务员队伍，配备摩托车，奔走于大街小巷的零售店，直接将产品送到各个终端，投入大量冰柜、冷水箱，免费提供给零售店。

在从前相对薄弱的二、三线建设市场方面，2001 年起可口可乐开始实施"101计划"，目的是为了强化对渠道出货流向的控制和终端的价格控制。主要内容是和二、三线市场的分销商合作，给终端零售商提供硬件和软件的服务。硬件方面包括给零售商提供冰箱、冰柜、展示架等器材，软件方面则主要是培训零售商关于经营软饮料的知识。这些知识虽然琐碎，但是无论对于提高零售商的销量还是可口可乐的品牌形象都有"润物细无声"的微妙作用。比如说 3~4 摄氏度的可乐口感最好，可口可乐的培训老师就要告诉零售商怎样才能让冰柜里总是备有不多不少的、3~4摄氏度的可乐、雪碧和芬达。

需要强调的是，"无处不在"的理念并不仅仅意味着销售网络的庞大和终端的渗透率，更重要的是一种在任何时候都想到把可口可乐送到有需要的人手中的理念。一个很有启发的例子是 20 世纪 90 年代中期可口可乐在中东地区的一个销售项目。当时项目负责人发现每年 1 月份可口可乐的销售量锐减。原因是穆斯林的斋月禁食期一般都在 1 月，在此期间，从黎明到黄昏他们都不能吃任何东西。对于一个普通的饮料企业来说，这样的状况是可以接受的。千百万人都不吃不喝了，少卖一点有什么奇怪？但是可口可乐的负责人认为这是懒汉的想法，因为这期间穆斯林并没有停止吃喝——他们仅仅是白天停止吃喝。于是可口可乐将大量的促销活动和广告在斋月期间都改在了晚上，效果可想而知。

4. 营销本土化

可口可乐著名的前任首席营销官塞尔希奥·齐曼很欣赏英国首相布莱尔的竞选策略。布莱尔在竞选连任时，无论分析家还是民意调查专家都很清楚他只不过口头上讲"这是个变革的时代，我的政府将有所不同"。他承诺的改变只限于那张窄窄的竞选台上，他的行动与先前并无二致。但就是这种表面文章帮他赢得了选举。因为公众厌倦了现状，只要是改变现状的任何事情他们都可能感兴趣。而对于一个110多年的老品牌，消费者对于口味的信赖和依恋已经根深蒂固，但又需要不断的新的刺激来激发他们的热情，这种情况当然需要表面文章。所以齐曼说："我们要以布莱尔为榜样，换汤不换药。"于是可口可乐不断地通过改变瓶子造型、提供各种赞助等眼花缭乱的表面文章来丰富自己的产品定位。另外，作为一个国际品牌，具体到文化个性强烈的中国市场，可口可乐也需要抹上更多本土化的色彩。在可口可乐最近几年的一系列运作来看，它在努力将两条路线合而为一。

本来可口可乐一直以最典型化的美国风格和美国个性来打动中国消费者。从20世纪80年代初开始十几年来，在广告宣传上基本上采用配上中文解说的美国的电视广告版本，这种策略一直采用到1998年。但是随着中国软饮料市场的飞速发展，可口可乐的市场营销策略在1999年发生了显著的变化。其在中国推出的电视广告，第一次选择在中国拍摄，第一次请中国广告公司设计，第一次邀请中国演员拍广告，明明白白地放弃了多年一贯的美国身份。为了获得更多的市场份额，可口可乐正在大踏步地实施中国本土化。

以前，可口可乐的本地化策略的核心是"2L、3O"，即长期（Long term）、本地化（Local）、信心（Optimism）、机会（Opportunity）、公民责任（Obligation）。以这些理念为基础，可口可乐的本土化策略获得了极大的成功。但是，可口可乐并没有死守这些原则不放，它又在全球第一个提出了"Think local, Act local"的本土化思想，其要点是根据本土的需要作相关的决定。可口可乐公司的230多个品牌中，绝大部分是区域性品牌。可口可乐印度分公司推出了具有本地特色的冰茶、冰咖啡、牛奶、矿泉水和一系列果汁饮品，以丰富当地市场。在促销方式上，可口可乐也逐渐改变了以往的全球统一的传统，广告、促销等活动由当地公司负责筹划实施。在中国市场上，可口可乐近几年在春节期间的促销活动都让人耳目一新。鞭炮、春联、泥娃娃"阿福"、十二生肖等这些代表中国文化的东西成为可口可乐公司促销的主题，赢得了中国消费者的认同。

可口可乐品牌形象本土化创新最典型的一次尝试是2002年春节期间的大阿福包装的推出。喜庆的大红色加上中国传统的阿福娃娃的形象几乎让人忘却了这罐中的褐色液体是外国人舶来的玩意。实际上这也是可口可乐对非常可乐等本土品牌挑战的无声回应。

值得一提的是，土气的大阿福包装、大阿福广告对于某些想当然的、习惯于大骂脑白金的营销专家来说，也许并不是那么可爱的，只是因为是百战百胜的可口可乐在用，所以他们不敢多嘴，同样的手法如果用在非常可乐身上也许就会招来晒笑。其实，真正让人不敢多嘴的应该是可口可乐在选择推广手段甚至选择产品本身的过程中对消费者而不是老板或者精英分子意见的尊重。就像当年塞尔希奥·齐曼在取消新配方、恢复老可乐的时候那段精彩的广告词所说的："我们没这么聪明，也没这么愚蠢，我们要带回老可乐，因为您想要它。"

资料来源：本案例原文转载自中国教学案例网（www.cctc.net.cn），本案例经过精练修改。

◎思考题

1. 可口可乐公司是如何在中国市场抢夺市场先机，有效进行产品定位的？

2. 作为市场领先者的可口可乐公司在中国市场上是如何有效实施其价格策略的？

3. 可口可乐公司是如何在渠道和终端建设上体现其"无处不在"的营销理念的？

4. 从可口可乐公司"Think local，Act local"的本土化思想中，我们能够得到什么启示？

第12章
国际人力资源管理

◎**本章要点**

1. 国际人力资源管理是国际商务企业对海外工作人员进行招聘选拔、培训、开发、业绩评估和激励酬劳的过程。与纯粹国内企业的人力资源管理相比，国际人力资源管理的范围更宽、管理的问题更复杂、对管理者素质要求更高。

2. 从事国际商务活动的企业在人力资源配备时有四种策略：民族中心法、多中心法、全球中心法、地区中心法。许多因素可能会影响国际企业选择国际人力资源管理的方式，当中包括政府政策和东道国的法规，东道国教育和技术发展的状态，国际企业内的技术和产品的自然属性，组织的生命周期和文化的区别。

3. 在挑选外派人员时，跨国企业会综合考虑技术技能因素以及专业和技能之外的其他因素，采用综合的选拔方法识别具备海外职能所需才能的人员，普遍使用的方法包括：面谈、标准化的智力测验或技术知识测验、评估中心（用于测试候选人解决模拟管理问题的能力）、个人资料、工作样本和推荐信。

4. 培训是改变雇员的行为与态度，以使其更好地实现工作目标的过程。为使员工对国际商务活动做好充分的准备，应该对其进行必要的培训。一般来说，一个完整的培训方案应当包括以下内容：明确工作任务、熟悉工作环境、技术与业务及管理能力的培训、文化意识培训、语言培训。培训可以通过书籍、讲座和录像带，使员工了解东道国的文化、地理、社会和政治历史、气候、食物等，也还可以采用外部培训和内部培训两种方法来进行。

5. 国际商务活动中在海外任职人员的报酬包括：基本工资、海外任职奖金、津贴、福利。计算国际薪酬的方法有现行费率法与资金平衡法。现行费率法是将海外派遣的基本工资与工作所在国的工资结构挂钩。资金平衡法假定跨国任职的外派人员不应该因工作调动而蒙受物质损失，它使居住在国外和国内职位水平可比的人员具有平等的购买力，并且提供奖励来补偿不同派遣地之间的生活质量差别。

12.1　国际商务中人力资源管理的特殊性

国际人力资源管理（International Human Resource Management，IHRM），就是国际商务企业对海外工作人员进行招聘选拔、培训、开发、业绩评估和激励酬劳的过程。对于国际商务企业来说，国际人力资源管理是其全球战略的重要内容之一。合格的、有知识的人员是一个组织中最基本的资源。企业所拥有的设备、技术、资金和信息，归根到底要由人来发挥它们的作用。事实上，国际商务活动中的任何问题，最终都要由人去解决。因此，企业的竞争实际上是人才的竞争。安排合适的人选在适当的工作岗位上，并最大限度地发挥他们的积极性，是国际商务活动取得成功的关键所在。但是由于跨国企业要受到各国劳动市场、文化环境、法律体系和经济体系等诸多方面的影响，其国际人力资源管理更具有特殊性。与纯粹国内企业的人力资源管理相比，国际人力资源管理具有以下几个特点。

12.1.1　国际商务中人力资源管理的范围更宽

首先，国际商务活动中人力资源管理活动是在两个或两个以上国家实施。除了企业总部所在的母国之外，有关的人力资源管理活动必须在东道国或第三国实施。其次，国际商务活动中人力资源管理所涉及的员工类型比较多。除了母国员工以外，还必须对来自东道国或第三国的员工进行管理。图 12-1 形象地说明了国际商务中人力资源管理范围更宽的这一特点。

图 12-1 的模型展示了国际人力资源管理的三个维度：第一，人力资源管理的内容，包括获取、分配与利用。第二，与国际人力资源管理相关的三种国家类型。东道国是指在海外建立公司或分公司的国家；母国是指公司总部所在的国家；第三国是指劳动力或者资金的实际来源国。第三，三种员工类型。东道国员工（host-country nationals，简称 NCNs），母国员工（parent-country nationals，简称 PCNs），第三国员工（third-country nationals，简称 TCNs）。例如，IBM 设在澳大利亚的机构招募当地员工为所在国员工，并且经常安排美国人到亚太地区任职作为母国员工，此外还派遣新加坡籍员工到 IBM 在日本的公司工作，作为第三国员工。

在更大的管理范围内，国际人力资源管理的职能也在传统国内的人力资源管理的基础上有了一定程度的突破。具体而言，国际人力资源管理的职能包括：（1）参与组织的国外战略经营规划的设计，使组织的国外使命得到实现，并向最高管理层提供有关决策信息；（2）分析当地劳工管理各项法律与法规，如劳工医疗保险规定、最低工资规定、劳动合同条款等，以保证组织能严格遵守当地的劳工法律；（3）分析不同文化背景的人力资源组合趋势及当地劳动力教育水平等；（4）研究当地文化价值观与规范，如价值观、工作行为特征、员工对奖励的态度等，了解当地分组织与当地政府、社区和其他利益群体的关系；（5）招聘与选择国际管理人员及外国雇员，为在不同经济环境中工作的管理者和员工制定报酬标准与福利政策，并为外派人员提供各种行政事务的服

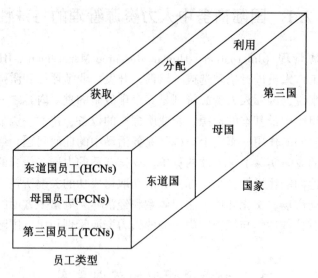

图 12-1　国际人力资源管理模型

资料来源：Morgan，P. V. （1986）．International Human Resource Management：Fact or Fiction. Personnel Administrator, 31 （9），44.

务，如提供在海外工作的各种后勤保障服务；（6）根据组织国际经营目标及不同国家和地区分组织的具体特征，对国际管理者和外国员工进行开发与培训，包括提供跨文化的语言技能、沟通技能培训，在职务任期内和任期之后的职业开发规划管理战略等。

12.1.2　国际商务中人力资源管理的问题更加复杂

第一，国际商务活动遍布全球各地，而不同的国家都有自己的民族文化和社会特点。这些不同的民族文化使生活在其中的人们对于时间、工作、性别、年龄、出身地位等有不同的理解和态度。此外，各国不同的管理模式及管理风格也使国际商务活动中的人力资源管理更加复杂。因此，要使具有不同文化背景的员工在一起工作或者让在一种文化里成长起来的经理人员到国外完全不同的文化环境中担任管理职务，自然会遇到各种各样的问题。尤其是那些文化适应能力差的经理人员不理解当地人的行为，而当地的职员往往也不明白他的意图。由于文化适应性差，经理人员就难以同当地的同事和下级融为一体，进行有效的合作。

第二，不同国家的政府对有关劳工、就业等有其各自的立法限制。几乎所有的国家，尤其是发展中国家，都十分重视外国公司雇佣自己的本国公民，为本国人尽可能地创造就业机会。另外，还对外国公司中外国人的数量（或比例）进行一定的限制。这种限制除了迫使外国公司启用本国人，还能促使外国公司增加对当地人的培训，把当地人提拔到公司中较为重要的管理岗位上。另外，在雇员的解雇及福利待遇等方面，各国政府和当地的工会组织也有种种限制。

258

　　第三，当企业的业务经营活动仅局限于一国范围内，且具有相同的文化背景时，可以在企业内部实行统一的人力资源制度和考核、薪酬标准。但当企业从事国际商务活动，其分支机构分布于不同的国家，员工对收入水平的要求以及持有的工作动机、态度等并不相同，要在企业内部实行统一的人力资源政策就极不容易了。因此，必须根据各国各地区的不同特点实行灵活的人力资源政策。

　　第四，地域上的分散会使企业总部与分部之间，分部与分部之间的信息交流和通信联系相对较为困难。尽管现代交通运输工具和通信设备的出现和不断更新，为开展国际商务活动提供了一定的条件，但是通信联系及信息传递的素质、质量和成本等因素仍然成为"瓶颈"因素，给人力资源管理工作带来不便。

12.1.3　对国际商务人力资源管理者的要求更高

　　第一，人力资源管理者必须承担更多的职能。企业开展国际商务活动后，人力资源管理者的职能范围增加了许多额外的内容。比如，要安置那些来自他国或即将派往他国工作的员工，对其进行必要的职前培训；为内部和外部沟通提供语言翻译服务；提供出入境及行程的详细资料及关于住房、购物、医疗、娱乐、学校等方面的信息。此外，随着国际商务活动的规模日益扩大，人力资源管理者还必须加强对东道国员工的培训，适应东道国政府对管理本土化的要求。

　　第二，人力资源管理者必须更多地关心外派员工的生活。在国内情况下，人力资源管理者对员工的生活的关心是有限的。随着国际商务活动的深入与扩展，外派员工的数目不断增长。出于人员甄选、培训及对母国员工和其他国员工有效管理的考虑，给员工个人生活更大程度的关心是十分必要的。人力资源管理者要确保外派员工了解住房安排、医疗及为出国任职所提供待遇的各个方面（生活费用津贴、奖金、纳税等），提供诸如办理银行、投资、税房、为其子女办理入学之类的服务，并且与外派员工及其家庭保持密切的联系。

　　第三，人力资源管理者必须具备更广阔的专业视野。在国内环境中工作的人力资源管理者通常是对单一国籍的员工群体进行管理，员工接受统一的待遇政策，只向一国政府纳税。但企业从事国际商务活动后，企业的管理者所要面对的是对来自若干国家的不同员工群体进行管理，因此需要一种更宽广的视野，具备更多的专业知识。比如各国的风土人情和工作习惯；各国在人力资源管理方面的相关法律知识等；与本国的差异之处以及这些差异对外派员工的工作绩效产生的影响等。

12.2　国际商务中人力资源管理的主要策略

　　从事国际商务活动的企业在人力资源配备时有四种策略：民族中心法、多中心法、全球中心法、地区中心法。每一种人力资源配备策略都能够反映出企业总部高层管理者的国际商务经营管理的理念。

12.2.1　民族中心法

民族中心法（ethno-centric policy）的人力资源配备策略，指的是跨国公司在世界各地子公司的关键岗位管理人员都由母公司人员担任。这些关键岗位，通常是指子公司的总经理或财务经理，以及与技术转移和反馈活动有关的主管部门经理。民族中心政策一个重要的特征是：公司总部进行战略性的决策，国外的子公司很少有自治权，国内与国外公司中的主要职位都由总公司的管理人员担任。这种政策对国际化早期阶段的公司来说很普遍。

企业采用民族中心法策略进行人力资源的配备出于以下原因：第一，企业认为东道国缺乏能够胜任高级管理职务的合格人选。当企业在欠发达国家或地区开展国际商务活动时，经常出于这一原因。企业认为当地的员工素质较差、经验少，或者缺乏管理者必备的技术和业务专长，因此不得不主要依靠母国员工。第二，企业认为民族中心法是保持一个统一的企业文化的最好方式。认为当地人不了解企业的经营哲学、管理风格，难以同企业总部保持默契的配合，保证各分部服从企业的整体目标和政策。此外，当企业集团的利益同东道国的民族利益产生一定的冲突时，认为当地人的民族主义倾向可能使他们把民族利益放在首位。因此，为了与企业总部保持良好的沟通、协调和控制等方面的联系，维护企业集团的利益，采用民族中心法配备人力资源是相当有效的。第三，当国际商务活动的经营涉及不受立法保护的尖端技术或重要商业机密时，企业通常认为只有从总公司派出雇员才是比较可靠的。

这种人力资源管理策略的优点是：子公司经理与母公司不存在文化差异，能在国外显示母国公司的存在；有利于经营活动中技术诀窍的保密。但是，它也存在其明显的缺陷：第一，这种策略限制了所在国人员的晋升机会，会引起士气的下降，引发员工的不满，导致低生产率和人员的频繁流动。母国人员和所在国人员的报酬、待遇越大，所在国人员会认为企业内的不公平越大，其不满情绪就会越强烈。第二，可能产生"文化近视"，即企业不理解东道国的文化差异，使总部忽视所在国的重要性，把母公司的管理风格、方法等生硬地引入分部，而忽视了不同的文化差异，不同的环境条件正是要求在国际商务活动中采用的是不同的管理方法。第三，驻外人员的维持费用也相当的昂贵。最近的一项研究发现，在被调查的企业中有一半认为，驻外人员的平均费用是正常水平的3～4倍，18%的企业认为驻外人员的费用高于正常水平的4倍。

12.2.2　多中心法

多中心法（polycentric policy）的人力资源配置策略是指企业聘用东道国当地人员担任公司的管理要职，而总部的要职仍由母国人员担任。多中心人力资源政策的主要特征是：各子公司有一定的决策权，子公司由当地人进行管理，但这些管理人员不可能被提拔到总公司任职，总公司人员也很少被派往国外子公司。

这种策略的明显好处在于：第一，聘用所在国人员可以消除语言障碍，避免驻外人员及其家庭的适应问题，免除了昂贵的文化适应等内容的培训开支。第二，当地人熟悉所在国的商情、经济体制和有关的政策法规，有利于发现和利用所在国潜在的商业机会，避免一些敏感的政治风险。有助于同顾客、雇员、政府机构以及工会等公共组织建立良好的关系。第三，当地人的任职期限相对较长。避免了像民族中心法那样人员的频繁流动，有助于保持企业经营管理的连续性。另外，聘用所在国人员费用不高，即使使用额外一些费用吸引高层次的人才。

多中心法虽然避免了民族中心法的许多缺点，但也有自己的弊端。第一，分部与总公司缩短距离的困难。语言的障碍、对国家的忠诚以及一些文化差异，如个人价值观、管理态度的差异等都可能把企业总部人员与各国分部隔离开来，总部难以控制分部，缺乏整体性。最终使企业成为由各个与企业总部只保持名义上联系的独立的外国分支机构组成的"联盟"。联盟内难以传递核心优势，难以进行必要的协调和配音。第二，所在国和母国管理人员的职业生涯问题。各国分部的管理人员很少有机会获得国外经营管理的经验，在担任高级职务后就无法再进一步发展，母国管理人员也只是很有限地获得国际经验，高级经理人员很少从事国际经营，长此以往，将制约企业的发展，易引发不满情绪。

12.2.3　全球中心法

全球中心法（geocentric policy）的人力资源配备策略是指在整个组织中选择最佳人员担任关键职位而不考虑其国别，因此企业雇佣的人员除了母国人和所在国当地人外，还有第三国人。

这种策略的主要优点在于企业能组建一支国际高层管理人员队伍，并且能够克服多中心法"联盟"的缺点。法塔克（Phatak）认为国际企业之所以执行这一策略是出于以下相关假设：第一，无论总部还是分部都会获得高素质的员工；第二，国际经验是高层管理者成功的条件；第三，有很强潜在能力和晋升愿望的管理者可以随时从一个国家调到另一个国家；第四，高素质和流动性的人具有开放的思维和很强的适应能力；第五，那些开始不具备开放和适应能力的人到国外工作后可以积累国际经验。

从表面上看，全球中心法比民族中心法和多中心法有效，能够不考虑雇员的国籍和工作地点，在全球范围内挑选最能干的雇员在各分部中担任管理职务。但是，这项策略却存在缺陷，主要表现在：第一，所在国政府总是希望本国居民能够被雇用，因此会使用移民限制以促使本国员工被雇用。第二，由于培训和重新安置成本的增加，执行该策略有相当的困难。因为全球中心策略要求全面的投资，要在管理人员及其家属的语言培训、文化差异培训、家庭迁徙以及国外生活津贴等方面投入大量的费用。第三，为了成功地实施该策略，要求有更长的时间和对人力资源配备过程更集中的控制。这必然减少各国分部管理的独立性，丧失自主权，不利于开发和利用当地的管理资源，并且可能会引起分部的抵制。

12.2.4　地区中心法

地区中心法（regincentric policy）是在多国基础上的功能合理化组合。具体组合随企业商务和产品战略性质而变化。对从事国际商务活动的企业，方法之一是把它的经营按地理区域划分，人员在地区间流动。这种策略与全球中心策略并无本质不同，在为国外分部配备人员时，也不考虑员工的国籍，只要求分部的管理者来自东道国所在的某一地区，采用地区中心法可以促进地区分部调动到地区总部的高层管理人员与任命到地区总部的母国人员之间的互动，可以反映出对地方条件的灵敏适应。这种策略也是从事国际商务活动的企业逐渐从纯粹民族中心策略或多中心策略转向全球中心策略的途径。

但是，地区中心法在地区内可能形成"联盟"，从而限制了组织的全球立场。另外，即使人员能晋升到地区总部，却仍然很少能升到母国总部，虽能在国家层面上提高职业生涯前景，但也仅仅把障碍移至地区层面上而已。

12.2.5 国际企业选择人力资源策略需要考虑的因素

表 12-1 对以上四种国际人力资源管理策略的管理内容进行了归纳。那么，应选择哪一种策略进行国际人力资源管理呢？许多因素可能会影响国际企业选择国际人力资源管理的方式，当中包括政府政策和东道国的法规，东道国教育和技术发展的状态，国际企业内的技术和产品的自然属性，组织的生命周期和文化的区别。具体来说，应考虑以下几个方面的因素：

表 12-1　　　　　　　　　　　四种国际企业人力资源管理的方式

企业的管理内容	民族中心	多中心	地区中心	全球中心
标准制定、评估和控制	通过母国的总公司	通过当地子公司管理	在地区的各个国家内协调	与当地的标准和控制一样的全球性
通信和协调	从总公司到当地的子公司	子公司之间以及子公司与母公司之间很少	子公司与总公司之间很少，地区内的子公司较多或很多	子公司之间完全由总公司的网络系统联系
员工管理	母国经理	东道国经理	经理可能来自地区内的某个国家	最佳的人选分配到能发挥最佳效果的地方

资料来源：D. A. Heean and Howard V. Perlmutter. Multinational Organization Development. 1979 by Addison Wesley Publishing Company. Inc.

1. 政府政策和法规

采用民族中心策略去管理海外人力资源，并由母公司选派经理去管理和经营子公司，可能发现管理方式会被东道国的政府政策和合法规则所抵制。政策对移民有所限制并要求为东道国的人提供广泛的就业机会，鼓励国际企业去雇佣、培训、发展当地的员工，特别是管理型和技术型的员工。这种情况最有可能发生在发展中国家中，这些东道国的管理和技术培训教育系统尚未完善，而且当地政府把在该国的国际企业视为培养发展当地专家的一种方式。

2. 东道国的管理、教育和技术的发展

一个国际企业在欧洲开办子公司将会比在西非任何一个国家开办子公司面临更大的人力资源管理挑战。在欧洲，劳动力已接受过充分的教育，并且具有技术和管理上的经验，因此，发展国际人力资源管理的民族中心方式、地区中心方式或全球中心方式都是可行的。而在西非，管理和技术教育可能非常有限，大量的劳动力又缺乏完成现代化生产过程或服务活动的基本技能。这种情况下就需要一种由母国的人事经理来执行所在地的国际人力资源管理职能。

3. 技术以及产品的自然属性

这个因素与前面提到的两个因素会相互作用。对技术性要求较高的产品或服务，若要保持产品的高标准，就需要有一个集中的人力资源管理者或部门对此标准给予指示。另一方面，一些产品为了获得当地市场，必须适应东道国的口味，例如，一些在美国非常受欢迎的食品可能在其他国家不受欢迎。在这种情况下，为使产品适应东道国市场，必须采用多中心的人力资源管理方式。

4. 组织的生命周期

一些研究者认为适宜的国际人力资源管理方式将由组织的生命周期和公司在多变的国际市场上的产品生命周期来决定。

（1）初始阶段

在初始阶段，企业集中精力使自己发展起来，并在国内和有限的国外市场上确立自身的地位。国际化过程可能会局限于出口或非常有限的国际销售，在这种情况下，组织会趋向于民族中心的国际人力资源管理方式。

（2）功能性成长阶段

在功能性的成长阶段，公司建立国外产品细分市场，使国际化成为一个重要的经营部分，这时公司把国际业务视为组织成长的"促进因素"，但不是公司战略中必不可少的一部分，采用多中心的国际人力资源管理方式，依靠当地的管理者去经营运行每一个海外分支机构。

（3）受挫的成长阶段

在受挫的成长阶段，公司试图扩大产品的生产能力并控制成本，充分利用规模经济和范围经济优势去扩展海外业务，从而地区中心方式成为国际人力资源管理的方式，并且有可能向全球中心的方式发展。

（4）战略成长阶段

在战略成长阶段，国内和国际竞争迫使公司将它的业务看成是全球的事务，这时全

球网络系统、战略联盟和合资公司纷纷建立起来，同时把国内和国外市场综合起来，使竞争收益达到最大化。

5. 文化上的区别

文化，特别是在总公司的民族文化，决定着国际人力资源管理的惯例。文化至少在以下两个方面影响总公司的决策。

第一，一些文化使得国际企业更多地运用民族中心的管理方式。例如，研究表明日本的国际企业比美国或欧洲的国际企业更加频繁地以母国的管理人员来充实海外子公司的管理层。当然在这当中也存在地区性的例外，不过在世界范围内日本的国际企业是比美国或欧洲的国际企业更多地使用民族中心方式来进行人力资源管理。

第二，国际企业子公司内文化的混合和在子公司内文化水平差异的情况将会抵制所运用的国际人力资源管理的方式。由于子公司内文化差异的情况和水平都在提高，国际企业总部的人力资源经理要在世界范围内制定和实行人力资源的惯例将会变得更加困难，即使是国际企业可能更愿意以民族中心的方式来管理人力资源，但总公司制定的政策和惯例可能在一个特定的子公司内完全不适用、完全不能接受，而以多中心或地区中心的管理方式则成为可能。

12.3　国际商务中外派人员的选拔与培训

一般而言，跨国经营企业可能向海外派出以下人员，其一，分公司高层领导人，他们的职责是监督和指挥整个海外业务，如欧洲区副总裁等；其二，重要职能部门经理，他们的职责是在子公司中建立职能部门，并对某项具体职能负责，如营销部经理、财务部经理等；其三，解决难题的能手，他们的职责是分析和解决某项特殊业务问题，如一项新建流水线的技术专家等；其四，普通职工。

12.3.1　外派人员的来源

1. 母国

许多跨国企业都使用本国公民来担任海外分支机构的管理及技术职位，虽然这些人通常在开始时并不了解东道国的文化及语言，但他们最终学会了当地的语言并为东道国所接受。当然，对于一个东道国公民而言并不需要这个适应过程。只是跨国企业总部出于现实的考虑而需要本国公民担任海外高层管理人员。这些考虑因素主要是：

（1）没有合适的东道国人选。国外分支机构常常不能找到能胜任管理工作的东道国人选，特别是高层管理人员。在这样的情形下，母国总部便会派出它的人员去进行管理，直到找到合适的东道国人员并通过培训。在另外一些情形下还需要来自总部的短期帮助，如劳资谈判人员及其他专家有可能被派去解决如产品革新、国际合同、税收、会计等问题，总部还可能派出工作组去帮助新工厂启动，他们可能会留在那儿直到分支机构的管理人员经过培训，可以掌握和操作新设备后才离开。

（2）为总部培训人员。选派母国公民到海外的另一个原因是借此增加他们的经验，为他们将来成为总部更高层的管理人员做准备。对于那些海外收入来源占大部分的公司而言，高层管理人员需要有全球眼光。如果没有在海外当高层管理人员的工作经历，要有这种眼光是很困难的，甚至是不可能的。

（3）总部代表。虽然一些公司的政策是子公司的多数职务由当地人担任，但却至少将一到两个职位留给本国人员，如总经理和财务经理。如果海外子公司要运用新技术，还至少派一名技术专家前往担任技术经理，直到当地人掌握了技术为止。

2. 东道国

选择东道国人员担任管理及技术职位，往往是由于东道国人员熟悉所在国的政治、经济、法律和社会文化环境，了解当地的商业管理，能够较好地打开业务局面，妥善处理与当地政府的关系。尤其是合资企业中，东道国管理人员经常在企业创立初期发挥重要作用。同时使用东道国人员有利于缓解当地政府的压力，冲淡跨国企业的"外国"色彩。与海外派遣的经理相比，这些人员的雇用成本较低。有时，使用东道国人员担任高级职位还能为其他东道国员工做出示范，暗示这些人员的职业发展并不存在所谓的"透明天花板"的限制。但雇佣东道国人员对跨国企业的管理也是一种挑战：

（1）东道国人员往往不熟悉母公司的政策和经营方式，通常也不了解母国的社会与文化，因而不利于与总部保持良好的沟通与交流。有时，由于文化背景不同以及与价值观念的差异，他们的某些行为可能使总部感到意外或不满。

（2）总部难以有效地控制子公司的经营。在通常情况下，子公司的经理与管理人员都必须在难以得到总部支持或参谋的情况下自行处理日常事务，东道国的经营人员按照他们自己的方式处理这类问题客观上可能不符合总部的要求，更何况他们主观上就站在当地社会的立场来处理问题。

（3）母国管理人员没有机会获得跨文化管理的经验，不利于跨国企业整体人力资源战略的实施。

3. 第三国

有时，跨国企业处于全球化战略的考虑可能并不特别在意员工的国籍，这样在某些跨国企业中就存在第三国的雇员；有时，第三国雇员可能作为一种折中的方法，比如在东道国找不到合适的人选，从母国派遣费用又较高，这时就可能从第三国来挑选。有一些美国的跨国企业在中国的海外子公司的高级管理人员就来自中国香港或新加坡。

12.3.2　外派人员的选拔标准

过去那种在寻求海外职位候选人时，总是瞄准技术技能和专业能力最强的做法已经大为改变。尤其是对于分公司主要领导和重要职能部门经理的选拔时，更重要的因素表现在专业和技术能力之外。具体而言，选拔外派人员的标准可以包括以下几个方面。

1. 业务专长和单独进行决策的能力

这是在海外任职所必须具备的最重要的素质。因为在远离总部的异国工作时，若碰到有关业务和技术难题就不可能像在国内那样去方便地找有关专家商讨，而必须由自己做出判断。因此海外任职的管理人员在业务上必须过硬，同时具备相当的经验，这样他们在进行单独决策时才具有最起码的判断力和胆量。

2. 对于多文化环境的适应能力

国际经营管理人员，首先应对文化差异具备敏感性，能够感受到不同文化之间的细微差异，这对于减少文化冲突是十分必要的，对于自己主动适应新环境也是必要的。其次，他们在心理上对各种文化应具备较强的包容性，在情感上不歧视任何文化环境，因而可以经受任何形式的"文化冲击"，并很快地适应新的文化环境。再次，他们的配偶和家庭也应当具备适应国外生活环境的能力，能克服旅居国外的诸多困难，支持国际经营管理人员的工作。还有最关键的一点就是：国际经营管理人员必须具备较强的语言能力和人际交往的技能，这是他们尽快适应环境、开展业务的本领。

3. 在本公司的工作经历和工作业绩

选拔国际经营管理人员除了必须考察其业务专长、管理才干和适应能力之外，还要适当考虑其在本公司的工作经历，若在本公司工作的时间长，具备在多个部门和多个地区工作的经历，那么他对公司的经营环境、企业文化、组织结构、内部关系、管理模式是熟悉的，这对于驻外管理人员与母公司默契配合是十分必要的。工作业绩主要是人的工作能力和工作责任心的综合体现，是企业选拔人才的一个最直观的标准。当然，这里所指的工作业绩，不但包括在本企业工作的业绩，而且还应包括在别的企业做出过的业绩。

4. 被考察对象请求派往国外任职的愿望与动机

被考察对象请求派往国外任职的愿望与动机可能来自对公司国际使命的责任感、对任职国家文化的兴趣以及与招聘者职业生涯的发展阶段恰恰吻合。但是，任何优秀的经理几乎都不会接受他们认为对其职业生涯不利的任职。

5. 性别

传统上讲，在绝大多数的多国公司中，国际任职一直由男性主导，但研究表明，女性在外派岗位上具有某些优势，特别是在亚洲，更是如此。首先由于外派任职的女性很少，因此，那些接受外派任职的女性就特别显眼，当地商人更有可能记住她们，并常常在商业往来中更多的是找些女性，而不是她们的男同事。据北美的外派女性反映、受传统文化熏陶的当地商人认为这些女性是"最好的"，"要不然你们为什么会派一个女的来呢？"其次，女性在交际能力方面也可能更为出色。据女性职员反映，当地男性经理在与女性沟通时显得更为开放。当地男性，甚至于来自传统文化的男性也可能与女性外派人员谈论一些传统上只属于男性沟通范围的话题。结果，与男性外派人员和当地妇女相比，商人和妇女的双重身份赋予女性外派人员以更广泛的交往面。而且，由于双职工夫妇的增多，愿意接受国际任职的男性越来越少。解决该问题的一种方法就是启用可利用的女性经理。

12.3.3 外派人员的选拔办法

相对于选拔国内经理，选拔具备所需全部技能的经理通常要付出更大的努力，对于国际任职中需要考虑的关键性成功因素也要比国内任职多得多。大多数成功的多国公司综合运用若干种选拔方法来识别具备海外职位所需才能的人员。一些普遍使用的方法包括：面谈、标准化的智力测验或技术知识测验、评估中心（用于测试候选人解决模拟管理问题的能力）、个人资料、工作样本和推荐信。表 12-2 列示了一些有代表性的关键成功因素和海外选拔中所应用的选拔技术。

表 12-2   **外派成功因素与选拔方法**

关键性成功因素	选拔方法					
	面谈	标准测试	评估中心	个人资料	工作样本	推荐
职业/技术技能						
技术技能	√	√	√	√	√	√
行政技能	√			√	√	√
领导技能						
交际能力						
沟通能力	√		√			
文化容忍力和接受能力	√	√	√			√
对模棱两可的容忍度	√		√			
灵活适应新的行为和态度	√		√			√
强调适应能力	√		√			
国际动力						
愿意接受外派职位的程度	√			√		
对派遣区位文化的兴趣	√					
对国际任务的责任感	√					
与职业发展阶段吻合	√			√		√
家庭状况						
配偶愿意到国外生活程度	√					

续表

关键性成功因素	选拔方法					
	面谈	标准测试	评估中心	个人资料	工作样本	推荐
配偶的交际能力	√	√	√			
配偶的职业目标	√					
子女的教育要求	√					
语言技巧						
用当地语言沟通的能力	√	√	√		√	√

资料来源：约翰·B. 库伦. 多国管理：战略要径. 邱立成译. 机械工业出版社，2002.

对所有的外派任职而言，外派的成功因素并不是同等重要的。每个成功因素的重要性取决于四个方面的任职条件。第一，任职的时间长短。外派人员预计在东道国停留的时间从一个月左右或更短到若干年不等，短期任职的选拔标准通常主要强调技术与专业能力。第二，文化相似性。文化差别很大，但一定的文化彼此之间会更加相似。例如，相对于美国与中国台湾地区或法国与沙特阿拉伯之间的文化相似性，日本与韩国之间的文化相似性更高。因此，在选拔派往中东或亚洲的法国或美国外派人员时，更需要强调家庭因素、交际能力和语言技能，来自相似文化背景的经理通常更容易适应。第三，必要的交流与沟通。一些工作需要与东道国雇员（如下属、供应商、顾客、合资伙伴）进行更多的交流与沟通。因此，在这种情况下，增强交际能力以及对东道国语言和文化的了解就变得更为重要。第四，工作复杂性和责任。在工作中承担更复杂的任务和更大的责任的雇员常会对任职的成功有重要的影响。由于这种原因，专业与技术能力总是十分重要的。然而，对组织而言，工作超重要，在选拔决策中就越看重候选人的技能和以前在相关工作上的成功经历。

表 12-3 总结了在外派人员选拔过程中要考虑的先后次序问题。取决于外派工作的任职条件，不同的成功因素有着不同的重要程度。

表 12-3　　　　　　　　　选拔外派人员过程中考虑因素的优先程度

外派人员的成功因素	任职特点			
	更长的持续期	更大的文化差异	与当地人更多的相互沟通要求	更大的工作复杂性和更大的工作责任
专业/技术技能	高	无	中	高
交际能力	中	高	高	中
国际动力	高	高	高	高
家庭状况	高	高	无	中
语言技能	中	高	高	无

资料来源：约翰·B. 库伦. 多国管理：战略要径. 邱立成译. 机械工业出版社，2002.

12.3.4　外派人员的培训

尽管企业都在努力为其国际商务活动招聘和甄选最优秀的员工，但是仍然有必要提供某些类型的培训，以实现企业的目标。培训（training）是改变雇员的行为与态度，以使其更好地实现工作目标的过程。由于近几年来，国际商务活动环境的变化相当迅速，员工必须不断提升自己的技能与水平才能胜任工作。

1. 培训的内容

为使员工对国际商务活动做好充分的准备，应该对其进行必要的培训。由于开展国际商务活动的范围和程度有所不同，不同企业的培训方案各有特点。但一般来说，一个完整的培训方案应当包括以下内容：

（1）明确工作任务。这是培训内容的第一部分，相对而言，也是最容易的一项。通常是由人力资源管理部门的负责人介绍工作的具体安排，明确其工作的具体职责和目标，并且介绍企业相关的人事政策及报酬、津贴、奖金等的计算与处理方法。

（2）熟悉工作环境。主要向员工介绍其将工作和生活的自然和社会环境的情况，包括东道国的住房、交通条件、生活习惯及学校教育等。也可以在员工被正式任命之前让他们到东道国进行短期的实地考察，获得感性认识。

（3）技术与业务及管理能力的培训。有些候选人，尤其是从东道国当地招聘的人员，相对比较熟悉东道国的环境条件，但是在技术、业务及管理能力上可能还存在缺陷。因此，需要对这些员工进行有针对性的培训，使他们对企业的产品和技术有更加全面的了解，胜任将担任的职位。

（4）文化意识培训。文化差异是国际商务活动中最难以琢磨的方面。人们在身处本国文化时很难意识到，但一旦背离本国文化，处于其他文化环境中时一般总是采取消极的态度，很容易引起文化冲突，一般来说，一个人对新的文化环境的适应过程可以分为五个阶段。第一个阶段在蜜月期，由于初到异国，对新文化、新事物十分新鲜，有强烈的兴趣，因此总是表现得兴高采烈，似新婚蜜月。但身受异国文化的包围，不同的文化习惯、价值观念以及语言障碍等会使人身心紧张不安，遭受文化冲突的打击，进入文化冲突期。在基本学会东道国的语言，在陌生的环境中基本安定下来独立处理"衣、食、住、行"等日常生活事务后，便进入了适应期。但是长时期的身居异国他乡，远离祖国和亲人，会使人在心理上产生孤独感，因而经受煎熬，这是新文化适应过程的关键时期。如果始终不能理解东道国的文化习俗、价值观念，而处于心理孤独期，那么最终会因为不适应新文化而返回祖国。如果能够渐渐地得心应手地处理日常生活事务，熟悉东道国的风俗习惯，理解其价值观念，和当地人打成一片，那么就进入完全的适应期，成为一个四海为家的人。因此，设计适宜的文化意识培训有助于从事国际商务活动的人员对东道文化的理解，有助于在情感上与该国文化相通，遵循东道国的文化行为，更好地与东道国人相处，因而适应东道国的环境，克服孤独感。文化意识培训的内容一段包括东道国情况的介绍（例如东道国的政治制度、政府机构、历史背景、文化传统等）、跨文化的技能训练（例如正确认识东道国与本国之间文化差异、价值观差异，正确处理与东道国同事之间的关系等）、工作任务和职责待遇的介绍等。

（5）语言培训。语言交流与沟通是开展国际商务活动所必需的。即使有翻译在身边，但是很多意思的表达往往被忽略。由于英语是一种国际性的通用语言，因此，首先从事国际商务活动的人员应该加强英语培训。另外，如果东道国是非英语国家，那么还应加强东道国语言的培训。因为能够熟练地运用东道国语言，可以及时掌握更多更确切的有关东道国政治、经济和市场的信息，尽快地融入当地人的生活，以利于开展工作。语言培训应主要加强口语与听力的训练，另外，除了掌握语言知识，还要熟悉东道国特有的表达和交流方式，如手势、符号、礼节和习俗等。

2. 培训方法

对从事国际商务活动的人力资源进行培训，培训的方法有很多种。如可以通过书籍、讲座和录像带，使员工了解东道国的文化、地理、社会和政治历史、气候、食物等。除此之外还可以采用外部培训和内部培训两种方法。

外部培训往往是由独立的培训机构针对某一类管理人员设计的。例如，工商管理学院开设的国际商务活动管理类课程；专门的培训公司提供的沟通技能和人际关系技能培训，等等。通常是邀请有经验的或者是某个领域内著名的专家进行授课，让学员从别人的成功经验和失败的教训中得到借鉴，获得启示。

内部培训往往是企业根据自己的需要而制定的，因此效果更加明显。可以将培训内容的重点放在内部各单位相互之间有争议的问题上，通过相互的讨论、交流，增进不同单位员工之间的理解与信任。也可以通过一些模拟性训练，使得员工更有兴趣参与，更加具有针对性。

12.4 国际商务活动中人力资源的绩效评估与报酬

对从事国际商务活动的人力资源的绩效评估以及以评估为依据的报酬政策的正确与否，在很大程度上决定着一个企业经营效益的高低。国际商务活动经营的特点要求其评估和报酬更具有导向性。

12.4.1 外派人员的业绩考核

业绩考核是对企业人员工作实际业绩的考评，为人力资源管理的进一步改善提供反馈信息。根据美国组织行为学专家约翰·伊凡斯维基的观点，绩效评估可以起到如下作用：其一，为晋升、离职、调职提供依据；其二，组织对员工的绩效评估的反馈；其三，评估个人及单位为达到组织目标所做的贡献；其四，为确定基本报酬、功绩加薪以及其他报酬提供依据；其五，评估工作分配决定效能的标准；其六，了解并判断员工以及单位的培训与发展需要；其七，评估培训与发展决定的成就；其八，为制定工作计划、预算编制以及人力资源规划提供信息依据。因此，对从事国际商务活动的人力资源进行绩效评估是人力资源系统中必不可少的重要环节。但是，一个公司很少能将同样的业绩考核标准及方法应用于东道国经营。因此，对外派经理进行可靠而又有效的业绩考核是国际公司在国际人力资源管理方面所面临的最大的挑战之一。造成外派人员业绩难以考核因素包括：

1. 国际经营与跨国公司战略相吻合，而不是直接带来利润

在以利润为中心的考核指标时，很难真实反映外派经理的业绩。有时跨国公司为了整体利益和必要的控制常常会牺牲子公司的短期利益。如为了使跨国公司整体税负最小化，通过转移价格将一个国家子公司的利润人为地转移到另外一个国家中去，从而造成业绩考核的不真实。另外，在与东道国公司建立的合资企业中，为了减少东道国的利润分红比例，也可能通过技术转让费、管理费用等手段，降低该合资公司的利润水平。

2. 不可靠的数据

用以衡量当地下属单位业绩的数据可能并不具备与母国单位数据或其他国际经营数据的可比性。例如，当地会计准则会改变财务数据的含义，进口关税扭曲了价格，本地劳动法可能要求低生产能力工厂不能解聘员工而造成成本居高不下等。

3. 复杂多变的环境

国际环境是复杂多变的，经济及其他环境条件的快速变化通常是母国总部管理雇员所难以预料的。结果是，以前制定的合理的可实现的业绩目标很快变得使外派经理难以达到了。如 2007 年的美国金融危机几乎波及世界所有国家，从而使跨国经营的战略被迫做出相应调整。

4. 由时间和地理造成的分隔

跨国企业和本地子公司活动的执行判断，以实际距离远近、时空差异、公司总部负责人与子公司管理层的联系多少及报告系统的成本等进一步复杂化。尽管现在通信更加迅捷，旅行方式也多样化，但当地组织与母国总部之间地理上的分割和时间差别对于评价当地经理仍是一个问题。常常是"眼不见、心不想"，外派经理和当地经理与总部人员缺乏沟通的频率与强度，无法使总部随时了解各方面的当地管理问题。没有大量的直接联系，业绩考核就会缺乏对外派经理情况的广泛了解。

5. 当地文化情况

由于各国文化差异，各国在可接受的工作方式上差别很大。诸如期望工作的时间、

对当地工人的培训类型以及当地现有经理的类型等类似因素直接会影响外派经理的业绩。尽管成功的外派经理能够迅速地适应当地文化期望，但是母国管理及其他人员几乎很少对当地情况有同样的理解。好的国际业绩考核必须适应与工作有关的当地文化期望而做出调整。

为了克服对国际经理及其他雇员业绩考核方面的困难，专家们建议采取以下几个步骤改进考核过程。第一，使评价标准与战略相适应。例如，如果目标是进入市场以取得长期的竞争地位，那么，采取短期财务业绩评估就会失去现实意义。第二，调整合适的评估标准。高层经理需要认真考虑其国际经营的所有目标，并需要出访经营地区以更加清楚地理解外派经理和当地经理所面临的问题与环境，新近回国的经理也可以很好地提供有关当地环境的知识。第三，将多种渠道评估与不同时期评估相结合。国际环境的复杂性要求国际评估要比国内评估掌握更多的信息。因此，高层管理应有多种信息来源。表 12-4 展示了海外业绩考核的一些基本内容，这些内容包括评估信息来源、评估标准和评估期间。

表 12-4   外派人员业绩考核的评估渠道、标准和时期

评估渠道	标准	时期
自我评估	达到目标、管理技能、项目成功	六个月和在主要项目结束时
下属	领导技能、沟通技能、下属发展	在主要项目结束后
对外派经理和东道国经理的观察	团队建设、人际交往技能、跨文化沟通技能	六个月
现场监管	管理技能、领导技能、达到目标	在重大项目结束时
顾客与主顾	服务质量和及时性、谈判技能、跨文化沟通技能	每年

资料来源：约翰·B. 库伦. 多国管理：战略要径. 邱立成译. 机械工业出版社，2002.

12.4.2   外派人员的酬薪管理

处理不好内部人员将会认为海外派遣是一种对职业生涯不利的做法。无论跨国公司战略上如何强调海外派遣的重要性，如果海外岗位报酬过高，可能把一些好的经理从报酬较低的公司总部的主要岗位上拉走。更为严重的是这会阻碍海外经理以后顺利返回主要工作岗位。为什么难以制定一套令人满意的国际报酬政策呢？问题在于以下两种事实：（1）各国的薪金水平和对报酬的期望不同。报酬模式不同对经理人员进行评估的着眼点不一样，例如在北美公司，对工作业绩的奖励很高，从而外派经理的努力被引导到岗位工作的业绩上来。而在一些亚洲国家如中国，报酬的多少与学历、资历、工作年限等密切相关，而工作业绩相比较而言重要性大大降低，因此如果在这两个地区采用同

样的报酬政策显然是不可行的。（2）不同国家相同的工作往往有不同的待遇。各个国家经济发展水平及货币价值不同，如果跨国公司试图维持同样的薪金水平，那么在薪金水平较低的地区就会付出额外的高成本，而在薪金水平较高的地区很难找到最好的人才。

因此，报酬政策对跨国公司来讲是至关重要的，并没有一个简单的答案适用于所有的公司。然而，一项对海外派遣人员有效的政策必须达到以下的目标：（1）该政策要与跨国公司的总体战略、机构以及企业的需求一致。（2）该政策必须能将人才吸引到跨国公司最需要的地方并能留住他们。因此，该政策必须有竞争性，而且要认识到如出国服务的激励、税收平等以及合理费用的报销等因素的作用。（3）该政策要有利于公司以最经济的方式调动驻外人员。（4）该政策必须适当考虑行政管理的公平和方便。另外，驻外人员的一些个人目标也需要通过跨国公司的薪酬政策的实施得以实现。（1）驻外人员期望从该政策中得到在国外的福利、社会保险和生活费等财政保护。（2）驻外人员期望出国能够增加收入和存款。（3）驻外人员期望对住房、子女的教育以及娱乐等问题有相关政策规定。（4）驻外人员也会在职业生涯发展和回国安排方面有所期望。

1. 外派人员的酬薪结构

国际商务活动中在海外任职人员的报酬从内容上包括以下方面：

（1）基本工资

基本工资（base salary）是与员工所任职务相联系的基本报酬，通常是计算奖金和福利的基础。海外任职人员的基本工资一般与母国同类职务的工资水平挂钩。基本工资可以用母国货币、东道国货币或同时用这两种货币支付。

（2）海外任职奖金

海外任职奖金（foreign service premium）通常是为母国外派员工和第三国员工提供，作为其到海外工作的一种补偿，是为鼓励员工到国外任职的额外报酬，其数额常为基本工资的一定百分比。

（3）津贴

津贴（allowances）是外派员工报酬组合中的重要组成部分。具体包括：

①生活费津贴。它是为了使海外任职的员工能够保持原来的生活水平，贴补员工国外生活费与其母国生活费之间的差额。生活费主要包括员工在购买食品、蔬菜、衣物及其他日用品方面的生活开支。在确定生活费津贴的数额时，往往会参照国外某种生活费指数。

②住房津贴。有的企业向海外任职的员工提供住房并支付一切与之相关的费用。有的企业则向海外任职的员工每月支付预定金额的住房费用，由员工个人进行住房选择。目的是使海外任职的员工能够保持在母国时的生活水平，或者在某些情况下是为了使他们得到与同类外国员工或同事相同的居住条件。

③艰苦条件津贴。为了鼓励员工到海外任职，有的企业还对到那些条件艰苦的东道国工作的员工予以津贴。所谓"条件艰苦"是指地理位置不好或自然气候恶劣，或者东道国经济发展落后、生活条件差，或者是社会、政治环境条件不好，可以是一次性发放，或者是按员工基本工资固定百分比发放。

④子女教育津贴。为海外任职员工的子女提供教育津贴包括学费、学习语言课程的费用、入学费、课本和文具用品货、交通费、食宿货以及校服费等。

⑤搬家津贴。在员工接受调动移居海外任职或者任职期满回国时，员工及其家属的差旅费、行李费等与搬家有关的一切开支，一般企业都会承担。

⑥探亲津贴。有的企业为了帮助海外任职员工缓解工作或生活的压力，向他们提供每年一次或多次的回国费用。

（4）福利

福利（benefits）往往占有员工报酬的很大比重。因为国与国之间存在很大的差异，因此企业对海外任职员工的福利管理较为困难，一般都面临很多复杂的问题。需要考虑以下问题：是否保持海外任职员工的国内福利计划？是否让海外任职员工加入东道国的福利计划，由企业弥补该计划与国内计划的差额？东道国有关解雇员工的法规是否会影响员工可享受的福利？海外任职员工是享受国内的还是东道国的社会保障福利：应按国内标准还是东道国标准保持海外任职员工的福利待遇？费用应当由谁支付？

2. 外派人员的酬薪计算方法

计算国际薪酬的方法有两种：现行费率法与资金平衡法。

现行费率法是将海外派遣的基本工资与工作所在国的工资结构挂钩。跨国公司在当地调查的基础上，决定是以所在国人员的工资为标准，还是相同国籍的外派人员执行统一标准，或者所有国家的外派人员工资统一。对于低工资的国家，跨国公司往往在基本工资和福利之外提供额外的补贴。现行费率法的优点在于计算简单明了，而且与子公司其他东道国员工待遇平等，不易产生纠纷。但同时，也存在一些缺点，如同一人员在不同国家任职待遇存在差异，不同国家相同工作职位的人待遇有差距，而且暗含一个回国工资待遇问题。

资金平衡法在国际薪酬中应用最为广泛，它使居住在国外和国内职位水平可比的人员具有平等的购买力，并且提供奖励来补偿不同派遣地之间的生活质量差别。这种方法假定跨国任职的外派人员不应该因工作调动而蒙受物质损失。基本做法：（1）本国支付款和福利为基础；（2）通过调节本国的薪酬计划来平衡工作所在国的额外支出；（3）以增加财务激励的方式使薪酬计划具有吸引力。资金平衡法的缺点主要有：可能导致不同国籍的外派人员、母国人员和东道国人员待遇之间产生相当大的差距；从而，使管理变得更为复杂，并极有可能导致员工产生不满情绪。

3. 外派人员酬薪的支付

与企业对国内职员的报酬支付相比，企业对派驻海外任职人员报酬的支付要复杂一些，其复杂性主要体现在币种的选择和各币种支付的比例。

（1）币种的选择

关于派驻海外任职人员的货币报酬，除了报酬的结构、内容和标准之外，币种的选择也直接影响到其实际收入水平。通常在币种的选择时应考虑三个因素：一是货币比价，选择币值坚挺的货币计酬当然对海外任职人员有利，反之若选择正在不断贬值的货币计酬则等于降低了他们的实际收入。二是东道国的外汇管制，若驻外人员是到一个实行外汇管制的国家任职，则由于在该国外汇不能自由地汇出，这给他们自由支配薪酬带来困难。三是东道国的个人收入所得税政策，有些东道国规定只对外籍人员从当地取得的收入征纳个人收入所得税，而有些东道国则基本上不征收个人收入所得税。企业应当在综合考虑这三个因素的基础上，选择有利于调动海外任职人员积极性的币种来计算和支付报酬。

（2）综合性的支付方式

这是一种最常见的支付方式，就是将海外任职人员的报酬按一定比例用两种或两种以上货币分别支付，以减少汇率被动导致的收入损失，也避开在征税和外汇管制方面的不利影响。许多国际企业是把海外任职人员的报酬分为两部分：一部分以东道国货币支付，其数额大致等于雇员原来在母国内用于消费的收入，加上海外生活费津贴、住房津贴、子女教育津贴和雇员在东道国应交纳的税款；另一部分以母国货币支付，借记在指定的账户上代雇员储蓄起来，这部分通常是按底薪的一定比例计算。上述做法当然是对由母国派驻海外任职的人员而言的，如果是对由东道国当地招募的雇员，则报酬支付方式要简单得多，对这些雇员通常是以当地货币作为支付报酬的主要币种，辅以少量币值坚挺的外币作为奖励性报酬的支付币种。至于从第三国招募的雇员，则其工资支付一般采取个别协商的方式来办理。

12.4.3　外派人员的劳资关系

跨国公司在所从事生产经营的每个国家里，除了要利用薪酬来激励员工外，还需要处理好经理人员与员工的关系问题，即包括处理好资方与工会的关系，劳工管理模式以及劳工参与管理的权利等问题。劳资关系一定程度上影响着跨国公司海外子公司的正常运行及其经营目标的实现。

1. 跨国企业需要处理好工会的定位问题

工会是劳动者的联合组织，是劳动者为维护并实现自身的利益而与资方抗衡的代表。在各国的宪法和法律中，对工人组织工会的权利以及工会的地位和职权一般都做了规定。有些国家制定了工会法（美国、日本、新加坡）；有些国家对有关工会的问题，在劳工法（美国、加拿大、委内瑞拉、菲律宾）、劳动法（日本、墨西哥）中做了规定；有些国家制定了有关工会的法规（英国、法国、德国、瑞典）。这些法律和法规，明确规定了工人有组织工会的权利，如美国全国劳工关系法规定，工人有组织工会的权利；日本宪法保证工人有组织和加入工会的权利，一些国家的法律还明确规定了工会的性质，如日本工会法规规定，工会是以职工为主体，以维护和改善劳动条件，提高其经济地位为主要目的而自主组织起来的团体或联合体。加拿大劳工法规定，工会是为了调整雇主和职工之间的关系而组成的职工组织。关于工会的组织形式，一些国家规定，它可以是企业工会、行业工会、产业工会；可以是全国性工会、地方性工会；也有的国家规定，全国只能组织一个工会联合会。

跨国公司应当熟悉东道国有关工会的法律、法规，了解劳工管理的方式并不断搜集这方面的情报。跨国公司应尽量处理好与东道国工会的关系，应当积极关心和改善工人的生活和工作条件，注意与工会组织的沟通。此外，还应避免与受政策团体或宗教机构控制的工会打交道。同时，跨国公司还应与国际劳工组织保持沟通和联系，了解有关劳工管理信息和国际承认的惯例。

2. 选择好合适的劳工管理模式

跨国企业的劳工管理模式有两种完全不同的做法，即集权化管理模式与分权化管理模式。所谓"集权化管理模式"，是指跨国公司总部为实现其全球经营目标，将一些重大事项的决策权，包括劳资关系处置权等，都牢牢控制在自己手中，同时在实际运作过程中，母公司尽量回避与子公司的工会直接接触。这种管理模式的好处是，可以在某个子公司发生罢工时从其他子公司获得商品或服务供给，减少罢工的影响和削弱各国工会谈判的能力。所谓"分权化管理模式"，是指考虑到不同国家的法律与社会制度、社会文化、价值观、工人的精神需要以及具体的行业特征，由跨国公司总部授权给海外子公司经理负责当地的劳工管理。在劳资双方的谈判中。由于海外子公司更了解当地的具体情况，因此劳资协议的签订会更加切实可行，也能够保证得到有效实施。

研究表明，绝大多数跨国企业采用集权化与分权化相结合的方式，即某些决策由跨国企业总部做出，但另一些决策则由海外经理人员在现场做出。但是相对于欧洲的跨国企业而言，美国的跨国企业更加倾向于实行更加集中化的管理。这是因为：第一，美国公司倾向于主要依赖正规的管理方式，为支持这种管理方式的实施，需要有更严密的管理制度；第二，欧洲公司与工会的交涉一般在产业层面进行，而美国公司则在公司层面进行，需要根据公司本身的制度进行管理；第三，很多美国公司的大部分销售都在本国市场进行，海外市场只是其国内市场的延伸，便于其进行集中化的管理，而大部分欧洲公司则是将国外市场当做主体。

近年来，不断高涨的劳工运动的国际化趋势，直接影响了跨国公司的劳工管理模式，许多跨国公司对之做出的反应是实行更加集权的管理模式，降低海外公司经理人员的地位和作用，将更多的决策权集中在母公司手中，这样做的目的是：可以将发生国际劳工运动时跨国公司整体可能受到的不利影响降到最低，从而在与劳工组织的谈判中处于相对有利的地位。

3. 吸收劳工参与公司管理

劳工参与管理制度在欧洲国家是一种较为普遍的现象。英国、法国、德国、意大利、奥地利、瑞典、丹麦、挪威、荷兰等国家的劳工法都规定了工人参与企业管理的权力。跨国企业也应该根据投资所在地的劳工法，确定劳工参与企业管理的方式，提高劳工在企业管理中的地位，为营造良好的劳资关系创造条件。

◎案例

海尔集团企业战略与人力资源战略的整合

1. 海尔概况：企业战略发展三阶段

海尔的前身是在 1984 年引进德国利勃海尔电冰箱生产技术基础上成立的青岛电冰箱总厂，经过十余年的发展现已成为国家特大型企业集团。在"名牌战略"思想指导下，海尔集团通过技术开发、精细化管理、资本运营、兼并控股及国际化，使一个曾亏损 147 万元的集体小厂迅速成长为中国家电第一名牌厂商。海尔现有员工二万多人，在海外拥有 62 个经销商、三万多个营销点。到 1999 年，海尔产品包括 58 大门类 9200 多个品种，企业销售收入以平均每年 81.6% 的速度高速、持续、稳定增长，集团工业销售收入达 215 亿元。海尔从引进冰箱技术起步，现在依靠成熟的技术和雄厚的实力在东南亚、欧洲等地设厂实现了成套家电技术向欧洲发达国家出口的历史性突破。

海尔的发展很快，但也是一步步走过来的。企业发展过程实际上就是战略转移的阶段性连接，旧的战略不断地、不失时机地被新的战略替代，这样可能使企业不断达到新的高度，赢得长期、持续的发展。海尔的成功也正在于这种战略更替和推移的成功，在于它能够根据内外部环境的变化不失时机地以新的战略替代旧战略，顺利实现不同阶段上的战略转移。海尔的发展经历了三个阶段：

第一阶段，即名牌战略阶段（1984—1991 年），在"要做就做最好的"的战略理念指引下，专注于冰箱专业化生产过程实施"名牌战略"，建立了全面质量管理体系。

第二阶段，即多元化战略发展阶段（1992—1998 年），通过企业文化的延伸及"东方亮了再亮西方"的经营理念，成功地实施了多元化战略扩张。所采取的策略就是通过所谓"吃休克鱼"的办法来扩展。当时许多企业属于那种硬件比较好但软件不行、管理不行（即所谓"休克鱼"），海尔就积极地把这样的企业兼并过来，先后兼并了 18 家，这 18 家企业当时账面上亏损了 5.5 亿元，后来都扭亏为盈了。海尔的做法是：为每个企业派三个人，一个全面负责，另一个抓质量，再一个抓财务；不是靠再投资，只是把海尔企业文化管理模式移植过去，使这些企业起死回生了。

第三阶段，为国际化战略阶段（1998 年以后），实施以创国际名牌为导向的国际化战略。其基本战略理念就是"从海尔的国际化到国际化的海尔"，所谓"海尔的国际化"，简单地说就是要求海尔产品的各项标准都能符合国际标准的要求，而且要成为中国很有竞争力的出口商，增强产品在国际上的竞争力，而且要打海尔的国际品牌；而"国际化的海尔"则是要在世界各地建设海尔，不再是一个从中国出来的海尔产品，而是在当地设计、当地生产、当地制造、当地销售的产品，这也就是"本土化的海尔"。这是个非常大的战略转折，而且对海尔来说也是个很大的新考验。在国际化战略阶段，海尔的策略原则是"先难后易"，国内有好多企业以"出口创汇"为导向，而海尔则是以"出口创牌"为导向，取得了成功。

在"走国际化道路，创世界名牌"的思想指导下，海尔集团通过实施名牌战略、多元化战略和国际化战略，取得了持续、稳定、高速的增长，其品牌价值不但稳居中国家电业榜首，在国际市场的美誉度也越来越高。海尔是家电行业获得国优金牌、通过 ISO9000 认证和 ISO14001 环保认证的第一家，并先后取得了 UL、CSA、VDE、SMARK、SAS、SAA 等国际认证，1997 年国家经贸委确定海尔为重点扶持冲击世界 500 强的 6 家试点企业之一。目前，海尔的国际化经营已驶入快车道，成为世界级的供应商，跻身于世界冰箱生产十强行列，在国际市场赢得越来越多的美誉。

海尔清醒地认识到，企业的发展和战略转移受多种因素制约，但从根本上说来，最具决定性的因素是人力资源及其战略选择。要想成为名牌、国际化的名牌，每一个员工首先应成为人才、国际化的人才，"先造人才，再造名牌"。因此，海尔在人力资源战略管理中坚持观念更新和制度创新，努力创造一种公平、公正、公开的人文环境和文化氛围，建立起一套充分发挥员工个人和团队人力资源潜能的机制，在实现企业战略目标的同时给每个人提供充分实现自我价值的发展空间——"你能翻多大的跟头，就给你搭多大的舞台"。这是攸关企业总体战略发展成败的关键。

2. "OEC 管理"：与名牌战略相契合的人力资源战略

全面质量管理是 20 世纪 80 年代国际企业的经营管理主题，也是海尔名牌战略阶段的主导任务。与此相适应，人力资源战略和管理制度的核心也就以质量观念教育、敬业爱岗培训、质量考评和奖酬为主要内容。

1985 年 5 月，受命于危难的青岛电冰箱厂长张瑞敏，面临的市场形势是严峻的。当时海尔在规模、品牌方面都是绝对的劣势，靠什么在市场上挣得一席之地呢？只能靠质量。于是，张瑞敏提出了自己的质量理念："有缺陷的产品就是废品"，于是也就有了产品质量的"零缺陷、精细化"管理办法，达到用户使用的零抱怨、零起诉的要求。从理念的提出到员工接受、认同，最后变成自动遵循的原则和习惯，需要一个过程。正是由于过去许多职工不能真正理解，更难以自觉接受质量理念，所以产品质量不稳定，客户投诉不断。张瑞敏强烈意识到：理念问题解决不了，靠事后检验，是不可能提高质量的。于是有了张瑞敏果断推出"砸冰箱"事件。

当员工们含泪看着张瑞敏总裁亲自带头把有缺陷的 76 台电冰箱砸碎之后，内心受到的震撼是巨大的，人们对"有缺陷的产品就是废品"有了刻骨铭心的理解与记忆，对"品牌"与"饭碗"之间的关系有了更切身的感受。张瑞敏并没有就此而止，也没有把管理停留在"对责任人进行经济惩罚"这一传统手段上，他要充分利用这一事件，将管理理念渗透到每一位员工的心里，再将理念外化为制度，构造成机制。在接下来的一个多月里，张瑞敏发动并主持了一个又一个会议，讨论的主题却非常集中"我这个岗位有质量隐患吗？我的工作会对质量造成什么影响？我的工作会影响谁？谁的工作会影响我？从我做起，从现在做起，应该如何提高质量？在讨论中大家相互启发，相互提醒，更多的则是深刻的内省与反思。于是"产品质量零缺陷"的理念得到了广泛的认同。

随后他们走出了关键的第三步，构造"零缺陷"管理机制。在海尔每一条流水线的最终端，都有一个"特殊工人"，流水线上下来的产品，在经过各个工序时，工人检查出上一工序留下的缺陷后就及时地记录在一张缺陷条上。这位特殊工人的任务就是负责把这些缺陷维修好。他把维修的每一个缺陷所用的时间记录下来，作为向"缺陷"的责任人索赔的依据，他的工资就是索赔所得。那么，当产品合格率超过规定标准时，他还有一份奖金，合格率越高，奖金越高。这就是著名的"零缺陷"机制，这个特殊工人的存在，使零缺陷有了机制与制度上的保证。这一制度的推出，使海尔的产品、服务、内部各项工作都有了更高的质量平台。

1989 年起，海尔正式实施"OEC 管理法"。所谓 OEC 即 Overall（全方位）、Every（每人、每天、每件事）、Control & Clear（控制和清理），总结起来叫"日事日毕，日清日高"；"人人有事管，事事有人管"。今天的事情今天一定要把它做完，今天的事情比昨天要有提高，每天都有提高。举一个比较形象的例子，如果你每天把一元钱存到银行里去，银行给你的利息是复利而不是单利，而这个利率是1%，每天都是昨天的1%的话，那么，这一元钱大约在 70 天后连本带利取出来的时候就是 2 倍，也就是说如果每天的工作都比昨天提高1%，70 天就会提高 1 倍。当时，海尔首先建立了质量价值券考核制度，员工收入实行质量否决制，要求员工不但要干出一台产品，而且要干好一台产品；其次，考核重点是遵章守法，凡是企业的规章制度，不是摆样子，而是建立一项就执行一项、考核一项、兑现一项；最后，分配制度主要同质量挂钩，谁出现质量问题，就按考核规定扣谁的工资。这种做法从人力资源管理层面有力地配合和推动了名牌战略的实施。

3. "挑战自我"：与多元化战略相契合的人力资源战略

在新经济时代，人力资源是保证创新的决定性因素，人人都应成为创新的主体。为配合实施多元化的企业发展战略，海尔提出"挑战满足感、经营自我、挑战自我"的人力资源战略管理理念，设计了把"外部市场竞争效应内部化"的市场链机制。其核心思想是，企业内部、外部有两个市场，内部市场就是怎样满足员工的需求以提高他们的积极性，外部市场就是怎样提高美誉度以满足用户的需求。在海尔内部，"下道工序就是用户"，每个人都有自己的市场，都有一个需要对自己的市场负责的主体；每位员工最主要的不是对他的上级负责，更重要的是对他的市场和他的客户（下道工序）负责。

每个人的工作都要或多或少地占用企业的资源，企业将相应资源提供给相关员工作为"负债"，将外部市场效应内部化后，每一个员工都应该追求达到最好的效益，所以你必须通过经营使资源增值。如果达不到，就等于浪费了企业给你提供的资源，你就应该自己掏钱赔付，这就是"经营自我、负债经营"观念。通过"负债经营"，做到"人人有事管，事事有人管"，每个员工都通过"赛跑"来看是否有能力通过竞争上岗来追求自己的价值，这样才能实现经营自我、不断战胜自我、战胜满足感、超越自我的境界。这样，技术和管理工作天天坚持不懈地往前做，就会从量变到质变，从这个基础上再发展，这就是把"外部市场竞争效应内部化"的市场链机制。

相应地，多元化阶段的薪酬制度由原来的 4 种模式完善规范到 13 种模式，实行分层、分类的多种薪酬制度和灵活的分配形式。科技人员实行科研承包制，营销人员实行年薪制和提成工资制，生产人员实行计件工资制，辅助人员则实行薪点工资制。海尔工资分档次发放，岗位工资标准不超过青岛市职工平均工资的 3 倍。岗位工资+国家补贴=工资总额。取消月奖金制，年终奖金不超过两个月的工资。科研和销售人员实行工效挂钩，科研人员按市场效益和科研成果进行奖励，销售人员如果是外聘的推销员，收入和推销成果完全挂钩。

在工资分配政策的制定和执行上，海尔一直坚持"公开、公平、公正"的原则，对每一个岗位和每一个动作都进行了科学的测评，计点到位，绩效联酬。每位员工都有一张"三 E 卡"，劳动一天，员工就可根据当天的产量、质量、物耗、工艺等 9 大项指标的执行情况计算当日的工资，即所谓"员工自己能报价，管理人员则根据目标分解为：年度目标、月度目标和日清目标，计算出当月的应得工资。人人的工资都公开透明，只按效果，不论资历，由"同岗同酬"转变为"同效同酬，在海尔，高素质、高技能获得报酬，人才的价值在工资分配中得到了真正体现，极大地调动了员工的生产积极性。

4. "国际化的人"：与国际化战略相契合的人力资源战略

海尔清醒地认识到，在全球化的新经济环境下，要想成为国际化的名牌，每一个员工首先应成为国际化的人才。因此，新时期海尔集团人力资源管理则须适应企业实施国际化战略的大目标要求，为企业提供和培养真正具备国际化素质和国际竞争力的人力资源。在人力资源管理与开发方面，海尔根据"人人是人才、赛马不相马"的理念，推出"部长竞聘上岗"、"农民合同工当上车间主任"等大量案例，构造"人才自荐与储备系统"、"三工并存、动态转换"、"末位淘汰"、"四级动态考核"和"多元化的工资福利激励"等完善的人力资源管理体系。

海尔的市场链思路很超前，很多国际公司管理模式也是刚刚开始这么做。海尔集团利用信息技术辅助企业管理，可以迅速缩小与国际大公司的差距，甚至保持同步。海尔集团物流管理在国内是一流的，在国际上也是一流的。海尔集团的市场链改变了企业直线职能式的结构。在国内无序竞争或过度甚至恶性竞争中，企业要适应市场变化和国际化要求，每个人都与市场挂钩就显得非常重要，否则组织结构制约了员工迅速解决问题的积极性，企业就会对市场变化适应不了，被竞争对手打倒。因此，只有树立"市场是每个人的上级"的观念，建立互相咬合的"SST"（索赔、索酬、跳闸），才能采用与国际接轨的供应链工程，顺利实施国际化战略。

为此，海尔在新时期力求做到：首先使形式和目标相一致。SST 是市场链的形式，而市场链的目标是创市场美誉度、赢得用户的心，市场链的形式要能够为目标服务。其次把工作指标合理地分解到每个人的每一天，真正地落实下去。指标的合理性必须有基础工作，数据的真实性是关键，激励的公正性是保证；目标是合理的，数据也是真实的，但两者结合起来，到底应该奖多少、罚多少，事先应该有明确规定，这要做得非常详细。

实行"市场链"重在员工参与和即时激励。要让员工非常愿意参与这个活动，感到对自己是一种自身价值的体现，不是被动地接受激励而是主动创新。要创造体现个人价值的氛围，让每一个员工参与，包括改革方案讨论，必须在有方案的前提下广泛听取大家的意见；目标体系、考核体系、激励体系必须要与员工沟通，在沟通的前提下参与竞争。

5. "SBU 运动"：与全球化战略相契合的人力资源战略

为了适应全球经济一体化的形势，运作全球范围的品牌，从 2006 年开始，海尔集团进入第四个发展战略创新阶段：全球化品牌战略阶段。国际化战略和全球化品牌战略的区别是：国际化战略阶段是以中国为基地，向全世界辐射；全球化品牌战略则是在每一个国家的市场创造本土化的海尔品牌。海尔实施全球化品牌战略要解决的问题是：提升产品的竞争力和企业运营的竞争力，与供方、客户、用户都实现双赢利润。确切地说，就是获取本土客户和用户资源，实现从设计、生产到销售的全面本土化的超常能力。海尔清醒地认识到，集团总的战略必须落实到每一位员工身上，而每一位员工的策略创新才能保证集团战略的实现。"SBU"（Strategical Business Unit 的缩写，即策略事业单位），通俗地理解，"SBU 运动"是要把海尔的 3 万名员工，都变成一个合格的"小老板"，每个员工都是一个公司，都要面对市场。每一个员工都有能力准确而迅速地获取客户和用户资源，以速度和创新来满足全球化战略的需要。因为信息化时代企业要靠个性化取胜，而不能靠大批量的生产，大批量生产变成了大批量定制。如果没有每一个员工的SBU，也就是说如果没有以人作为经营单位的话，就无法满足这种定制的关系。信息时代的企业既要有大企业的规模，又要有小企业的灵活性，所以要把大企业的航母变成无数个可以拆分的单独作战的主体来各自为政。

◎思考题

1. 海尔集团企业战略与人力资源战略是怎样整合的？为什么要整合？
2. 依你的理解，SBU 运动是不是海尔实现全球化战略的关键？
3. 海尔集团人力资源战略还有其他更好的选择吗？

第五篇

国际商务战略

第 *13* 章
国际商务战略联盟

◎**本章要点**

1. 战略联盟是两个或者两个以上企业，在保持各自独立性的基础上，建立的以资源与能力共享为基础，以共同实施项目或活动为特征的合作关系。

2. 战略联盟最根本的特征在于它是竞争性合作组织，是介于市场和企业之间的一种特殊的组织结构，伙伴企业的战略独立性是其基本属性，它具有组织松散性、行为战略性、合作平等性、范围广泛性和管理复杂性等主要特征。

3. 经济全球化和技术变革的加快是跨国战略联盟飞速发展的时代背景。

4. 战略联盟的主要优势是技术与资产的互补、更便利地进入外国市场、确定行业标准、分担研发成本和风险和增强组织学习能力，主要劣势是壮大竞争对手以及关键技术人才的流失。

5. 战略联盟可分为非竞争者之间的战略联盟和竞争者之间的联盟，前者主要包括国际合资企业、纵向伙伴合作和跨产业合作协定，后者主要包括互补型联盟、供应共享型联盟和准集中化联盟。

6. 战略联盟管理主要关注战略伙伴企业的选择和战略联盟运营中的风险控制。

13.1 战略联盟概述

13.1.1 战略联盟的定义

目前，战略联盟已经成为世界商界的时代潮流。战略联盟的概念最早是由美国 DEC 公司的总裁简·霍普兰德（J. Hopland）和管理学家罗杰·内格尔（R. Negal）提出的。然而，社会各界对战略联盟概念的认识似乎并不一致。什么是战略联盟，什么样的合作才是战略联盟，直到今天仍无统一的认识。目前在讨论企业间合作问题时，使用的概念除战略联盟外，还有"战略伙伴"（美国、欧洲）、"虚拟企业"（美国、日本）、"战略提携"（日本）、"强强联合"（中国）等相近或相似的称谓。

一种观点认为，企业间的所有合作都可以冠以"联盟"的称谓，归入战略联盟之中。既包括通过营销协定、合资企业、许可生产、合作研究等建立的合作形式，也包括诸如协和飞机项目、空中客车项目等在内的大型跨国合作等。另一种观点认为，战略联盟是组织之间全部长期合作关系的总称。既包括建立正式组织的合作，如合并、收购企业，也包括不存在正式组织形式的合作，如许可协定、研发伙伴等。还有观点认为，战略联盟是企业和转包商之间的联系纽带。因此，战略联盟是因业务关系而得到进一步延伸的公司组合，或者是"企业俱乐部"。

但在承认企业间存在普遍合作关系的同时，"战略联盟"一词不应该涵盖所有企业间的合作关系，应该有所特指。本书判断一项企业间合作是否属于战略联盟的基本标准是：每个参与合作的企业都保持了各自的独立性。换言之，在联盟中，伙伴企业在追求有限共同目标时，不会丧失各自的战略主动性和各自的特殊利益。这样，企业间的并购合作关系一般不被作为战略联盟的一种形式。例如 2000 年，美国在线（AOL）和时代华纳（Time-Warner）在经过接触后决定合作，共同组成美国在线—时代华纳公司以及 2001 年惠普公司（HP）决定与康柏公司（Compaq）合作，共同组成新的惠普公司都不属于战略联盟范畴内的合作。

综上所述，战略联盟的界定应该特别强调自身的内在属性，将其同企业之间的其他合作关系相区分。战略联盟是两个或者两个以上企业，在保持各自独立性的基础上，建立的以资源与能力共享为基础，以共同实施项目或活动为特征的合作关系。这种合作关系排除了如下两种情形：企业单靠自己的努力实施某一项目或活动，企业独自承担全部风险并独立应对竞争。与其他企业合并，或者收购其他企业，或者将自己的业务部门剥离。[①]

13.1.2　战略联盟的主要特征

战略联盟最根本的特征在于它是竞争性合作组织，是介于市场和企业之间的一种特殊的组织结构。伙伴企业的战略独立性是其基本属性。联盟的企业之间虽然签署了超出正常市场交易的长期协定，但只是以市场机遇和契约为纽带，而非以资本为纽带，并未达到合并的程度。所以，战略联盟是一种扩大范围（如市场范围、产业范围）而不扩大企业的方法。

1. 组织的松散性

战略联盟以共同占领市场、合作开发技术等为基本目标。其所建立的并非一定是独立的公司实体，联盟各成员之间的关系也并不正式。联盟本身是一个动态的、开放的体系，是一种松散的公司间一体化的组织形式。

---

① 皮埃尔·杜尚哲，贝尔纳·加雷特. 战略联盟. 中国人民大学出版社，2006：1-6.

2. 行为的战略性

战略联盟的方式和结果，不是对瞬间变化所作出的应急反应，而是对优化企业未来竞争环境而作出的长远谋划。联合行为注重利用外部经济，从战略的高度来改善联盟共有的经营环境和经营条件。联盟合作旨在从根本上提升所有伙伴企业的竞争地位，合作各方积极参与并作出重要贡献，不宜短期财务收益最大化为目标，也不以合资企业为唯一形式。

3. 合作的平等性

战略联盟是各方在资源共享、优势相长、相互信任、相互独立的基础上，通过事先达成协议而结成的一种平等关系。这就从根本上改变了合资、合作企业之间依赖股权多少或其他控制能力的强弱来决定母公司与子公司之间不平等关系的局面。

4. 范围的广泛性

随着战略联盟的发展会出现联盟网络的现象。联盟各方围绕在具有主导影响力的联盟中心的周围，根据各自的核心专长以及所处的研发或生产的不同环节，从而形成距离不等、错综复杂的联盟网络。这时联盟的目标指向不再局限于单一产品或产品系列，而更多地集中于知识的创造。

5. 管理的复杂性

企业为增强对全球市场的领导力量，纷纷与竞争对手建立战略联盟，为竞争而合作，靠合作来竞争。由于这样的联盟中存在着管理关系模糊、各方收益不平衡、企业文化的冲突以及合作伙伴的背叛危险等，给联盟带来了诸多不利影响，也增加了组织管理的难度，直接威胁到联盟的存在。[1]

当然，战略联盟的这些主要特征注定了其日常管理中经常出现多决策中心共同施压、伙伴之间相互妥协达成谈判结果以及冲突不断发生等情况，也决定了战略联盟的内在不稳定性。一项研究考察了 880 个战略联盟，发现只有 40% 的战略联盟存续时间超过 4 年，只有 15% 的战略联盟存续时间超过 10 年。其他的研究表明，超过 2/3 的战略联盟在最初两年间遇到严重问题，在采取共同管理模式的合资企业中，约有 50% 的企业在创建不到 5 年的时间里就进行了重组。但是，不稳定性并非是战略联盟的缺点，而有可能成为其优点。比如当战略联盟被企业作为剥离业务或收购的过渡形式时，它的不稳定性正是伙伴企业所看重的，战略联盟的重组或中止也可能是因为伙伴企业的战略合作目标提前实现，有时当战略联盟存在巨大风险时，它的不稳定性和可退出性有利于伙伴企业减少潜在损失。

---

① 郭焱 . 战略联盟形式选择与风险控制 . 天津大学博士学位论文，2004：2-3.

13.1.3 跨国战略联盟兴起的时代背景

20 世纪 80 年代开始，通用电气（GE）在全球范围内与数十家公司建立了战略联盟伙伴合作关系。它与日立公司（Hitachi）共同开发和电力产品、与克莱斯勒公司（Chrysler）共同开发机器人、与松下公司（Panasonic）就电子消费品采购进行合作、与 IBM 公司合作开发微电子产品等。IBM 公司也同样如此，在个人电脑（PC）领域与微软公司（Microsoft）结盟，在工厂自动化领域与德州仪器公司（Texas Instruments）、日产公司（Nissan）合作，在电信领域与日本电信公司（NTT）、摩托罗拉公司（Motorola）合作，在医疗设备行业与辉瑞公司（Pfizer）合作。逐步深入融入世界经济的中国企业也后来居上，纷纷建立各种形式的战略联盟。比如中国宝钢集团公司，在钢铁铸造领域与新日铁株式会社武钢等合作，在铁矿石领域与巴西淡水河谷公司（CVRD）、澳大利亚哈默斯利公司等合作，在汽车领域与中国一汽、二汽和日本住友公司合作。

经过 30 多年的发展，战略联盟已经成为几乎所有产业中必不可少的合作形式，也是企业进军新市场，获得新技术、技能或产品，分担研发成本以及实现资源共享的有效方式。战略联盟数量迅速膨胀的原因可以归结为国际经营环境的剧烈变动，特别是经济全球化和技术革新步伐加快直接推动了各类企业对建立战略联盟的急迫需求。

1. 经济全球化

经济全球化是指世界各国在全球范围内的经济一体化。随着国际间商品、资本和劳动力流动的不断加速，世界各国经济的相互依赖和相互作用进一步增强，贸易、投资政策的自由以及金融自由化大大改善了国际市场进入的条件，而且使跨国公司可以更自由地选择生产和服务的组织方式。世界经济的一体化不断地使各国的生产方式一体化，市场机制一体化，竞争规则一体化，技术标准一体化，消费观念一体化，供求网络一体化。这使企业面临一个全新的竞争环境。

战略联盟的优势和价值到 20 世纪 90 年代逐渐凸显出来，其原因在于全球化下企业所面临的竞争环境的重大变化，虽然市场交易和组织交易的效率有很大提高，但是还是难以应对技术竞争空前激化的挑战。经济全球化在为各国企业提供了一个更广大的市场和活动的舞台的同时，也使任何一个国家的企业面临更加激烈的全球性的竞争。面对经济全球化的这种日益复杂和严峻的竞争形势，即使是实力强大的跨国公司也纷纷与其他国家的企业建立战略联盟，因为他们认识到，要保持竞争优势，就必须占据技术高地、扩大市场份额，以更优的产品质量、更低的成本和更好的服务来战胜竞争对手。但是企业如果仅靠自身的力量就显得势单力薄，因此必须借助联盟企业的资源和能力来增强自己的竞争实力，并在全球竞争扩大自己的市场势力。为获取多种竞争优势的来源，企业不仅要在内部建立起统一的网络组织，而且还要与政府、供应商、客户和竞争对手以及各种社会性组织团体和机构建立合作性的外部关系。

经济全球化为许多企业提供了许多新的机遇，引发了一场激烈的竞争未来的角逐。只有走公司间战略联盟与合作的道路，才能弥合不断扩大的战略缺口，才能增强公司在全球竞争中的生存与发展能力。不论是工业巨无霸,还是刚刚开业但胸怀远大抱负的小企业要想在瞬息万变、竞争激烈的全球市场中获胜都离不开战略联盟。因为,一个企业未来成功所不可或缺的资源和技能往往不在该企业的内部,或该企业无法加以利用和控制。因此,网络、联盟、战略伙伴等已经不是一种可要可不要的策略,而是一种必然选择。大型跨国公司在共同利益的基础上,加强了彼此在 R&D、市场营销、风险分担等方面的合作。全球性日益激烈的竞争使得制造业和服务业的跨国公司在全球范围进行重组,这是跨国战略联盟迅速增长的主要因素。一般来说,联盟可以通过在全球范围内聚集相互重叠的能力和商务活动,产生协同效应从而增强联盟企业的国际竞争力。跨国公司通过与同行业的其他企业建立跨国战略联盟来降低成本、改善操作程序、集中从事自己的核心业务,而把非核心业务外包出去。建立战略联盟的驱动力还有来自自由化和放松管制的因素。比如电信业的自由化导致了一大批国外竞争者的涌入,对国内现有的企业产生竞争压力,从而促使他们通过建立新的联盟来应对竞争。比如德、法电信结成联盟以对付英国电信的挑战。全球化和自由化浪潮极大地推动了公司治理结构的变化,由此促进了跨国战略联盟的形成。比如,在日本,企业与股东、利益相关者与银行关系的变化,使国内和国外出现了许多新的联盟。

2. 技术变革

技术进步对生产经营所需要的资源投入规模的要求,促使企业不得不开展广泛的合作,合作使参与联盟的伙伴企业能够将不同的互补能力整合在一起,而信息技术的发展是战略联盟形成的技术基础。

信息和通信技术的迅猛发展为企业提供了一个更容易交流和合作的环境,从而大大促进了国际战略联盟的增长。技术推动战略联盟的形成主要是由于通信的更加便捷、研究成本的日益上升以及制定国际技术标准的需要。新的通信工具,如互联网、电子邮件、电子数据交换(EDI)的出现改变了许多部门商务活动的方式,使企业可以同时共享不同地区的技术、管理诀窍、信息、营销网络和其他资产。一个企业的知识资产,比如新产品设计可以快速地被遥远的国家和企业所采用。专利权跨国共享现象的增多也进一步说明了这一事实。

信息和通信技术的进步,不仅使跨国公司在全球范围内获得了更为广泛的市场机会,也为跨国公司实施全球化经营管理创造了更为便利的条件。互联网技术的发展,信息和通信技术的进步使跨国公司得以低成本地处理和交换更多的信息,使跨国公司可以对分散于世界各地的生产与服务网络加强日常的管理。信息技术不仅改变公司管理的方式,影响公司创造产品的全过程,而且它正在再造产品自身,包括所有的有形产品、服务和信息,公司在将它们提供给客户时也为自己创造了价值。信息技术的进步使信息存储、处理和传送的成本迅速下降。技术的变革正在扩大企业的边界。

信息技术还促进了产业的逐渐融合,而产业边界模糊和产业逐渐融合趋势正是组建战略联盟的重要基础或主要推动力。当今的科学技术发展日益呈现聚合趋势,表现在新的科学技术突破通常是多个学科知识融合的产物。尤其是新兴技术产业,更是不同产业技术的结晶。机电一体化技术的发展是基于机械工程与电子工程技术的融合，电信技术由于计算机技术与通信技术的发展而得以发展，开发机器人则必须涉及计算机、机械、软件等技术。因此，虽然某个企业在系统的某些部分其技术具有竞争力，但是要在各个方面都具有竞争力并保持技术前沿地位是不可能的或成本太高，因此需要通过战略联盟吸收其他企业的技术。信息革命使处于分割状态的企业之间建立了相互依赖的联系。在产业边界日趋模糊，产业不断融合的进程中，产业的竞争环境发生了很大变化，原来具有竞争优势的企业也可能面对新的竞争对手和替代者的威胁，而且同一产业中的企业与其他产业企业的联合也威胁到企业的生存。技术创新导致了管制的放松，从而使其他相关产业的业务加入到本产业的竞争中。各产业的企业群就处在相互竞争的状态之中，从而加剧竞争的程度。而客观上，任何企业都难以在所有方面拥有技术和市场优势，较优的选择是通过与其他产业的企业结成战略伙伴关系，寻求构建新的价值网络。在网络经济中，以信息网络为媒介，不但使各产业之间完全不同的技术相互联结，不断产生新技术、开发新产品，而且在生产和销售等方面出现了产业间相互渗透与非同业结盟，从而使产业边界日益模糊。

总之，信息和通信技术的迅猛发展为伙伴企业提供了一个更容易交流和合作的环境，从而大大促进了国际战略联盟的增长。这样，当交易成本低于因组织规模扩张而产生的管理成本时，内部化的倾向就会削弱，网络型组织就流行起来。战略联盟作为介于市场与企业的中间组织，发挥着组织化市场的作用。战略联盟可以在不扩大组织规模的情况下，充分地利用外部资源，实现企业之间的资源共享，节约企业新的投入，同时降低企业的进入和退出壁垒，提高企业的灵活性和应变能力。[①]

13.1.4 战略联盟的优势

企业出于各种战略目的同实际的或潜在的对手结成联盟，这可能受多种动机的驱使，包括节约生产和研发成本，增强市场势力，获得其他企业的无形资产和管理技能以及市场和客户的信息。战略联盟使企业增强了战略灵活性，从而能够对付市场的变化和新出现的竞争对手的挑战。

1. 实现技术和资产的互补

由于技术的日益复杂性，任何企业即使是巨型的跨国公司也难以一切靠自身资源和能力走内部化自我发展的道路，而在很大程度上需要借助其他企业的资源和能力。现在技术突破和创新越来越依赖于学科之间和产业之间的交流和合作，一个企业仅靠自身的 R&D 难以进行有效竞争。现在 R&D 联盟主要集中在通信、电子、汽车、计算机和办公用品、医药等技术密集型行业，因为这些行业更需要通过组建战略联盟来进行技术和资源的互补。例如，拥有一流汽车制造技术的日本本田汽车（Honda）与拥有较强的生产能力和熟悉欧洲市场的英国罗孚汽车（Rover）结成联盟，实现了优势互补。摩托罗拉

---

① 林季红. 跨国公司战略联盟. 厦门大学博士学位论文，2003：20-31.

在 20 世纪 90 年代早期为建立全球性卫星移动通信网络而组成的铱星联盟（Iridium），包括了 17 个来自不同国家的企业，为摩托罗拉提供其需要的但自己不能或不想掌握的技术。2003 年微软公司与东芝公司建立了一家旨在开发内嵌式微处理器的联合企业，这种微处理器能在汽车上实现各种娱乐功能。微软公司带来了 Windows CE 的操作系统，而东芝公司则带来了它的开发微处理器技术。

2. 更为便利的进入外国市场

跨国公司为获取规模经济，纷纷进行全球性布局。通过战略联盟，企业可以拓展市场空间，在更大的市场范围内实现规模经济。比如摩托罗拉与东芝公司结成战略联盟，由东芝提供市场营销帮助，使摩托罗拉成功地克服了日本市场的许多贸易壁垒，终于打进了日本的移动电话市场。瑞士航空公司、德尔塔公司、新加坡航空公司结成联盟，通过联盟增加了横跨大西洋以及亚欧之间的航空业务，扩大了合作经营规模，同时将飞机维修联成一体。华纳兄弟公司在 2004 年与两家中国伙伴组建了合资企业，在中国制作和经销电影。由于中国电影公司的参与，合资制作的电影审批程序就比较简单，而合资企业也可以经销自己所制作的任何影片。合资公司还可以为中国电视制作影片。

3. 确定行业的技术标准

研发联盟通过制定产品设计和开发的技术标准保证一个产业内部产品线之间具有更高的兼容性，并使其技术标准成为产业的世界标准。现在，技术标准的数量在迅速增长。每个企业都力争使自己开发的技术成为世界通用的技术或标准，这是促成跨国公司在 R&D 方面进行合作的一个重要原因。比如日本索尼公司与荷兰的飞利浦就是吸取了过去各自设定 VCR 产品标准失败的教训而在 CD 技术领域进行合作，目的就在于协调和建立 CD 盘的国际技术标准。飞利浦与松下结盟共同制造和销售飞利浦的数字式高密磁盒 DCC。飞利浦的主要动机就是在松下帮助下，使 DCC 系统成为新的行业技术标准，因为索尼公司这时也正在开发高密磁盒技术，并努力使其成为新的行业标准。再如 1999 年，个人数码产品附件与外围设备（PDA）龙头制造商掌上电脑公司（Palm Computer），同索尼公司结成战略联盟，索尼公司许可并同意在索尼的 PDA 上使用 Palm 的操作系统。这一联盟的部分动机是帮助确立 Palm 的操作系统为 PDA 的行业标准，以对抗对手微软公司的 Windows 操作系统。而苹果电脑公司就是因为无法建立技术标准而一度面临消失的危险，因为 90% 以上的个人电脑用户都选择微软—英特尔标准。随着苹果电脑市场份额的减少，过去依靠苹果电脑的软件编程者也不得不采用新的标准。IBM 和苹果公司都认为，市场中最重要的东西是它们生产出来的计算机，而英特尔和微软则把重点放在协调计算机制造商、零部件制造商、软件编写商、销售商和用户的关系，这就是英特尔和微软能够从 IBM 和苹果公司手中夺取个人电脑市场领先地位的原因所在。①

---

① 　查尔斯·希尔．当代全球商务．机械工业出版社，2009：268-270.

4. 分担研发的成本和风险

技术日新月异，产品生命周期缩短、研发成本的倍增，使得企业通过联盟来共享资源并共担风险。比如开发一种新药需 5 亿美元，开发芯片需要 10 亿美元，开发新车型需要 20 亿美元。而且随着产品生命周期的缩短，新技术新产品开发出来之后能否收回研制成本获得高额回报也隐藏着巨大的风险和不确定性。因此，采取合作行动是明智的，跨国公司之间往往为某些重要技术项目的开发建立起契约性的研发战略联盟。在航天工业，许多企业往往只愿意在其中拥有 10%的股权，因为一旦一个计划失败或停止了，人们不会因此受到巨大损失，并面对棘手的裁员问题。在电信业，由于研究开发投资规模巨大，合资和联盟对企业都很有吸引力。为了分摊新一代交换机所需的 10 亿 ~ 20 亿美元研究开发投资，年销售量只有两三百万条线路的欧洲厂商就必须使每条线路价格接近 200 美元，而年销售量达 600 万 ~ 800 万条线路的竞争对手，则可以把价格减到该数额的一半。按每条线路美元预计价格计算，盈亏点在 300 万 ~ 400 万条线路的年销售量上。这意味着许多公司需要增加产量，而这反过来也意味着寻求合作伙伴或进行收购。比如波音公司与日本商用飞机公司共同研制生产波音 787 飞机，摩托罗拉与日本东芝结盟其动机都是为了分担高额固定成本开支。

5. 增强组织的学习能力

联盟企业在合作过程中往往涉及大量的技术与专有知识的交流，但由于许多技术知识是隐性的和企业特有的，难以用文字、程式或蓝图等方式复制，因此很难迅速传递。企业之间在 R&D 方面的合作与联盟可以为这种隐性的技术知识的转让或传递提供一种有效的机制，通过不同组织之间的密切联系以及人员之间面对面的沟通和交流，可以形成适当的开发体系，从而使合作企业从中获得通过外部市场交易难以获取的技术和技术诀窍。更重要的是，合作不仅可以使参与者追踪企业外部世界的技术创新发展动态，为企业内部的技术创新过程提供新的思想、新的技术、新的技能和新的活力，合作还可以为企业提供观察新技术开发的途径，而又无需单独承担研发的巨额开支和风险。比如在生物技术产业中，合作研究最大的受益在于其负面结果或失败的教训，它可以使企业吸取经验，少走弯路从而节约企业内部在技术开发方面的成本与时间。比如 1985 年，通用和丰田为生产雪佛兰-诺瓦汽车而形成战略联盟，联盟的部分动机是双方为学习对方的一些隐性的、无法通过远距离观察，也不会在市场上交易的专有知识或技术诀窍。通用汽车要学习丰田的精益生产方式，并将其过程技术运用于通用自己的汽车制造当中。而丰田是为了学习与美国工会和地方政府打交道的经验和能力。因此，学习型战略联盟比传统的产品联盟更具有战略性，因为产品联盟往往只是解决有关成本、营销渠道、风险等问题，而学习型战略联盟可以帮助一个企业扩展和改善其基本的能力①。

---

①　林季红 . 跨国公司战略联盟 . 厦门大学博士学位论文，2003：40-42.

13.1.5　战略联盟的劣势

战略联盟的优势可能很明显，但仍有评论家批评战略联盟，因为它在帮助企业实现战略目的的同时，也不同程度地存在一些风险。

1. 一方损害另一方利益

在某些战略联盟中，伙伴企业在向联盟做出贡献和从联盟获得资源方面存在很大的不平衡性，有可能出现一方受益，另一方受损的情况。在极端情况下，甚至会出现一方将另一方排挤出产业市场的严重局面。1982—1984 年，苹果公司在开发 Macintosh 电脑时，同微软公司合作开发数据库、图形应用程序等，结果微软公司开发图形界面产品的关键技能取得长足进展，很快开发出了 Windows 图形操作系统，从此一统操作系统天下至今。苹果公司的诉讼也未能胜诉。

2. 直接壮大竞争对手的力量

由于联盟伙伴从事的业务相同或者相近，在本企业通过联盟获得某种技术成就的同时，合作者很可能也因此获得技术上的关键性突破。在一些情况下，甚至可能由于对方获得互补效应大于本企业的，而出现亲手培养竞争对手的局面。例如微软公司的迅速崛起就直接得益于与苹果公司、IBM 公司等业内领先企业的合作。

3. 使潜在竞争者变为现实竞争者

当行业中的领先企业与刚刚兴起的中小企业合作时，由于双方力量悬殊，相互之间还没有出现直接的竞争冲突。但是，在这些企业通过建立联盟获得了研发需要的资金、学习了管理研发的有效模式、了解了该领域大企业的运作方式、清楚了某项技术的未来前景之后，一些中小型合作者可能迅速壮大，并成为强有力的竞争对手。著名的搜索引擎公司 Google 公司初期就与门户网站雅虎公司（Yahoo）开展合作，为其提供网络搜索服务，其后凭借与业内大企业长期合作的技术与经验积累而一飞冲天，成为 IT 世界的新贵，影响力远超雅虎。

4. 带来关键技术人才的流失

通过合作，合作方企业有机会更加清楚地了解到本企业的技术骨干和潜在的技术人才。在联盟结束后，对方可能以更高的薪资、更高的职位或者其他方面的优厚条件将本企业的人才夺走。这些人才的流失，不仅会导致企业未来开发能力的迅速下降，而且可能会导致本企业已经积累的一些技术诀窍流失。

当然，并非所有的战略联盟都会导致企业遭受严重损失，仍有许多战略联盟实现了"双赢"，在为顾客创造更大价值的同时，促进了伙伴企业竞争力的提高。战略联盟战略目标的实现高度依赖于选择适应商业环境的正确形式以及对联盟高效、科学的管理，下面我们紧接着介绍国际商务战略联盟的主要形式及其选择。

13. 2 国际商务战略联盟类型及其选择

　　理解不同类型战略联盟的内在区别有助于商务人士更好地管理战略联盟，战略联盟根据不同的标准被划分为很多不同的类型：根据资产关系是否存在及其密切程度，战略联盟可分为资产联盟和非资产联盟；根据是否涉及股权以及股权安排的具体形式，战略联盟可分为股权联盟、合资企业和合作企业；根据合作伙伴之间的互动关系，战略联盟可分为竞争者联盟、弱者联盟、变相出售联盟、借力联盟、出售倾向联盟和互补联盟。

　　本书将战略联盟大体上划分为两大类，即非竞争者间的战略联盟和竞争者间的战略联盟，下面我们将分别详细介绍这两类联盟。①

13. 2. 1　非竞争者间战略联盟

　　非竞争者之间的伙伴合作关系是指来自不同产业的企业建立的战略联盟，这种联盟在一定程度上取代了传统的绿地投资和并购等业务扩张方式。国际化、纵向一体化和多元化是企业成长和扩张的三种基本方式，这三种扩张方式的道路上都可能出现企业之间的合作，而这构成了非竞争者间战略联盟的三种具体类型，分别为国际合资企业、纵向伙伴合作和跨产业合作协定。

1. 国际合资企业

　　国际合资企业是指由寻求国际扩张的企业与目标国当地的企业共同组建的合资企业。对国际扩张的企业而言联盟帮助其进入了新的市场，对于目标国当地企业而言则获得了新的知识技术以及其他收益。例如大部分外国汽车制造商进入中国的方式都是在中国共同组建合资企业，负责进口部分部件、在中国生产和采购部分部件，之后进行组装和销售。日本丰田汽车公司就分别同一汽、广汽建立了一汽丰田和广汽丰田等合资企业分别生产锐志（Reiz）、凯美瑞（Camry）等汽车，德国大众汽车公司分别同上汽和一汽建立了上海大众和一汽大众等合资企业分别生产帕萨特（Passat）和高尔夫（Golf）等汽车。

　　对于进行国际扩张的企业来说，建立国际合资企业使其在东道国建立全资子公司和单纯向东道国出口产品的一种替代形式，但其具有自身独特的优势，在特定情况下，这种方式比其他市场进入方式更加合适也更为可能。一方面全球部分发展中国家的政府对外资进入仍然实行部分的限制性措施。例如 20 世纪 80 年代中国改革开放初期，宝洁、联合利华等公司进入中国时，由于受到股权的限制，只能选择组建中外合资企业进入中国市场。当然随着经济全球化进程的加快，世界各国都逐步取消或放松对外资进入的管制，但是仍有为数不少的企业仍选择与当地企业组建国际合资企业的方式进入新市场，这是因为还有另一方面的原因，即当地企业能够提供在东道国成功所不可缺少的技能和

---

　　①　皮埃尔·杜尚哲，贝尔纳·加雷特. 战略联盟. 中国人民大学出版社，2006：56-191.

资产，特别是良好的政治和个人关系网络。因此，很多跨国公司更愿意选择当地的大企业进行合作，因为它们更可能拥有能为自己提供有价值资源的能力。当然，许多当地企业也乐于与跨国企业之间建立国际合资企业，这是因为它们希望借此获得领先的知识与技术、较大的投资收益、大额的建设资金以及本国政府的政策优惠，从而提升企业在本国市场的形象，推动自身的改革和重组。例如中国的三大汽车集团公司无一例外都是通过与跨国汽车巨头组建合资公司的方式而在国内建立起良好的口碑而逐步发展、壮大起来的。上汽与德国大众、美国通用组建合资公司，一汽与德国大众、日本丰田组建合资公司，二汽（东风）与法国标致雪铁龙、日本本田、日本日产、韩国起亚等组建合资公司。

国际合资企业这种类型的战略联盟可能存在的一个问题就是由于各个伙伴企业期望的不平衡以及企业文化的不协调所造成的管理难题。因此，在国际合资企业的日常管理中要特别注意协调伙伴企业间的利益冲突，平衡伙伴企业间的权力，充分发挥经理人员在合资企业中的关键作用。

2. 纵向伙伴合作

20 世纪 80 年代以来，制造业企业与主要供应商之间出现了大量的长期合作关系，我们称为纵向伙伴合作。这种趋势改变了企业之间的竞争关系，也改变了企业创造价值的方式，它促使企业——包括供应商和用户通过相互选择和签订长期合同，建立起相对稳定的合作关系。被用户选中的供应商力求从长期合作的高度出发，努力维护与用户的关系，而不仅仅充当一个零部件的售卖方。选择固定供应商作为长期合作伙伴的企业，不再不断变换供应商以尽可能地将零部件价格压到最低，而是为供货商提供稳定的市场，并保证它们获得适当的收益。

这种新型的纵向伙伴关系具有显著的特点和战略影响力。第一，供应商参与到了客户新产品的设计环节中。传统的客户与供应商关系中，供应商一般不参与产品的研发与设计环节，往往直到新产品的生产或组装环节才参与其中，而新型纵向伙伴关系中，几乎从新产品研发的创意提出后，供应商便和客户一起开展产品的研发与设计工作。第二，客户对供应商的整个经营系统提出一整套要求。比如 20 世纪 50 年代丰田汽车公司发明了精益生产方式（也称丰田制，Toyotism）。80 年代，丰田制生产方式在西方国家得到普遍应用，它使汽车制造商大量使用外包零部件和组装件，彻底改变了汽车制造商和供应商之间的关系，通过逐级供应商的少量持股共同组建一个供应商"金字塔"，特别强调有效利用供应商的资源条件，制造商帮助其降低生产成本、缩短工期、改进质量、减少存货，以满足制造商的整体要求。第三，用户与供应商之间建立起了排他性的关系。传统上，客户以开放的姿态对待每一个供应商，依据市场法则选择供应商，任何为客户提供零部件的供应商随时可能被替代。但在新型纵向伙伴关系中，客户指定某个或某些供应商长期提供零部件，合同期内通常不可能选择同种零部件的其他供应商。第四，用户通过与供应商的密切合作创造出更大的市场价值。产业链上具有上下游关系的企业之间的合作有利于双方充分利用彼此的人才和技术，改善设计、降低成本、提供产品质量，从而在为消费者创造更大价值的同时有效提升伙伴们在产业中的竞争地位。

参与纵向伙伴关系的供应商必须具有开发新产品的专长，并扮演好总发包商和项目领导者的角色。纵向伙伴关系的普遍建立，改变了传统的外购、转包中客户与供应商的力量对比关系，客户放弃了大量的设计工作以及设计背后潜在的强大设计能力，因此对供应商的依赖性增强了。例如曾经主导操作系统的 IBM 在将自身 PC 机操作系统外包给微软后，使微软最终一统操作系统天下。正如丰田制生产方式中所体现出来的纵向伙伴关系强调理解、互信、平衡的重要性，但合作过程中的冲突仍不可避免，所以必须要在适当的时机选择合适的合作伙伴，建立适应伙伴合作关系的管理系统才能真正成功。

3. 跨产业合作协定

我们将来自不同业务领域的企业建立的伙伴关系称为跨产业合作协定，它可以分为两类：一类是相对于伙伴企业原先从事的业务而言，伙伴企业在合作中共同开创了一种全新的业务领域。例如 1994 年微软（Microsoft）和维萨国际公司（Visa）合作开发安全交易软件，推动 PC 用户更加自信的通过互联网进行交易。另一类是伙伴企业共同开展的业务与其中某一个伙伴企业所从事的业务基本一致。例如海尔进入 21 世纪后与欧倍德、纽约人寿保险和湖南电信的合作中，海尔与伙伴企业所共同从事的业务都是伙伴企业所从事的业务。

在前一种跨产业合作协定中，重点是将不同产业的资源与能力整合在一起，能够创造出全新的业务领域，通过跨产业互补性资源的集聚效应为参与其中的伙伴企业带来新的商业机会。不过，通常新业务的成长未能达到预期效果，甚至可能遭受巨大损失。造成这一结果的主要原因是母体企业的业务拓展未能达到初始计划的要求，为新的业务创造的活动空间非常有限。例如银行业和保险业的大规模融合形成新产业的目标始终没有出现，计算机和通信技术的结合也并没有带来两大产业的大规模重组。当然，也存在与其他公司共同组建的合资企业在发展势头上甚至远远超过母体企业的极端情况，如 1929 年由英国肥皂和洗洁净领先企业利华兄弟公司与知名的荷兰油脂和人造黄油企业黄油联合公司共同组建了合作企业联合利华公司，但当初的两个母体企业早已不复存在了。通过聚合伙伴企业拥有的互补性资源获益，常常是组建战略联盟的初始动机，但大多数情况下跨产业协定所进入的新业务领域不过是已有业务的进一步细分。因此，能够产生较大影响、获得较大收益的联盟主要是竞争者之间的联盟。

在后一种跨产业合作协定中，战略联盟是作为某些伙伴企业进行多元化扩展时的一种选择。通过跨产业合作协定建立的战略联盟一方面可以获得可观的财务收益，另一方面可以通过与愿意为建立分销网络、打造品牌而投资的新进入者合作在基本不增加资金投入的条件下拓展产品销售。此外，还可以分担开拓新业务的成本和风险。这种联盟合作多元化的结果就是培育出新的竞争者。当然，新进入一个产业的伙伴企业在新产业中独立运作的快慢和难易程度也取决于其拥有的相应技能、伙伴企业在合作中的开放性和透明度以及将新技能内部化的能力。通过跨产业合作协定进入新业务领域，合作持续的时间通常比预期要长许多，而且往往很难真正成为目标产业中强有力的竞争者。

13.2.2　竞争者间战略联盟

竞争者之间的战略联盟存在着内在的矛盾——既竞争又合作。通常，我们认为竞争者之间的竞争多于合作，但现实中大约有 70%的战略联盟属于竞争者间的。竞争者之间的合作可能包含某些串谋行为，从而提升其市场势力，也有可能只是改变了企业之间的竞争方式，导致竞争者之间的非均衡性。根据每个伙伴企业对联盟的贡献和联盟的产出可以将竞争者间的战略联盟分为三类：互补型联盟、供应共享型联盟和准集中化联盟。

1. 互补型联盟

当伙伴企业向联盟提供的资源各不相同时，如一方提供技术和产品，另一方提供分销网络，我们就把竞争者间的这种战略联盟成为"互补型联盟"。例如，用友公司是中国领先的管理软件服务商，惠普公司（HP）在 IT 硬件设备和网络管理软件方面处于全球领先地位。两家公司为了更好地为中国客户提供服务而结成战略联盟。用友公司主要提供企业资源计划（ERP）开发与应用方面的资源，惠普主要提供服务器及网络在线方案方面的资源，借助双方资源的融合，联盟成功的为大批中国企业提供了信息化管理的解决方案。互补型联盟不同于传统的国际合资企业，因为伙伴企业之间存在潜在的对抗，伙伴企业从一开始明白自己是在帮助伙伴企业增强市场竞争地位。例如用友和惠普都是中国市场上企业信息系统解决方案提供商，这不同于上汽和大众汽车之间的关系，因为当时两者的技术水平差距决定了它们在中国市场上基本没有竞争性可言。

大多数情况下，互补型战略联盟的一个伙伴企业提供产品、产品设计或一整套关键技术，而另一个伙伴企业提供关于当地市场的经营知识和进入当地市场的销售网络。通过组建互补型联盟，企业可以借助伙伴企业已经建立的市场地位和渠道网络迅速进入新的地区市场。例如 20 世纪 80 年代初，国际汽车业旋起一股美日汽车联盟风暴，通用汽车（GM）与丰田（Toyota）、福特（Ford）与马自达（Mazda）以及克莱斯勒（Chrysler）与三菱（Mitsubishi）等竞争对手之间通过合资、相互持股和长期合作协议等方式建立了战略联盟，日本汽车制造商希望通过美国同行的销售网络绕过进口配额的限制，而美国汽车制造商则希望获得小型、低成本、低油耗产品线，应对日益高涨的油价。中国曾经的"市场换技术"战略在微观层面的具体表现之一就是希望通过合作在提供国内市场便利的基础上获得跨国公司的先进技术和管理经验。

互补型联盟的结果通常是高度不平衡的，最初伙伴企业的互补关系，最终会演变成为竞争关系，甚至时常出现其中某个合作伙伴企业彻底放弃某一业务的结果。因此，一些伙伴企业在合作中常常同时签订能够有效保护自身利益的平衡协定，努力使自己处于"赢者"的地位。

2. 供应共享型联盟

如果联盟从事的业务活动集中于伙伴企业开展竞争之前的某一生产环节，各个竞争者在向市场提供的最终产品中使用了联盟提供的产品，并在向市场提供最终产品方面形成竞争关系，联盟提供的产品并不针对某个特定的伙伴企业，也不以市场参与者的身份出现，而是向所有伙伴企业提供相同的零部件和原料等，我们将这样的战略联盟称为"供应共享型联盟"。例如中国国内数家钢铁企业一直推行焦炭联合采购以及铁矿石价格联合谈判，但在产品销售环节仍然为争夺有限的市场空间展开着激烈的竞争。

在供应共享型联盟中，无论是合作从事研究开发，共同生产中间产品，还是进行联合采购等，都构成每个伙伴企业的重要价值活动。这种合作具有多方面的好处：第一，它能够为伙伴企业带来规模经济效应，从而帮助参与其中的每个伙伴企业有效降低成本。第二，它能够提高伙伴企业在获取原材料、零部件等投入要素过程中的讨价还价能力，从而控制投入要素的价格。第三，很多企业还将供应共享型联盟作为实现战略目标的重要手段，如通过合作开发新产品、新零配件。

与竞争者在技术开发或者零部件生产方面进行合作，无疑会削弱产品的差异性。因此，供应共享型联盟应该主要应用于生产一些消费者并不特别重视个性化的零部件上。而消费者对产业差异化程度的关注，通常会提前终结这类型的联盟。例如菲亚特公司（Fiat）与萨博公司（Saab）曾经共同建立一家提供汽车生产平台的合资企业，但在萨博公司意识到自己将与菲亚特公司生产几乎一样的汽车而违背自身企业定位时提前终止了这一联盟。但是，我们仍然能够在汽车业发现大量不同车企同一平台的车型，如马自达3与福特福克斯。

3. 准集中化联盟

如果联盟覆盖了供市场销售的最终产品的全部生产环节，联盟提供的产品成为直接向市场提供所有产品的一部分，我们将其称为"准集中化联盟"。例如空中客车俱乐部，它不是一个真正的公司，只是由欧洲四家飞机制造商共同组成一个商用飞机研发、生产的战略联盟，这一联盟在消费者眼中是一个独立的供应商。再如中国宝钢与日本新日铁和总部设在卢森堡的阿赛洛公司共同组建的生产汽车用钢板的合资企业，它与宝钢本身一同向中国汽车制造商提供汽车用钢板。与供应共享联盟相似，准集中化联盟的伙伴企业向合作项目提供的资源和技能在本质上相类似，目标是从规模经济中受益，但不同的是它提供统一的最终产品，且伙伴企业共同完成生产和销售工作。

准集中化联盟一般会降低竞争对手之间的竞争，因为产品的高度相似性促使合作企业必须集中销售合作研制的产品。与供应共享型联盟不同，它的显著特点是联盟与市场之间存在着交易关系。在联盟内部，伙伴企业之间也存在一定的交易。准集中化联盟可能涉及企业经营中的所有职能活动，如研发、制造和营销等，它的运作常常采取在伙伴企业之间划分研发、制造等工作任务的方式，而在营销方面则可能采取在伙伴企业之间划分地区市场的方式，也可能采取共同组建专门的组织机构负责营销的方式。准集中化联盟主要出现在航空业和国防工业中，这些产业中的约 90% 的企业间战略联盟属于这一类型。

13.3 战略联盟的管理

13.3.1 战略联盟伙伴选择

使战略联盟发挥作用的一个关键是选择正确的盟友。一个好的同盟者或伙伴，通常具有三个特点：第一，好的伙伴会帮助企业达到战略目标——无论是获得市场进入、分担新产品开发成本与风险，还是获取关键的核心竞争力。伙伴企业必须具有本企业所缺乏且有价值的能力。第二，好的伙伴与本企业对于联盟的目的看法一致。如果两个企业在走向联盟的日程安排上完全不一致，那么很有可能它们的关系不会和谐，最终会分离。第三，好的伙伴不会试图为了自己的目的而利用联盟，比如将联盟的技术据为己有，而自己付出的很少。

因此，声誉良好的企业往往是最佳的同盟者。例如 IBM 公司参与了许多战略联盟，侵犯任何一个联盟伙伴企业的利益对它都没有好处，这样的行为会使得自己将来无法吸引到联盟伙伴。再如长期与国外企业结盟的日本企业索尼公司、东芝公司和富士通公司，顾及其声誉也不太可能利用战略联盟伙伴。当然，这些也都不是绝对的。

有研究将影响战略联盟伙伴选择的因素总结为三个方面的标准。首先，最高管理的联合表明，对合作伙伴的最高管理队伍的关注与彼此位置和目标很好地统一起来并且是同质的，它包括五个选择标准：合作伙伴之间的信任、合作伙伴的义务感、合作伙伴接受和赞同对方主张、协调统一的最高管理队伍及目标的协调一致性。第二，操作的恰当程度和伙伴的熟练程度，它包括四个标准：合作伙伴能力的补充作用、合作伙伴以前组成联盟的经历、合作伙伴的声誉、适合的专业技巧和合适的组成工作流程的可能性。这方面是在操作层面上把一家企业引导到固定的伙伴关系中，与有能力的并且是合格的伙伴形成成功战略联盟的保证。第三，协调的工作队伍，它包括三个标准：合作伙伴的规模和结构方面的相似性、合作伙伴的民族文化和社团文化的相似性及过去与伙伴的良好联系。[①]

企业要选择一个好的合作伙伴，需要研究潜在的联盟伙伴候选人，具体应该做到以下几点：收集尽可能多的与潜在同盟者相关、公开的信息；从知情的第三方收集数据，包括潜在合伙方已有结盟关系的企业、同其有交易的投资银行家、前雇员等；在做出联盟承诺前尽可能了解对方，双方高层和中层管理者进行面对面的会晤以确保双方没有沟通障碍。[②]

---

① 周世兴，蔺海鲲. 战略联盟. 中国社会科学出版社，2006：78.
② [美] 查尔斯·希尔. 当代全球商务. 机械工业出版社，2009：271.

13.3.2 战略联盟的风险控制

战略联盟是在两个或两个以上的企业之间进行的协调合作，共同追求他们各自都不可能单独实现的战略目标的组织形式。伴随战略联盟大规模兴起的是其一直居高不下的失败率，这些失败案例中较少是因为经营问题，而大多数都是伙伴之间的关系问题，而关系问题最常见的来源就是战略伙伴企业的错误行为。战略联盟中伙伴企业常见的错误行为包括：不遵守诺言、不按照合同规定共享资源和设备、欺诈、误导、虚报事实、剽窃技术及信息等。这些错误行为的发生构成建立战略联盟的主要风险，联盟企业应该采用各种阻止机制加以控制。

阻止机制按照实施的意图和阶段可以划分为三类，即预防性机制、操作性机制和应急性机制。

1. 预防性机制

预防性机制是在联盟的形成阶段，意在消除伙伴企业作出错误行为企图的阻止机制，包括合同规定、联盟结构上的具体规定，相互抵押和担保、赔偿制度和人员安置等。

（1）合同规定和条款。联盟企业应该使用合同规定的条款挫败其伙伴敌意的占有企图，阻止它们不公平的挪用联盟具体的投资、防止它们窃取私人技术、与联盟企业重要的竞争对手形成伙伴关系。例如美国电子商务供应商 Bidland Systems 与西班牙电信巨人 Telefonica 在 2000 年 8 月联合建立了一个联合企业。然而在几个月之后，Telefonica 就决定终止它对联盟的参与。Telefonica 的行为给 Bidland 造成了损失，因为它许诺建立可以获得巨大利润的联合企业并且保证签订投资合同而盗用了 Bidland 私人的业务拍卖信息和电子商务信息及技术之后，放弃了联盟。于是 Bidland 起诉了 Telefonica 违背合同和信用义务。尽管合同规定的条款不足以阻止 Telefonica 的行为，但较完备的合同条款却帮助 Bidland 发起了有力的诉讼。

（2）联盟结构上的具体规定。通常来说，以合资形式建立的联盟能够挫败伙伴不公平的挪用联盟中的任何具体投资的企图，而且以产权为基础的治理结构也能够培养和谐的联盟关系。比如由墨西哥电信（Telmex）和美国第三大移动通信运营商 Sprint Communications 分别投资一半组成的 Tel-Sprint Communications 虽然最终因为追求独立经营的更大灵活性解散了，但在其整个发展过程中正是由于产权投资使两家合作伙伴被紧紧绑在一起，甚至在其解体过程中也没有任何错误行为发生过。采用产权结构的方法不仅能够将联盟成员企业在财政上绑在一起，还能够创造出良好的愿望。

（3）相互抵押和担保。产权的优点是建立信用责任并起着相互抵押的作用。但是抵押不止是采取产权交换一种形式。实际上，企业之间共同享有彼此重要技术和技术诀窍也起着相互抵押的作用。这种方法是指联盟伙伴之间通过相互购买股份或者共同使用私有的技术，使对方有充足的理由相信伙伴的行为是值得信赖的。

（4）赔偿制度。在联盟形成阶段，联盟伙伴企业还应该就赔偿制度达成协议。一方率先为联盟进行投资，它应该要求大笔的报酬或者至少要求有确定的组织伙伴未来错误行为的特许权。如美国制药公司 Vertex 与瑞士只要公司 Serono 组成战略联盟，在这个联盟里大笔的报酬和在确定量基础上进行的分红都被用作补偿的方式。该联盟的目的是生产并销售一种治疗发炎性疾病和神经疾病的药物 Caspase 抑制剂，Vertex 在前 13 个月的研发上已经投入了 500 万美元，正是这种研究促成的这一联盟，这可以看做是其对联盟的具体投资。但是，制药业是高度不确定的，而它们的合作过程又是令人满意的，所以 Serono 就同意按照药物的行情变化付给 Vertex 高达 7000 万美元的报酬，还许诺给 2000 万美元作为未来 5 年的研发费用。

（5）人员安置策略。联盟形成阶段的人员安置能使企业控制技术和技术诀窍的传播，消除雇员的逃避行为，还能够对联盟发展方向的决策构成影响。那些担心伙伴企业有错误行为的企业应该在关键位置上安置人员以影响联盟的发展方向并且确保伙伴企业公平的行动。但是，应当警惕有些看似具有诱惑力的象征性、装饰性的位置对具体的运营可能影响甚微，所以不应将人员位置的高低堪称决定性因素，而是要分析具体位置的关键性。比如罗克韦尔公司（Rockwell）与菲亚特公司（Fiat）组成的联盟中，Rockwell 的国际部不得不保护他的车轴技术诀窍。于是，Rockwell 在制定人员安置时选择了保护它独自占有的技术诀窍，它的一位工程师一直保持工程设计的记录，这样就严格的控制了它的技术诀窍。

2. 操作性机制

操作性机制是在联盟的运行阶段帮助企业发现伙伴错误行为，从而能够保护其自身免受不利影响的阻止机制，包括监控、正式汇报制度、财政预算、任务包干、决策参与和教育培训。

（1）监控。监控是指密切注意伙伴企业的错误行为，它能够增加发现伙伴错误行为的机会，降低伙伴不公平获益的可能。监控的技巧在于实现正式的途径和非正式的途径之间的平衡。尽管如录像监控、电脑跟踪日志等正是监控表明了企业对伙伴企业错误行为的严肃性，但它不利于伙伴间信任的建立，因此也应该使用非正式的和不显眼的手段。

（2）正式汇报制度。正式汇报制度具体规定了联盟的成员企业所做的可接受的和不可接受的行为的界限。通过正式的分派联盟雇员的角色和责任并建立起明确的要求链，正式汇报制度就确定了对伙伴企业雇员行为的期望，并起到了阻止伙伴企业错误行为的作用。因为有明确的责任范围，在联盟经营者的正常戒备下，伙伴无法拖延付款，诈骗和歪曲事实也可能被及时发现。例如 2000 年 5 月，德国德累斯顿银行（Dresdner Banker）和日本明治生命保险公司将它们联合掌握的企业中的两家合并建立了一家综合性的联合企业，由于一直严格执行德累斯顿银行制定的严格的正式汇报制度，要求它的全球首席投资官监督各种产品和服务的运作过程，到现在为止，两家企业都没有任何错误行为。但是 1984 年通用汽车（GM）和韩国大宇（Daewoo）各出资 50% 组成的企业联盟中，由于没有实行正式汇报制度，大宇从来就没有遵守通用为了生产高质量产品而屡次提出的建议，却坚持自己扩大市场占有率的原定目标，联盟走向了终结，通用汽车遭受损失，而大宇最终也退出了汽车行业。

（3）财政预算。财政预算不仅限制伙伴企业的无正当理由的开销，还可以使企业发现操作上的问题，如输送低于质量标准的产品。通过预算，拟定关于基金配置和使用的文件，并且建立某些以配额资源为基础的执行标准，能够在操作阶段有效遏制伙伴企业的错误行为。

（4）任务包干。任务包干的目的是为了明确责任，分别执行联盟的职能能够避免私人技术和技术诀窍的流失。同时，为了让联盟更好的运行，任务包干要求联盟的经营者对联盟所有成员企业进行大量的协调。

（5）决策参与。在联盟运行过程中，彼此之间的目标不一致、文化上的差异以及其他因素都能造成利益冲突，也往往会引起伙伴企业的错误行为。决策参与能够以不同的方式起到阻止作用。决策参与可以起到代理监控的作用，也能够通过处理彼此之间存在的一些冲突问题以缓和潜在的目标冲突，加强联盟成员的协调合作水平，还能够逐渐增进联盟成员企业之间的感情和文化认同。例如迪斯尼公司（Disney）与年轻的儿童玩具网络公司 Toysmart 结成的战略联盟尚未成熟就分道扬镳，原因就在于缺乏决策参与。迪斯尼拥有 Toysmart 60%的股份，但是它指定的董事会成员很少亲自参加董事会议，他们更愿意保持电话联系，结果一方面迪斯尼对 Toysmart 的建议反应迟钝使网站销售困难，另一方面迪斯尼又指责 Toysmart 更热衷于以牺牲迪斯尼的利益为代价建立一个新的商标。最终这个联盟失败了，而 Toysmart 此后更是爆出违反美国联邦儿童在线隐私保护法的丑闻，令迪斯尼再遭重创。

（6）教育培训。教育培训能够激发伙伴企业对联盟的忠诚，而忠诚的伙伴是不可能欺骗联盟的。教育培训以各种方式组织伙伴的错误行为，能够被用于训练来自伙伴企业的员工从而使他们格外珍重联盟的长期目标。一般当雇员来自不同文化背景而组织管理的实际又不得不要求他们共同工作时，就会产生误解。教育培训还可以消除对世界的狭隘看法，是跨国合资企业的雇员随时准备接受文化上的难题。

3. 应急性机制

应急性机制是在联盟的调整阶段意在其他机制不能实现对伙伴行为控制时对即将发生的伙伴错误行为作出反应，包括直接报复、间接报复和直接投票表决等。

（1）直接报复。严厉的报复能够很好地阻止伙伴企业的错误行为。比如如果伙伴输送的是次等品，则可以采取延期付款的方式进行报复，如果伙伴要窃取企业的私有信息，则可以威胁克扣联盟利润。总之，要使伙伴清醒地认识到自己的报复能力，这样伙伴企业就会克制或避免由于自身缘故而产生的错误行为。直接报复作为一种阻止机制，在参加联盟的企业彼此平等的时候是最有用的。

（2）间接报复。间接报复与直接报复非常相似，只是它依赖于一个第三方的作用，它更适用于在联盟中处于弱势地位的企业，因为这样的企业没有对处于强势地位的企业进行直接报复的能力。为了进行间接报复，弱势企业可以诋毁强势企业的声誉，这样占有联盟资产、窃取他人专有技术、追求其他合作机会等错误行为能够得到有效制止，因为它会顾忌自己的声誉受损而丧失为了与其他企业合作的机会。

（3）直接投票表决。直接投票表决包括劝说伙伴企业有影响的董事在联盟的调整阶段加入本企业的决策过程，使其成为本企业决策的一部分。它实际上是让共同投票选举出来的人员认定一些决定本企业命运的责任。当然，让伙伴企业的成员成为本企业的内部成员有时是危险的，因此在联盟的形成和操作阶段一般不采用这种方式，它只是绝境中力求一个好的结果而已。德国电信（Deutsche Telekom）在一次合并中尽力与意大利电信（Telecom Italia）形成伙伴关系，这触犯了它已经与法国电信（France Telecom）建立的伙伴关系。而法国电信如果对德国电信的决策有些影响力，本来是能够转移这种麻烦的。可能的一种选择就是如果法国电信笼络德国电信的一些董事参加法国电信的董事会，就能够从德国电信方面引导出更多的合作行为。①

◎案例

思科与富士通的战略联盟

2004 年 12 月 6 日，日本富士通公司（Fujitsu Limited）和美国思科系统公司（Cisco Systems, Inc.）宣布成立一个战略联盟，开发为企业建造先进网际协议（IP）网络的路由器和网关。基于 IP 的网络产品（例如路由器和交换机）是未来网络基础设施的核心组成部分，这些产品的性能和质量将会对整个网络系统产生严重的影响。日本富士通公司总部位于日本东京，拥有先进技术、高度可靠的运算及通信平台，是能为全球客户提供 IT 及通信广泛解决方案的领先供应商。2004 年初，富士通公司曾宣布将退出路由器和网关市场，但与思科公司的联盟可帮助富士通公司重新打入该市场。美国思科系统公司是全球领先的互联网设备和解决方案供应商，当年拥有全球路由器和网关市场 60%的份额，但它正面临着诸如 Juniper 科技公司和中国华为公司的激烈竞争。根据战略联盟协议，双方将利用思科在 IP 技术领域的全球领先优势以及富士通在高可靠性、高可用性技术方面的丰富经验，迅速、不断地推出世界级的网络产品。

联盟合作初期，将关注日本市场几个关键领域：

第一，两家公司将合作开发针对 TB 级路由器的 Cisco IOS-XR 操作系统。IOS XR 是业内唯一能够自我复原的多格载体基础设施操作系统，该系统可以提供粒状处理独立性、故障抑制和隔离、及通过"始终开启"操作的软件升级。这是思科首次在路由器操作系统开发方面与另外一家通信设备制造商展开合作。通过融合双方的工程技术，富士通和思科将能够加快很多对于日本的电信运营商和大型企业具有重要意义功能的开发速度。

---

① 周世兴、蔺海鲲 . 战略联盟 . 中国社会科学出版社，2006：127-149.

　　第二，富士通将向日本的电信运营商提供使用富士通和思科联合品牌、运行 IOS-XR 的路由产品。利用自己在电信设备领域积累的技术经验，富士通将通过提供具有更高可靠性的网络系统，满足日本的电信运营商对质量的严格要求。

　　第三，富士通将利用双方的路由器和交换机产品和其在平台技术、系统整合和系统管理方面的丰富经验，为电信运营商和企业客户提供包括特殊网络设备、服务器和其他计算设备在内的全面网络解决方案。

　　第四，两家公司将合作设计测试和集成流程，还将共同改进服务和支持，为客户的成功提供最高等级的支持。富士通和思科的质量保证团队共同执行质量控制，双方正共同分析质量数据，并与联合工程团队进行交流，从而融入创新技术，以推动产品可靠性的持续改善。富士通将与思科的技术援助中心就问题分析和解决展开合作，并将向位于加利福尼亚州圣何塞市的工程故障分析团队分配资源。通过资源整合，富士通与思科战略联盟能提供世界级的网络产品与支持，并对客户的需求做出快速响应。

　　"对于像思科和富士通这样的公司来说，合作是满足电信运营商和企业客户需求的一个战略性手段"，思科负责路由器技术部门的高级副总裁 Mike Volpi 表示，"通过与富士通建立战略联盟，我们将能够整合双方的优势资源，从而提供业界领先的增值网络解决方案满足这些需求。"富士通有限公司的执行副总裁 Chiaki Ito 表示"电信运营商的网络必须支持最高质量的服务，并且采用目前最先进的技术。富士通和思科都拥有独一无二的技术实力。通过共同开发先进的产品和开展其他合作项目，我们将能够利用更高质量的系统和创新的解决方案满足电信运营商的要求。"

　　2005 年 5 月 24 日，富士通公司和思科系统公司发布了基于双方战略联盟的首款产品——Fujitsu and Cisco CRS-1 Carrier Routing System，该产品构建在 Cisco IOS XR 下一代操作系统基础之上。这款新产品预计将成为选择下一代互联网协议网络的核心路由器平台，它能够使服务供应商汇聚各自高成本、复杂的特定服务器网络，来按照客户需求提供服务和应用程序。"思科与富士通结成战略联盟的依据是这样能够使双方识别出协力优势，并且全力将资源整合，从而根据客户需求，提供行业领先的增值网络解决方案"，思科公司的载体核心和多服务业务部门副总裁兼总经理 Tony Bates 指出，"今天发布这款产品显示，双方都取得了巨大进展，为未来的进一步合作提供了契机"。富士通公司执行副总裁兼系统产品业务集团总裁 Chiaki Ito 表示"转型提供高附加值用户服务使日本电信服务市场出现新的商机"，他指出"通过此次战略联盟，我们制造的新产品将成为这一新型市场的核心元素，并成为路由器和转换器全系列的一部分，再加上我们提供的 IT 解决方案，将使电信服务供应商能够提供更具竞争力的产品与服务。"

　　富士通和思科的战略联盟似乎给我们提供了一个很好的案例，他们基于战略联盟都至少部分的达到了各自的目的。富士通凭借思科的领先技术能力丰富了产品线，提高了其为电信运营商和大型企业提供整体解决方案的实力，思科则利用富士通的客户资源稳定了日本市场，有效抵制了竞争对手的冲击。

资料来源：

1. 日本富士通公司网站（http：//www.fujitsu.com/cn/news）

2. 中国新浪网（http：//www.sina.com.cn）

◎思考题

1. 思科和富士通之间的合作是典型的战略联盟吗？它和企业并购有什么区别？

2. 思科和富士通之间的合作具体属于哪一种战略联盟的形式？你还知道其他哪些战略联盟的形式？

3. 思科和富士通通过合作各自从战略联盟中获得了哪些收益？是否存在潜在的风险？

4. 如何通过对战略联盟的科学管理来控制潜在的合作风险？

第 *14* 章
国际商务竞争战略

◎**本章要点**

    1. 国际商务竞争战略是指在国际商务活动中，为了实现自身的利益或达到某种目标，进而取得有利的国际市场竞争地位而制定并采取的战略方法。制定并实施正确的国际商务竞争战略，对于企业的可持续发展具有极其重要的作用。

    2. 国际商务竞争的基本战略主要有：成本领先战略、差异化战略和集中战略三种类型。采用其中任何一种基本竞争战略都或多或少的会面临着不同的风险。企业应从自身的实际出发，结合市场的需求和竞争对手的状况，选择合适的基本竞争战略，实现其战略目标。

    3. 在经济全球化和经济一体化趋势不断增强的背景下，企业通常采用的跨国战略主要包括：国际化战略、全球化战略和本土化战略等。企业在选择运用跨国战略的过程中，除了要综合考虑自身在资源、技术等方面的条件之外，还应该充分了解东道国的市场环境状况，以便有针对性地采取相应的战略，才能够获得成功。

14.1　国际商务竞争战略概述

14.1.1　国际商务竞争战略的基本概念

1. 竞争的基本概念

关于竞争的含义，通常有广义和狭义之分。广义的竞争，就是为满足某种需要的人们之间所进行的相互争胜，亦即为自己方面的利益而跟他人争优取胜。狭义的竞争，主要是指在经济领域的竞争。对于什么是狭义的竞争，国内外不同的学者有不同的表述。但对于竞争的认识和理解基本上是一致的。概括起来，所谓竞争，就是指两个或两个以上的主体为了自身的利益或某一目标的实现而进行的较量或角逐的过程。竞争是与商品生产、市场经济相联系的历史范畴。竞争还是促进社会生产力发展的重要推动力。

2. 战略的基本概念

战略（Strategy）一词来自于希腊文 Stratagia，其原意是用于军事方面，具体是指指导战争全局的谋划或谋略。在古汉语中，战略主要是指"战争的方略"或"用兵的谋略"。而随着社会的发展，战略的概念被广泛应用于政治、经济、社会、教育、科技、文化等各个领域，其中，企业为了应对复杂而激烈的国际市场竞争环境，普遍而积极地制订了各种不同的战略，并在实践中加以采用，使战略的概念得到了进一步的延伸和深化。

目前，国内外通常将战略划分为三个层次：即宏观战略、中观战略和微观战略。宏观战略是指从整体和全局的角度所制定的有关总体发展方向和终极目标的长远规划；中观战略是指针对某一领域所制定的策略；微观战略则是宏观战略和中观战略在某一特定领域付诸实施的具体策略。

3. 国际商务竞争战略的基本概念

关于竞争战略，迈克尔·波特在其《竞争战略》一书中有这样的描述：采取进攻性或防守性行动，在产业中建立起进退有据的地位，成功地对付五种竞争作用力，从而为公司赢得超常的投资收益。为了对付这五种竞争作用力，不同企业面临着独特的内外部环境，要采取不同的战略。竞争战略的选择其实是差异性选择的问题，它意味着选择一套不同的活动方法，以提供独特的价值。战略的本质存在于活动之中，选择以不同的方式来执行活动，或执行与竞争者不同的活动。否则，战略不过是一句营销的口号，经不起竞争的考验。

究竟什么是国际商务竞争战略？目前国内外并没有统一的定义。归纳现有的各种表述，大致可以概括为：所谓国际商务竞争战略，是指在国际商务活动中，为了实现自身的利益或达到某种目标，进而取得有利的国际市场竞争地位，而制定并采取的战略方法。

14.1.2　国际商务竞争战略的重要性

国际商务是一种跨国界的活动，涉及商品、资本、技术、人员、信息等要素在国际间的流动，相对于国内商务而言，更具有复杂性、风险性和挑战性。战略是企业为了适应竞争环境的变化而确立的长期目标和行动方针，在企业全部工作中占据了特殊的地位，即处于各项工作的中心和支配地位。企业的国际商务活动能否取得成功首先就取决于其竞争战略的正确与否，它对于企业的可持续发展具有十分重要的作用。

14.2　国际商务竞争的基本战略及其选择

基本战略是指企业为了获得和保持在国际市场的竞争优势而采取的基本策略。竞争优势则是指企业为了吸引并保持目标客户所具有的超过其他竞争对手的能力。迈克尔·波特教授在其代表作《竞争战略》一书中提出了三种具有内部一致性的国际商务基本竞争战略，即成本领先战略（Cost leadership strategy）、差异化战略（Differentiation strategy）和集中战略（Focus strategy）。

14.2.1 成本领先战略

所谓成本领先战略，又称为低成本战略。是指企业通过采取一系列针对本战略的具体政策及行动，在产业中赢得成本领先地位。具体而言，就是形成比竞争对手更有效的途径或方法，达到以比竞争对手更低的成本而提供与之相同的产品或服务。这就意味着投资要达到规模经济，成本控制要十分严格。这是实施成本领先战略的两个重要条件。随着规模经济效益、经验曲线效益、学习曲线效益等逐渐被大家所熟知，成本领先战略越来越被众多的企业所采用。许多日本企业就是成功实施成本领先战略的典范，尤其是汽车、家用电器等行业的一些领先公司，它们通过面向世界市场的大量销售而获得规模经济，取得了低成本的竞争优势。

1. 成本领先战略的指导思想

成本领先战略的指导思想是在某一产业中以低于竞争对手的成本取得一个领先的地位，从而以较低的销售价格吸引市场上众多对价格敏感的消费者，或者在与竞争者销售价格相同的情况下获得高于竞争对手的利润。其主要方法就是通过加强内部成本控制，从产品的研制与开发、生产运行，到物流与销售、服务及推广等领域都要进行严格的成本控制，以成为该产业中的成本领先者。

2. 实施成本领先战略的动因

通常企业采用成本领先战略的动因主要有：规模经济所导致的成本优势或者其他成本优势往往容易形成和提高竞争企业的进入壁垒；低成本优势能够提高企业与购买者的谈价空间和谈价能力；低成本优势导致的性价比高，能够有效降低替代品的威胁；能够在与现有竞争对手的竞争中保持领先。

3. 实施成本领先战略的途径

实施成本领先战略的具体途径有：采用更高效规模的生产设施，利用规模经济降低成本；采用更廉价的原材料和劳动力降低成本；通过改进工艺设计和产品设计降低成本；实行业务流程再造并提高管理水平降低成本；利用学习曲线和经验曲线降低成本等。当然，取得和维持低成本优势的途径有很多，不同的企业应该根据自身的资源和能力情况选择合适的获取成本效率的最佳途径。

4. 实施成本领先战略的风险

企业能否实现成本领先战略的关键是本产业内所提供的产品差异较小，而需求量很大，顾客对价格的敏感度极高，导致价格竞争成为产业内主要的竞争手段。当这些条件不存在或削弱的情况下，实施成本领先战略就会面临着一定的风险。具体来说，实施成本领先战略的风险主要表现在：技术上的突破或新技术的出现，使得过去的投资及学习经验失去作用；产业中的其他竞争者通过模仿或购买先进技术设备获得了比其更低的生产成本；容易将注意力集中在降低成本方面，而忽视了产品和市场的变化；产业内出现了差异化的竞争者，价格对购买者的敏感度下降，当企业发现自己所生产的产品即使价格低廉，却不为消费者欣赏和需要的时候，这是成本领先战略最危险的信号了；原材料或生产成本受外界原因的影响而突然升高，从而使成本领先战略难以实施。由于以上风险的存在，所以企业要实施成本领先战略，不仅需要在前期投入高额的设备费用，而且还需要保持高度的对新技术和新产品的敏感性。

实施成本领先战略对整个产业会带来革命性的影响。迈克尔·波特教授就指出，成本领先战略有时可以引起一个产业的革命，在这一产业中，竞争偏离了历史基础，竞争对手没有在思想上和经济上做好准备，采取必要步骤以最大限度地减少成本。他以 20 世纪 70 年代末期的 Harnischfeger 公司为例进行了具体说明。他提到，1979 年，Harnischfeger 就是一个敢于在越野起重机产业中挑起一场革命的公司。该公司开始只有 15% 的市场份额，后来公司重新设计起重机，采用模块化部件和更新结构使之便于生产，易于维修，同时降低了材料消耗。然后，公司建立了与产业规范相去甚远的几个装配区和一个传输主装线，采取大批量零配件订货以节约成本。所有这些使该公司生产出的产品质量可被接受，价格则下降 15%。然而，Harnischfeger 的市场份额却迅速增长到 25% 且仍继续增长着。Harnischfeger 公司液压设备（Hydraulic Equipment）分部总经理威利斯菲希尔曾这样说道："我们没有去开发在性能上显著优于他人的机器，我们想要开发的产品在制造上的确简便，并有意识地作为一种低成本机器来标价"①。

14.2.2　差异化战略

所谓差异化战略，是指企业能够提供有别于其他竞争对手的产品或服务，在产业中具有与众不同的特点，从而形成独特的竞争优势。具体可以是超常的产品质量、独特的产品特性、优质的服务等。实行差异化战略，就是利用购买者对产品或服务品牌的忠诚和信赖，以及由此产生的对价格的敏感度下降而使企业获得竞争优势和相应的高额利

---

① 迈克尔·波特. 竞争战略. 陈小悦译. 华夏出版社，2005：35-36.

润。例如，世界驰名的法国路易·威登箱包，其选材和做工其实并不比其他同类产品高出多少，但是其价格却是同等产品的几十倍。正是由于它包含的独特的法兰西文化与至尊品位，令消费者趋之若鹜。

一般而言，无论是制造差异化产品，还是提供差异化服务，企业都需要高昂的资本投入，以确保产品或服务的高质量和独特性。因此，为了这些高额的成本投入能够换取高利润率，企业必然要制定更高的价格。企业能否实施差异化战略的关键是企业提供的产品或服务的独特性所带来的溢出价格能否超过因为其独特性所增加的成本。

1. 实施差异化战略的动因

企业采取差异化战略的动因主要有：差异化导致购买者对产品或服务品牌的忠诚和信赖，从而提高其他竞争者说服消费者消费转移的成本，从而设置了进入该产业的障碍，提高了产业进入的壁垒；降低了消费者对价格的敏感度；增强了企业的砍价实力；防止替代品的威胁等。此外，由于随着消费者消费偏好的转移和个性化的不断增强，过去那种一对多的标准化生产模式越来越无法满足消费者的需要，所以产品或服务的个性化、差异化、多样化越来越受到企业的重视。因此实施差异化战略成为许多企业的重要选择。

2. 实施差异化战略的途径

差异化战略具体包括三个层次：功能差异化、外观差异化和服务差异化。因此，企业在实施差异化战略时，应围绕这三个层次，根据自身的实力选择合适的途径。具体方式有：（1）产品创新差异化。即企业凭借自身的科技优势不断研制出新颖独特、顾客满意的产品，包括在产品的外观设计、包装款式、色彩搭配等方面都能够给消费者留下良好的印象，激起顾客的消费欲望；（2）产品质量及可靠性差异化。即企业的制造技术比较成熟，能够为消费者提供优质且性能稳定可靠的产品，给消费者安全感和信赖感；（3）销售及服务差异化。服务是企业产品的延伸，常常也是吸引顾客的关键因素。企业在送货、安装、检测、维修等产品的销售及服务环节都注重做到让顾客满意，并十分重视服务内容和服务形式的创新；（4）品牌差异化。即通过品牌的创意、理念、广告词等方面注入独特的企业品牌文化，使消费者对其品牌形象更加认同、忠诚、信赖；（5）将以上各种差异化进行多种组合运用，以更好地实现差异化战略的目标。

3. 实施差异化战略的风险

实施差异化战略的主要风险有：实施差异化战略的成本过高，大多数消费者对价格难以承受，进而转向价廉物美的替代品；竞争对手模仿或超越，差异化程度缩小，产品的优势削弱；消费者消费偏好发生了转移，市场需求发生变化。

因此值得注意的是，实施差异化战略并不意味着企业可以忽视成本控制，应该在追求与保持差异化的主要战略目标的前提下，努力进行成本控制与管理。实现产品差异化有时会与增加市场份额相矛盾，两者不能兼顾，这就要求企业对差异化战略的排他性要有思想准备。

14.2.3　集中战略

集中战略又称为专一化战略，是指企业把经营范围集中在一个特定的目标市场上，为特定的地区或特定的顾客群体提供特定的产品或服务的一种战略。当企业的资源和实力有限的情况下，进行全线作战或全面铺开只会导致顾此失彼，不可能取得市场竞争优势。因而只能主攻某一个特定的顾客群、某产品链的一个细分区段或某一个地区市场，从中寻求突破口，以便能够比竞争对手更为有效地为特定的目标顾客群服务，从而获得竞争优势。这种战略可能是一种符合企业战略目标的低成本定位，也可能是高度的产品差异化，或两者兼而有之。集中战略强调的是选择一个特殊的细分市场，并在这个细分市场上获得竞争优势。这样企业既不会与竞争者发生直接的正面冲突，又能够获得一个相对稳定的生存环境。因此，成功的集中战略虽然市场占有率相对较低，但是企业可以获得较高的利润。目前采用集中战略较多的是中小企业。

1. 实施集中战略的条件

实施集中战略的关键是选准战略目标。一般情况下，企业应尽可能选择那些竞争对手最薄弱的目标和最不容易受替代产品冲击的目标。在企业的资源和实力有限，不能追求更大市场的条件下，在具体选择目标市场时，就必须考虑以下因素：（1）不同的顾客群体之间在需求上存在较大的差异，这是目标市场能够细分的关键；（2）在目标市场上，没有其他竞争对手采取类似的战略；（3）在市场容量、成长速度、获利能力、竞争强度等方面，目标市场都具有相对的吸引力。

波特教授认为，实施集中战略的前提是：公司能够以更高的效率、更好的效果为某一狭窄的战略对象服务，从而超过在更广阔范围内的竞争对手。结果是，公司或者通过较好满足特定对象的需要实现了差异化，或者在为这一对象服务时实现了低成本，或者二者兼得。尽管从整个市场的角度看，集中战略未能取得低成本或差异化优势，但它的确在其狭窄的市场目标中获得了一种或两种优势地位。

2. 实施集中战略的风险

实施集中战略的风险主要有：为更大范围提供产品或服务的竞争对手与采用集中战略的企业间的成本差距变大，从而使针对某一个特定目标市场的产品或服务丧失成本优势，使集中战略产生的优势被抵消；战略目标市场与整体市场之间对所期待的产品或服务的差距缩小；竞争对手在战略目标市场中又找到细分市场，并实施相同的集中战略，从而使原来实施集中战略的企业不够集聚，因而失去竞争优势；因技术进步、替代产品的出现、消费者偏好的变化、价值观的改变等原因导致企业实施集中战略的原有基础的丧失。

因此实施集中战略的企业，必须密切注视和跟踪特定目标市场的动向，能够对其变化作出及时的调整或反应。

14.2.4　国际商务基本竞争战略的选择

1. 国际商务基本竞争战略选择的重要性

在国际商务活动中，企业必须根据自身情况对成本领先战略、差异化战略和集中战略进行选择使用。波特教授认为，这三种基本竞争战略都是每个企业必须明确的，因为徘徊在三种战略之间的企业战略就是非常糟糕的中庸战略，这样的企业必定是市场占有率低、缺乏资本投资、企业文化含糊、组织结构不合适等。波特进一步说明，国际商务基本竞争战略的选择对于企业投资收益率和市场占有率都具有非常重要的作用。他以投资收益率代表盈利性指标，说明了企业盈利性与市场占有率之间的关系，而这种关系的形成与企业所选择的竞争战略有关。①

2. 国际商务基本竞争战略的比较

波特对三种基本竞争战略在功能上的区别进行了说明。具体如图 14-1 所示。

图 14-1　三种基本竞争战略

波特还对企业实施三种国际商务基本竞争战略所需要的资源、技术和基本组织要求等条件进行了说明。波特认为，三种基本竞争战略的实施需要不同的资源和技术，同时

---

① 迈克尔·波特. 竞争战略. 陈小悦译. 华夏出版社，2005：38.

在实施过程中需要企业有相应的组织结构和组织环境与之相匹配。其所需要的资源、技术和基本组织要求如表 14-1 所示。

　　波特对三种基本竞争战略在功能上的区别和实施所需要的资源、技术及基本组织要求的区分给企业的选择提供了一定的基础。

表 14-1　　　　　三种基本竞争战略所需要的资源、技术和基本组织要求

基本战略	通常需要的基本技能和资源	基本组织要求
成本领先战略	• 持续的资本投资和良好的融资能力 • 工艺加工技能 • 对工人严格监督 • 所设计的产品易于制造 • 低成本的分销系统 • 强大的生产营销能力 • 产品加工	• 结构分明的组织和责任 • 以满足严格的定量目标为基础的激励 • 严格的成本控制 • 经常而详细的控制报告
差异化战略	• 对创造性的鉴别能力 • 很强的基础研究能力 • 在质量或技术上领先的公司声誉 • 在产业中有悠久的传统或具有从事其他业务中得到的独特技能组合 • 得到销售渠道的高度合作	• 在研究与开发、产品开发和市场营销部门之间的密切协作 • 重视主观评价和激励，而不是定量指标 • 营造轻松愉快的气氛，以吸引高技能工人、科学家和创造性人才
集中战略	针对具体战略目标，由上述各项组合构成	针对具体战略目标，由上述各项组合构成

　　资料来源：迈克尔·波特. 竞争战略. 陈小悦译. 华夏出版社，2005：39.

3. 国际商务基本竞争战略选择的一般原则

　　企业应如何选择适合自身发展的基本竞争战略是一个至关重要的问题。按照国际商务竞争的一般理论原则，企业应该首先从自身的实际出发，并结合市场的需求以及竞争对手的状况选择其基本竞争战略。

　　从理论上来说，一般情况下，企业不能同时追求成本领先战略和差异化战略，同时追求这两个目标的企业往往在竞争中会遭受失败。这是因为成本领先战略和差异化战略所要求的条件是不同的。成本领先战略要求企业具有持续的资本投入和稳定的资本来源、成熟的加工工艺技术、严格的质量控制以及低成本的分销系统等。而且要求企业还应该在组织结构上能够进行严格的成本控制，有稳定的原材料和零部件供应渠道，在市

场份额方面也具有较高的占有率，以有利于实现企业高收益率的战略目标。而差异化战略则要求企业拥有强大的研制与开发能力、创新能力、独特的产品工艺设计能力以及产品的高质量、高稳定性和可靠性；同时为了使消费者了解本企业产品的这种"差异"，或者让那些本来使用标准产品的用户转而使用本企业的差异化产品，并在这些用户心目中建立起"差异"的形象，就要求企业的营销部门必须具有强有力的市场推销力量，具备敏锐的市场洞察力，能够对消费者的需求及变化作出快速的反应，并对产品的研发、生产和营销进行有效的沟通与协调，从而有利于实现企业快速成长的战略目标。可见，成本领先战略与差异化战略存在着很大的发生矛盾冲突的可能性，企业只能选择其一，而不能同时使用。

美国学者霍尔在 1980 年 10 月发表的《关于在逆境中争取生存的战略》一文中，通过对美国的钢铁、汽车、烟草、建筑机械、橡胶、重型卡车、大型家用电器、啤酒酿造等 8 个产业中的 64 家大型企业的基本竞争战略和各自在产业中竞争地位的变化的研究与分析，得出了重要的结论。这些产业在 20 世纪 70 年代曾经一度陷于困境，其中不少企业出现了很大的亏损，有些企业濒临倒闭。然而，其中有少数企业却取得了可以与其他产业中经营优良的企业相当的业绩。霍尔在深入研究了这部分企业所采取的战略之后，认为，这些成功的企业都有一个共同的特点，即在成本领先与差异化两者当中取得了其中的一个方面的竞争优势地位，它们在成本领先和差异化两者之中只选择了一个方面，然后全力以赴，直至全面胜利，从而避免了因同时追赶两个战略目标，而造成企业资源和技术力量的分散。企业或者是致力于降低成本，利用价格优势，增加销售额，提高市场占有率，获取较高的利润；或者是大力推进差异化，在本行业中提供技术水平最高、质量最好的产品或服务。霍尔列举了钢铁行业中的茵兰德公司和国际公司，家用电器行业中的瓦尔普尔公司和美塔公司，因分别采取了成本领先战略和差异化战略当中的一个而获得了极大成功。通过对这些成功企业的案例分析，说明在成本领先战略和差异化战略两者之中选择其一而为之可以获得成功。

然而，另有一些企业的实践也表明，可以在成本领先和差异化两个方面都取得成功。霍尔以经营建筑机械的卡特皮勒公司为例，它既在生产方面取得了低成本的优势，又在流通与服务方面取得了差异化的优势。烟草行业中经营卷烟的菲力浦·莫里斯公司，则依靠高度自动化的生产设备，取得了生产成本最低的优势，又在销售、商标方面投入巨资，在差异化方面也取得了很大的优势。

其他的研究发现，在低利润行业的竞争中，最成功的企业总是那些把低成本与差异化有机结合起来的企业①。研究还发现，在韩国的电子行业中，表现最佳的企业是那些

---

① Hall W K. Survial Strategies in a Hostile Environment. Harvard Business Review, 1980, 58（5）：75-87.

把差异化和成本领先战略融合在一起的企业①。与单纯依赖某一主导战略的企业相比，能够执行成本领先和差异化战略整合的企业将处于更加有利的地位②。

在成本领先战略和差异化战略两个方面选择其一并不是绝对的原则，成本领先战略与差异化战略的关系是辩证的。对于具体应当如何选择基本竞争战略的问题，企业可以考虑采取几种组合方式：（1）在不同时期可以采取不同的战略。当行业处于投入期和成长期时，可以采取成本领先战略；而行业处于成熟期时，则采取差异化战略。（2）在不同的产品线上采取不同的战略。例如奔驰公司在轿车线上采取差异化战略，而在卡车线上采取成本领先战略；（3）在价值链的不同环节上采取不同的战略。在生产环节上可以采取成本领先战略，而在销售和服务环节上可以采取差异化战略。

企业在选择基本竞争战略时还需要考虑以下一些因素：（1）企业所面临的市场的经济状况。在经济发达地区，人均收入较高，使用差异化战略更为有效。而在经济相对落后地区，人均收入较低，采用成本领先战略可以刺激需求，达到预期的战略目标。（2）企业自身的能力。当企业的生产能力很强而营销及服务能力较弱的情况下，可以考虑采用成本领先战略；如果企业的营销及服务能力强而生产能力相对较弱，则可考虑使用差异化战略；如果企业的生产能力和营销及服务能力都很强，那么在生产上可以选择运用成本领先战略，而在销售及服务方面运用差异化战略。（3）企业产品的市场生命周期。在产品的市场导入期和成长期，可采用成本领先战略，以刺激需求，抢占市场份额，防止潜在的竞争者进入；而在产品的成熟期和衰退期，则应采用差异化战略，以适应消费者多样化、个性化和复杂化的需求取向。（4）企业的产品类别。一般而言，对于标准品，例如标准机械、钢材等产品，在产品质量得到保证的前提下，购买者对价格的敏感度较高，企业可采用成本领先战略；而日用品，特别是耐用消费品和奢侈品，企业则应采用差异化战略，使产品的设计、性能、营销及服务等方面能够吸引消费者。

14.3　国际商务竞争的跨国战略及其选择

14.3.1　国际化战略

所谓国际化战略，是指企业的产品和生产要素在更大范围、更广领域、更高层次的参与国际分工和国际竞争，全面提升其核心竞争力，以适应经济全球化和一体化的发展趋势。

国际化战略的主要特点是：（1）面向国际市场，在国外建立企业自己的研发中心和生产基地；（2）建立企业自己的国际营销和服务网络，以便更好地开发国际市场；

---

① Kim L, Lim Y. Enviroment, Generic Strategies, and Performance in a Rapidly Developing Country: A Taxonomic Approach. Academy of Management Journal, 1988, 31: 802-827.

② 迈克尔·A. 希特等. 战略管理——竞争与全球化. 吕巍等译. 机械工业出版社, 2002: 162.

（3）开展国际合作，共同开发国际战略资源。

21世纪以来，随着经济全球化趋势的不断增强，越来越多的企业采用国际化战略，积极参与国际产业分工和国际市场竞争，这既是经济全球化的客观要求，也是企业发展壮大，不断提升自身综合竞争力的重要途径之一。但是，企业究竟如何走国际化的道路？则应该根据自身的情况而定。

14.3.2　全球化战略

所谓全球化战略，是指企业向全球市场销售其产品或提供服务，其核心是在全球范围内合理配置资源，基于全球市场来设计和研制企业的标准化产品或服务，并从中选择在低成本国家生产，获得高额利润。全球化战略强调的是通过兼并实现资本在全球范围内的集中和控制，从而增强其在全球的垄断地位。肯德基（KFC）的快餐业务和宝洁公司（P&G）的一次性尿布业务就是在全世界范围内实施全球化战略的范例。

实施全球化战略需要具备一定的条件，主要包括：全球不同国家和地区消费者的需求与偏好逐渐趋向一致；产品既要符合当地消费者的需要与喜好，又要能够进行标准化生产；全球消费者愿意牺牲产品的性能、功用及设计以获得价廉质优的产品；企业通过面向全球市场可以达到相当的生产或销售规模。

随着世界经济的发展，贸易的便利化、金融和资本市场的全球化、信息技术的广泛化，都为企业更好地实施全球化战略提供了条件。因此采用该战略并获得成功的国际企业也越来越多。

实施全球化战略并进而转化为竞争优势，离不开系统的分析，专项的运筹和精密的配合，否则，采用全球化战略的结果就会适得其反，使公司的产品生产或服务变成一条拖得很长的战线，造成资源的浪费和管理的分散，最终甚至会导致其在国内市场中的竞争优势的丧失。因此，实施全球化战略的企业必须要进行有效的控制，不能急于求成。

14.3.3　本土化战略

所谓本土化战略，是企业根据东道国的法律法规、政治制度、文化氛围等人文因素和经营环境的不同，而对自身的经营战略、经营模式等进行相应的优化调整，在产品制造、研究开发、资本运作、人力资源、企业文化、商标品牌等方面大力实施本地化。

实施本土化战略的途径通常有：使用合适的产品占领东道国目标市场，实施产品的本土化；大胆聘用当地人才，实施人才的本土化；积极与东道国社会文化融合，实施品牌与营销的本土化；在当地组织产品的生产和原材料的采购，实施生产的本土化和原材料采购的本土化；了解产业技术信息和消费动态，实施研究开发的本土化；树立企业的良好形象，建设本土化公共关系；以全球市场为导向，实施企业管理的本土化。

20世纪80年代以来，由于许多跨国公司在进行海外投资的过程中，不同程度地受到东道国的贸易壁垒、文化差异、民族主义与本土利益等因素的影响，因此跨国公司积极倡导无国界限制和无国籍化经营理念。本土化战略就是在这种背景下，于 20 世纪 90 年代在跨国公司的"无国籍化"经营战略基础上发展而来的。经过十多年的发展，更多的跨国公司开始实施本土化战略，以获取高额利润。摩托罗拉公司就是其中之一。

在经济全球化和经济一体化趋势不断增强的背景下，企业在国际商务竞争中，如何选择运用国际化战略、全球化战略和本土化战略，除了要综合考虑自身在资源、技术等方面的条件之外，还应该充分了解东道国的市场环境状况，以便有针对性地采取相应的战略，这样才能够获得成功。

◎案例

Clear Vision 公司和索尼公司：不同的竞争战略，相同的成功结局

1. Clear Vision 公司："追求卓越"之路

Clear Vision 公司是一家制造与分销眼镜的公司。于 20 世纪 70 年代由大卫·格拉斯曼创立。该公司的规模不大，算不上大公司，但却是一家国际型的眼镜制造与分销企业，其生产经营横跨美、欧、亚三个大陆，顾客遍及全球，目前每年的总收入在 1 亿美元以上。Clear Vision 公司的跨国经营开始于 20 世纪 80 年代早期，当时的美国作为产品制造基地，其生产成本不断上升，变得越来越昂贵。而低价的进口商品大量充斥着美国的眼镜市场。此时，Clear Vision 公司意识到除非自己也开始从国外进口，否则将难以生存下去。于是，该公司就开始从独立的海外制造商，主要是从中国香港买进产品，但是对这些供应商提供的产品的质量和交货期并不满意。而随着 Clear Vision 公司进口量的不断增加，格拉斯曼决定在海外开办自己的制造工厂，这是确保产品质量和准时交货的最佳办法。Clear Vision 公司找到了一个中国合伙人，并与其合作在中国香港共同开设了一家制造厂，由 Clear Vision 公司持有多数股份。之所以选择在中国香港设厂，主要是综合考虑了香港当地的劳动力成本低廉、有熟练的技术工人以及中国香港的税收优惠等因素，可以实现公司降低制造成本的目标。

然而，随着中国香港工业化的进程，劳工变得日益短缺，工资不断提高，使中国香港不再是一个低劳动力成本的地区了。于是，大卫·格拉斯曼和中国香港的合作伙伴把部分制造活动转移到中国内地的一个工厂，以利用当地低廉的劳动力，降低生产成本。在中国内地的这家工厂制造眼镜架零件，然后运往中国香港的工厂进行最后装配。产品则分销到南北美洲市场。中国香港的工厂有 80 名员工，中国内地的工厂大约有 300~400 名员工。

与此同时，大卫·格拉斯曼意识到自己的公司缺乏很强的设计能力来支持产品的提升，但他了解某些外国制造商具备这方面的能力。为此，Clear Vision 公司也寻求与那些在时尚设计及高品质方面享有盛誉的外国眼镜公司合作，寻找投资机

会，开发一系列与众不同的标有"设计师"名字的高档眼镜。结果，Clear Vision 公司在日本、法国和意大利投资建造了工厂，并持有股份。经过若干年的努力，现在这些工厂为 Clear Vision 公司的 Status Eye 分部供应眼镜，该分部主要销售高价位的名牌眼镜。

Clear Vision 公司的总目标始终是获得卓越的创造价值的能力，提高盈利。[①]

2. 索尼公司："追求独特"之路

索尼是一家能够生产三种可联网使用的数码产品的公司，即个人电脑、电视机和游戏机。索尼笔记本电脑 Vaio 就非同凡响。例如，Vaio 的 505 系列，其外观小巧，呈银灰色。索尼公司的工程师 Teiyu Goto 最先设计了这一款式，厚度只有 22 毫米或不到 0.9 英寸。Teiyu Goto 没有采用标准的塑料外壳，而是为 505 系列设计了光滑的镁合金外壳。为了吸引顾客，索尼开始时为追求款式而放弃了部分功能，然而，随着零部件日益先进和体积不断变小，索尼就可以改善 Vaio 的产品性能和存储功能了。Vaio 产品这些包括款式在内的特征组合在一起满足了顾客的特殊需求，因而顾客也愿意为索尼电脑支付略高一点儿的价格。

数码相机是索尼公司能够设计并生产的具有顾客认同的特征的产品。索尼 1997 年推出的数码相机（Mavica）不需要使用胶卷。与竞争对手的产品的相同之处是，Mavica 把影像刻在电子传感器上，再译成电脑可识别的二进制编码，然后制成可通过个人电脑打印出来的照片。在摄像这个细分市场上，最初的领导者是由伊士曼·柯达和卡西欧公司设计并销售的数码相机。Mavica 与竞争对手的产品相区别的地方以及它为顾客创造价值的地方在于它的方便使用。使用 Mavica 的顾客，只要用一张标准软盘就可以拍照片了。拍好后，把软盘从相机里取出来，插入一台个人电脑就可以打印照片了。这样，具备这一特征之后，即使从未使用过相机的顾客也知道如何准确地使用 Mavica 了。另外，该产品方便使用的另一个重要原因在于，它不需要任何额外的电路耦合或转换器来查看图像，这一特点与柯达和卡西欧的数码相机形成了鲜明的对比。

与柯达和卡西欧的数码相机相比，索尼公司的 Mavica 价格更高而拍出的照片又不及它们的清晰。然而，1998 年，Mavica 的销售比上一年度还增长了 50%。这一结果显示：对于数码相机，顾客认为 Mavica 方便使用的特征要比其竞争对手高清晰度的特征更有价值和吸引力。1998 年，美国共计销售价值约 1200 万美元的"傻瓜"型相机，其中，Mavica 占 110 万美元，这使得索尼作为数码相机的一个品牌以及摄像领域的一支主力军显得格外突出。[②]

---

① 郭羽诞. 国际商务. 立信会计出版社，2007：181.

② 迈克尔·A. 希特等. 战略管理——竞争与全球化. 吕巍等译. 机械工业出版社，2002：151-152.

◎思考题

1. Clear Vision 公司和索尼公司分别采用的是哪种国际商务竞争战略？其具体做法有什么主要区别？

2. 分析 Clear Vision 公司和索尼公司实施其国际商务竞争战略的原因和有效性。

3. Clear Vision 公司和索尼公司的做法在当前国际商务竞争中是否具有普遍意义？

4. Clear Vision 公司和索尼公司在竞争战略选择上的成功给中国企业有什么启示？

参 考 文 献

Ansoff, I. , Strategies for Diversification, Harvard Business Review, Vol. 35 Issue 5, Sep-Oct 1957, pp. 113-124.

Beckmann M. J. and J. -F. Thisse, 1986, The Location of Production Activities, in: P. Nijkamp, ed. , Handbook of regional and urban economics, Vol. 1 21-95.

Baldwin, et al. Economic Geography and Public Policy, Pinceton University Press, 2003, p. 28.

Charles W. L. Hill, Global Business Today (5th Edition), China Machine Press, 2008. 7.

Daniels, J. , Radebaugh, L. , Sullivan, D. (2007) . International Business: Environment and Operations, 11th edition. Prentice Hall.

Fujita M. , Krugman P. and A. Venables, 1999, The Spatial Economy: Cities, Regions and International Trade, MIT Press.

Gallup et al, 1998, Geography and Economic Development, Paper Present at Annual Conference on Development. The World Bank, Washington.

Helpman, E. 1987, Imperfect Competition and International Trade: Evidence from 14 Industrial Countries, Journal of the Japanese and International Trade, 1. 62-81.

Joshi, Rakesh Mohan, (2009) International Business, Oxford University Press.

J. Panzar and R. Willig, "Economies of Scale and Economies of Scope in Multi-Output Production," Econ. Disc. Paper No. 33, Bell Laboratories, 1975.

J. Panzar and R. Willig, "Economies of Scope" American Economic Review, Vol. 71, No. 2, Papers and Proceedings (May, 1981), pp. 268-272.

John H. Duning, Multinational Entterprises and the Global Eonomy, Addison-Wesley Publishing Company, 1992.

Krugman, P. R. 1979, Increasing Returns, Monopolistic Competition, and International Trade, Journal of International Economics, 9, 469-479.

Krugman, P. R. 1980, Scale Economics, Product Differentiation, and the Trade Pattern of Trade, American Economic Reviews, 70, 950-959.

Krugman and Venables 1990, Integration Mad the Competitiveness of Peripheral Industry, in Bliss and Braga et al, Unity with Diversity in the European Economy, Cambridge University Press, 56-75.

Mark Casson, Economics of International Business: A New Research Agenda, Edward Elgar Publishing Limited, 2000.

Mark Casson, The Entrepreneur: An Economic Theory (Second Edition), Edward Elgar Publishing Limited, 2003.

Mundell, R. A., 1957. International Trade and Factor Moblility, The American Economic Review, June, pp321-335.

Masahisa Fujita, Paul Krugam, Anthony J. Venables, 1999, the Spatial Economy, the MIT Press.

Ottaviano, G. I. P. 2001, Monopolistic Competition, Trade, and Endogenous Spatial Fluctuations, Regional Science and Urban Economics 31, 51-77.

Ostrom, Elinor (1990). Governing the Commons: The Evolution of Institutions for Collective Action. Cambridge University Press. ISBN 0-521-40599-8.

R. Vernon, International Investment and International Trade in the Product Cycle, Quarterly Journal of Economics, Vol. 80, 1965, pp. 190-207.

Robert-Nicoud, Frederic. 2002, The Structure of Simple "New Economic Geography" Models, mimeo, LSE.

Travis, T. (2007). Doing Business Anywhere: The Essential Guide to Going Global. Hoboken: John Wiley&Sons.

迈克尔·钦科陶,伊尔卡·隆凯宁,迈克尔·莫菲特:《国际商务基础》,北京大学出版社,2006 年。

维杰·高芬达拿捷、安尼尔·古卜达等:《全球商务——使你成为全球化商务管理大师的唯一源泉》,秦海、周剑、王春颖译,中国社会科学出版社,2002 年。

查尔斯 W. L. 希尔:《当代全球商务》,曹海陵、刘萍译,机械工业出版社,2004 年。

查尔斯·W. L. 希尔:《国际商务》,周健临等译,中国人民大学出版社,2005 年。

约翰·D. 丹尼尔斯、李·H. 拉德巴赫、丹尼尔·P. 沙利文:《国际商务:环境与运作》,机械工业出版社,2009 年。

约翰·J. 怀尔德、肯尼思·L. 怀尔德:《国际商务》,陈焰译,北京大学出版社,2009 年。

塔默·卡瓦斯基尔、加里·奈特、约翰·雷森伯格:《国际商务》,王欣双、范连颖、卢欣译,中国人民大学出版社,2009 年。

希尔伯:《跨国人力资源管理》,李向红、徐卫卫等译,中央编译出版社,2005 年。

杰伊·海泽、巴里·雷德:《生产与作用管理教程》,中国人民大学出版社,2009 年。

迈克尔·波特:《竞争战略》,陈小悦译,华夏出版社,2005 年。

安东尼等:《人力资源管理:战略方法》,赵玮等译,中信出版社,2004 年。

巴克利:《什么是国际商务》,赵忠秀等译,对外经济贸易大学出版社,2009 年。

皮埃尔·杜尚哲和贝尔纳·加雷特：《战略联盟》，中国人民大学出版社，2006 年。

陈继勇：《国际直接投资的新发展与外商对华直接投资研究》，人民出版社，2004 年。

林季红：《新编国际商务教程》，中国人民大学出版社，2008 年。

林季红：《跨国公司战略联盟》，经济科学出版社，2003 年。

夏晴：《国际商务》，中国商务出版社，2005 年。

谢皓：《跨国并购与中国企业的战略选择》，人民出版社，2009 年。

邵祥林：《"走出去跨国经营"》，中国经济出版社，2005 年。

许晖：《国际企业风险管理》，对外经济贸易大学出版社，2006 年。

马春光：《国际企业跨文化管理》，对外经济贸易大学，2004 年。

司岩：《中国企业跨国经营实证与战略》，企业管理出版社，2003 年。

王英辉、李文陆：《国际市场分析与营销策略》，中国物价出版社，2002 年。

顾春梅：《国际市场营销管理学》，浙江人民出版社，2002 年。

金润圭：《国际市场营销》，高等教育出版社，2000 年。

金润圭：《国际商务》，立信会计出版社，2006 年。

赵署明：《国际企业：人力资源管理》，南京大学出版社，1998 年。

李敏、黄爱华：《国际企业管理：经营国际化的理论与实践》，华南理工大学出版社，2006 年。

梁镇：《国际企业管理》，中国铁道出版社，2006 年。

李英、班博：《国际人力资源管理》，山东人民出版社，2004 年。

林新奇：《国际人力资源管理》，复旦大学出版社，2004 年。

黄丽鸣：《国际商务》，立信会计出版社，2002 年。

杜奇伟、白小伟：《跨国公司与跨国经营》，电子工业出版社，2008 年。

王涛生、许南：《跨国经营理论与实务》，国防科技大学出版社，2005 年。

宋增民：《跨文化人力资源开发与管理》，东南大学出版社，2003 年。

李左东：《国际商务入门》，中国社会科学出版社，2007 年。

王文潭：《国际商务管理》，首都经济贸易大学出版社，2010 年。

郭羽诞：《国际商务》，立信会计出版社，2007 年。

林正章：《国际物流和供应链》，清华大学出版社，2006 年。

马士华、林勇：《供应链管理》，机械工业出版社，2009 年。

王国文、赵海然、佟文立：《供应链管理—生产流程与库存》，企业管理出版社，2006 年。

李威、王大超：《国际市场营销学》，机械工业出版社，2008 年。

甘碧群：《国际市场营销学》，高等教育出版社，2001 年。

周世兴、蔺海鲲：《战略联盟》，中国社会科学出版社，2006 年。

闫国庆：《国际商务》，清华大学出版社，2004 年。

张海东：《国际商务管理》，上海财经大学出版社，2009 年。

张善轩：《国外著名企业营销案例评析》，广东经济出版社，2002 年。

张素芳：《国际商务案例评析》，中国金融出版社，2001 年。

张坚：《国际商务实用手册》，中国纺织出版社，2003 年。

黄庆波，冯琳：《跨国公司竞争战略》，清华大学出版社，2008 年。

王建华：《国际商务——理论与实务》，清华大学出版社，2006 年。

郭焱：《战略联盟形式选择与风险控制》，天津大学博士学位论文，2004 年。

张彬等：《国际区域经济一体化比较研究》，人民出版社，2010 年。

翟芳玲：《经济全球化条件下我国企业跨国经营战略思考》，《济南市社会主义学院学报》，2002 年第 6 期。

翟芳玲：《对经济全球化条件下跨国公司投资战略取向的思考》，《理论学刊》，2003 年第 7 期。

沈晗耀、王少杰：《国际化战略的黄金律：宜家成功之道》，《董事会》，2007 年第 7 期。

辛喜薄：《海尔的"管理三步曲"》，中国乡镇企业，2003 年第 7 期。

杨咏秋：《公共部门战略人力资源管理研究》，华东师范大学硕士学位论文，2006 年。

曹静：《企业战略人力资源管理研究》，湖南大学硕士学位论文，2003 年。

卜凡静：《企业战略性人力资源管理模式研究》，中国海洋大学硕士学位论文，2008 年。

周洪宇：《基于战略人力资源管理的企业生命周期研究》，南京工业大学硕士学位论文，2005 年。

韩梅：《民营企业人力资源战略管理研究》，苏州大学硕士学位论文，2008 年。

虞小平：《论跨国公司经营环境的变化》，《湖北大学学报（哲学社会科学版）》，2007 年第 5 期。

后　记

　　国际商务是一门综合性很强的学科，它涉及经济学、管理学、国际经济学、市场营销学和国际财务（金融）等多个学科，而且它的理论体系仍在不断地发展变化，要把国际商务的内容全部涵盖进来是一件困难的工作，因此，本书内容的编写体系是经过多次集体讨论并进行选择之后才确定下来的。各章的具体分工如下：第一章由陈继勇和肖光恩撰写；第二章由谢皓编写；第三章由陈继勇和肖光恩撰写；第四章和第五章由肖光恩和陈继勇编写；第六章由彭斯达编写；第七章和第十二章由余振编写；第八章由肖德、何艾平和肖光恩编写；第九章肖德、何艾平和吴炅编写；第十章由肖德和吴炅编写；第十一章由陈汉林编写；第十三章由胡艺编写，第十四章由韩常青编写。由于时间紧促，书中一定存在诸多不足与欠妥之处，敬请读者批评指正。

　　本书的编写受教育部第二类特色专业建设点项目《国际经济与贸易国际化人才培养》(项目号为 TS2291) 的资助，在此表示感谢。

高等学校国际商务创新规划教材

- **国际商务概论**
- **国际商务经济学基础**
- **国际商务实务**
- **国际商务管理**
- **国际商务营销**
- 国际商务环境
- 国际商务法
- 国际商务谈判

　　欢迎广大教师和读者就系列教材的内容、结构、设计以及使用情况等，提出您宝贵的意见、建议和要求，我们将继续提供优质的售后服务。

联系人：朱凌云

E-mail: zling@163.com

 武汉大学出版社（全国优秀出版社）

图书在版编目(CIP)数据

国际商务概论/肖光恩,陈继勇主编;肖德,余振,胡艺副主编.—武汉:武汉大学出版社,2011.1(2023.3 重印)
高等学校国际商务创新规划教材
ISBN 978-7-307-08363-9

Ⅰ.国… Ⅱ.①肖… ②陈… ③肖… ④余… ⑤胡… Ⅲ.国际贸易—高等学校—教材 Ⅳ.F74

中国版本图书馆 CIP 数据核字(2010)第 236488 号

责任编辑:舒 刚   责任校对:黄添生   版式设计:马 佳

出版发行:**武汉大学出版社** (430072 武昌 珞珈山)
　　　　(电子邮箱:cbs22@whu.edu.cn 网址:www.wdp.com.cn)
印刷:湖北恒泰印务有限公司
开本:787×1092 1/16 印张:21 字数:468 千字 插页:1
版次:2011 年 1 月第 1 版 2023 年 3 月第 9 次印刷
ISBN 978-7-307-08363-9/F·1450 定价:32.00 元